实用建筑制图学

主　编　林　深
副主编　付立彬　李　黎　王　蕾

黄河水利出版社
·郑州·

内容提要

本书依据教育部工程图学指导委员会2003年修订的工程图学课程教学基本要求编写。

主要内容有建筑制图的基本知识与基本技能、画法几何、正投影原理、立体投影、轴测投影，建筑形体表达，建筑阴影与透视，建筑施工图，结构施工图，道路桥梁施工图，设备施工图，室内装饰施工图等。

本书内容按多个层面设计编写各章节，都具有独立性，适合土建类本科，高职高专，中专学生使用，只要任课老师按学生层次予以删减即可。

图书在版编目(CIP)数据

实用建筑制图学/林深主编. —郑州:黄河水利出版社,2009.8

ISBN 978-7-80734-688-3

Ⅰ.实… Ⅱ.林… Ⅲ.建筑制图-高等学校-教材 Ⅳ.TU204

中国版本图书馆CIP数据核字(2009)第131930号

出版社:黄河水利出版社

地址:河南省郑州市顺河路黄委会综合楼14层　　邮政编码:450003

发行单位:黄河水利出版社

发行部电话:0371-66026940、66020550、66028024、66022620(传真)

E-mail:hhslcbs@126.com

承印单位:黄河水利委员会印刷厂

开本:787 mm×1 092 mm 1/16

印张:19.25

字数:468千字　　印数:1—4 100

版次:2009年8月第1版　　印次:2009年8月第1次印刷

定价:40.00元

前　言

两年前我们已经准备对土建类专业工程图学教材进行改革,主要目的是使制图教学适合多层面、多梯度的学生学习,使制图教材实用、好学、易掌握,使每个学生都能学会画图、识图,为后续课程及专业课学习或者拓展专业自学打下扎实基础。

本教材有如下特点:①淡化减弱抽象内容,如画法几何部分比较晦涩难懂的内容只讲投影结果而不追求求证过程,使学生直截了当理解、掌握投影基本理论;②弱化空头理论,突出有应用价值的内容;③强化建筑物的三维空间结构的讲解,利用模型和图像示范教学,避免空对空的玄谈空论;④增加大量工程范例,要求学生临摹抄绘,在临摹中认识一个完整施工图的内容、特点、表现及方法,增强工程意识,尽快掌握绘图和识图的基础技能。本教材适用于土木建筑类普招本科,成招本科,普招城市规划、建筑学本科。城市规划、建筑学专业虽然已学习了"画法几何和阴影透视"课程,但施工图绘制识读还未全面了解,应追加本课程。本教材也适用于土建类高职高专学校使用,只要任课老师根据学生层次情况删去相关内容即可。

本教材对任课老师也提出严格要求,任课老师必须在综合素质方面加强提高,对土建类各相关专业基础理论应加强学习、了解。

本教材由黄河科技学院建筑系系主任林深教授担任主编,付立彬、王蕾及李黎(黄河水利科学研究院)担任副主编。

编委会成员:张发厅、蔡海勇、党玲博、李红霞、刘成波、郭艳芹、王永伟(黄河科技学院),付晓彦(郑州市财政局投资评审中心),任小兵(河南省建筑设计研究院),李明(郑州航空工业管理学院建筑系)。

本教材由黄河科技学院工学院院长邹景超教授担任主审工作。

由于编者水平所限,错误之处一定不少,希望同行专家、任课老师及同学们提出宝贵意见,以便作进一步修改。

编　者

2008 年 12 月

目　录

前　言

绪　论 …………………………………………………………………… (1)

第一章　制图初步 ……………………………………………………… (12)

第一节　制图工具、仪器 ………………………………………………… (12)

第二节　制图用品 ………………………………………………………… (15)

第三节　字　体 …………………………………………………………… (16)

第四节　绘图的一般步骤和方法 ………………………………………… (17)

第五节　几何作图 ………………………………………………………… (20)

知识链接一:你知道欧洲五种古典柱式吗 ……………………………… (30)

第二章　投影的基本知识 ……………………………………………… (32)

第一节　投影的概念与分类 ……………………………………………… (32)

第二节　正投影的基本特性 ……………………………………………… (34)

第三节　三面正投影图 …………………………………………………… (35)

知识链接二:水泥、混凝土发展小史 …………………………………… (41)

第三章　点、线、面的投影 …………………………………………… (43)

第一节　点的投影 ………………………………………………………… (43)

第二节　直线的投影 ……………………………………………………… (46)

第三节　平面的投影 ……………………………………………………… (49)

知识链接三:建筑师和结构师有什么不同 ……………………………… (55)

第四章　基本形体投影及表面交线 …………………………………… (57)

第一节　平面立体的投影 ………………………………………………… (57)

第二节　切口形体的投影 ………………………………………………… (61)

第三节　相贯形体的投影 ………………………………………………… (66)

知识链接四:中国现代建筑四杰 ………………………………………… (74)

第五章　工程中常用的曲面 …………………………………………… (75)

第一节　曲面立体的投影 ………………………………………………… (75)

第二节　工程中常用的曲面 ……………………………………………… (79)

知识链接五:你知道勒·柯布西耶其人其事吗 ………………………… (88)

第六章　建筑形体的表达方法 ………………………………………… (89)

第一节　组合体投影图的画法 …………………………………………… (89)

第二节　基本形体的尺寸标注 …………………………………………… (94)

第三节　视　图 …………………………………………………………… (95)

第四节　剖面图、断面图与简化画法 …………………………………… (97)

知识链接六:现代建筑运动和后现代主义建筑思潮 …………………… (108)

第七章　轴测投影 …………………………………………………………（110）
第一节　概　述 ……………………………………………………………（110）
第二节　轴测投影图的画法 ………………………………………………（112）
第三节　轴测图的选择 ……………………………………………………（119）
知识链接七:“样式雷” …………………………………………………（123）
第八章　阴影与透视投影 …………………………………………………（124）
第一节　阴影的基本知识 …………………………………………………（124）
第二节　建筑形体的阴影 …………………………………………………（126）
第三节　透视投影的基本知识 ……………………………………………（129）
第四节　透视图的画法 ……………………………………………………（132）
知识链接八:《营造法式》………………………………………………（143）
第九章　建筑施工图 ………………………………………………………（144）
第一节　概　述 ……………………………………………………………（144）
第二节　总平面图 …………………………………………………………（146）
第三节　建筑平面图 ………………………………………………………（149）
第四节　建筑立面图 ………………………………………………………（156）
第五节　建筑剖面图 ………………………………………………………（159）
第六节　建筑详图 …………………………………………………………（162）
知识链接九:高层建筑知多少 ……………………………………………（169）
第十章　结构施工图 ………………………………………………………（171）
第一节　概　述 ……………………………………………………………（171）
第二节　楼层结构平面图 …………………………………………………（177）
第三节　钢筋混凝土构件详图 ……………………………………………（181）
第四节　基础平面图和基础详图 …………………………………………（185）
第十一章　给水排水和采暖施工图 ………………………………………（189）
第一节　给水排水工程概述 ………………………………………………（189）
第二节　室内给水排水工程施工图 ………………………………………（192）
第三节　采暖施工图 ………………………………………………………（202）
第十二章　装饰施工图 ……………………………………………………（208）
第一节　概　述 ……………………………………………………………（208）
第二节　地面装修图 ………………………………………………………（209）
第三节　吊顶(天花)装修图 ………………………………………………（211）
第四节　墙柱面装修图 ……………………………………………………（213）
第五节　节点和装饰构件详图 ……………………………………………（215）
第十三章　路桥工程图 ……………………………………………………（219）
第一节　道路工程图 ………………………………………………………（219）
第二节　桥梁工程图 ………………………………………………………（226）
附录 …………………………………………………………………………（232）
附录一　结构施工图的平面整体方法识读 ………………………………（232）

附录二　建筑施工图的画法 ……………………………………………………………（245）
附录三　某小区住宅建筑、结构施工图 …………………………………………………（253）
附录四　制图标准及图例 …………………………………………………………………（276）
参考文献 …………………………………………………………………………………（300）

绪论

洁白无暇的纸可以画出美丽的图画，可以画高楼大厦，可以画三峡大坝，可以画“鸟巢”和“水立方”，人们依据这些设计精美的蓝图建造无数美丽、高大、宏伟、结实的建筑物，创造了我们优美的人居环境。要想设计出既符合各类标准、技术要求，又符合人们生理、心理要求，生活和工作空间的施工图，首先要学会和精通建筑制图的理论、方法和技巧。

一、学习建筑制图的意义

人类文明的重要标志之一是语言的发明，人类很早就会用语言进行情感与各种信息的传递，没有语言人类就不可能进行沟通和交流。

而建筑工程制图（通常指施工图、建筑方案表现图等）是参与工程的管理人员、技术人员、领导决策部门工作人员都能看懂并能熟练使用的文件和资料，是大家共同遵守的准则和标准，所以说“图纸是工程界的语言”。

建筑史学家论证，公元前4000年古埃及人已经会用正投影绘制建筑物的立面图和平面图❶，但是没有确凿的文献证明。在欧洲古典建筑名著《建筑十书》中也没有涉及建筑制图的理论❷，但作者维特鲁维要求建筑师有绘图知识，他所说的绘图知识是指几何学的作图方法。著名科学史家李约瑟说，中世纪欧洲大教堂的建筑是没有好的制图员的，文艺复兴时期的达芬奇的工程图（机械的或建筑的）只不过是一种草图。建筑制图技术的发展，中国是走在世界前列的，汉代的匠师们就会绘制工程图样，在很多汉画像砖中都有多种建筑图样，隋唐时建筑师们用模型表达设计思想，隋代负责建设的最高官员宇文恺曾经在设计“名堂”的问题上疏皇帝说：“（我）研究众说，总撰其图，其样以木为主。”说明用木头造了名堂的模型让皇帝审查，用模型来表达建筑形象比图纸更鲜活，空间感更强。宋代建筑设计制图已经达到非常成熟的地步，其表达能力和现在的设计图纸差不多❸。李约瑟看到北宋李诫的《营造法式》后，非常惊奇地说：“为什么1103年的《营造法式》是历史上的一个里程碑呢，书中所出现的完善的构造图样颇显重要，实在已经和我们今日所称的施工图相去不远。”❹在中国古代建筑里程中，有一个有趣的现象，就是众多文人、画家介入建筑设计，比如北宋画家们创立的一种工具画叫界画，主要表现亭台楼阁（见图0-3～图0-8），画中对古代建筑形象、构件描绘非常详尽，其实这就是一种用轴测方法画的建筑效果图——一个建筑的设计图样，张择端的清明上河图用平行移动的透视手法，描绘了京都汴京的城市街道形态，非常生动。清代著名建筑师“样式雷”家族七代人负责宫廷建筑，不仅绘制了非常漂亮的“样式”，而且用模型“烫样”来表达建筑设计。

但是建筑制图按科学的正投影理论来绘制是在1799年法国数学家蒙日出版《画法几何》之后，蒙日之后又有人出版《建筑阴影学》和《建筑透视学》，这些著作才真正确立了现代

---

❶陈志华. 外国建筑史（19世纪前）. 北京：中国建筑工业出版社。

❷维特鲁维，古罗马建筑师，其主要著作《建筑十书》，被世人称为欧洲古典建筑经典之作。

❸、❹李允鉌. 华夏意匠. 天津大学出版社。

建筑制图的基本理论。

建筑制图课程是研究、学习工程图样绘制、识读规律的一门学科,是土木建筑类专业的主干专业基础课,为了培养获得工程师(建筑师)初步训练的高级应用型人才,在高等院校土木建筑类专业的教学计划中必须设置该门课程。

通过这门课程的学习,使学生学会并掌握和运用识读、绘制施工图的理论、技巧、方法,藉以提高设计表达能力和空间想象能力,获得工程师素质的初步训练,并为后继课程如生产实习、课程设计、毕业设计,就业工作打下扎实基础。

二、本课程内容

本课程包括制图基本知识和技能、投影制图、建筑施工图绘制与识读三大部分。为了开拓学生的知识领域和专业领域,本课程增加了道路桥梁的内容,为了便于部分同学转向建筑学及城市规划专业学习,增加了建筑阴影与透视、建筑室内设计(装饰)的内容。旨在对学生进行全面又突出特色的综合素质强化训练和提高,为培养合格的工程技术人员创造条件。

本课程有意淡化压缩画法几何等较为抽象的内容,只讲投影的结果,不在概念和求证中浪费时间。

本课程安排了工程实例供学生抄绘临摹,通过手绘强化和提高制图与识图能力,坚决纠正制图课不画图的错误倾向,尤其是不画施工图的错误倾向。

三、本课程的学习方法

(1)学习制图课特别是正投影理论,要专心听讲,不管是多媒体教学,还是传统教学,思想要跟老师走,眼睛跟着图走,多画,多临,多做作业,在弄清基础概念的同时,加强空间能力培养,由物画图,由图想物,勤分析,多想象,逐步提高空间想象力和把空间想象成实体的能力。

(2)及时复习,及时完成作业。本课程系统性、实践性强,重点是正投影理论部分,一环扣一环,务必及时完成作业,加强理论联系实际,对施工图要大量临摹,强化制图能力训练。

(3)养成良好的技术习惯,正确使用丁字尺等绘图工具。画图不用丁字尺,不上图板都是不良习惯。线型字体都要遵守制图标准和规定,图面要整洁干净。每个学习工程的同学都要从学制图入手,培养严谨的技术作风、精心设计的工作作风及一丝不苟的学习作风。

四、正确认识手工绘图和计算机绘图的关系

在科学技术高度发展的今天,计算机制图有便捷高效的优势,但计算机也决不可能对传统手绘制图的方法取而代之,因为手绘建筑图(特别是建筑、结构方案的构思)有助于建立空间思维方法,可以充分地任意想象、修改,对表示复杂的三维形体更准确、更有效,有利于空间构图能力的培养,可以排除对计算机的被动性和依赖性,传统绘制的过程是一个全面学习施工图设计的过程,对培养熟悉施工图、使用施工图的能力提高大有好处。

在就业时,建筑企业(设计或施工单位)都会考察手绘制图能力,这一点必须提醒同学们注意。

但是计算机制图将在工作中发挥重大作用,所以在教学过程中,可以适当淡化对传统制图的过多过繁的质量要求。我们提倡以传统制图方式为主,徒手画图、仪器画图和计算机画图三方并举,开辟工程制图的新领域。

计算机制图课将在后续课程“建筑制图 CAD”中学习。

《中国大百科全书》对“建筑制图”的阐述

建筑制图(architectural drawing)是按有关规定将建筑设计的意图绘制成图纸。

我国建筑制图历史悠久。隋代已使用百分之一比例尺的图样和模型进行建筑设计。宋代《营造法式》一书,绘有精致的建筑平面图、立面图、轴测图和透视图等,可以说是中国最早的建筑制图著作。清代主持宫廷建筑设计的“样式雷”家族绘制的大量建筑图样,是中国古代建筑制图的珍品。1799 年,法国数学家 G. 蒙日出版《画法几何》一书,奠定了工程制图的理论基础。后人又著有《建筑阴影学》和《建筑透视学》等。上述三本著作确立了现今建筑制图的基本理论。当前在世界范围内已逐渐普遍利用电子计算机制图,以提高效率。

建筑制图是为建筑设计服务的,因此在建筑设计的不同阶段,要绘制不同内容的设计图。在建筑设计的方案设计阶段和初步设计阶段绘制初步设计图,在技术设计阶段绘制技术设计图,在施工图设计阶段绘制施工图。

(一)初步设计图

通常要画出建筑总平面图、建筑平面图、建筑立面图、建筑剖面图和建筑透视图或建筑鸟瞰图。初步设计图要求能表现出建筑中各部分、各使用空间的关系和基本功能要求的解决方案,包括建筑中水平交通和垂直交通的安排,建筑外形和内部空间处理的意图,建筑和周围环境的主要关系,以及结构形式的选择和主要技术问题的初步考虑。这个阶段的设计图应能清晰、明确地表现出整个设计方案的意图。

在研究制订建筑方案时,建筑师习惯使用半透明的草图纸进行绘制,这种作图方法有利于设计的构思和方案的探讨。

此外,在绘制初步设计图的同时还常常制作建筑模型,以弥补图纸的不足。

(二)技术设计图

对初步设计进行深入的技术研究,确定有关各工种的技术做法,使设计进一步完善。这一阶段的设计图纸要绘出肯定的度量单位和技术做法,为施工图纸的制作准备条件。

(三)施工图

按照施工图的制图规定,绘制供施工时作为依据的全部图纸。施工图要按国家制定的制图标准进行绘制。一个建筑物的施工图包括:建筑施工图、结构施工图,以及给水排水、供暖、通风、电气、动力等施工图。其中建筑施工图包括:①总平面图,表示出构想中建筑物的平面位置和绝对标高、室外各项工程的标高、地面坡度、排水方向等,用以计算土方工程量,作为施工时定位、放线、土方施工和施工总平面布置的依据。工程复杂的,还应有给水、排水、供暖、电气等各种管线的布置图、竖向设计图等。②建筑平面图,用轴线和尺寸线表示出各部分的尺寸和准确位置,门窗洞口的做法、标高尺寸,各层地面的标高,其他图纸、配件的位置和编号及其他工种的做法要求。建筑平面图是其他各种图纸的综合表现,应详尽确切。③建筑立面图,表示出建筑外形各部分的做法和材料情况,建筑物各部位的可见高度和门窗洞口的位置。④建筑剖面图,主要用标高表示建筑物的高度及其与结构的关系。⑤建筑施工图,包括建筑外檐剖面详图、楼梯详图、门窗等所有建筑装修和构造,以及特殊做法的详图。其详尽程度以能满足施工预算、施工准备和施工依据为准。

图 0-1 ~ 图 0-8 是房屋投影图的形成和几幅古代建筑图。

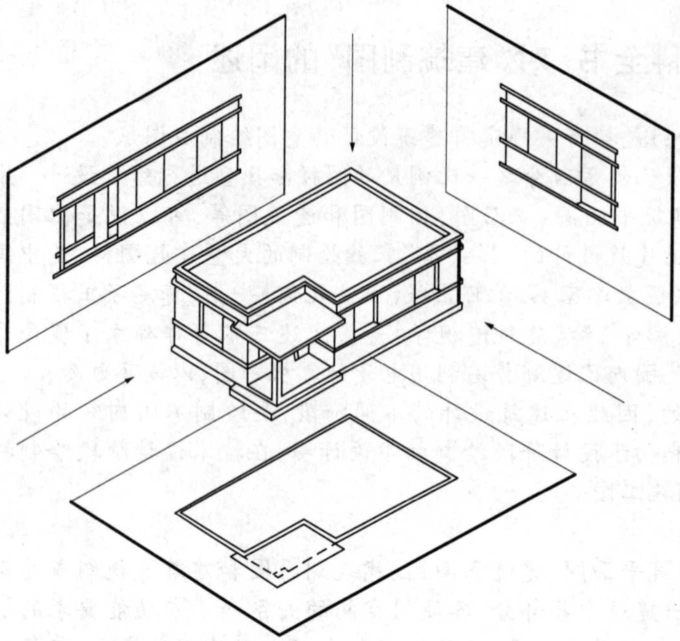

从左图中可以直观了解认识房屋建筑图的平面图、立面图、剖面图的成因。

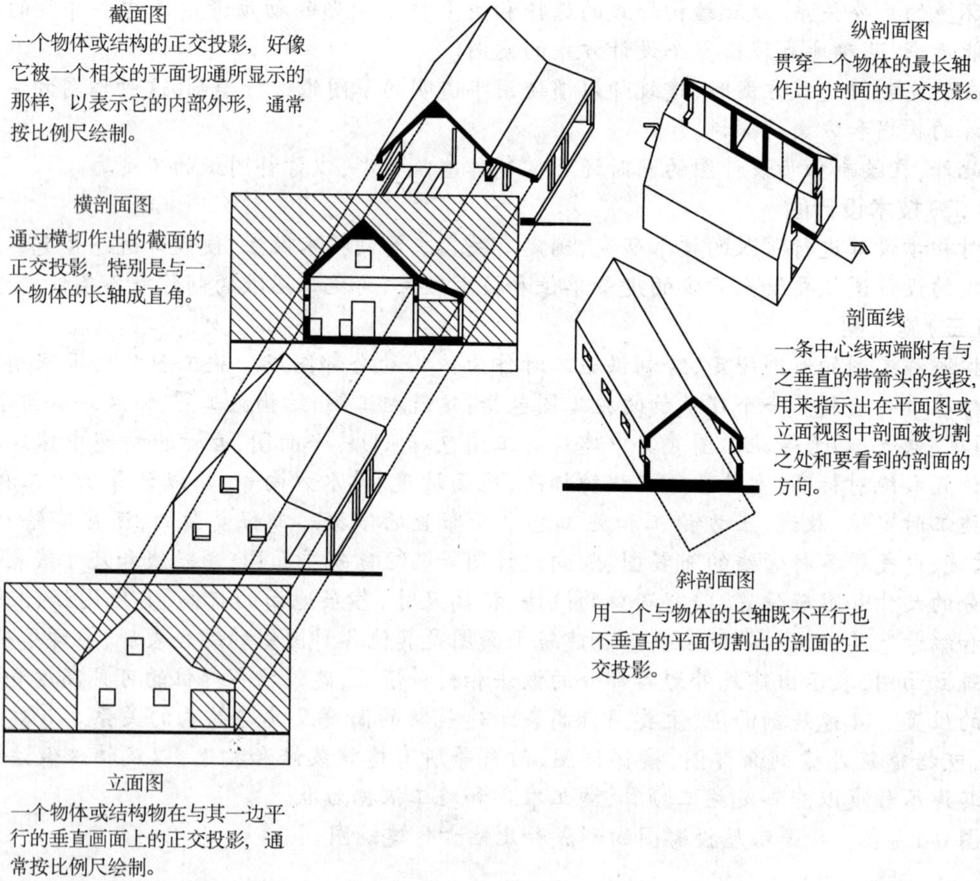

图 0-1　房屋投影图的形成(一)

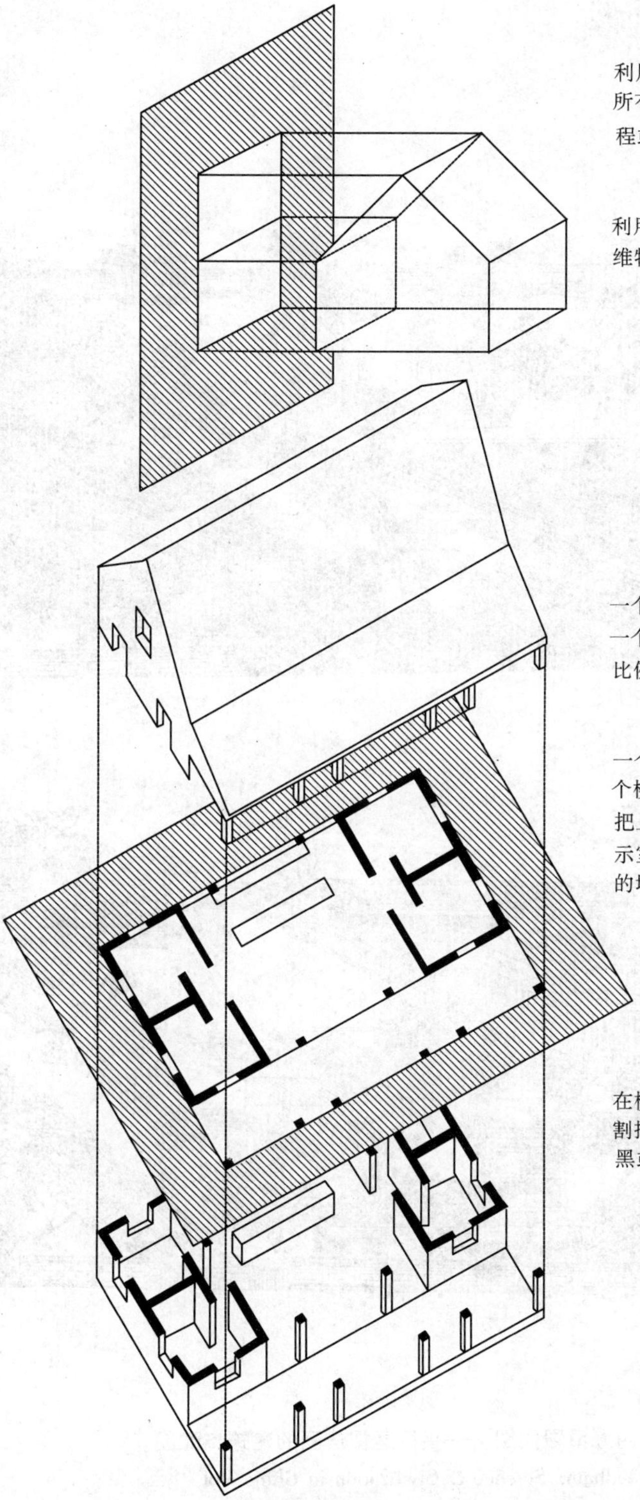

投影

利用平行或会聚于画面的直线使其所有的点投影来表示三维物体的过程或技术。

正交投影

利用垂直于画面的投影线来表示三维物体的投影方法。

平面图

一个物体或结构物的顶部或截面在一个水平面上的正交投影，通常按比例尺绘制。

楼面平面图

一个房间、套房或一幢建筑物的整个楼面的平面图，在作水平截面并把上部移去后从上面观看，一般表示室内空间的形式和布置及其围护的墙、窗和门。

被剖切构件

在楼面平面图或剖面图中建筑物被割掉的墙、柱及其他实体，通常涂黑或画斜线。

图 0-2　房屋投影图的形成(二)

图 0-3　午门内九重殿门图——平行透视法画的建筑鸟瞰图

Joseph Needham. Science & Civilization in China Vol IV:3. Cambridge University Press,1971. 111

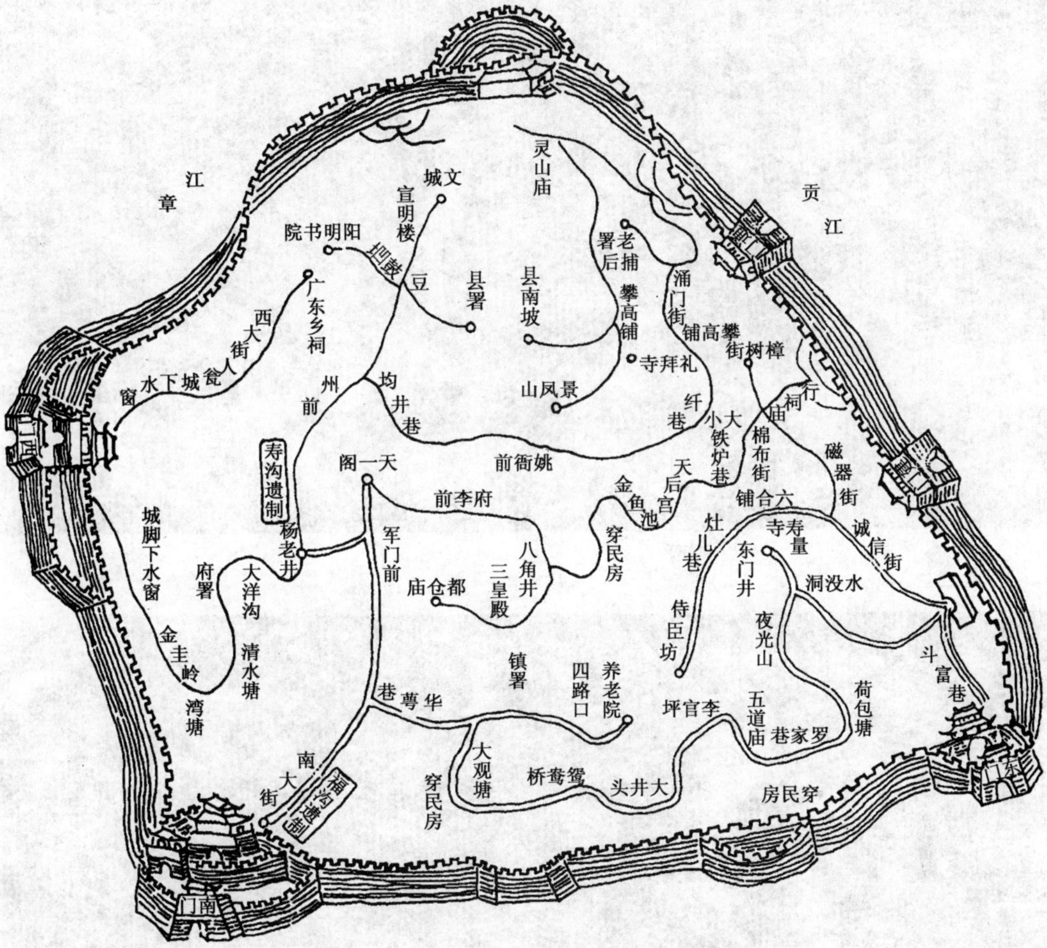

图 0-4　江西赣州宋代所建城市排水系统——“福寿沟”图

（据清同治十一年县志）

本图的绘制用了多种表现方法，城墙是正立面图，很平面化，未表示城墙厚度，但走向变化表现很清楚，很有立体感，城门及瓮城的建筑用了轴测图，建筑形态一眼便能看明白，城中的排水系统画的却是平面图，中国历史上的“工程师”们在工程图的绘制方面是有很多杰出创造的。

图 0-5　清明上河图(局部)

画家张择端用平行透视法描绘的北宋都城开封的城市景观,可以清晰看到商业街的空间布局。

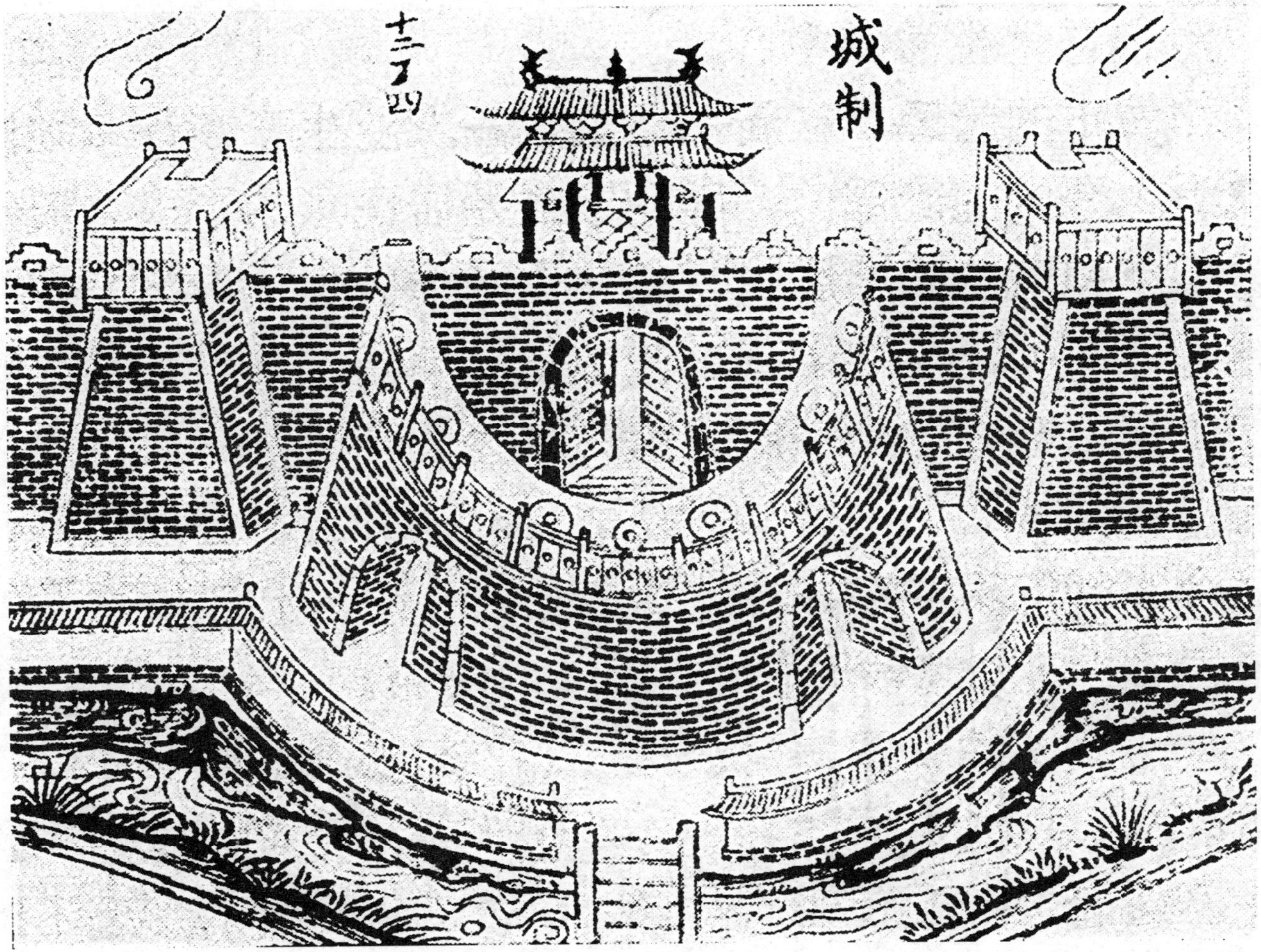

图 0-6　宋《武经总要》城图

古代匠师按轴测图、一点透视图、鸟瞰图、正投影等方法，设计的“城”建筑图，生动、形象。

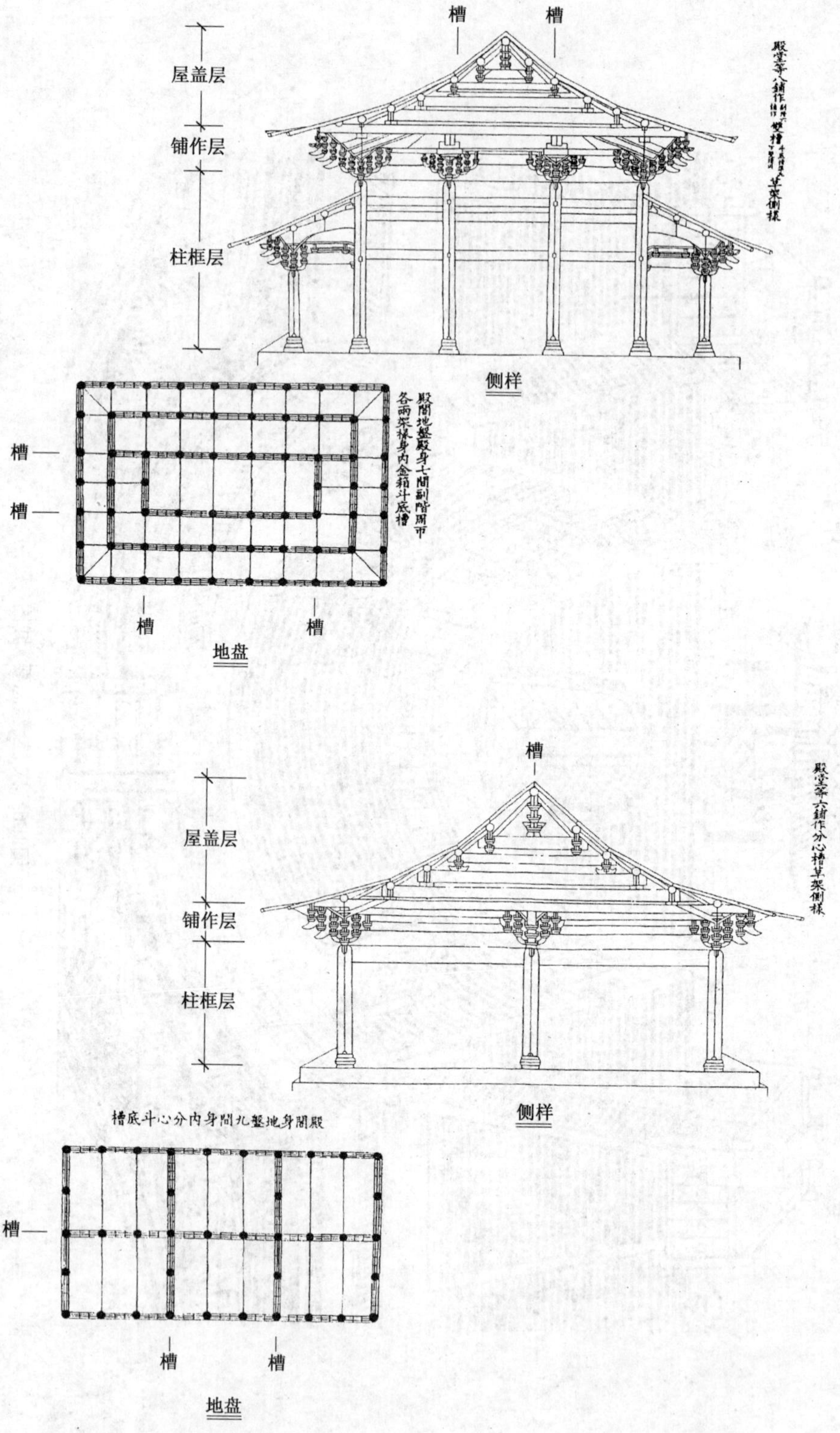

图 0-7 宋李诫《营造法式》中剖面图

宋李诫《营造法式》中的剖面图和现代正投影画法几乎一样，只在台基部分表现为透视。

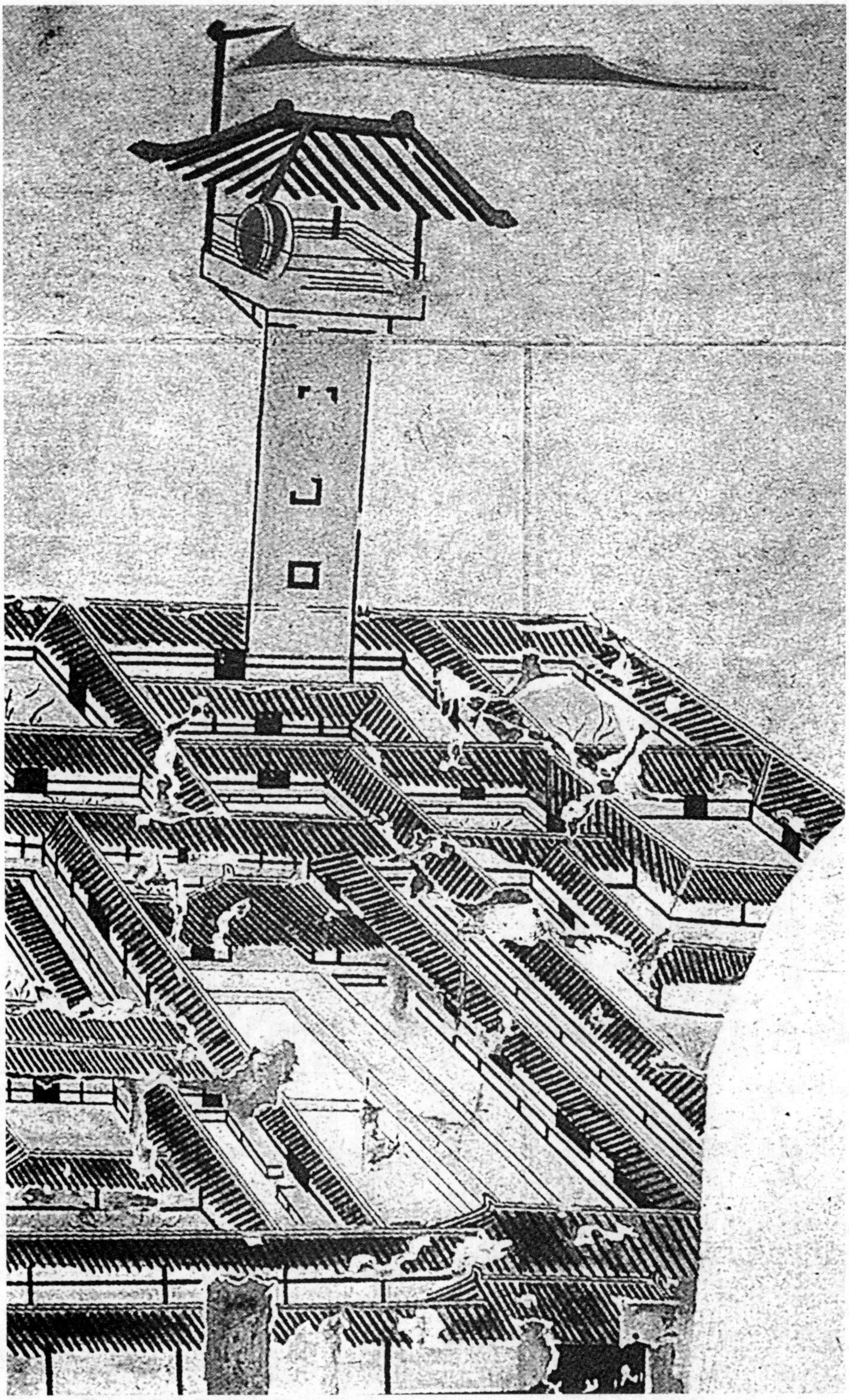

图 0-8　东汉坞壁的望楼和院落(摹自河北安平逯家庄墓壁画)

坞壁是中国古代为防御而修建的小城堡,又称坞堡,以汉代较多,该图是用轴测图的方法画的坞壁鸟瞰图。

第一章　制图初步

学习建筑制图,必须了解制图工具和用品的构造、性能及特点,熟练掌握它们正确、合理的使用方法,并注意经常维护、保养,这是提高绘图水平和保证绘图质量的前提条件。

第一节　制图工具、仪器

一、绘图板

绘图板是固定图纸用的绘图工具。板面一般用胶合板制作而成,四周边框镶有硬质木条,如图 1-1 所示。板面要求平整,图板的四边要求平直、光滑。图板的工作面确定后,左侧为图板的工作边。图板应防止因受潮、暴晒和重压而变形。

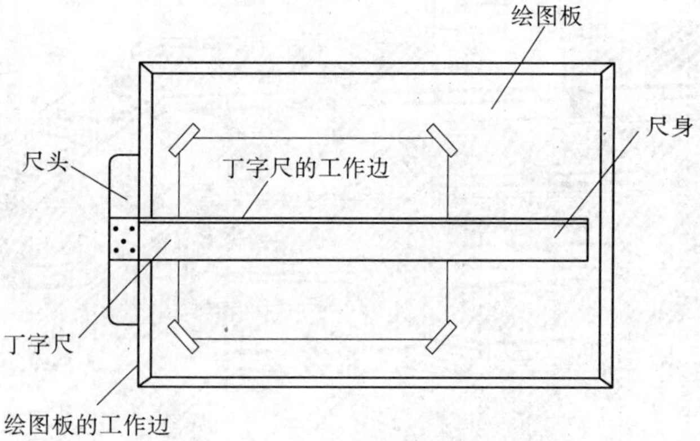

图 1-1　绘图板与丁字尺

图板有不同的大小规格,在制图时多用 1 号或 2 号图板。

二、丁字尺

丁字尺是画水平线的绘图工具。它由互相垂直的尺头和尺身组成,如图 1-1 所示。使用时必须将尺头内侧紧靠图板左侧工作边,然后上下推动,并将尺身上边缘对准画线位置,用左手压紧尺身,右手执笔,从左到右画线,如图 1-2 所示。使用时,只能将尺头靠在图板左侧边,不能靠在图板的右边或上、下边使用,也不能在尺身的下边画线,如图 1-3 所示。

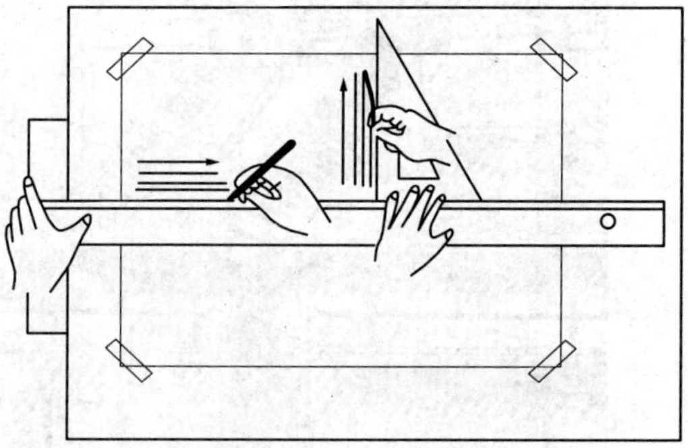

图 1-2　丁字尺的使用

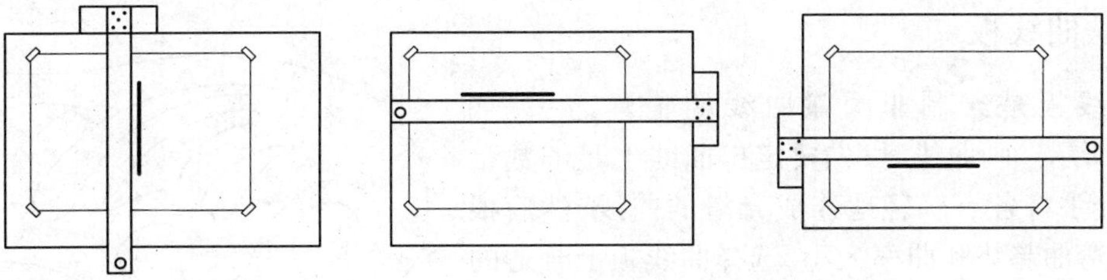

图 1-3　丁字尺的错误用法

丁字尺使用完毕后，要挂置妥当，不要随便靠在桌边或墙边，以防止尺身变形和尺头松动。

三、三角板

一副三角板有两块，与丁字尺配合使用可画出垂直线（如图 1-2 所示），以及各种角度倾斜线（如图 1-4 所示）。用两块三角板配合，也可画出任意直线的平行线或垂直线，如图 1-5 所示。

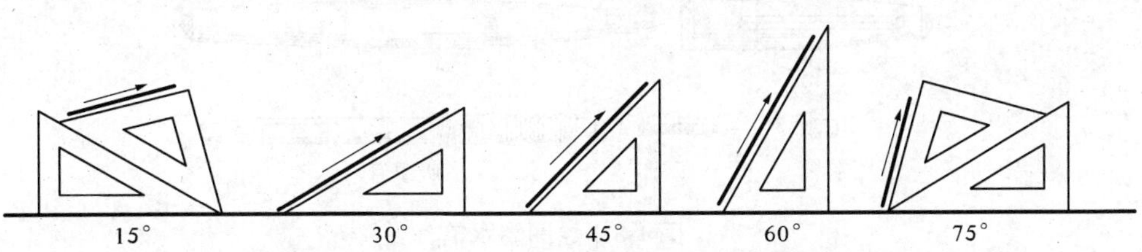

图 1-4　三角板与丁字尺配合画各种不同角度的倾斜线

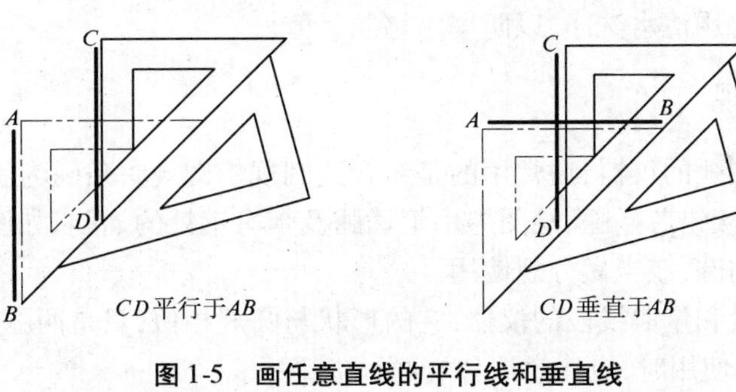

图 1-5　画任意直线的平行线和垂直线

四、比例尺

比例尺是绘图时用来缩小图形的绘图工具。目前常用的比例尺为三棱尺，如图 1-6 所示，其上有六种不同比例的刻度，画线时可以不经计算而直接从比例尺上量取尺寸。比例尺中没有的比例还可换算，如 1∶10、1∶1000 均可用 1∶100 的比例换算使用。绘图时，不要将比例尺当做三角板或丁字尺画线。

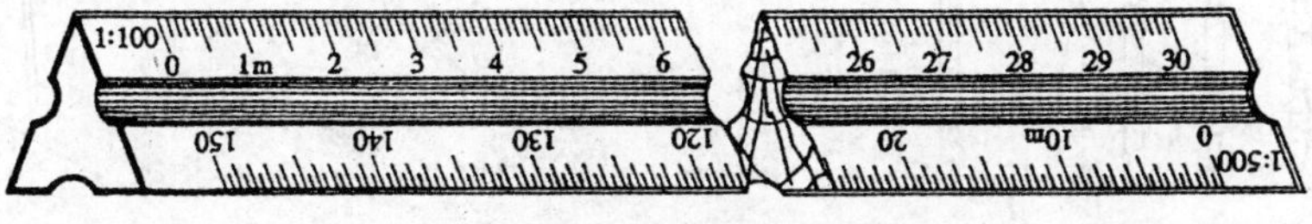

图 1-6　比例尺

五、曲线板

曲线板是绘制非圆弧曲线的工具之一，如图 1-7 所示。画曲线时，先要定出曲线上足够数量的点，徒手将各点轻轻地连成光滑的曲线，然后根据曲线弯曲趋势和曲率大小，选择曲线板上合适的部分，沿着曲线板边缘将该段曲线画出，每段至少要通过曲线上的三个点，而且在画后一段时，必须使曲线板与前一段中的两点或一定的长度相叠合。

图 1-7　曲线板

六、绘图墨水笔

近年来描图多使用绘图墨水笔（也称针管笔）。这种笔外形类似于普通钢笔，如图 1-8 所示，笔尖是一根装有通针的细针管，针管直径有多种规格，所画线型粗细由针管直径确定。

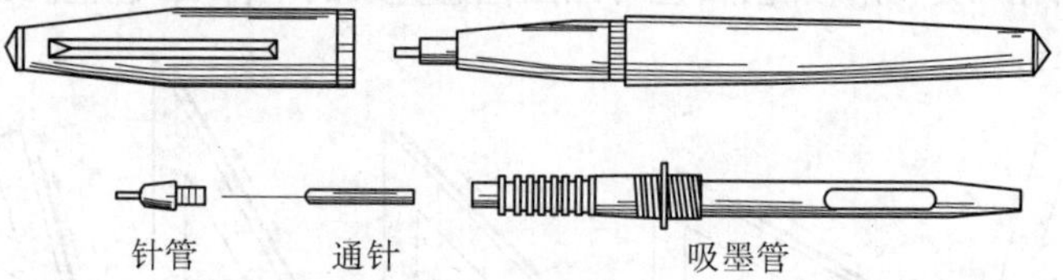

图 1-8　绘图墨水笔

使用时，要注意识别笔身上标明的针管直径规格，根据所画线条粗细选用不同规格的针管笔。用完后应及时用清水洗净，以防墨水堵塞针管。

七、圆规和分规

圆规是画圆和圆弧的仪器，通常用的是组合式圆规。圆规一条腿为固定针脚，另一条腿上有插接构造，可插接铅芯插腿、绘图墨水笔插腿及带有钢针的插腿，如图 1-9 所示，分别用于绘制铅笔及墨线的圆，或当做分规使用。

分规是等分线段和量取线段的仪器，它的形状与圆规相似，只是两腿端部均装有固定钢针，如图 1-10 所示。使用时，应注意把分规两针尖调平。

图 1-9　圆规及其插脚

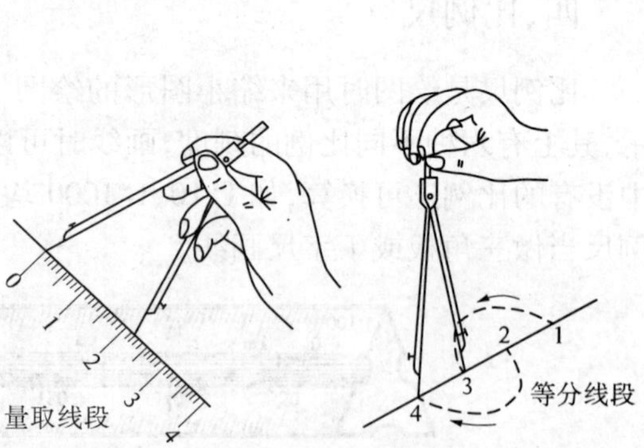

图 1-10　分规

第二节　制图用品

一、图纸

图纸有绘图纸和描图纸两种。

绘图纸用来画铅笔图或墨线图，要求纸面洁白，质地坚硬，橡皮擦后不易起毛。

描图纸（也称硫酸纸）是专门用来绘制墨线图的，描绘的墨线图样即为复制蓝图的底图。描图纸应透明度好，表面平整挺括。

二、绘图铅笔

绘图铅笔的型号以铅芯的软硬程度来分，分别用 H 和 B 表示，H 前的数字愈大，表示铅芯愈硬；B 前的数字愈大，表示铅芯愈软；HB 表示软硬适中。

铅笔应从没有标志的一端开始使用，以便保留标志，供使用时辨认。铅笔尖应削成圆锥形，长 20 ~ 25 mm，铅芯露出 6 ~ 8 mm。用刀片或细砂纸削磨成尖锥或楔形，如图 1-11 所示。

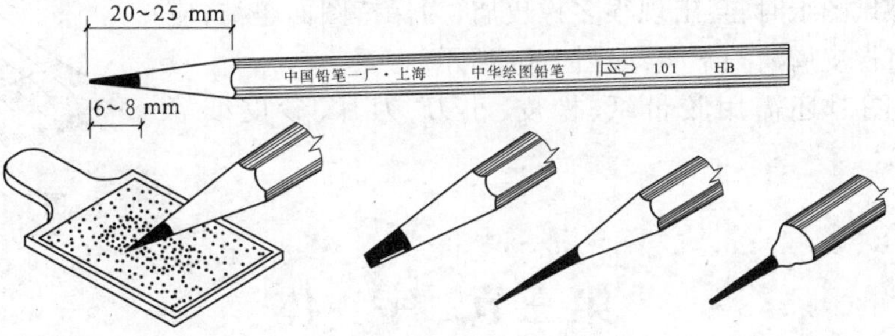

图 1-11　绘图铅笔

三、其他用品

（一）绘图墨水

用于绘图的墨水有碳素墨水和普通绘图墨水两种。碳素墨水不易结块，适用于绘图墨水笔。

（二）擦图片

擦图片是修改图线用的辅助工具，如图 1-12 所示，其材质多为不锈钢薄片。使用时，将需擦去的图线对准擦图片上相应的孔洞，再用橡皮擦拭，可避免影响邻近的线条。

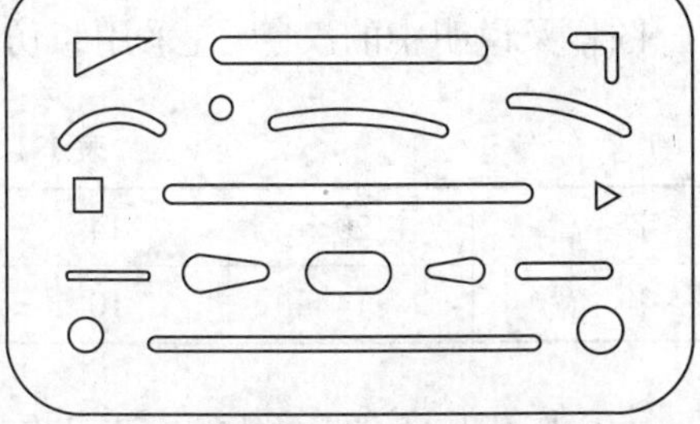

图 1-12　擦图片

（三）制图模板

为了提高绘图速度和质量，把图样上常用的一些符号、图例和比例等，刻画在有机玻璃薄板上制成模板使用。目前有很多专业型的模板，如建筑模板(如图 1-13 所示)、装饰模板等。

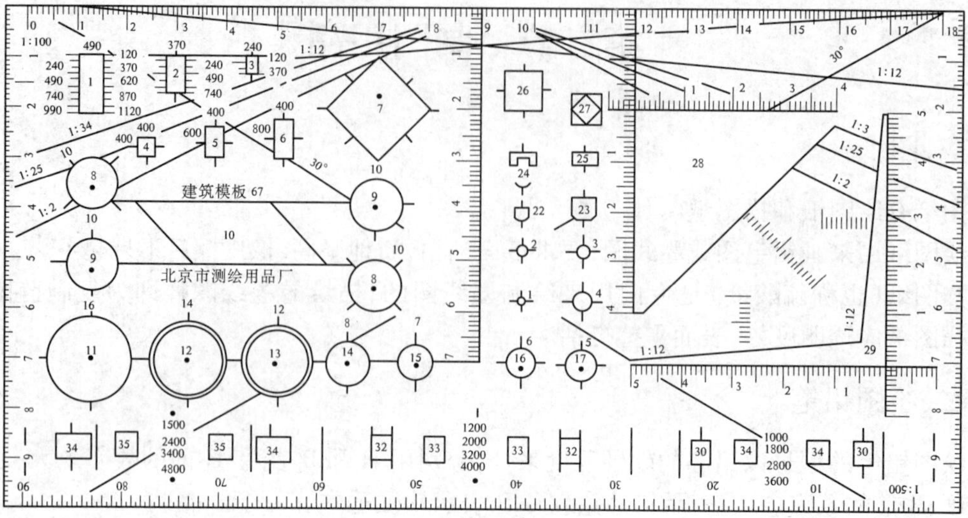

图 1-13　建筑模板

(四)排笔

用橡皮擦拭图纸时,会出现很多橡皮屑,为保持图面整洁,应及时用排笔将橡皮屑清扫干净,如图 1-14 所示。

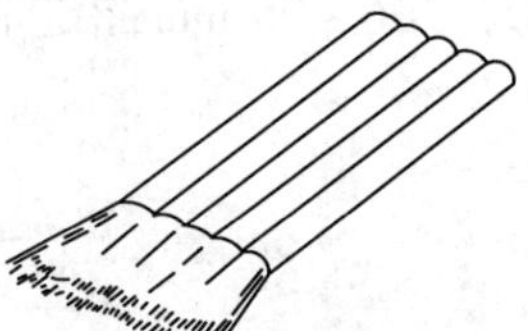

图 1-14　排笔

另外,绘图时还需用胶带纸、橡皮、小刀、刀片、砂皮纸等用品。

第三节　字　体

工程图上所需书写的文字、数字或符号等,均应笔画清晰、字体端正、排列整齐;标点符号应清楚正确。

图纸中字体的大小按照图样的大小、比例等具体情况来定,但应从规定的字高系列中选用。字高系列有 3.5 mm、5 mm、7 mm、10 mm、14 mm、20 mm。字的大小用字号表示,字号即为字的高度,如 5 号字的字高为 5 mm。如需书写更大的字,其高度按$\sqrt{2}$的倍数递增。

一、汉字

图样及说明中的汉字,宜采用长仿宋体,宽度与高度的关系应符合表 1-1 的规定。

表 1-1　长仿宋体字高宽关系　(单位:mm)

字　高	20	14	10	7	5	3.5
字　宽	14	10	7	5	3.5	2.5

在实际应用中,汉字的高度不小于 3.5 mm 且字高与字宽的比例大约为 3:2。

为了保证字体写得大小一致,整齐匀称,初学长仿宋体时应先打格,然后书写,如图 1-15

所示。

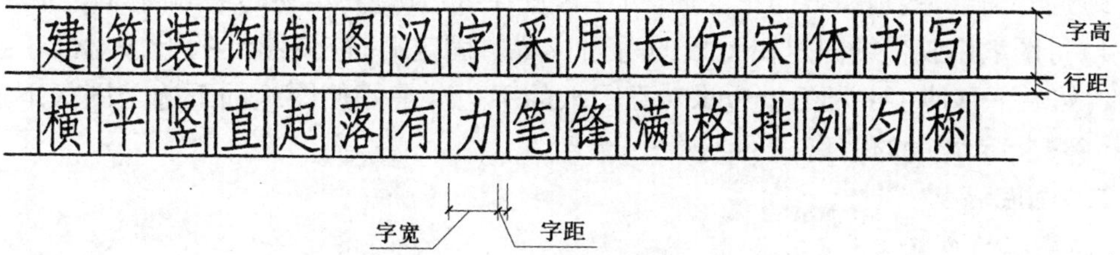

图 1-15　长仿宋字示例

长仿宋体字的书写要领是横平竖直、起落分明、粗细一致、结构匀称、充满方格。

二、数字和字母

数字和字母在图样上的书写分直体和斜体两种，但同一张图纸上必须统一。如需写成斜体字，其斜度应从字的底线逆时针向上倾斜 75°。斜体字的高度和宽度与相应的直体字相等，如图 1-16 所示。在汉字中的阿拉伯数字、罗马数字或拉丁字母，其字高宜比汉字字高小一号，但应不小于 2.5 mm。

图 1-16　数字、字母示例

第四节　绘图的一般步骤和方法

一、用绘图工具、仪器绘制图样

为了提高绘图效率和保证图面质量，除正确使用绘图工具、仪器，熟悉《房屋建筑制图统一标准》外，还需要按照一定的程序、正确的绘图步骤进行。

（一）准备工作

（1）对所绘图样进行识读了解，在绘图之前尽量做到心中有数。

（2）准备好必需的绘图工具、仪器、用品，并把图板、丁字尺、三角板等擦拭干净；将各种绘图用具放在桌子的右边，但不能影响丁字尺的上下移动；洗净双手。

(3)选好图纸，鉴别图纸的正反面，可用橡皮在纸边试擦，不易起毛的面为正面。

(4)将图纸用胶带纸固定在图板的适当位置。固定时，应使图纸的上边对准丁字尺的上边缘，然后下移使丁字尺的上边缘对准图纸的下边。最好使图纸的下边与图板下边保持大于一个丁字尺宽度的距离。

(二)画底稿

1.画底稿的步骤

(1)根据制图标准的要求，首先把图框线和标题栏的位置画好。

(2)依据所画图形的大小、多少及复杂程度选择好比例，然后安排好各图形的位置，定好图形的中心线或基线。图面布置要适中、匀称。

(3)首先画图形的主要轮廓线，然后由大到小、由外到里、由整体到细部，完成图形所有轮廓线。

(4)画出尺寸线和尺寸界线等。

(5)检查修正底稿，擦去多余线条。

2.画底稿注意事项

(1)采用H~3H的铅笔画底稿，所有的线应轻、淡、细、准，不要重复描绘，以目光能辨认即可。

(2)对有错误或过长的线条，不必立即擦除，可标以记号，待整个图样绘制完成后，再用橡皮、擦图片擦除。

(3)为了保持图面干净，在作图时，可用白纸覆盖，只露出所要画的部分。

(三)铅笔加深

1.铅笔加深的步骤

(1)加深图线时，必须是先曲线，再直线，后斜线；各类图线的加深顺序为细点画线、细实线、粗实线、粗虚线。

(2)同类图线其粗细、深浅要保持一致，按照水平线从上到下，垂直线从左到右的顺序依次完成。

(3)最后画出起止符号，注写尺寸数字、说明，填写标题栏，加深图框线。

2.铅笔加深注意事项

(1)加深粗实线的铅笔宜选用B~2B，加深细实线的铅笔宜用H~2H，写字的铅笔用H或HB。加深圆或圆弧时所用的铅芯，应比加深同类型直线所用的铅芯软一号。

(2)加深粗实线时，要以底稿线为中心线，以保证图形的准确性。

(3)要勤修削铅笔，用力要均匀，粗实线或圆弧可重复几次画成。

(4)修正铅笔加深图，可用擦图片配合橡皮进行，尽量缩小擦拭的面积，以免损坏图纸。

(四)描图

建筑工程施工过程中，往往需要多份图纸，这些图纸通常采用描图和晒图的方法进行复制。描图就是用墨线把图样描绘在描图纸(也称硫酸纸)上，它是用来复制直接指导生产的施工图的底图。

描图的步骤与铅笔加深的顺序相同，同一粗细的线要尽量一次画出，以便提高绘图的效率。

描图注意事项如下：

(1)图板要放平，墨水瓶千万不可放在图板上，以免翻倒沾污图纸。手和用具一定要保持清洁干净。

(2)每画完一条线一定要等墨水干透再接着画，否则容易弄脏图面。

(3)若画错或有墨污，一定要等墨迹干后再修改。修改时，可用双面刀片轻轻地将画错的线或墨污刮掉。刮时，要将图纸放平，力量轻而均匀。千万不要着急，以免刮破描图纸。刮过的地方用软橡皮擦净并压平后重描。

(五)检查校核

图样绘完后，必须进行一次全面的检查，校核是否还有错误或遗漏。对画得欠佳处还应进行修改，以确保图样的正确、完整、清晰。

二、徒手作图

徒手作图是一种不受条件限制、作图迅速、容易更改的作图方法。徒手作出的图称为草图。草图是工程技术人员表达新的构思、拟定设计方案、创作、现场参观记录及交谈等方面的有力工具。工程技术人员应熟练掌握徒手作图的技能。

草图的“草”字只是指徒手作图，并没有潦草的含义。徒手作图同样有一定的作图要求，即布图、图线、比例、尺寸大致合理，但不潦草。

徒手作图，可以使用钢笔、铅笔等画线工具。铅笔最好选软一些的，一般选用 B 或 2B，铅笔削长一点，笔芯不要过尖，要圆滑些。

徒手作图要手眼并用，作垂直线、等分线段或圆弧、截取相等的线段等，都是靠眼睛目测、估计决定的。

(一)直线的画法

画直线时，要注意执笔方法。画短线时，用手腕运笔；画长线时，用整个手臂动作。

画水平线时，铅笔要放平些。画长水平线可先标出直线两端点，掌握好运笔方向，眼睛此时不要看笔尖，要盯住终点，用较快的速度轻轻画出底线。加深底线时，眼睛要盯住笔尖，沿底线画出直线并改正底线不平滑之处，如图 1-17(a)所示；画竖直线和斜线时，铅笔要竖高些，画法与画水平线的方法相同，如图 1-17(b)、(c)所示。

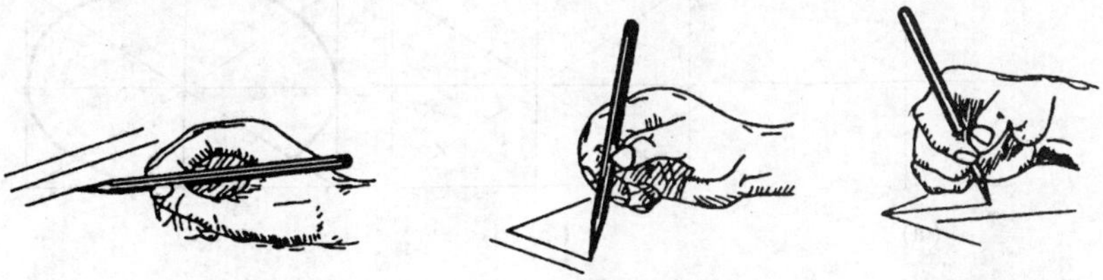

(a) 画水平线　　(b) 画竖直线　　(c) 画斜线

图 1-17　徒手画直线

(二)角度的画法

画角度时，先画出互相垂直的两相交直线，交点为 O，如图 1-18(a)所示，在两相交线上适当截取相同的尺寸，并各标出一点，徒手作出圆弧，如图 1-18(b)所示。若需画出 45°角，则取圆弧的中点与两直线交点 O 的连线，即得连线与水平线间的夹角为 45°角，如图 1-18(c)所示。若画 30°角与 60°角，则把圆弧作三等分。自第一等分点起与交点 O 连线，即得连线与水平线间的夹角为30°角；第二等分点与交点 O 连线，即得连线与水平线间的夹角为60°角，如图1-18(d)所示。

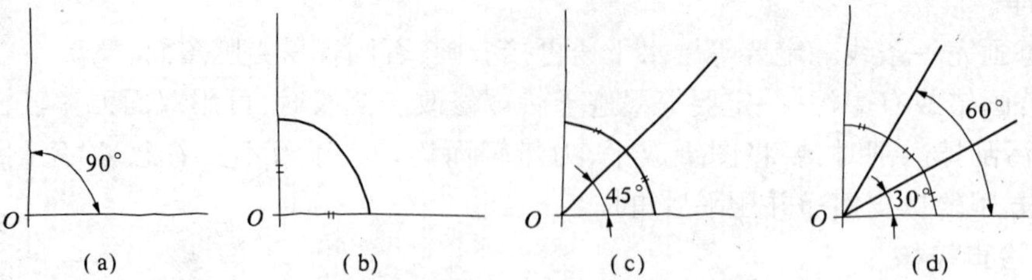

图 1-18　徒手画角度

(三)圆的画法

画圆时，先画出互相垂直的两直线，交点 O 为圆心，如图 1-19(a)所示，估计或目测徒手作图的直径，在两直线上取半径 $OA=OB=OC=OD$，得点 A、B、C、D，过点作相应直线的平行线，可得到正方形线框，AB、CD 为直径，如图 1-19(b)所示。再作出正方形的对角线，分别在对角线上截取 $OE=OF=OG=OH=OA$(半径)，于是在正方形上得到八个对称点，如图 1-19(c)所示。徒手将点用圆弧连接起来，即得徒手画的圆，如图 1-19(d)所示。

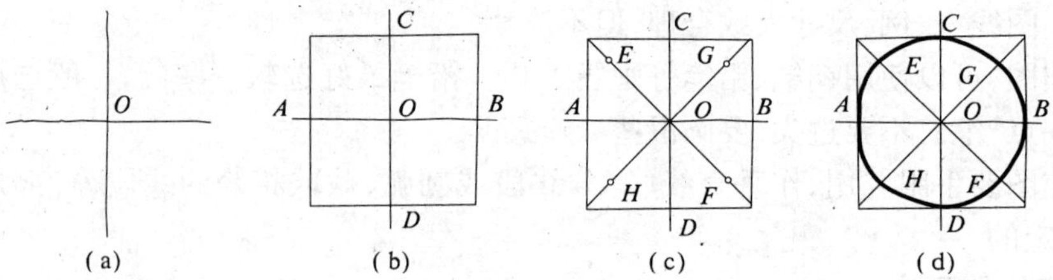

图 1-19　徒手画圆

(四)椭圆的画法

画椭圆时，先画出椭圆的长、短轴，具体画图步骤与徒手画圆的方法相同，如图 1-20 所示。

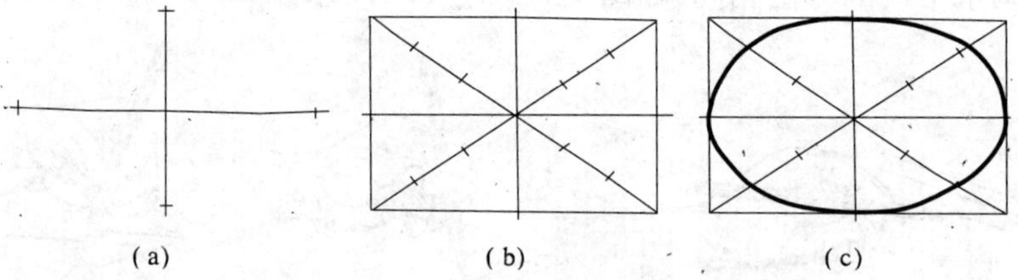

图 1-20　徒手画椭圆

第五节　几何作图

建筑物各部分的形状和轮廓都是由直线、圆弧、曲线等几何图形组合而成的。为了提高绘图的速度和准确度，必须正确使用制图工具和仪器，掌握几种最基本的几何作图方法。

一、直线的平行线和垂直线

(一)作已知直线的平行线

1. 作水平方向线的平行线

过已知点 C,作水平方向线 AB 的平行线,其作图方法和步骤如图 1-21 所示。

(a)使丁字尺的工作边与已知直线 AB 平行　　(b)平推丁字尺,使其工作边紧靠点 C,作直线 CD,CD 即为所求

图 1-21　作水平方向线的平行线

2. 作斜方向线的平行线

过已知点 C,作已知直线 AB 的平行线,其作图方法和步骤如图 1-22 所示。

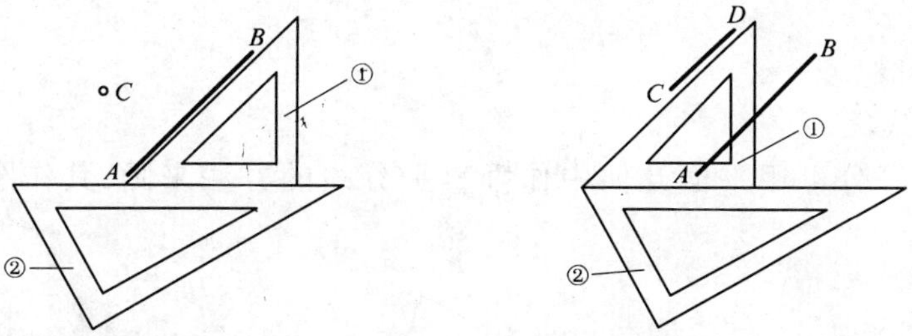

(a)使三角板①的边平行于 AB,将三角板②紧贴三角板①的一边　　(b)按住三角板②,平推三角板①,使平行于 AB 的边过点 C,作直线 CD,CD 即为所求

图 1-22　作斜方向线的平行线

(二)作已知直线的垂直线

1. 作水平线的垂直线

过已知点 C,作水平线 AB 的垂直线,可用丁字尺和三角板来完成,其作图方法和步骤如图 1-23 所示。

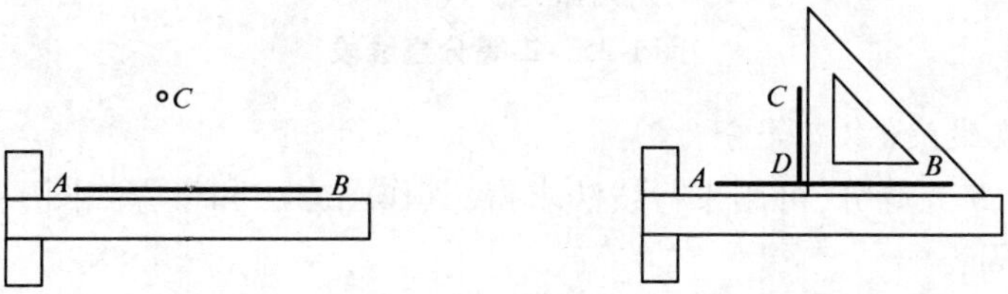

(a)使丁字尺的工作边与已知直线 AB 平行　　(b)将三角板一直角边紧贴丁字尺工作边,沿三角板另一直角边过点 C,作直线 CD,CD 即为所求

图 1-23　作水平线的垂直线

2. 作斜方向线的垂直线

过已知点 C,作已知直线 AB 的垂直线,可借助两块三角板来完成,其作图方法和步骤如图 1-24 所示。

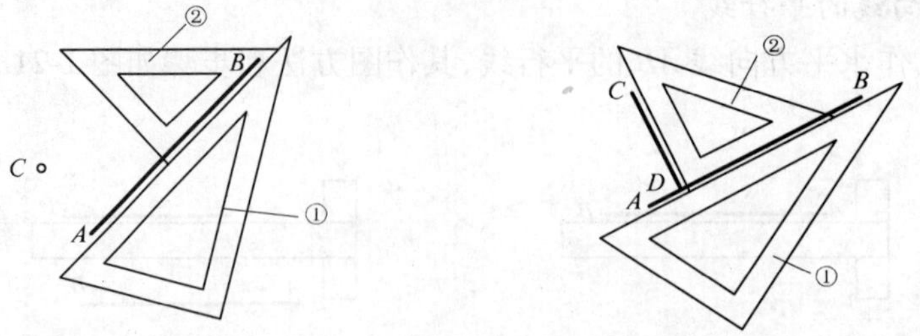

(a)使三角板①的边平行于 AB,将三角板②的一直角边紧贴三角板①

(b)平推三角板②,沿三角板②另一直角边过点 C 作直线 CD,CD 即为所求

图 1-24　作斜方向线的垂直线

二、等分作图

(一)等分线段

1. 二等分直线段

直线段的二等分可用平面几何中作垂直平分线的方法来画,其作图方法和步骤如图 1-25 所示。

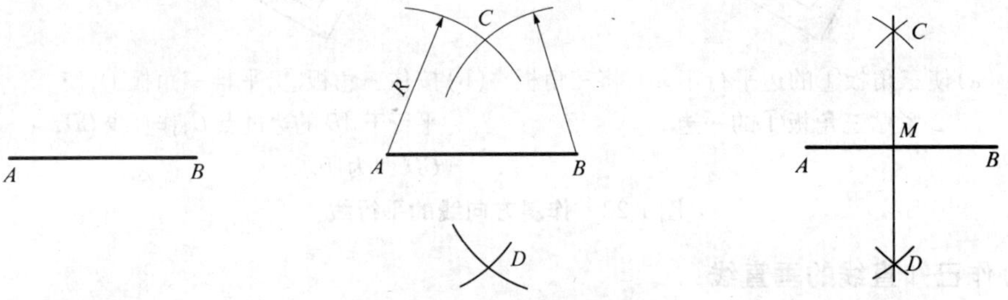

(a)已知线段 AB

(b)分别以 A、B 为圆心,用大于 $\frac{1}{2}AB$ 的长度 R 为半径作弧,两弧交于 C、D

(c)连接 CD 交 AB 于 M,M 即为 AB 中点

图 1-25　二等分直线段

2. 任意等分直线段(以五等分为例)

把已知线段 AB 五等分,可用平行线法求得,其作图方法和步骤如图 1-26 所示。

(二)等分圆周

1. 三等分圆周并作圆内接正三角形

(1)用圆规三等分圆周,并作圆内接正三角形,其作图方法和步骤如图 1-27 所示。

(2)用丁字尺和三角板三等分圆周,并作圆内接正三角形,其作图方法和步骤如图 1-28 所示。

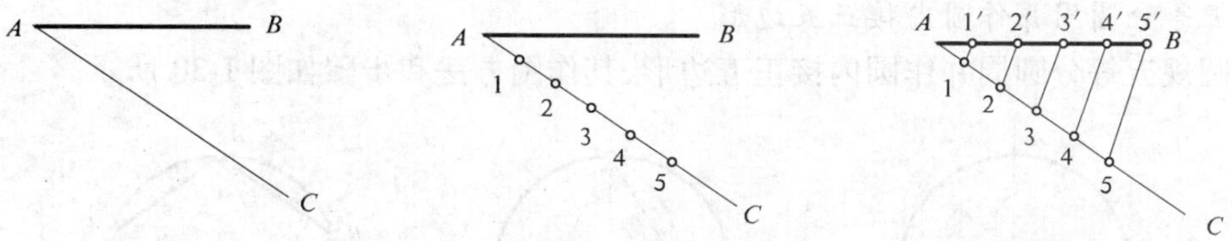

(a)自 A 点任意引一直线 AC　　(b)在 AC 上从 A 点起截取任意长度的五个等分线段，得 1、2、3、4、5 点　　(c)连接 $5B$，分别过 1、2、3、4 各点作 $5B$ 的平行线，即得等分点 $1'$、$2'$、$3'$、$4'$

图 1-26　五等分直线段

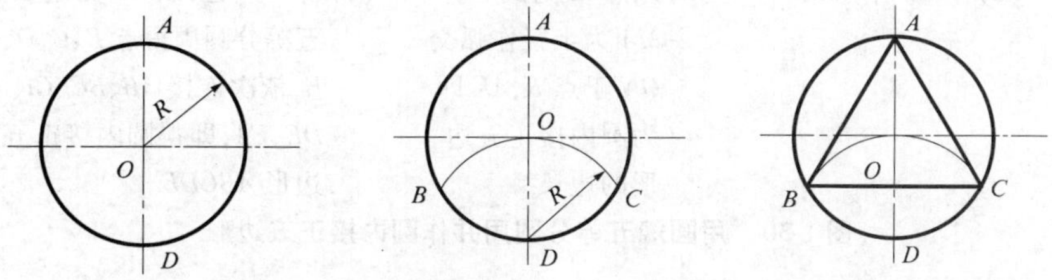

(a)已知半径为 R 的圆及圆上两点 A、D　　(b)以 D 为圆心，R 为半径作弧得 B、C 两点　　(c)连接 AB、AC、BC，即得圆内接正三角形 ABC

图 1-27　用圆规三等分圆周并作圆内接正三角形

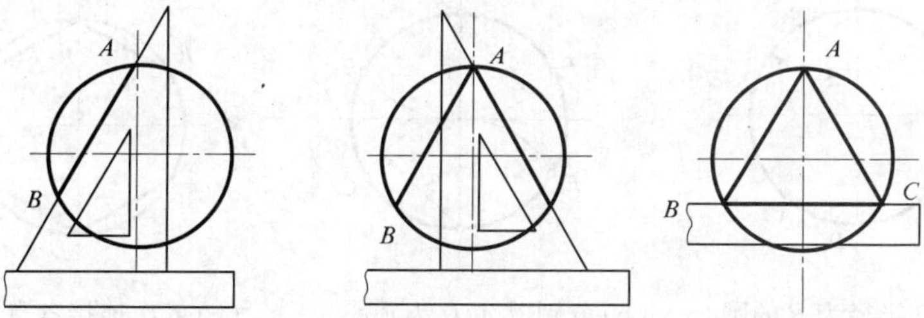

(a)将60°三角板的短直角边紧靠丁字尺工作边，沿斜边过点 A 作直线 AB　　(b)翻转三角板，沿斜边过点 A 作直线　　(c)用丁字尺连接 BC，即得圆内接正三角形 ABC

图 1-28　用丁字尺和三角板三等分圆周并作圆内接正三角形

2. 四等分圆周并作圆内接正方形

用丁字尺和三角板四等分圆周并作圆内接正方形，其作图方法和步骤如图 1-29 所示。

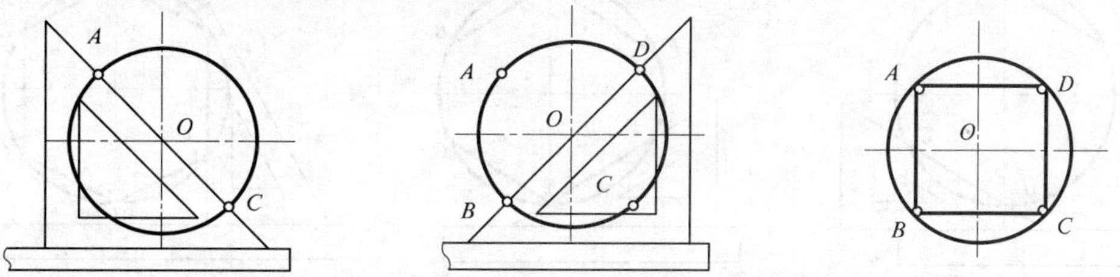

(a)将 45°三角板的直角边紧靠丁字尺工作边，过圆心 O 沿斜边作直径 AC 得点 A、C　　(b)翻转三角板，过圆心 O 沿斜边作直径 BD 得点 B、D　　(c)依次连接 AB、BC、CD、DA，即得圆内接正方形 $ABCD$

图 1-29　用丁字尺和三角板四等分圆周并作圆内接正方形

3. 五等分圆周并作圆内接正五边形

用圆规五等分圆周并作圆内接正五边形，其作图方法和步骤如图 1-30 所示。

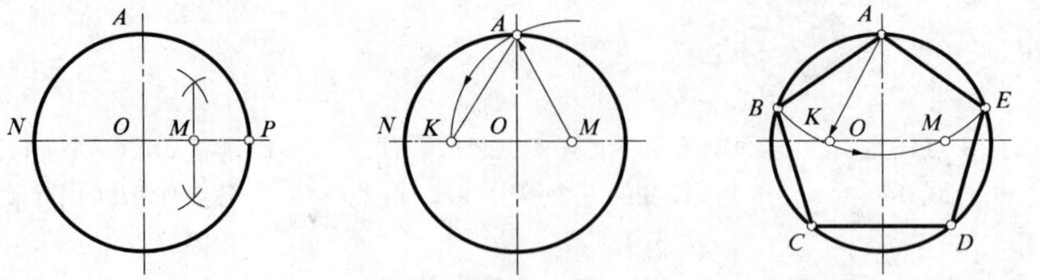

(a)作 OP 中点 M　　(b)以点 M 为圆心，MA 为半径作弧交 ON 于点 K，AK 即为圆内接正五边形的边长　　(c)自 A 点起，以 AK 为边长五等分圆周得点 B、C、D、E，依次连接 AB、BC、CD、DE、EA，即得圆内接正五边形 $ABCDE$

图 1-30　用圆规五等分圆周并作圆内接正五边形

4. 六等分圆周并作圆内接正六边形

(1)用圆规六等分圆周并作圆内接正六边形，其作图方法和步骤如图 1-31 所示。

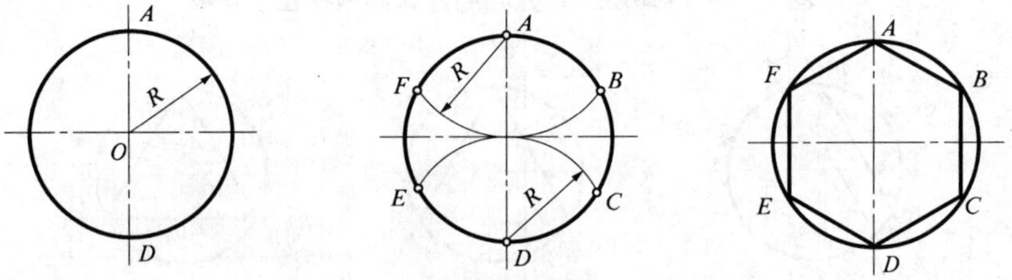

(a)已知半径为 R 的圆及圆上两点 A、D　　(b)分别以 A、D 为圆心，R 为半径作弧得 B、C、E、F 各点　　(c)依次连接各点即得圆内接正六边形 $ABCDEF$

图 1-31　用圆规六等分圆周并作圆内接正六边形

(2)用丁字尺和三角板六等分圆周并作圆内接正六边形，其作图方法和步骤如图 1-32 所示。

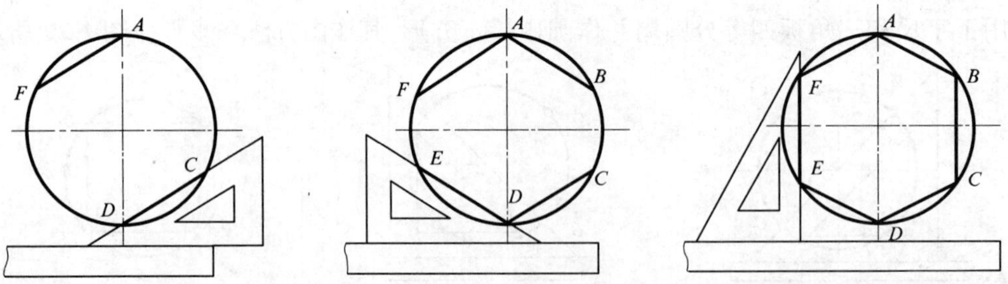

(a)以 60°三角板的长直角边紧靠丁字尺，沿斜边分别过 A、D 点，作直线 AF、DC　　(b)翻转三角板，沿斜边分别过 A、D 点，作直线 AB、DE　　(c)用三角板的直角边连接 FE、BC，即得圆内接正六边形 $ABCDEF$

图 1-32　用丁字尺和三角板六等分圆周并作圆内接正六边形

5. 任意等分圆周并作圆内接 n 边形（以圆内接正七边形为例）

任意等分圆周并作圆内接 n 边形的方法，为一近似作法，当求得边长的等分点时，会出现误差，应进行适当调整。

用圆规和三角板作圆内接正七边形的方法和步骤如图 1-33 所示。

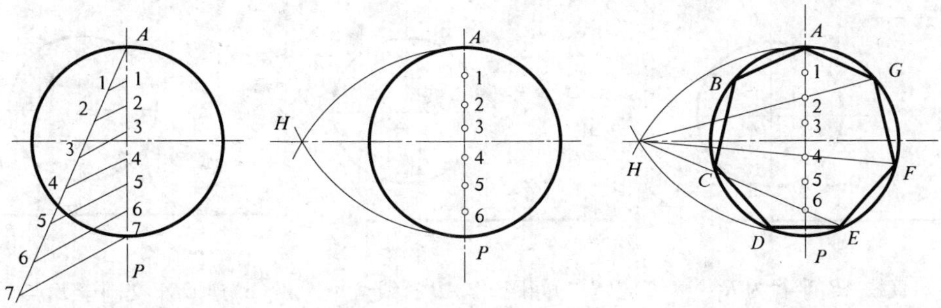

（a）已知直径为 D 的圆及圆直径 AP，将直径 AP 等分得 1、2、3、4、5、6、7 各点

（b）以 A（或 P）为圆心，D 为半径作弧，与圆的中心线的延长线交于 H 点

（c）连接 H 及 AP 上的偶数点，并延长与圆周相交得 G、F、E 点，在另一半圆上对称地作出点 B、C、D，依次连接各点，即得圆内接正七边形 $ABCDEFG$

图 1-33　用圆规和三角板作圆内接正七边形

三、圆弧的连接

（一）两直线间的圆弧连接

用圆弧连接两直线的方法和步骤如图 1-34 所示。

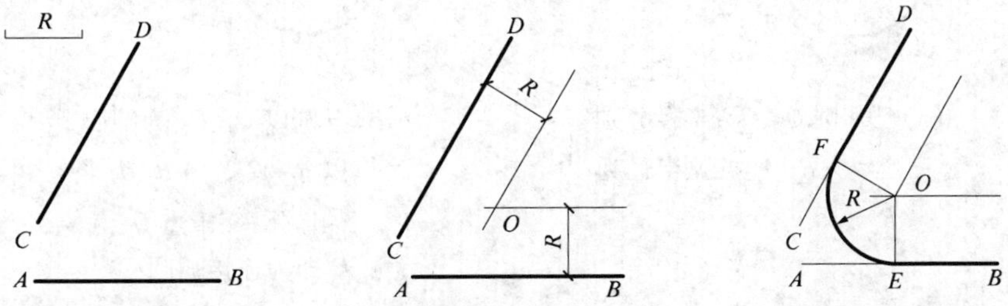

（a）已知直线 AB、CD，连接弧半径 R

（b）以连接弧半径 R 为间距，分别作两已知直线的平行线交于 O 点

（c）过 O 点作已知直线的垂线，切点为 E、F 点，以点 O 为圆心，R 为半径，过 E、F 作弧，即为所求

图 1-34　圆弧连接两直线

（二）直线与圆弧间的圆弧连接

用圆弧连接直线和圆弧的方法和步骤如图 1-35 所示。

（三）两圆弧间的圆弧连接

用圆弧连接两圆弧有三种情况，即外切连接、内切连接和内、外切连接。

(1)圆弧与两圆弧外切连接的方法和步骤如图 1-36 所示。

(2)圆弧与两圆弧内切连接的方法和步骤如图 1-37 所示。

(3)圆弧与两圆弧内、外切连接的方法和步骤如图 1-38 所示。

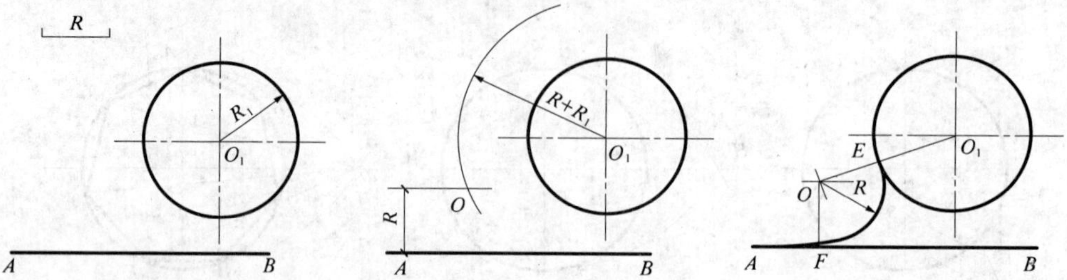

(a)已知直线 AB,半径为 R_1 的圆 O_1,连接弧半径 R

(b)以 R 为间距,作 AB 直线的平行线,与以点 O_1 为圆心、$R+R_1$ 为半径所作的弧交于点 O,点 O 即为所求连接弧圆心

(c)连 OO_1 交圆于 E 点,过点 O 作 OF 垂直直线 AB,F 为垂足,以点 O 为圆心,R 为半径,过点 E、F 作弧,即为所求

图 1-35　圆弧连接直线和圆弧

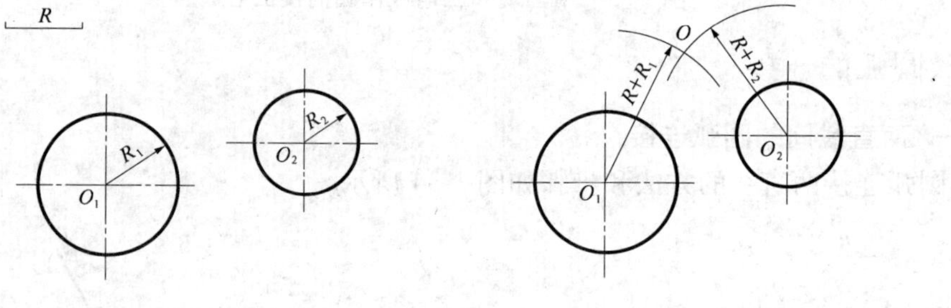

(a)已知圆 O_1、O_2,半径分别为 R_1、R_2,连接弧半径为 R

(b)分别以 O_1、O_2 为圆心,以 $R+R_1$、$R+R_2$ 为半径作弧,交于点 O,点 O 即为连接弧圆心

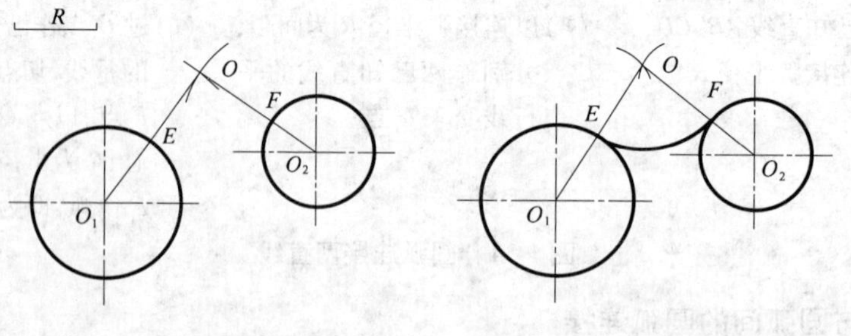

(c)连接 OO_1、OO_2 与两圆的圆周分别交于 E、F 点,E、F 点即为切点

(d)以点 O 为圆心,R 为半径,自切点 E、F 作弧,即为所求

图 1-36　圆弧与两圆弧外切连接

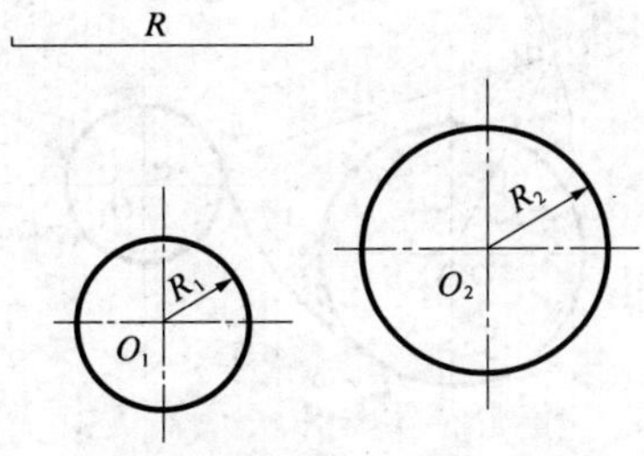

(a)已知圆 O_1、O_2，半径分别为 R_1、R_2，连接弧半径为 R

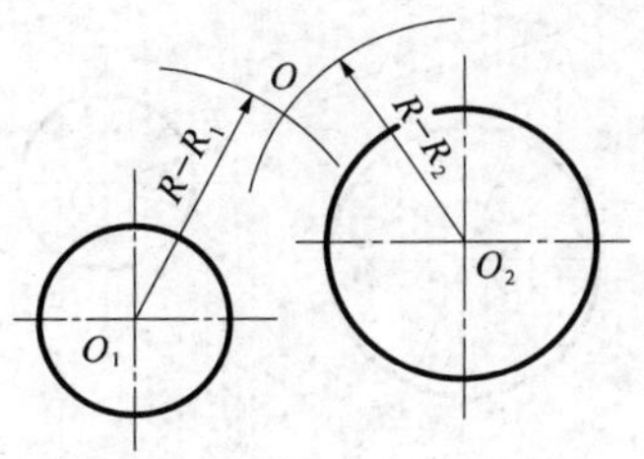

(b)分别以 O_1、O_2 为圆心，以 $R-R_1$、$R-R_2$ 为半径作弧，交于点 O，点 O 即为连接弧圆心

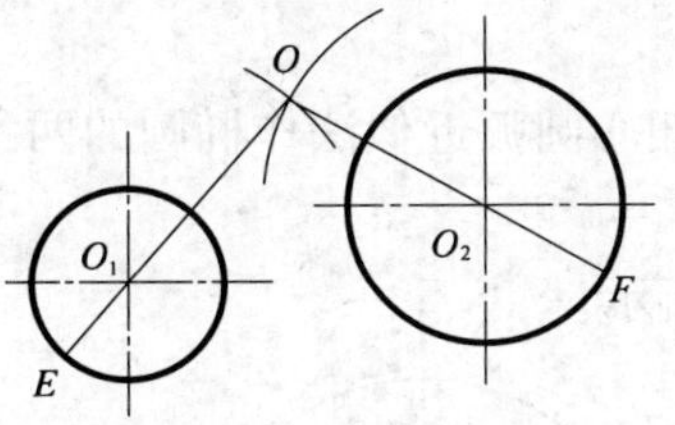

(c)连 OO_1、OO_2 并延长与两圆的圆周分别交于 E、F 点，E、F 点即为切点

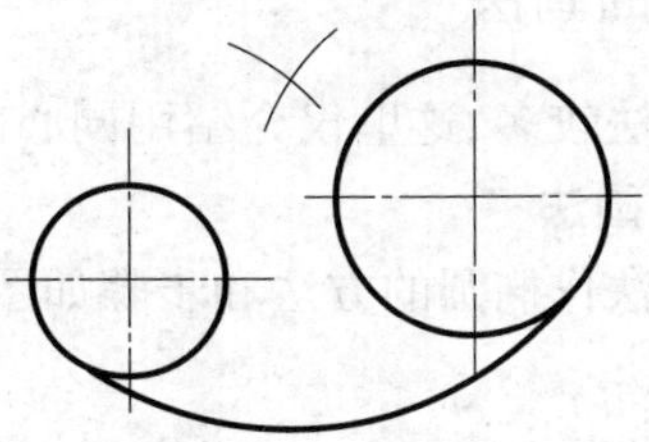

(d)以点 O 为圆心，R 为半径，自切点 E、F 作弧，即为所求

图 1-37　圆弧与两圆弧内切连接

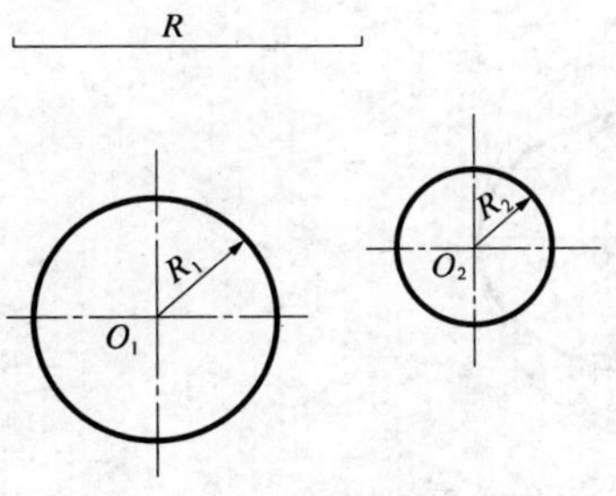

(a)已知圆 O_1、O_2，半径分别为 R_1、R_2，连接弧半径为 R

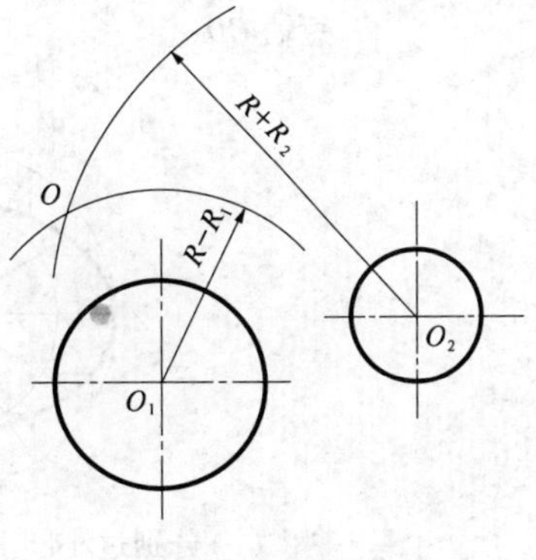

(b)分别以 O_1、O_2 为圆心，以 $R-R_1$、$R+R_2$ 为半径作弧，交于点 O，点 O 即为连接弧圆心

图 1-38　圆弧与两圆弧内、外切连接

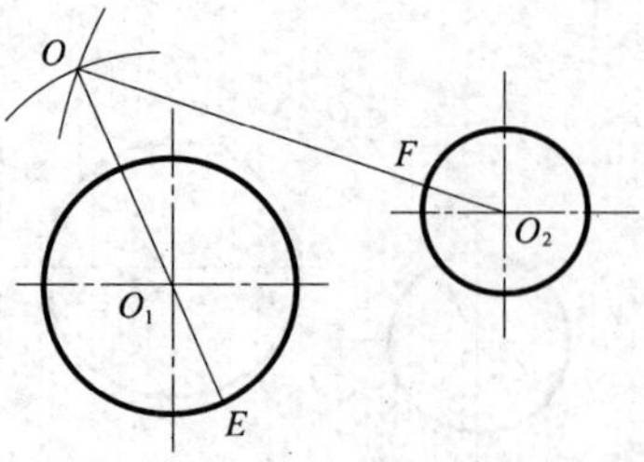

（c）连 OO_1、OO_2 与两圆的圆周分别交于 E、F 点，E、F 点即为切点

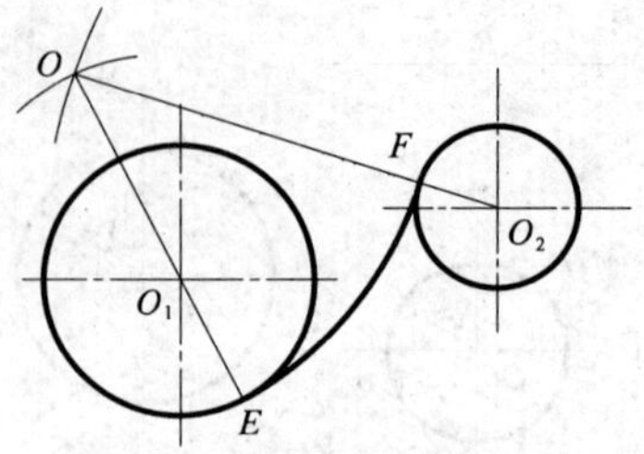

（d）以点 O 为圆心，R 为半径，自切点 E、F 作弧，即为所求

续图 1-38

四、椭圆的画法

椭圆的画法较多，这里仅介绍用同心圆法和四心圆弧近似法作椭圆的两种方法。

（一）同心圆法

用同心圆法作椭圆的方法和步骤如图 1-39 所示。

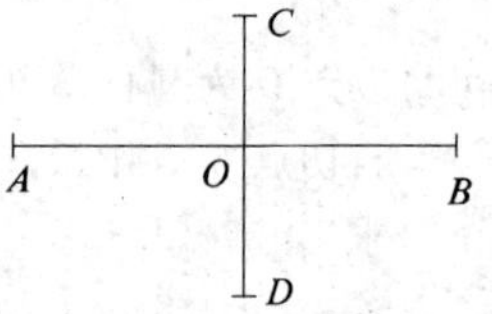

（a）已知椭圆的长轴 AB 及短轴 CD

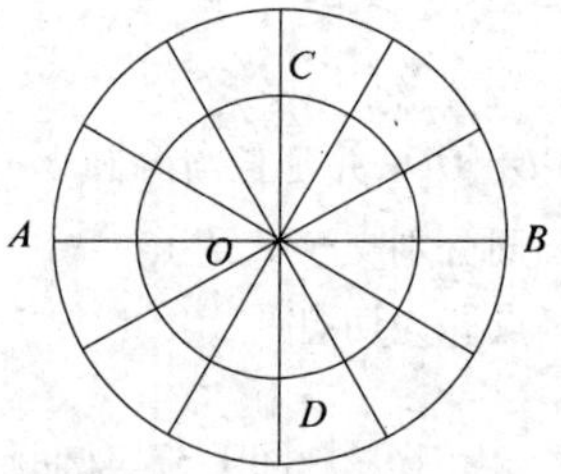

（b）以点 O 为圆心，分别以 OA、OC 为半径作圆，并将圆 12 等分

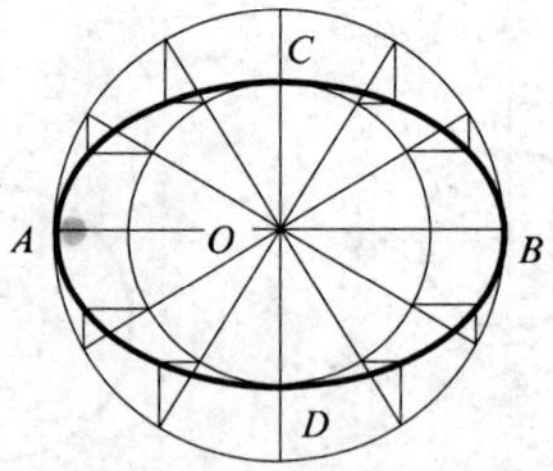

（c）分别过小圆上的等分点作水平线，过大圆上的等分点作竖直线，其各对应的交点，即为椭圆上的点，依次相连即可

图 1-39　同心圆法作椭圆

（二）四心圆弧近似法

用四心圆弧近似法作椭圆的方法和步骤如图 1-40 所示。

【例 1-1】　工程制图中用圆弧连接的地方很多，图 1-41 为一交通立交桥平面图，此图运用了较多的直线与弧的连接和圆弧与圆弧的连接。作图步骤如图 1-42 所示。

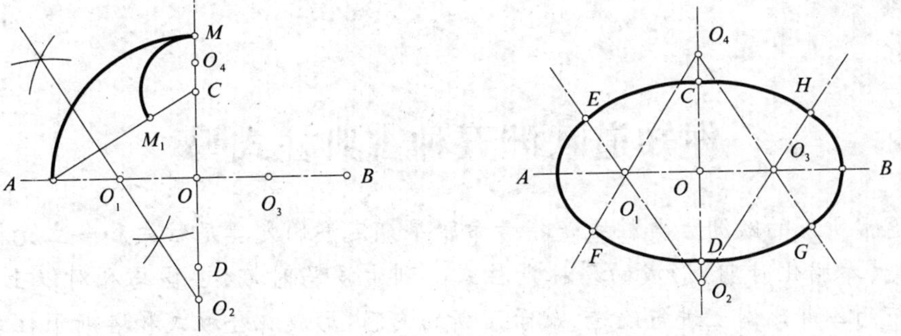

(a)已知椭圆的长、短轴 AB、CD，连接 AC，并作 $OM=OA$，又作 $CM_1=CM$ 及 AM_1 的垂直平分线交 AB 于 O_1、CD 于 O_2，作 $OO_3=OO_1$，$OO_4=OO_2$

(b)连 O_1O_2、O_1O_4、O_3O_2、O_3O_4 并延长，分别以 O_1、O_3、O_2、O_4 为圆心，以 O_1A、O_3B、O_2C、O_4D 为半径作弧，使各弧相接于 E、F、G、H，即得所求

图 1-40　四心圆弧近似法作椭圆

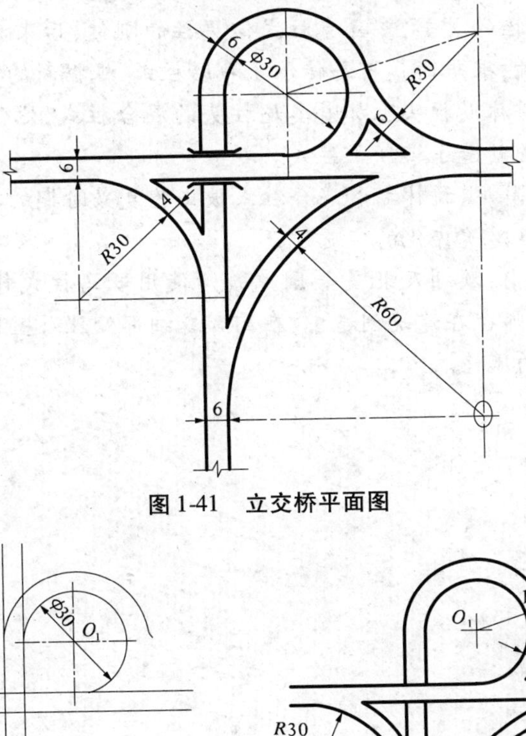

图 1-41　立交桥平面图

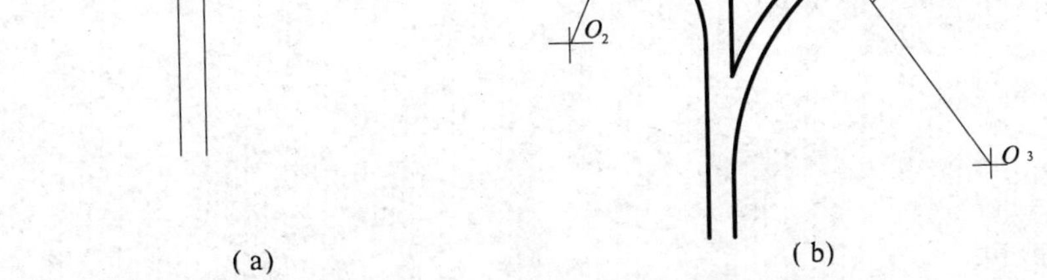

(a)　　　　　　　　　　(b)

图 1-42　立交桥平面图作图步骤

知识链接一

你知道欧洲五种古典柱式吗

我们通常所说的欧洲古典柱式是指古希腊早期定型的爱奥尼柱式和多立克柱式，以及古希腊晚期（希腊化时期）形成的科林斯柱式。到古罗马时期，古罗马人对以上三种柱式在装饰细节的各部比例上进行改造，赋予了新的内容，形成混合柱式和塔斯干柱式，成为古罗马五种柱式，所以建筑史学家认为，五种柱式形成于希腊，而在罗马得到发展，这五种古典柱式是成熟的被固定的欧洲古代石质梁柱结构规范化的艺术形式。

柱式包括柱、柱上檐部和柱下基座的艺术形式。成熟的柱式从整体到线脚、凹槽、雕饰等细节处理都基本定型，比例也大致稳定，特点鲜明，对建筑物风格起到决定性影响。

爱奥尼柱式和多立克柱式成熟于公元前五世纪中叶。爱奥尼柱式的主要特征是在柱头的正面和背面各有一对涡卷，由柱础、圆盘等组成；多立克柱式柱头是个倒圆锥台，没有柱础。爱奥尼柱式如女性的柔美，多立克柱式似男性的刚健，后来希腊还出现了科林斯柱式，柱头上雕刻着毛茛叶，很华丽。罗马传承了希腊柱式，根据新的审美要求和技术条件对其加以改造，创造了在科林斯柱头上加爱奥尼柱头的混合柱式，他们对多立克柱式也加以改造，参照伊特鲁人传统创造了塔斯干柱式。

塔斯干、多立克、爱奥尼、科林斯和混合柱式被文艺复兴时期的建筑师称为罗马的五种柱式，是欧洲也是全人类建筑文化的宝贵遗产。

在以后很长的时期内，欧洲及北美等国建筑师使用罗马柱式作为基本的建筑造型手段。当代中国很多建筑师也在建筑创造中，在局部或细部处理及室内装饰中采用这五种柱式，追求一种中西合璧的风格。

（林深　撰写）

知识链接一

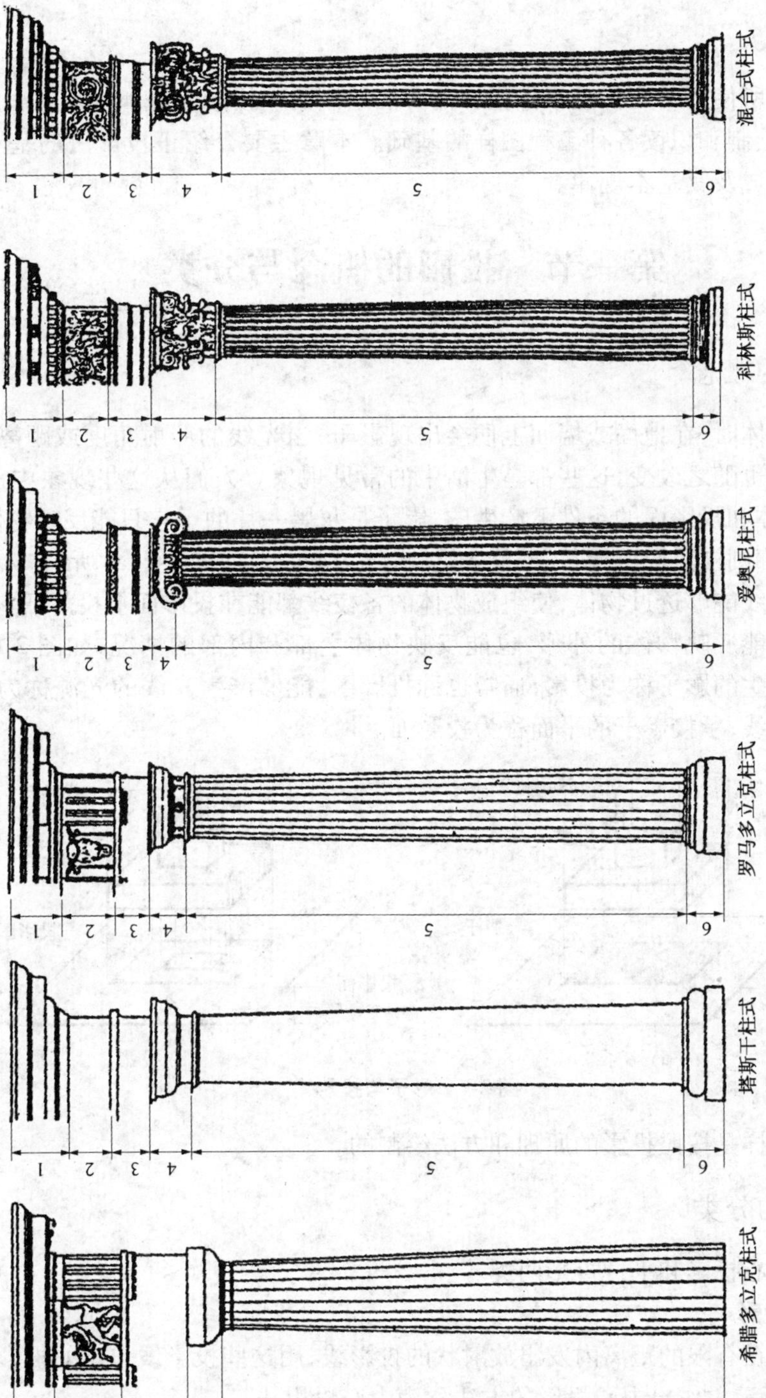

柱式比较图

1—檐口;2—檐壁;3—额枋;4—柱头;5—柱身;6—柱础

第二章　投影的基本知识

建筑工程中所使用的图样是根据投影的方法绘制的。投影原理和投影方法是绘制投影图的基础,也是绘制和识读各种工程图样的基础。本章主要介绍正投影法的基本原理和三面正投影图的形成及其基本规律。

第一节　投影的概念与分类

一、投影的概念

光线照射物体时,在地面或墙面上便会出现影子,当光线的照射角度或距离改变时,影子的位置和形状也随之改变,这些都是生活中的常见现象。人们从这些现象中认识到影子是在有光线、物体和投影面的条件下产生的,影子是灰黑一片的。它只能反映物体底部的轮廓,而上部的轮廓则被黑影所代替,不能表达物体的真面目,如图 2-1(a)所示。

如果假设光线能够透过物体,使组成物体的各棱线都能在投影面上投落下它们的影子,这样的影子不但能反映物体的外形,也能反映物体上部和内部的情况,如图 2-1(b)所示。我们把这时所产生的影子称为投影,通常也称投影图,能够产生光线的光源称为投影中心,而光线称为投影线,承接影子的平面称为投影面。

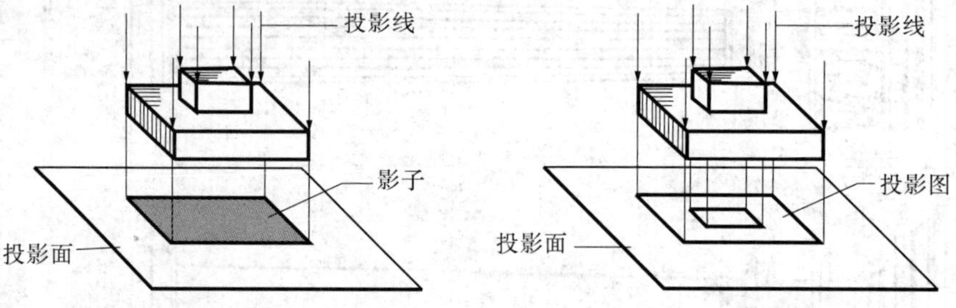

(a) 影子　　(b) 投影

图 2-1　影子与投影

建筑工程图样是按照投影的原理和方法绘制的。

二、投影的分类

投影分为中心投影和平行投影两类。

(一) 中心投影

投影中心 S 在有限的距离内发出放射状的投影线,用这些投影线作出的投影,称为中心投影,如图 2-2 所示。作出中心投影的方法称为中心投影法。

用中心投影法绘制的物体投影图称为透视图,如图 2-3 所示。它只需一个投影面,其特点是图形逼直、直观性强,但作图复杂,物体各部分的确切形状和大小都不能直接在图中度量出来，故不能作为施工图使用，它仅适用于建筑设计方案的比较及工艺美术和宣传广告画等。

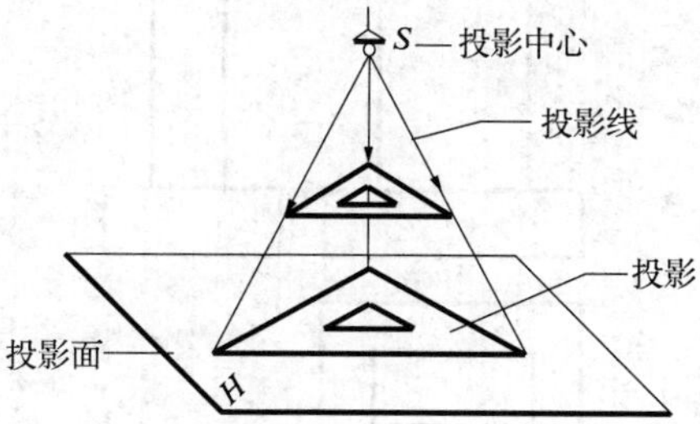

图 2-2　中心投影

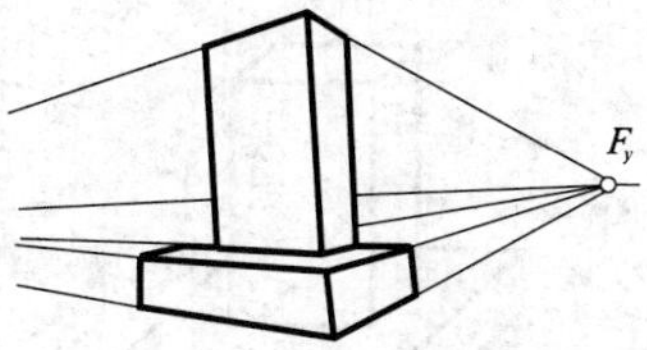

图 2-3　透视图

（二）平行投影

当投影中心 S 移至无限远处时，投影线将依一定的投影方向平行地投射下来。用平行投影线作出的投影，称为平行投影，如图 2-4（a）、（b）所示。作出平行投影的方法称为平行投影法。

根据投影线与投影面的角度不同，平行投影又可分为斜投影和正投影。

1. 斜投影

投影方向倾斜于投影面时所作出的平行投影，称为斜投影，如图 2-4（a）所示。作出斜投影的方法称为斜投影法。

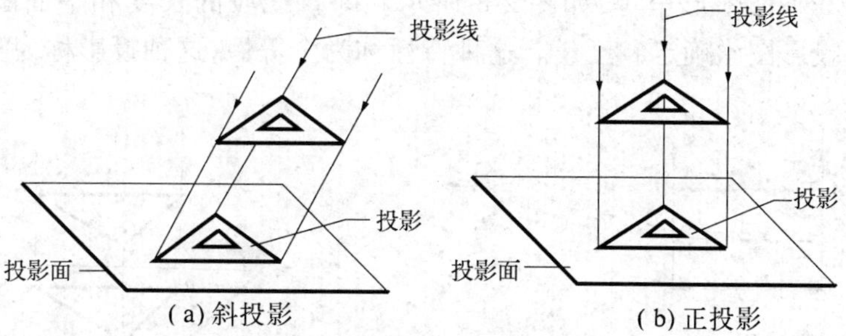

图 2-4　平行投影

用斜投影法可绘制斜轴测投影图，如图 2-5 所示。画图时，只需一个投影面。其特点是立体感强，非常直观，但不能准确地反映物体的形状，视觉上出现变形和失真，只能作为工程上的辅助图样。

2. 正投影

投影方向垂直于投影面时所作出的平行投影，称为正投影，如图 2-4（b）所示。作出正投影的方法称为正投影法。

用正投影法在两个或两个以上相互垂直的，并平行于物体主要侧面的投影面上分别获得同一物体的正投影，然后按规则展开在一个平面上，便得到物体的多面正投影图，如图2-6所示。

正投影图的特点是作图较其他方法简便，便于度量，但缺乏立体感，需经过一定的训练才能看懂。

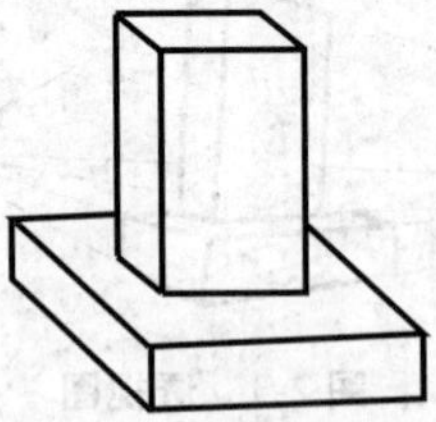

图 2-5　斜轴测投影图

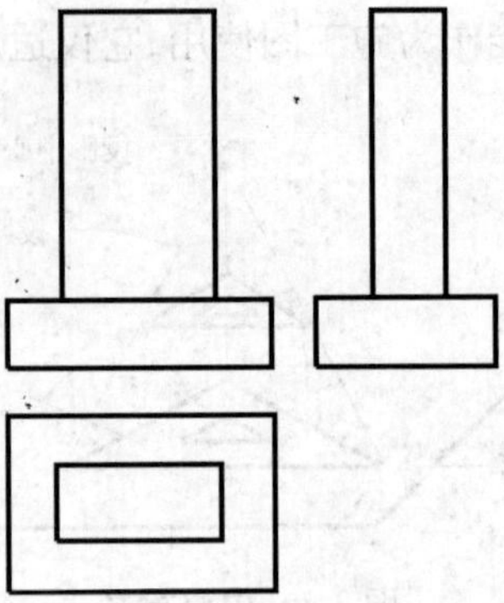

图 2-6　正投影图

第二节　正投影的基本特性

在建筑制图中,最常使用的投影法是正投影法。正投影有如下的特性。

一、全等性

当直线段平行于投影面时,其投影与直线段等长,如图 2-7 所示;当平面图形平行于投影面时,其投影与平面图形全等,如图 2-8 所示。即直线段的长度和平面图形的形状和大小,都可直接从投影图中确定和度量。这种特性称为全等性,这种投影称为实形投影。

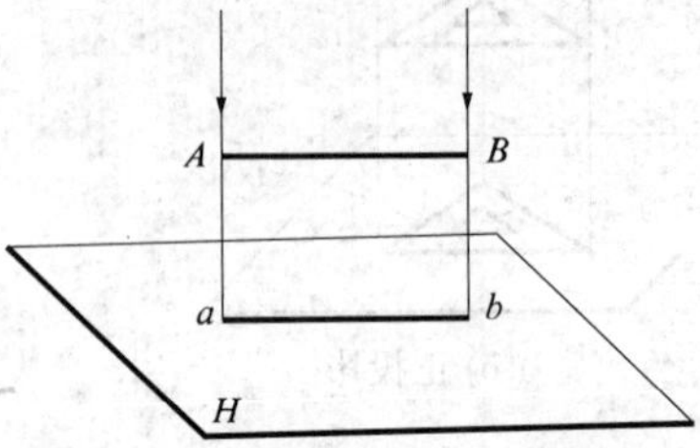

图 2-7　直线段平行投影面

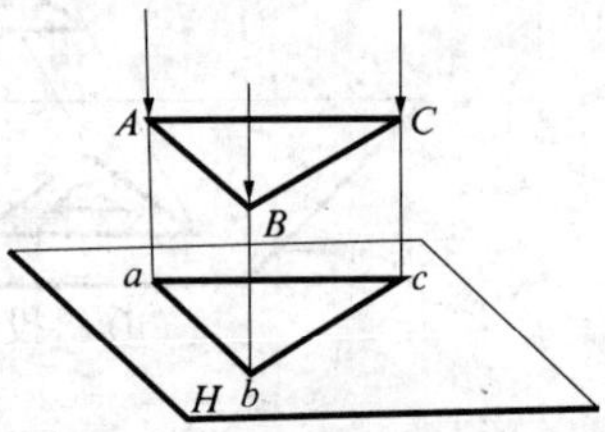

图 2-8　平面图形平行投影面

二、积聚性

当直线段垂直于投影面时,其投影积聚成一点,如图 2-9 所示;当平面图形垂直于投影面时,其投影积聚成一直线段,如图 2-10 所示。这种特性称为积聚性,这种投影称为积聚投影。

三、类似性

当直线段倾斜于投影面时,其投影仍是直线段,但比实长短,如图 2-11 所示;当平面图形倾斜于投影面时,其投影与平面类似,但比实形小,如图 2-12 所示。这种特性称为类似性。

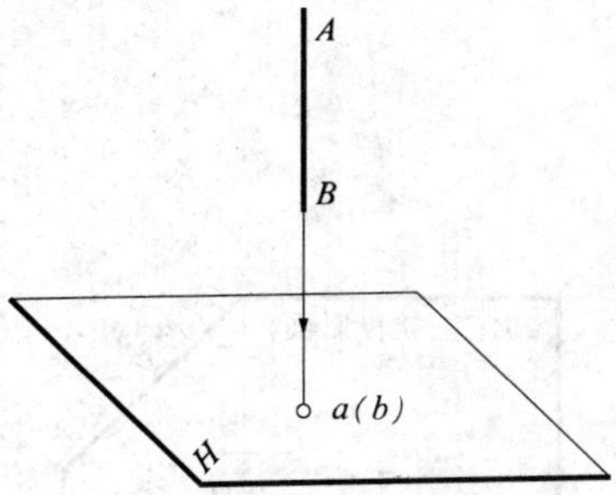

图 2-9　直线段垂直投影面

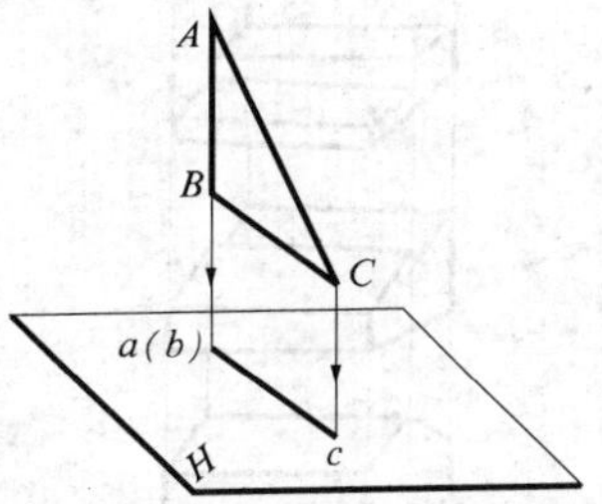

图 2-10　平面图形垂直投影面

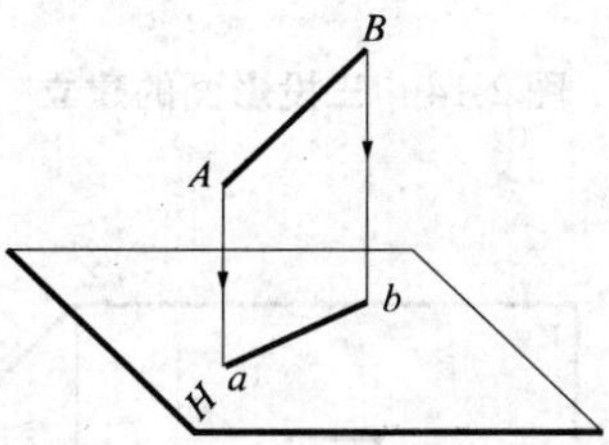

图 2-11　直线段倾斜投影面

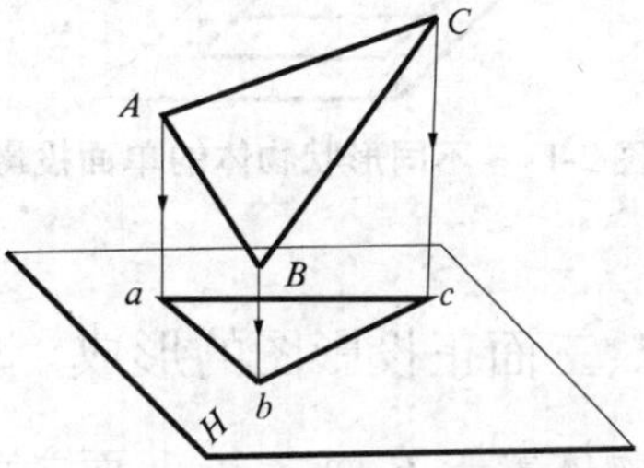

图 2-12　平面图形倾斜投影面

由于正投影不仅具有反映实长、实形的特性，而且投影方向规定垂直于投影面，便于作图，因此大多数的工程图样都用正投影法画出。以下各章节提及投影二字，除特别说明外，均指正投影。

第三节　三面正投影图

当投影方向、投影面确定后，物体在一个投影面上的投影图是唯一的，但一个投影图只能反映物体一个面的形状和尺寸，并不能完整地反映它的全部面貌。如图 2-13 中三个空间形状不同的物体，在同一个投影面上的投影却是相同的，所以该投影是不能反映三个不同物体的形状和大小的。

那么，需要几个投影图才能准确而全面地表达物体的形状和大小呢？一般需要两个或两个以上的投影图。

一、三投影面体系的建立

三个相互垂直的投影面构成三投影面体系，如图 2-14 所示。在三投影面体系中，呈水平位置的投影面称为水平投影面（简称水平面），用 H 表示，水平面也可称为 H 面；与水平投影面垂直相交呈正立位置的投影面称为正立投影面（简称正面），用 V 表示，正面也可称为 V 面；位于右侧与 H、V 同时垂直相交的投影面称为侧立投影面（简称侧面），用 W 表示，侧面也可称为 W 面。

三个投影面的两两相交线 OX、OY、OZ 称为投影轴，它们相互垂直。三投影轴相交于一点 O，称为原点。

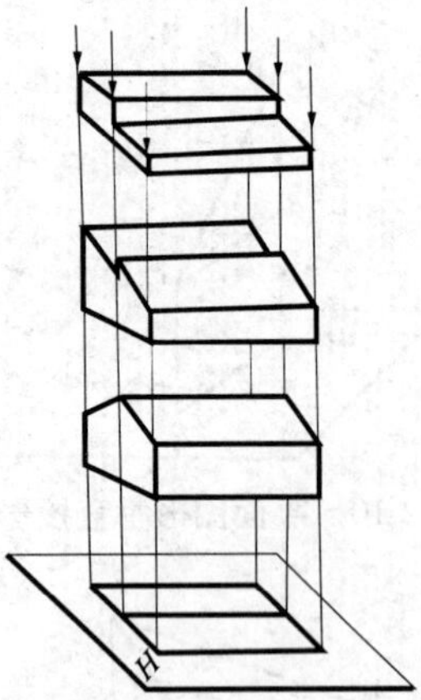

图 2-13　不同形状物体的单面投影

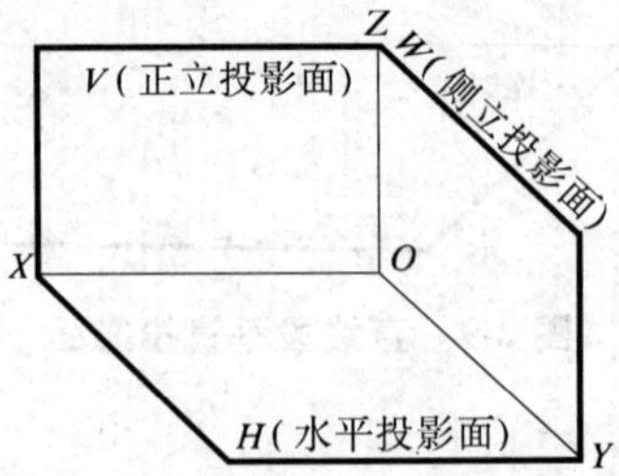

图 2-14　三投影面的建立

二、三面正投影图的形成

将物体置于 H 面之上、V 面之前、W 面之左的空间，如图 2-15 所示。用分别垂直于三个投影面的平行投影线投影，可得到物体在三个投影面上的正投影图。

投影线由上向下垂直 H 面，在 H 面上产生的投影称为水平投影图（简称平面图）。

投影线由前向后垂直 V 面，在 V 面上产生的投影称为正立投影图（简称正面图）。

投影线由左向右垂直 W 面，在 W 面上产生的投影称为侧立投影图（简称侧面图）。

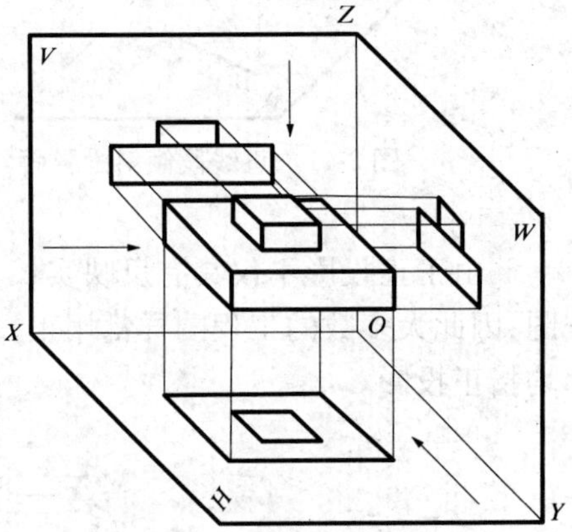

图 2-15　投影图的形成

三、三投影面展开规则

为了把空间三个投影面上所得到的投影图画在一个平面上，需将三个相互垂直的投影面展开摊平成一个平面。

展形规则是，V 面保持不动，H 面绕 OX 轴向下翻转 90°，W 面绕 OZ 轴向右翻转 90°，则它们就和 V 面处在同一平面上，如图 2-16 所示。

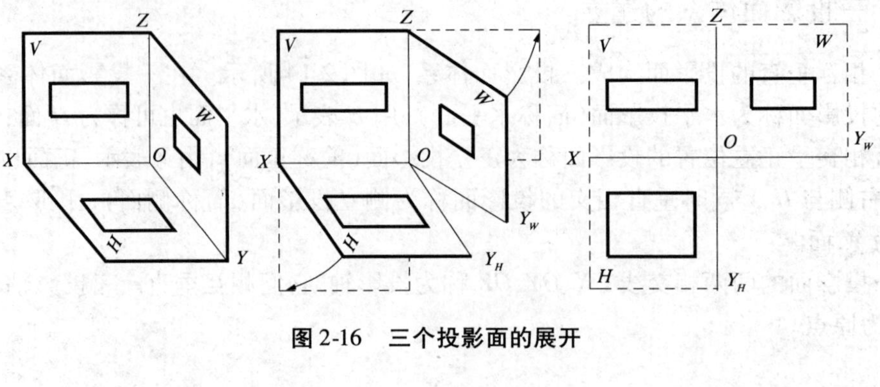

图 2-16　三个投影面的展开

三个投影面展开后，三条投影轴成为两条垂直相交的直线。原 OX、OZ 轴的位置不变，OY 轴则分为两条，在 H 面上的用 OY_H 表示，它与 OZ 轴成一直线；在 W 面上的用 OY_W 表示，它与 OX 轴成一直线。

H 面、V 面、W 面的相对位置是固定的，投影图与投影面的大小无关。作图时，不必画出投影面的边界，也不必标注投影面、投影轴和投影图的名称，如图 2-17 所示。在工程图样中，投影轴一般可不画出来，如图 2-18 所示。但在初学投影作图时，最好将投影轴保留，并用细实线画出。

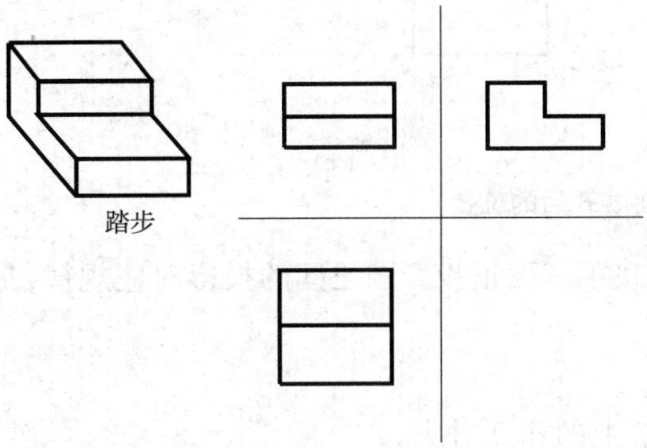

图 2-17　踏步三面正投影图

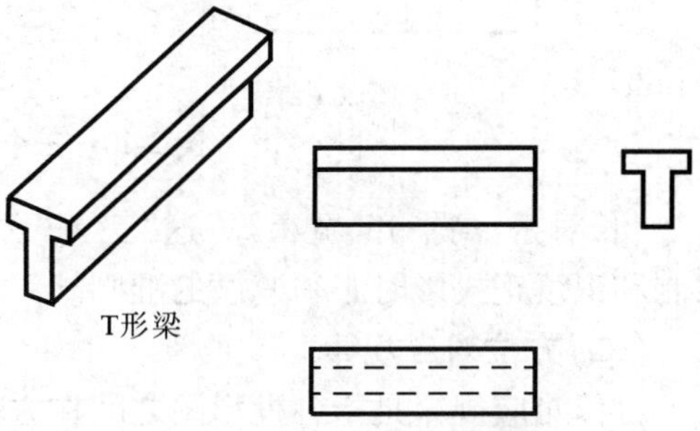

图 2-18　T 形梁正投影图

四、三面正投影图的投影规律

空间物体都有长、宽、高三个方向的尺度，在作投影时，对物体的长度、宽度和高度方向，统一按下述方法确定。

当物体的正面确定之后，其左右方向的尺寸称为长度；前后方向的尺寸称为宽度；上下之间的尺寸称为高度，如图 2-19 所示。

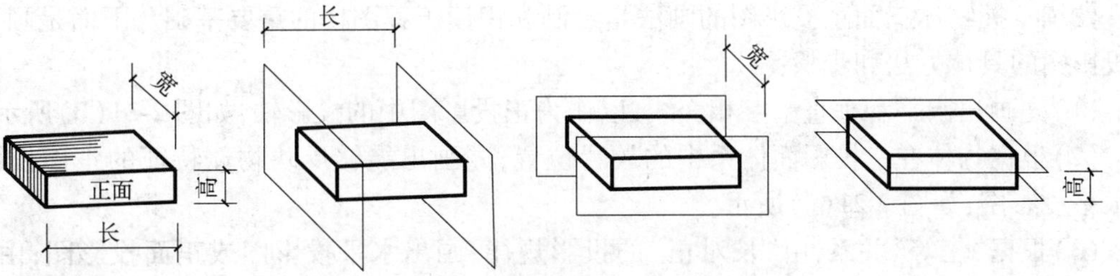

图 2-19　物体的长、宽、高

三面投影图是从三个不同方向投影而得到的，对于同一物体，其三面投影图之间既有区别，又有联系。从图 2-20 中可以看出三面正投影图具有下述投影规律。

（一）投影对应规律

投影对应规律是指各投影图之间在量度方向上的相互对应。

由图 2-20（b）可知，H 投影和 V 投影在 X 轴方向都反映物体的长度，它们的位置左右应对正，这种关系称为"长对正"；V 投影和 W 投影在 Z 轴方向都反映物体的高度，它们的位置上下应对齐，这种关系称为"高平齐"；H 投影和 W 投影在 Y 轴方向都反映了物体的宽度，这种关系称为“宽相等”。

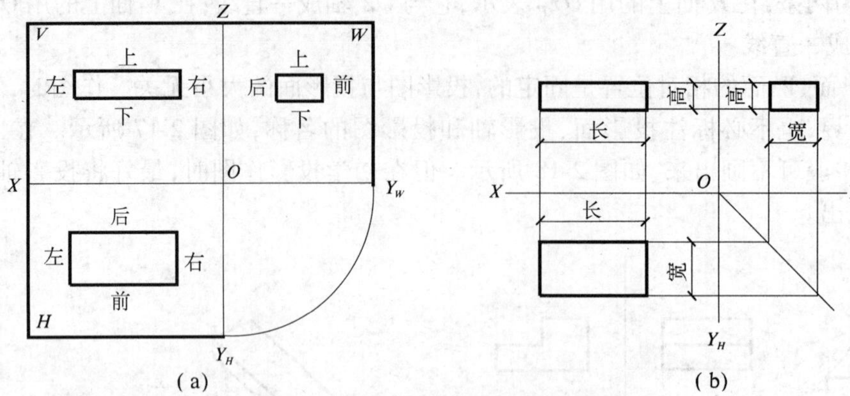

图 2-20　三个投影面展开后的位置

“长对正、高平齐、宽相等”这“三等”关系反映了三面正投影图之间的投影对应规律，是绘制和识读正投影时必须遵循的准则。

(二)方位对应规律

方位对应规律是指各投影图之间在方向位置上的相互对应。

任何物体都有上、下、左、右、前、后六个方位。在三面投影图中，每个投影图各反映其中四个方位的情况，即平面图反映物体的左右和前后；正面图反映物体的左右和上下；侧面图反映物体的前后和上下，如图 2-20(a)所示。

在投影图上识别形体的方位，对识图将有很大的帮助。

对一般物体，用三面投影已能确定其形状和大小，因此 H、V、W 三个投影面称为基本投影面。

五、三面正投影图的画法

熟练掌握物体三面正投影图的画法是绘制和识读工程图样的重要基础。下面是画三面正投影图的具体方法和步骤：

(1)先画出水平和垂直十字相交线，以作为正投影图中的投影轴，如图 2-21(b)所示。

(2)根据物体在三投影面体系中的放置位置，先画出能够反映物体特征的正面投影图或水平投影图，如图 2-21(c)所示。

(3)根据“三等”关系，由“长对正”的投影规律，画出水平投影图或正面投影图；由“高平齐”的投影规律，把正面投影图中涉及高度的各相应部分用水平线拉向侧立投影面；由“宽相等”的投影规律，过原点 O 作一条向下斜的 45°线，然后在水平投影图上向右引水平线，与 45°线相交后再向上引铅垂线，得到在侧立面上与“等高”水平线的交点，连接关联点而得到侧面投影图，如图 2-21(d)所示。

(4)擦去作图线，整理、描深，如图 2-21(e)所示。

由于在制图时，只要求各投影图之间的“长、宽、高”关系正确，因此在实际工程图中，一般不画投影轴，各投影图的位置也可以灵活安排，有时各投影图还可以不画在同一张图纸上。

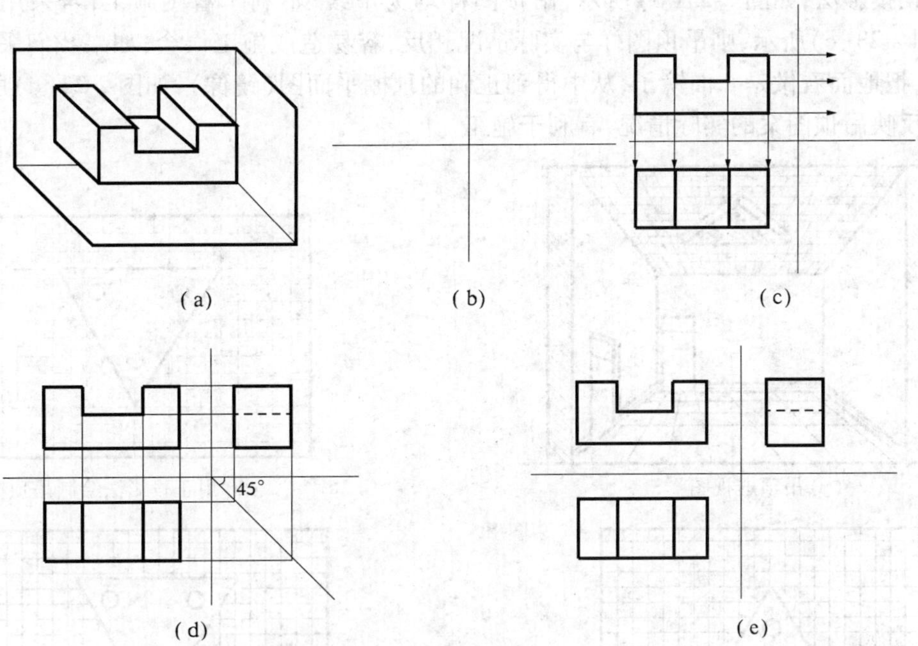

图 2-21　三面正投影图画法步骤

六、镜像投影

在建筑工程中，建筑物的有些部位或构件的图样直接用正投影法绘制时，难以表达其真实形状，甚至会出现与实际相反的情况，造成施工误会。对于这类图样可采用与正投影法不同的镜像投影绘制。

镜像投影法就是假设把玻璃镜面放在物体的下面，代替水平投影面 *H*，在镜面中得到反映物体底面形状的图像。所得到的图像称为镜像投影图，如图 2-22(a)所示。用镜像投影法绘制的平面图应在图名后注写“镜像”二字，如图 2-22(b)所示，或按图 2-22(c)画出镜像投影识别符号。

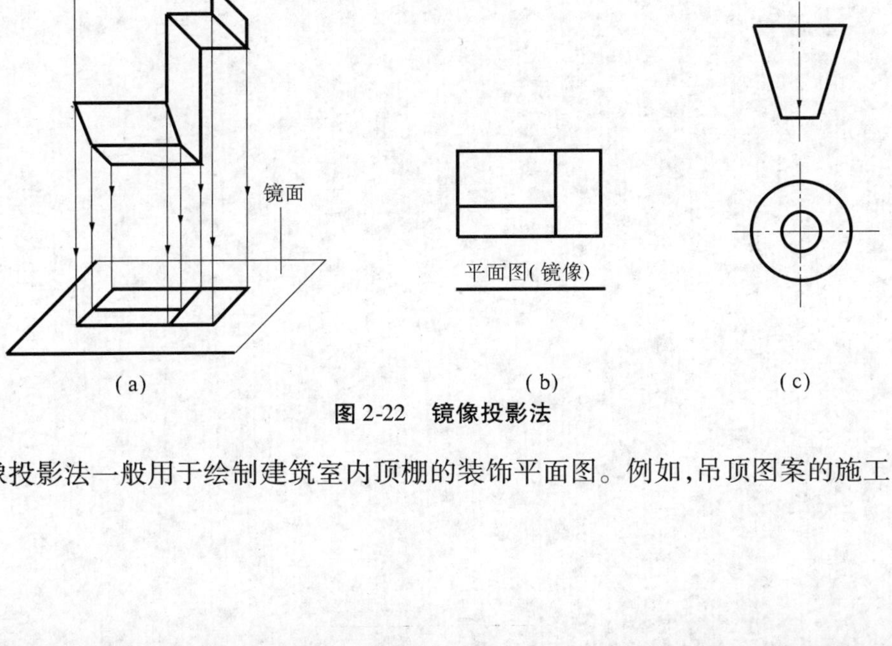

图 2-22　镜像投影法

镜像投影法一般用于绘制建筑室内顶棚的装饰平面图。例如，吊顶图案的施工图，若采用一般正投影法，如图 2-23(b)所示，吊顶图样均为虚线，不利于看图施工；若采用仰视画法，如图 2-23(c)所示，则吊顶图样与实际情况相反，容易造成施工误会；如果我们采用镜像投影法，把地面看做是一面镜子，从中得到正确的顶棚平面图(镜像)，如图 2-23(d)所示，它能真实反映吊顶图案的实际情况，有利于施工。

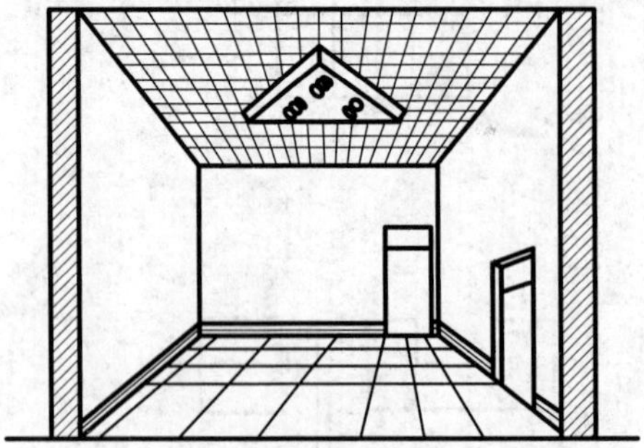

(a) 吊顶透视图

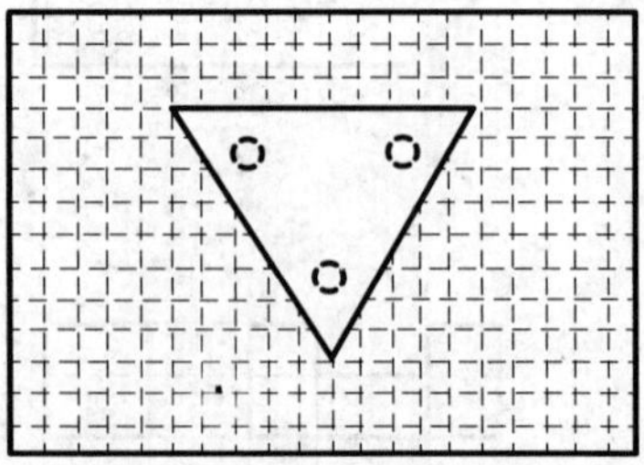

(b) 用正投影法绘制吊顶

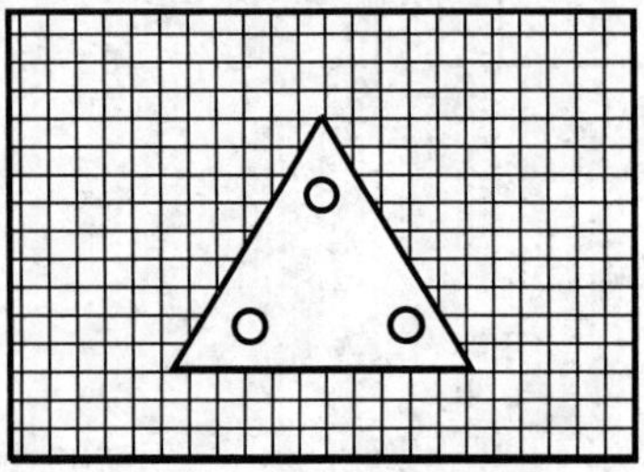

(c) 用仰视法绘制吊顶

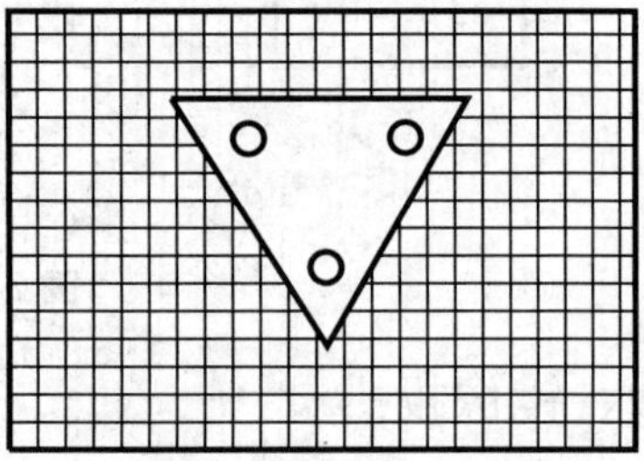

(d) 用镜像投影法绘制吊顶

图 2-23　吊顶示意图

知识链接二

水泥、混凝土发展小史

水泥的正式名字是粉状水性无机胶凝材料。加水搅拌后成浆体，能在空气中和水中硬化，并能把砂石等材料牢固地胶结在一起，成为混凝土。水泥是重要的建筑材料，用水泥制成的砂浆或混凝土，坚固耐久，广泛应用于建筑、水利、交通、国防等工程。

在拉丁文中，水泥是碎石及片石的意思。水泥的历史最早可追溯到古罗马人在建筑工程中使用的石灰与火山灰的混合物，这种混合物与现代的石灰火山灰水泥很相似。古罗马人用这种混合物和石头搅拌在一起而成为最早的混凝土，才发展了拱形结构，改变古希腊梁柱结构空间狭小的缺点。这种混凝土硬化后不但强度高，而且能抵抗淡水或盐水的侵蚀，在相当长一段历史时期内，它作为一种重要的胶凝材料，广泛应用于建筑工程。

1756 年，英国工程师斯密顿在研究某些石灰在水中硬化的特性时发现，要获得水硬性石灰，必须采用含有黏土的石灰石来烧制，用于水下的砌筑砂浆，最理想的成分是由水硬性石灰和火山灰配成。这个重要的发现为近代水泥的研究和发展奠定了理论基础。1796 年，英国人帕克用泥灰岩烧制了一种水泥，外观呈棕色，很像古罗马时代的石灰和火山灰混合物，因此给它命名为罗马水泥。因为它是采用天然泥灰岩作原料，不经配料直接烧制而成的，故又名天然水泥。罗马水泥具有良好的水硬性和快凝特性，除用于一般的建筑工程外，特别适用于与水接触的工程。罗马水泥广泛应用于土木工程的兴盛时期，一直延续到 1850 年，以后才逐渐被波兰特水泥所替代。1824 年英国建筑工人阿普斯丁在工作的基础上通过不断试验和实践，首先取得了波兰特水泥的专利权，他用石灰石和黏土为原料，按一定比例配合后在类似于烧石灰的立窑内煅烧成熟料，再经磨细制成水泥，因水泥硬化后的颜色与英格兰岛上波兰特地方用于建筑的石头相似，阿普斯丁将它命名为勃兰特水泥，由于勃兰特水泥具有优良的建筑性能，因此它逐渐取代了其他种类的胶凝材料，如水硬性石灰、罗马水泥等，应用日益广泛。波特兰水泥的发明在水泥史上具有划时代的意义。从此，水泥的发展走进了一个新的历史时期。

20 世纪以后随着人们对建筑工程的要求日益提高，在不断改进波特兰水泥性能的同时，研制成功了一批适用于特殊建筑工程的水泥，现在全世界的水泥品种已发展为 100 多种。中国的水泥工业创始于 1889 年（清光绪十五年）建在河北省唐山的开平煤矿，叫唐山细绵土厂，年产水泥只有 4 万 t。当时的中国人把水泥称作“洋灰”。

1949 年以前的 60 年中，中国的水泥工业发展缓慢，新中国成立后，水泥工业才获得迅速发展，可以满足各种建设的需要。

水泥的出现改变了整个世界面貌，由水泥、砂子（细骨料）、石头（粗骨料）及钢筋的结合而制成的钢筋混凝土成了土木工程的“主角”。如果没有水泥，世界的样子是不可想象的。

（插图：古罗马人用混凝土修建的拱形建筑万神庙（公元 120 ~ 124 年）。

（蔡海勇　撰写）

知识链接二

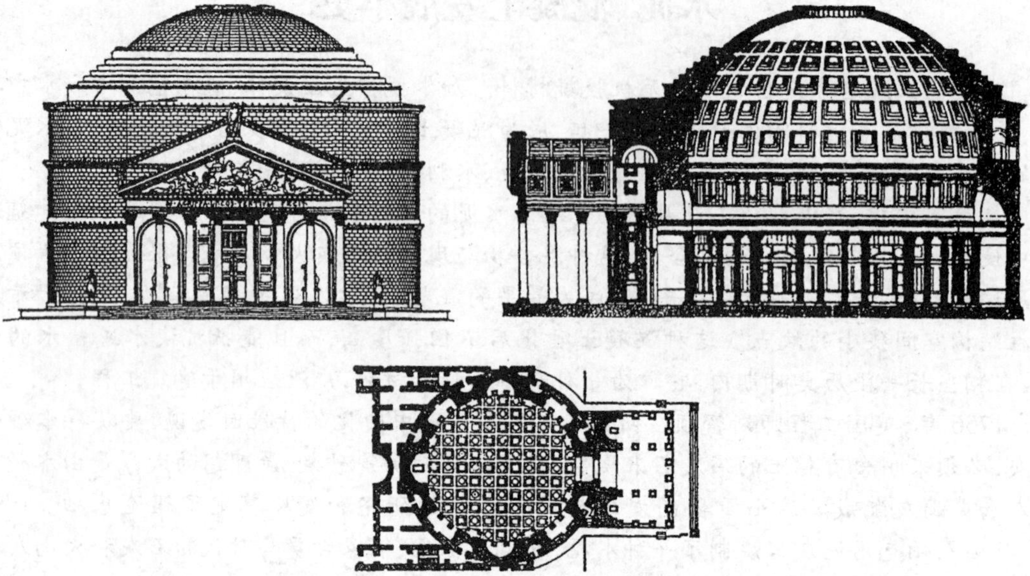

万神庙平面、立面、剖面

万神庙内景

第三章　点、线、面的投影

点、直线、平面是组成物体表面形状的基本几何元素，要正确地画出物体的投影图，必须先掌握组成物体表面形状的基本几何元素的投影特性和作图方法。

第一节　点的投影

一、点的三面投影

将空间点 A 置于三投影面体系上，由 A 点分别向三个投影面作垂线（即投影线），三个垂足就是点 A 在三个投影面上的投影，用相应的小写字母 a、a'、a''表示，如图 3-1 所示。

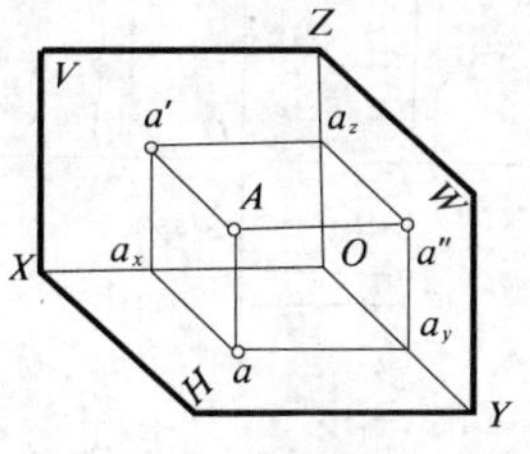

(a) 直观图

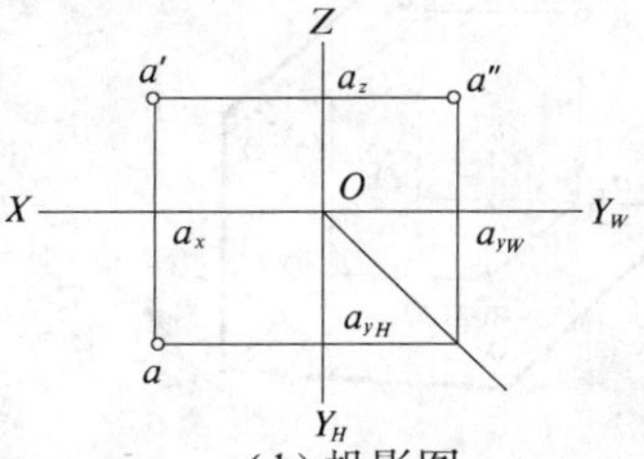

(b) 投影图

图 3-1　点的三面投影

投影法规定：空间点用大写字母表示；H 面投影用相应的小写字母表示；V 面投影用相应的小写字母并在右上角加一撇表示；W 面投影用相应的小写字母并在右上角加两撇表示。如点 B 的三面投影，分别用 b、b'、b''表示。以后学习线、面、体的投影都按此规定标注。

二、点的投影规律

在图 3-1 中，过空间点 A 的两条投影线 Aa、Aa'决定的平面 $Aa'a_xa$ 同时垂直于 H 面和 V 面，因此该平面与 H 面和 V 面的交线必互相垂直，即 $aa_x \perp a'a_x$、$aa_x \perp OX$、$a'a_x \perp OX$。当 V 面和 H 面展开后，点 A 的水平投影 a 与正面投影 a'的连线垂直于 OX 轴，即 $aa' \perp OX$。同理可分析出，$a'a'' \perp OZ$。

平面 $Aa'a_xa$ 为矩形，其对边相等，即 $a'a_x = Aa$、$aa_x = Aa'$。而 Aa 和 Aa'分别表示空间点 A 到 H 面和 V 面的距离。因此，$a'a_x$、aa_x 分别表示点 A 到 H、V 面的距离。

从以上分析可以得出点在三投影面体系中的投影规律：

（1）点的水平投影和正面投影的连线垂直于 OX 轴，即 $aa' \perp OX$。

（2）点的正面投影和侧面投影的连线垂直于 OZ 轴，即 $a'a'' \perp OZ$。

（3）点的水平投影到 OX 轴的距离等于点的侧面投影到 OZ 轴的距离，即 $aa_x = a''a_z$。

（4）点到某一投影面的距离，等于该点在另两个投影面上的投影到其相应投影轴的距离。

不难看出，点的三面投影也符合“长对正、高平齐、宽相等”的投影规律。这些规律也说明，在点的三面投影图中，任何两个投影都能反映出点到三个投影面的距离。因此，只要给出点的任何两个投影，就可以求出第三个投影。

三、点的坐标

（一）点的坐标

在三投影面体系中，点在空间的位置可由该点到三个投影面的距离来确定。如果把图 3-2(a)的三投影面体系看做空间直角坐标系，投影轴 OX、OY、OZ 相当于坐标轴 X、Y、Z，投影面 H、V、W 相当于坐标面，投影轴原点 O 相当于坐标系原点，则空间点 A 到三投影面的距离，就是该点的三个坐标(用小写字母 x、y、z 表示)。即：点 A 到 W 面的距离为 x 坐标；点 A 到 V 面的距离为 y 坐标；点 A 到 H 面的距离为 z 坐标。因此，点 A 的空间位置可以用 $A(x,y,z)$ 表示。

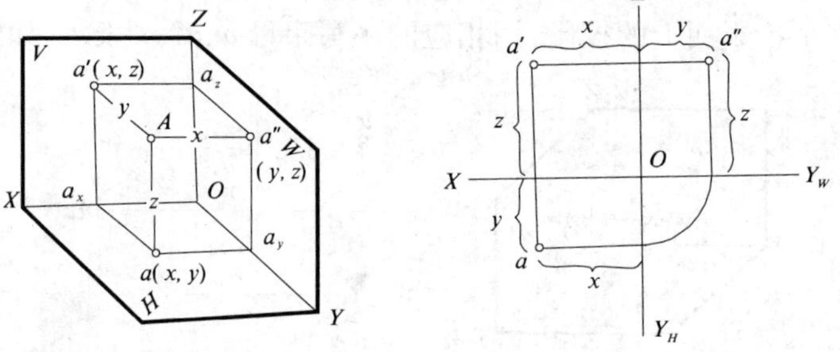

(a) 直观图　　　　(b) 投影图

图 3-2　点的坐标

已知点的三个坐标，可以作出该点的三面投影图；相反，已知点的三面投影图，也可以量出该点的三个坐标值。

（二）特殊位置点的投影

在投影面、投影轴或坐标原点上的点，称为特殊位置的点。

当点在某一投影面上，它的坐标必有一个为零。当点在某一投影轴上，它的坐标必有两个为零。当点在坐标原点 O 上，它的坐标均为零。

1. 投影面上的点

如图 3-3(a)所示，如果点 A 在 H 面上，坐标 z 等于零。点 A 的 H 投影 a 与 A 重合，V 投影 a'落在 OX 轴上，W 投影 a''落在 OY 轴上(展开后应在 OY_W 轴上)。

由此，可以得出投影面上点的投影特点：投影面上的点，一个投影为该点所在投影面上的原来位置，其余两个投影分别在围成该投影面的两个投影轴上。

2. 投影轴上的点

图 3-3(b)表示点 B 在 OX 轴上，坐标 y、z 都等于零。点 B 的 H 投影 b 和 V 投影 b'与 B 均重合在 OX 轴上，点 B 的 W 投影 b''落在坐标原点 O 上。

由此，可以得出投影轴上点的投影特点：投影轴上点的投影，有两个投影在同一投影轴上，另一个投影在坐标原点。

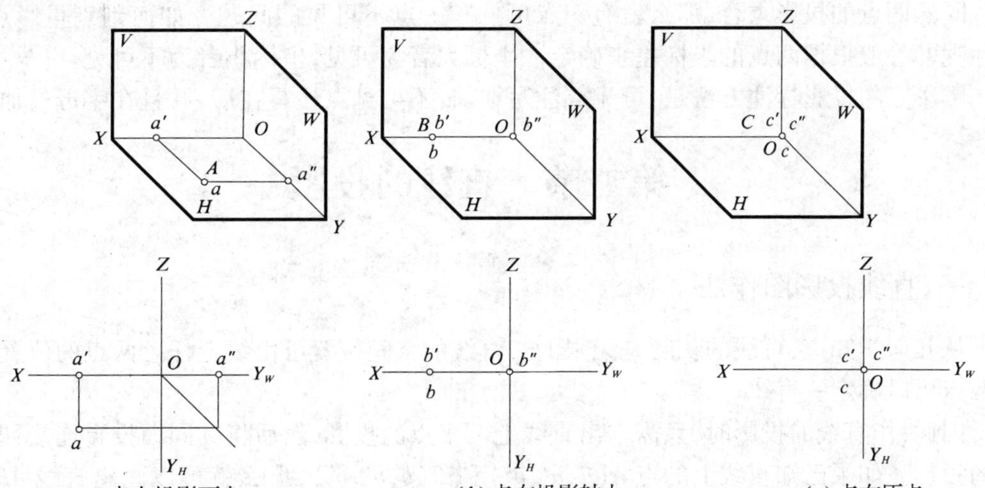

(a) 点在投影面上　　(b) 点在投影轴上　　(c) 点在原点

图 3-3　特殊位置点的投影

3. 坐标原点的点

图 3-3(c)表示点 C 在坐标原点 O 上，x、y、z 三个坐标都等于零，点 C 的三个投影 c、c'、c''和 C 均与坐标原点 O 重合。

在特殊位置点的三面投影图中，空间点可不标注，其三个投影的符号应写在相应的投影面上。

四、两点的相对位置

空间两点的相对位置，是指两点间的前后、左右和上下位置关系，可分别在它们的三面投影中反映出来。

H 投影反映出它们的前后、左右关系；V 投影反映出它们的左右、上下关系；W 投影反映出它们的前后、上下关系。

在三面投影图中，x 坐标可确定点在三投影面体系中的左右位置，y 坐标可确定点的前后位置，z 坐标可确定点的上下位置。

因此，只要将空间两点同面投影的坐标值加以比较，就可判断出两点的左右、前后、上下位置关系。坐标大者为左、前、上，坐标小者为右、后、下。

五、重影点及其可见性

当空间两点位于某一投影面的同一条投影线上时，这两点在该投影面上的投影必然重合，这两个点称为该投影面上的重影点。

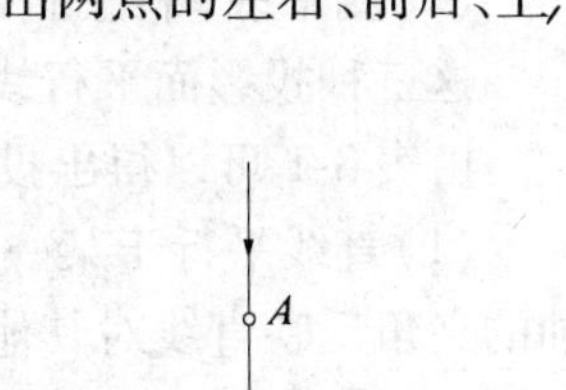

图 3-4　重影点的投影

如图 3-4 所示，点 A 和点 B 在同一垂直于 H 面的投影线上，它们的 H 投影重合在一起，由于点 A 在上，点 B 在下，向 H 面投影时，投影线先遇点 A，后遇点 B。点 A 为可见，它的 H 投影仍标注为 a，点 B 为不可见，其 H 投影标注为(b)。

既然两点的投影重合，那么就有一点可见和一点不可见的问题。如何判别重影点的可见性呢？一般根据两点的坐标差来确定。坐标大者为可见，坐标小者为不可见。

重影点的投影标注方法是：可见点注写在前，不可见点注写在后，并且在字母外加括号。

第二节　直线的投影

一、直线投影图作法

从几何学知道，直线的长度是无限的。直线的空间位置可由线上任意两点的位置确定，即两点可以确定一直线。

因此，作直线的投影时，只需求出直线上两个点的投影，然后将其同面投影连接，即为直线的投影。如果已知直线上的点 $A(a,a',a'')$ 和 $B(b,b',b'')$，那么就可以画出直线 AB 的投影图，如图 3-5 所示。

二、各种位置直线及投影特性

在三投影面体系中，直线对投影面的相对位置，有投影面平行线、投影面垂直线及投影面倾斜线三种情况。前两种称为特殊位置直线，后一种称为一般位置直线。

倾斜于投影面的直线与投影面之间的夹角，称为直线对投影面的倾角。直线对 H 面、V 面和 W 面的倾角，分别用 α、β 和 γ 表示。

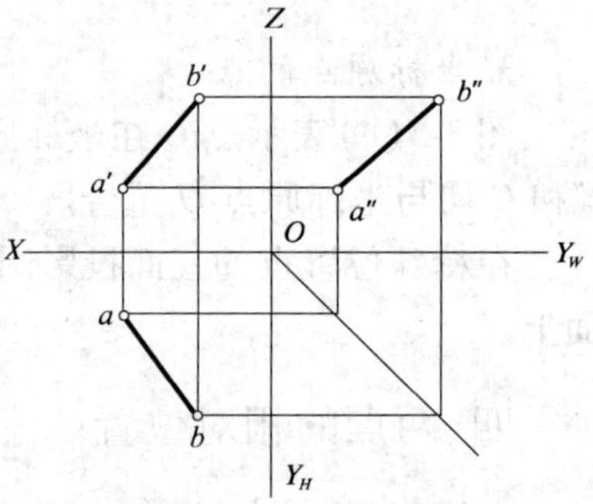

图 3-5　直线投影图作法

（一）投影面平行线

平行于一个投影面而倾斜于另两个投影面的直线，称为投影面平行线。

投影面平行线分为三种情况：

(1) 水平线，平行于 H 面，倾斜于 V、W 面的直线。

(2) 正平线，平行于 V 面，倾斜于 H、W 面的直线。

(3) 侧平线，平行于 W 面，倾斜于 H、V 面的直线。

这三种投影面平行线的直观图、投影图和投影特性见表 3-1。

由表 3-1 可以得出投影面平行线的投影特性：

(1) 直线平行于某一投影面，则在该投影面上的投影反映直线实长，并且该投影与投影轴的夹角反映直线对其他两个投影面的倾角。

(2) 直线对另外两个投影面上的投影，分别平行于相应的投影轴，但不反映实长。

根据投影面平行线的投影特性，可判别直线与投影面的相对位置，即“一斜两直线，定是平行线；斜线在哪面，平行哪个面。”

（二）投影面垂直线

垂直于一个投影面而平行于另两个投影面的直线，称为投影面垂直线。

投影面垂直线分为三种情况：

(1) 铅垂线，垂直于 H 面，平行于 V、W 面的直线。

表 3-1　投影面平行线

名称	直观图	投影图	投影特性
水平线	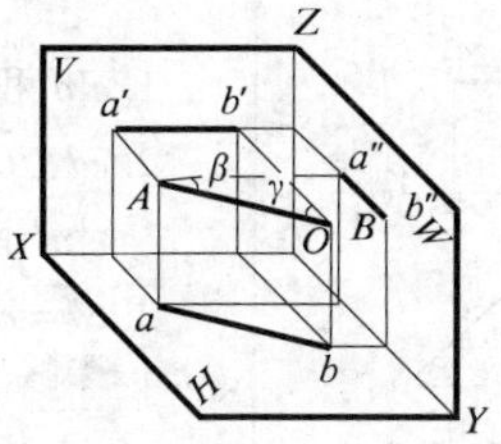	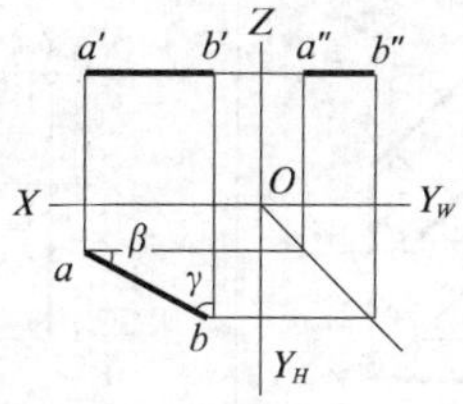	1. $a'b' /\!/ OX$ $a''b'' /\!/ OY_W$ 2. $ab = AB$ 3. 反映β、γ实角
正平线	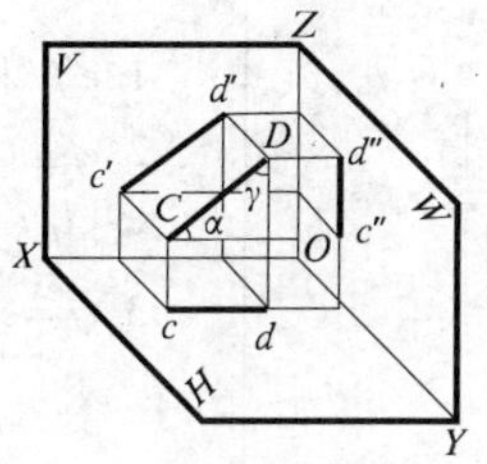	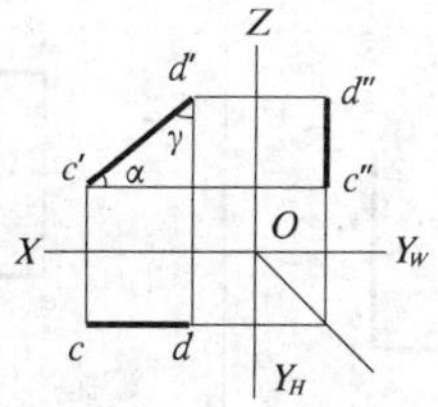	1. $cd /\!/ OX$ $c''d'' /\!/ OZ$ 2. $c'd' = CD$ 3. 反映 α、γ 实角
侧平线	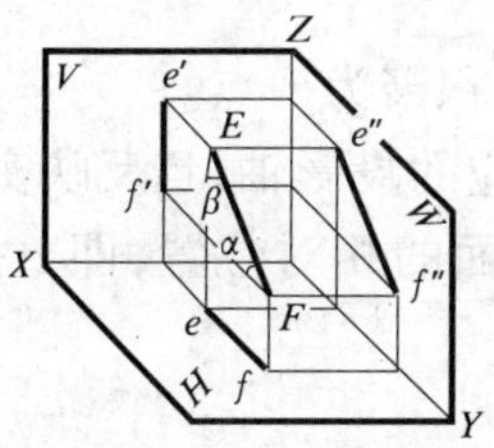	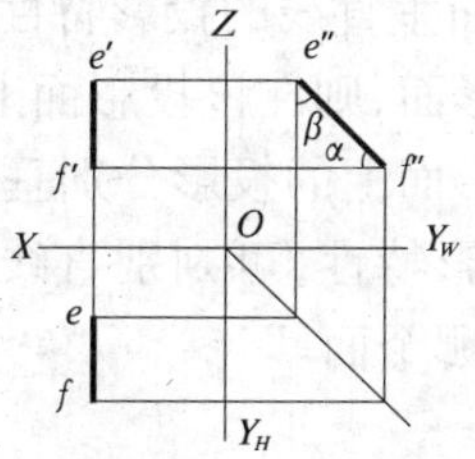	1. $ef /\!/ OY_H$ $e'f' /\!/ OZ$ 2. $e''f'' = EF$ 3. 反映 α、β 实角

（2）正垂线，垂直于 V 面，平行于 H、W 面的直线。

（3）侧垂线，垂直于 W 面，增行于 H、V 面的直线。

这三种投影面垂直线的直观图、投影图和投影特性见表 3-2。

表 3-2　投影面垂直线

名称	直观图	投影图	投影特性
铅垂线	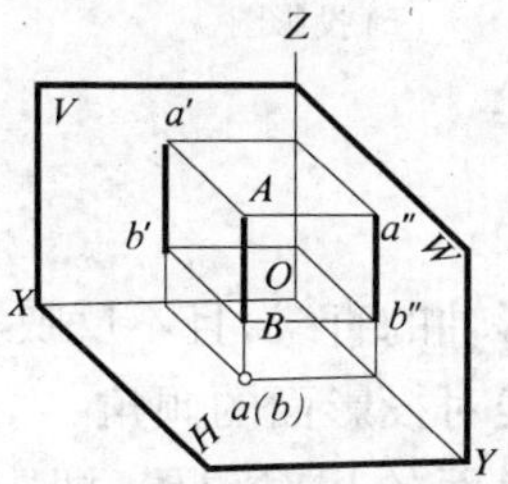	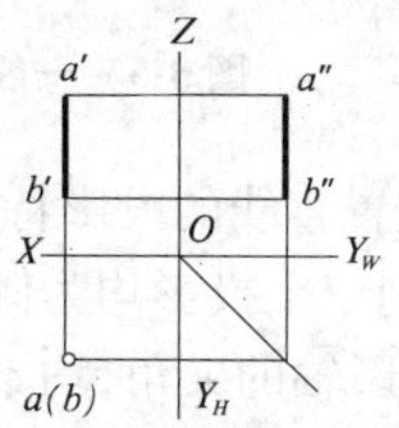	1. ab 积聚成一点 2. $a'b' \perp OX$ $a''b'' \perp OY_W$ 3. $a'b' = a''b'' = AB$

续表 3-2

名称	直观图	投影图	投影特性
正垂线	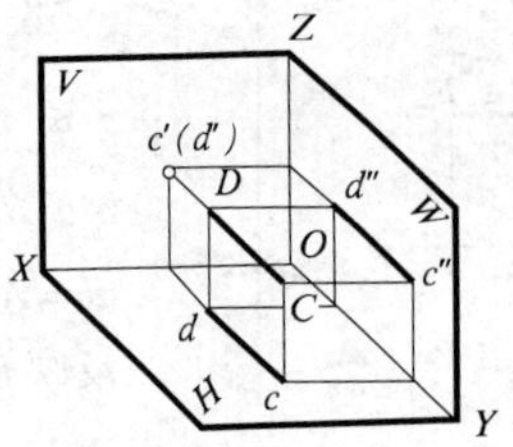	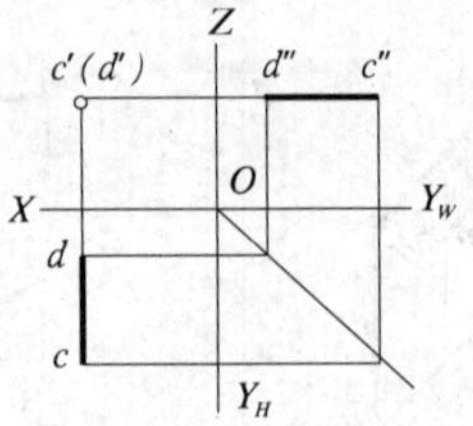	1. $c'd'$积聚成一点 2. $cd \perp OX$ $c''d'' \perp OZ$ 3. $cd = c''d'' = CD$
侧垂线	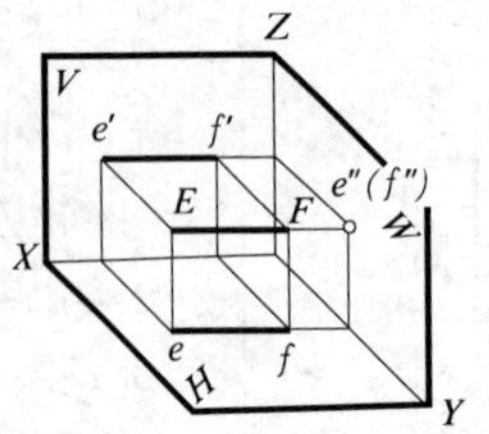	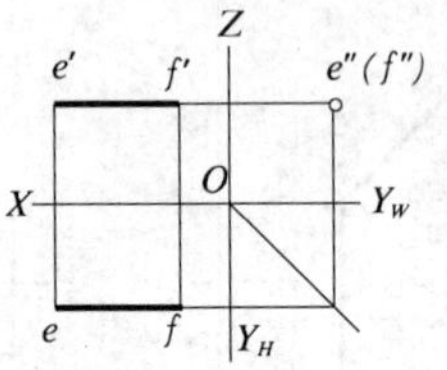	1. $e''f''$积聚成一点 2. $ef \perp OY_H$ $e'f' \perp OZ$ 3. $ef = e'f' = EF$

由表 3-2 可以得出投影面垂直线的投影特性：

(1) 直线垂直于某一投影面，则在该投影面上的投影积聚为一点。

(2) 直线在另外两个投影面上的投影分别垂直于相应的投影轴，且反映实长。

根据投影面垂直线的投影特性，可判别直线与投影面的相对位置，即"一点两直线，定是垂直线；点在哪个面，垂直哪个面。"

(三) 一般位置直线

与三个投影面均倾斜的直线，称为一般位置直线，如图 3-6 所示。

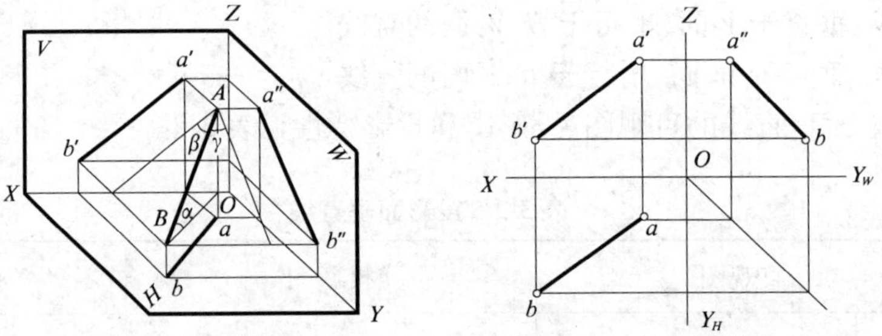

(a) 直观图　　(b) 投影图

图 3-6　一般位置直线

由图 3-6 可以得出一般位置直线的投影特性：

(1) 直线倾斜于投影面，则三个投影均为倾斜于投影轴的直线，且不反映实长。

(2) 直线的三个投影与投影轴的夹角，均不反映直线对投影面的倾角。

根据一般位置直线的投影特性，可判别直线与投影面的相对位置，即"三个投影三斜线，定是一般位置线。"

三、直线上的点

（一）直线上点的投影

点在直线上，则点的各投影必定在该直线的同面投影上，并且符合点的投影规律；反之，如果点的各投影均在直线的同面投影上，且各投影符合点的投影规律，则该点必在直线上。

一般情况下，判断点是否在直线上，可由它们的任意两个投影来决定。在图 3-7 中，e 在 ab 上，e'在 $a'b'$上，且 ee'连线垂直于 OX 轴，则空间点 E 在直线 AB 上；f 在 ab 上，f'不在 $a'b'$上，则空间点 F 不在直线 AB 上。

如果直线平行于某投影面，还应根据直线所平行的投影面上的投影，才能判别点是否在直线上。在图 3-8 中，k 在 mn 上，k'在 $m'n'$上，但是 k''不在 $m''n''$上，则空间点 K 不在直线 MN 上。

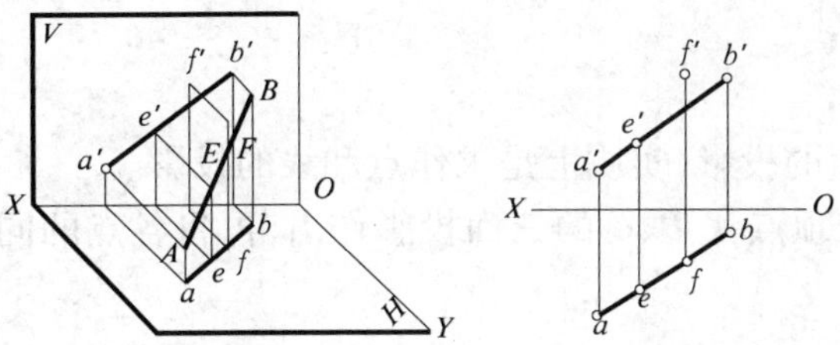

（a）直观图　　（b）投影图

图 3-7　判别点是否在直线上

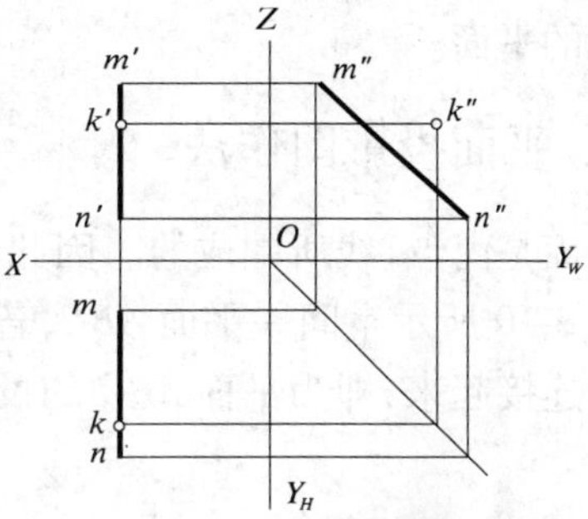

图 3-8　侧平线上的点

（二）直线上的点分割线段成定比

直线上一点，把直线分成两段，则两段的长度之比，等于它们的投影长度之比。这种比例关系称为定比关系。

在图 3-7 中，E 点把直线 AB 分为 AE、EB 两段，则 $AE/EB = ae/eb = a'e'/e'b' = a''e''/e''b''$（证明从略）。

第三节　平面的投影

一、平面的表示方法

平面是广阔无边的，它在空间的位置可由下列任何一组几何元素来确定。因此，在投影图上，平面可以用确定其空间位置的几何元素来表示，如图 3-9 所示。

（1）不在同一直线上的三点，如图 3-9（a）所示。

（2）一直线及线外一点，如图 3-9（b）所示。

（3）两相交直线，如图 3-9（c）所示。

（4）两平行直线，如图 3-9（d）所示。

（5）平面图形，如图 3-9（e）所示。

所谓确定位置，就是通过上列每一组元素，只能作出唯一的一个平面。通常用一个平面

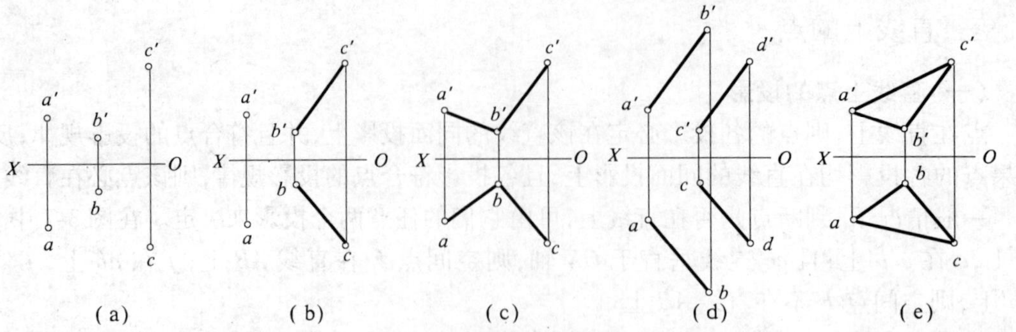

图 3-9　平面的表示方法

图形(如三角形、四边形、多边形、圆形等)来表示一个平面。如果说平面图形 *ABC*,则只表示在三角形 *ABC* 范围内的那部分平面;如果说平面 *ABC*,则表示通过三角形 *ABC* 的一个广阔无边的平面。

二、平面投影图作法

平面是由点、线所围成的。因此,求作平面的投影,实质上是求作点和线的投影。

图 3-10 所示空间一平面 *ABC*,若将其三个顶点 *A*、*B*、*C* 的三面投影作出,再将各点的同面投影连接起来,即为平面 *ABC* 的投影。

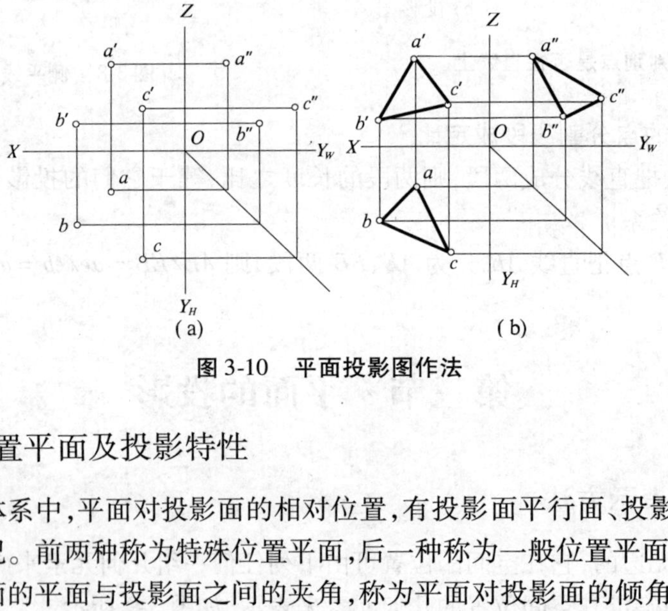

图 3-10　平面投影图作法

三、各种位置平面及投影特性

在三投影面体系中,平面对投影面的相对位置,有投影面平行面、投影面垂直面及投影面倾斜面三种情况。前两种称为特殊位置平面,后一种称为一般位置平面。

倾斜于投影面的平面与投影面之间的夹角,称为平面对投影面的倾角。平面对 *H* 面、*V* 面和 *W* 面的倾角,分别用 α、β 和 γ 表示。

(一)投影面平行面

平行于一个投影面而垂直于另外两个投影面的平面,称为投影面平行面。

投影面平行面分为三种情况:

(1)水平面,平行于 *H* 面,垂直于 *V*、*W* 面的平面。

(2)正平面,平行于 *V* 面,垂直于 *H*、*W* 面的平面。

(3)侧平面,平行于 W 面,垂直于 H、V 面的平面。

这三种投影面平行面的直观图、投影图和投影特性见表 3-3。

表 3-3　投影面平行面

名称	直观图	投影图	投影特性
水平面	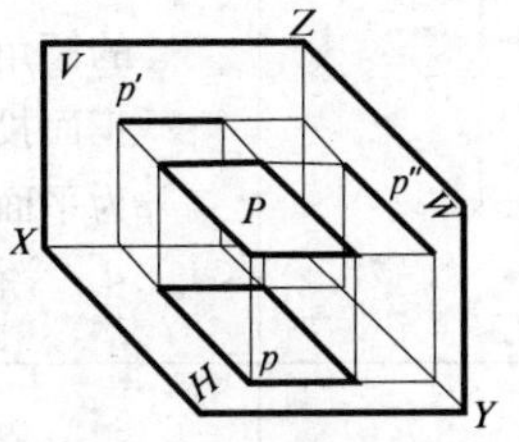	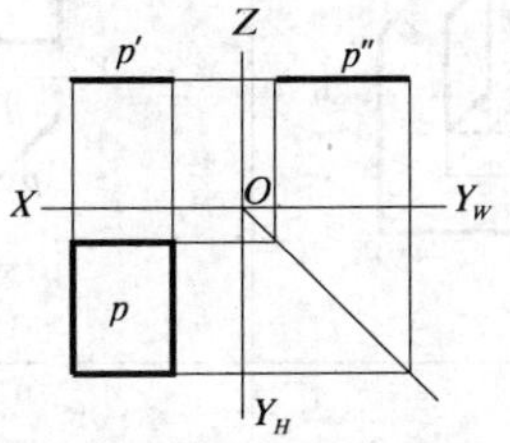	1. 水平投影反映实形; 2. 正面投影及侧面投影积聚成一直线,且分别平行于 OX 轴及 OY_W 轴
正平面	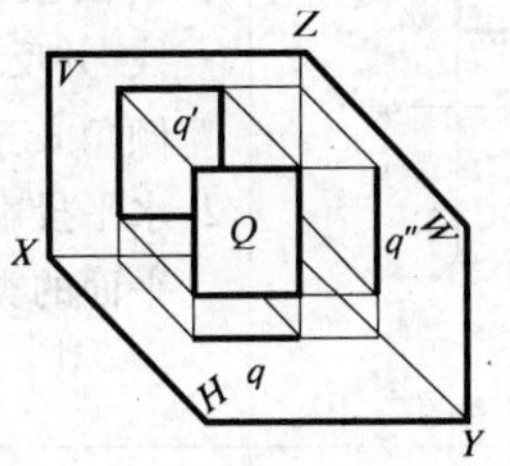	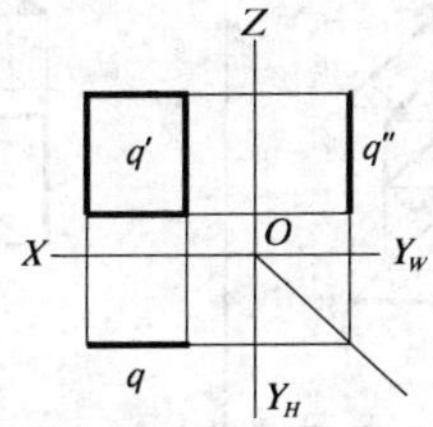	1. 正面投影反映实形; 2. 水平投影及侧面投影积聚成一直线,且分别平行于 OX 轴及 OZ 轴
侧平面	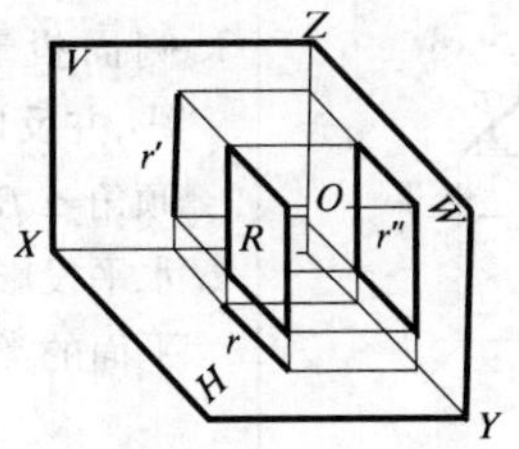	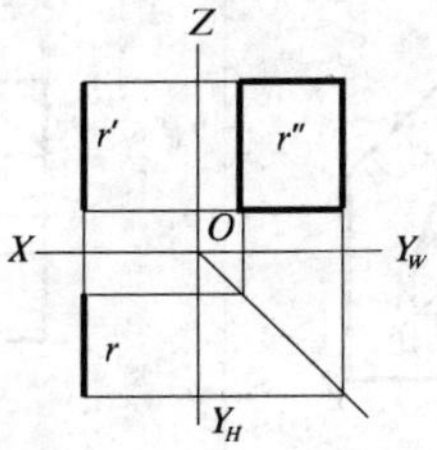	1. 侧面投影反映实形; 2. 水平投影及正面投影积聚成一直线,且分别平行于 OY_H 轴及 OZ 轴

由表 3-3 可以得出投影面平行面的投影特性:

(1)平面平行于某一投影面,则在该投影面上的投影反映实形。

(2)平面在另外两个投影面上的投影积聚成直线,并分别平行于相应的投影轴。

根据投影面平行面的投影特性,可判别平面与投影面的相对位置,即"一框两直线,定是平行面;框在哪个面,平行哪个面。"

(二)投影面垂直面

垂直于一个投影面而倾斜于另外两个投影面的平面,称为投影面垂直面。

投影面垂直面分为三种情况:

(1)铅垂面,垂直于 H 面,倾斜于 V、W 面的平面。

(2)正垂面,垂直于 V 面,倾斜于 H、W 面的平面。

(3)侧垂面,垂直于 W 面,倾斜于 H、V 面的平面。

这三种投影面垂直面的直观图、投影图和投影特性见表 3-4。

表 3-4　投影面垂直面

名称	直观图	投影图	投影特性
铅垂面	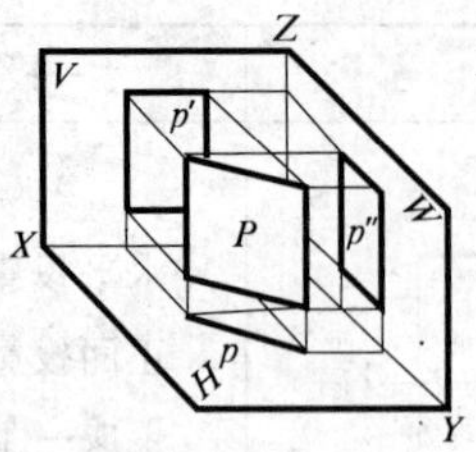	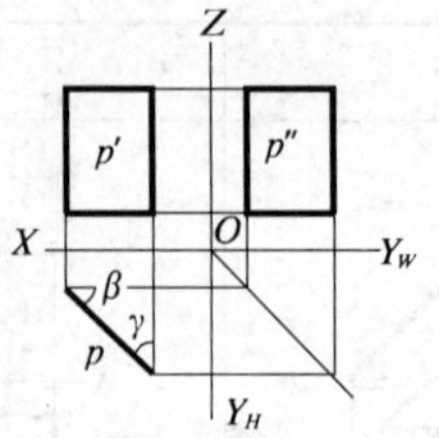	1. 水平投影积聚成一直线，并反映对 V、W 面的倾角 β、γ； 2. 正面投影和侧面投影为平面的类似形
正垂面	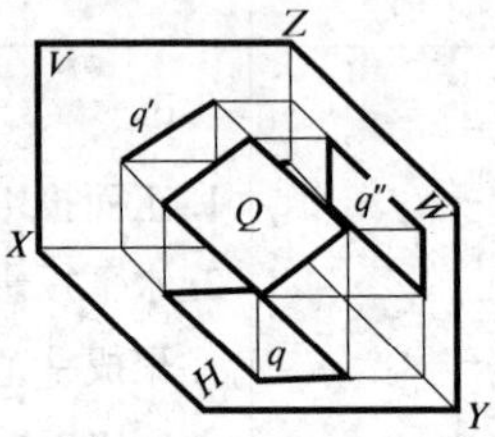	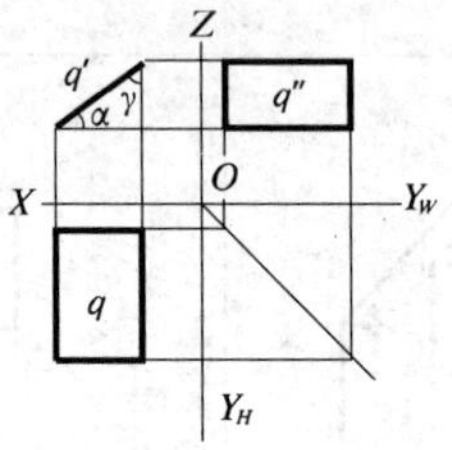	1. 正面投影积聚成一直线，并反映对 H、W 面的倾角 α、γ； 2. 水平投影和侧面投影为平面的类似形
侧垂面	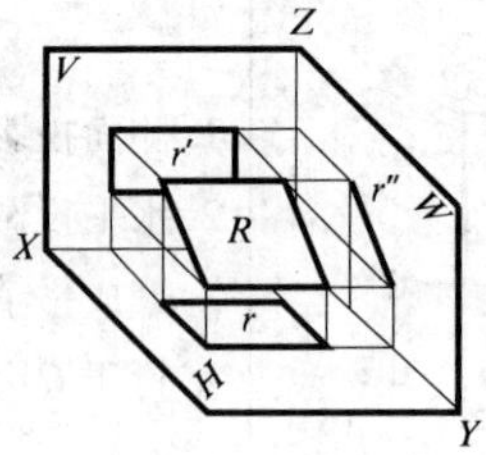	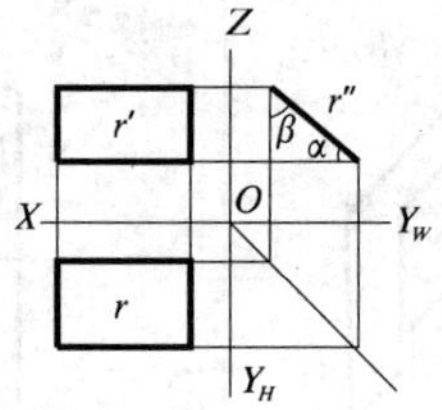	1. 侧面投影积聚成一直线，并反映对 H、V 面的倾角 α、β； 2. 水平投影和正面投影为平面的类似形

由表 3-4 可以得到投影面垂直面的投影特性：

（1）平面垂直于某一投影面，则在该投影面上的投影积聚成一条倾斜于投影轴的直线，且此直线与投影轴的夹角反映空间平面对另外两个投影面的倾角。

（2）平面在另外两个投影面上的投影，均为缩小了的原平面的类似形线框。

根据投影面垂直面的投影特性，可判别平面与投影面的相对位置，即“两框一斜线，定是垂直面；斜线在哪面，垂直哪个面。”

（三）一般位置平面

与三个投影面均倾斜的平面，称为一般位置平面，如图 3-11 所示。

由图 3-11 可以得出一般位置平面的投影特性：平面倾斜于投影面，则三个投影既没有积聚性，也不反映实形，而是原平面图形的类似形。

根据一般位置平面的投影特性，可判别平面与投影面的相对位置，即“三个投影三个框，定是一般位置面”。

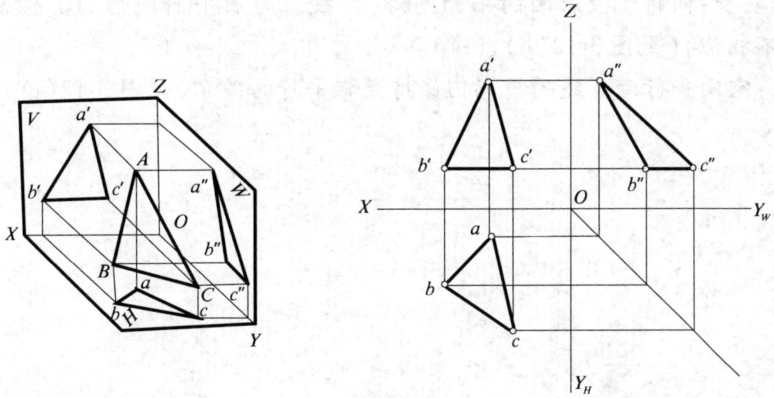

(a) 直观图　　　　　　　(b) 投影图

图 3-11　一般位置平面

小　结

点、直线、平面的正投影的基本特性:

1. 同素性:点的投影仍是点,直线的投影一般情况下仍是直线,投影结果仍保留其原有几何元素的特性(见图 3-12(a)、(b))。

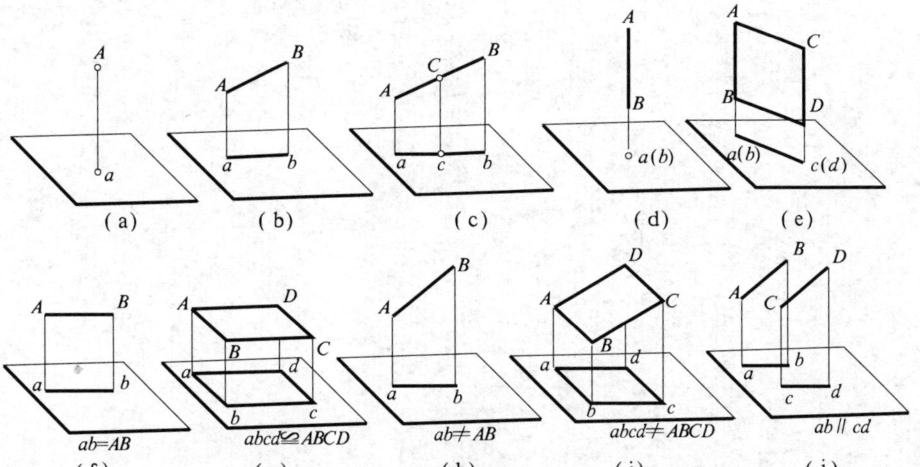

图 3-12　正投影的基本特性

2. 从属性:若点在直线上,则该点的投影必定在直线的投影上,投影结果仍保留其原有从属关系不变(见图 3-12(c))。

3. 积聚性:平行于投射线(垂直于投影面)的空间直线,其投影积聚为一个点;平行于投射线(垂直于投影面)的平面图形,其投影积聚为一直线(见图 3-12(d)、(e))。

4. 可量性:当空间线段平行于投影面时,其投影反映空间线段的方向和实长(见图 3-12(f))。当空间的平面图形平行于投影面时,其投影反映空间平面图形的真实形状和大小(见图 3-12(g))。

5. 类似性:倾斜于投影面的空间线段,其投影仍为线段,但投影线长度(在正投影中)短于空间线段的实长;倾斜于投影面的平面图形,其投影为原平面图形的类似形(属于同类,但不相等,也不相似)(见图3-12(h)、(i))。

6. 平等性:空间平行两直线的投影仍保持互相平行的关系(见图3-12(j))。

知识链接三

建筑师和结构师有什么不同

有的同学片面地认为，建筑师是建筑学或城市规划专业培养的，结构师是土木工程专业培养的；建筑师按美学（形式美）法则和功能要求来设计建筑物的形式和用途，结构师只进行荷载计算，设计承重结构如梁、板、柱、墙、基础等来保证建筑有足够的强度、刚度和稳定性；结构师负责技术，建筑师负责艺术，两种专业中间有一不可跨越的鸿沟。

这种看法是不全面的，很多专家学者认为建筑师与结构师从事的专业是相互融会贯通的，世界上几乎没有一个成功的建筑不是结构成功的建筑，也就是说，美丽而伟大的建筑，它的结构肯定也是美丽伟大的。

从建筑史的角度说，古希腊、古罗马建筑代表着欧洲文明的最高成就，那时候有很多杰出的建筑师。其实从他们的工作性质和作用来看，他们都是结构师，比如古希腊的石梁柱结构建筑，围绕建筑四周都有柱廊，一般间距3 m左右都有支柱，内部空间也有密密麻麻的柱子，形成非常壮观而有韵律的柱林、柱廊，柱子都有雕刻精美的柱头和柱础，柱身的比例也非常和谐，这主要是从结构角度来考虑的，石头梁是刚性材料，抗压强度很高，但抗弯强度低，每3 m左右梁就有一个柱子支撑，柱子起到稳定的关键作用。在对古希腊诸多神庙外部造型观察中，柱子的美不可忽视，地中海明媚的阳光赋予了柱子以强烈的光与影。经过长期的使用尝试，柱子形成了成熟的风格美，比如爱奥尼、多立克、塔斯干、科林斯、混合等柱式，这些柱式被世界各国的建筑师融进自己的创作中。创造这种柱式的功劳应首先归功于结构师，而在建筑师手中被加以完善和改造。他们共同认为人体是最美的，所以把纤细柔美的爱奥尼柱称为女性柱，把粗犷刚劲的多立克柱称为男性柱。

综观当今很多著名建筑，无不以结构美著称，如悉尼歌剧院、埃菲尔铁塔、中国奥林匹克中心（鸟巢）、中国国家大剧院（鸟蛋）都以独特的结构形式创造出无与伦比的美。

我们通常把建筑造型称为艺术，而把建筑结构称为技术（当然技术还包括施工），意大利现代最著名建筑师P·L·奈尔维说："建筑是，而且必须是一个技术与艺术的综合体，而并非是技术加艺术。"（引自：奈尔维著《建筑的艺术与技术》，中国建筑工业出版社，1981）

奈尔维本身原是学土木工程的，而后转入建筑创作，他最著名的作品是1955年设计的罗马小体育馆，奈尔维毕生研究薄壳钢筋混凝土的性能和结构潜力，在体育馆设计、飞机库、博览会等大空间建筑设计中，从材料和力学分析出发，统一考虑建筑处理方法，创造了风格独特、形式优美、具有强烈个性的建筑作品。（引自：奈尔维著《建筑的艺术与技术》，中国建筑工业出版社，1981：118页）

我们提倡学土木结构专业的同学钻研一下建筑学，学建筑学的同学钻研一下土木结构，这样的建筑师才是最全面、最优秀的建筑师。（插图：罗马小体育馆）

（林深　撰写）

知识链接三

罗马小体育馆(意)

摘自《Structure Form in Modern Architecture》

该体育馆建于1960年,规模为5 400个观众席。体育馆的屋顶呈圆形,钢筋混凝土的大圆顶支承在“Y”形支撑上,支撑框架皆为刚性。顶部与底部都设置了铰,支承推力由埋在地下的圈梁承受。圆顶的边缘做成波形,这样处理既可防止其下垂,又可争取更多的光线进入大厅。圆顶正中的压力环上开设了环形天窗,以增强天然采光。

第四章　基本形体投影及表面交线

任何复杂的建筑物，都是由若干简单的立体组合而成的，简单立体也叫做基本形体。基本形体一般分为两大类：平面立体和曲面立体。本章除讨论平面立体和曲面立体的投影外，还要讨论它们的截切和相贯。

第一节　平面立体的投影

所谓平面立体，就是几何体的各个侧面均是由平面所组成的，建筑工程中的绝大部分形体均属此类。平面立体又分为棱柱体和棱锥体两类。

一、棱柱体

底面为多边形，各棱线互相平行的立体就是棱柱体。棱线垂直于底面的棱柱叫直棱柱，直棱柱的各侧棱面为矩形；棱线倾斜于底面的棱柱叫斜棱柱，斜棱柱的各侧棱面为平行四边形。

（一）棱柱的投影

图 4-1(a)为一铅垂放置的正六棱柱，其六个棱面在 *H* 面上积聚，上下底投影反映实形；*V* 面上投影对称，一个棱面反映矩形的实形，两个棱面为等大的矩形类似形；*W* 面上为两个等大的对称矩形类似形。三个投影展开后得六棱柱的三面投影，如图 4-1(b)。

在图 4-1(a)、(b)中我们把 *X* 轴方向叫做立体的长度，*Y* 轴方向叫做立体的宽度，*Z* 轴方向叫做立体的高度，从图中可见，*V*、*H* 投影都反映立体的长度，展开后这两个投影左右对齐，这种关系称为“长对正”；*H*、*W* 投影都反映立体的宽度，展开后这两个投影宽度相等，这种关系称为“宽相等”；*V*、*W* 投影都反映立体的高度，展开后这两个投影上下对齐，这种关系称为“高平齐”。

同时，从图 4-1(b)中我们也可以看到，*V* 投影反映立体的上下和左右关系，*H* 投影反映立体的左右和前后关系，*W* 投影反映立体的上下和前后关系。

至此，立体三个投影的形状、大小、前后均与立体距投影面的位置无关，故立体的投影均不需再画投影轴、投影面，而三个投影只要遵守“长对正、宽相等、高平齐”的关系，就能够正确地反映立体的形状、大小和方位，如图 4-1(c)所示。

该立体作图时先作 *H* 面上反映实形的正六边形，再在合适的位置对应作出 *V*、*W* 投影。

“长对正、宽相等、高平齐”是画立体正投影的投影规律，画任何立体的三投影必须严格遵守。

图 4-2(a)为一水平放置的正三棱柱(可视为双坡屋顶)，两个棱面垂直于 *W*，一个棱面平行于 *H*，两个端面平行于 *W*，按照“长对正、宽相等、高平齐”作出投影后，*V* 面投影为矩形的类似形；*H* 面投影为可见的两个矩形的类似形和一个不可见的矩形的实形；*W* 面投影为三角形的实形，见图 4-2(b)。有关点、线的投影性质请读者进一步分析。

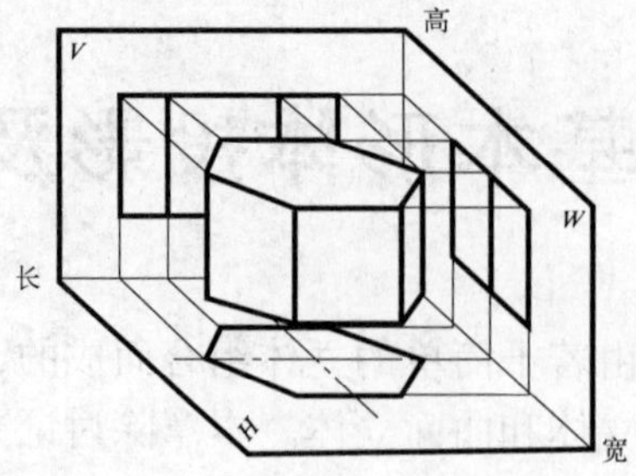

(a) 直观图

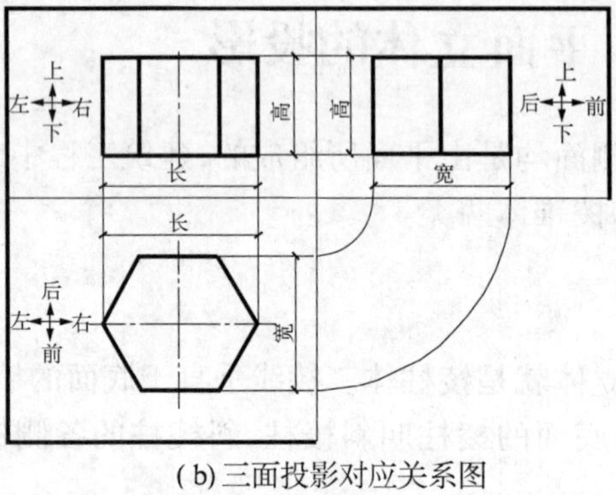

(b) 三面投影对应关系图

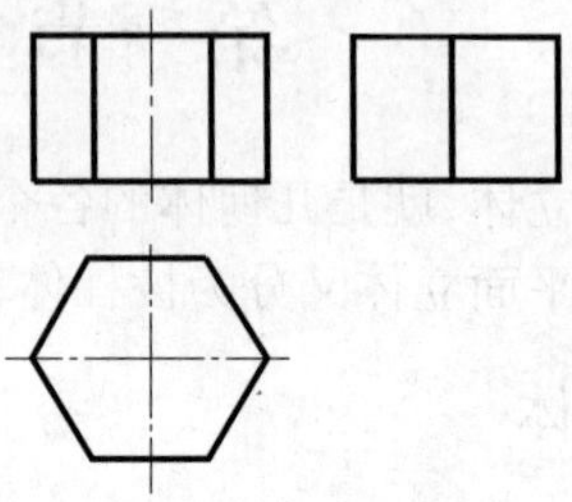

(c) 三面投影图

图 4-1　正六棱柱的投影

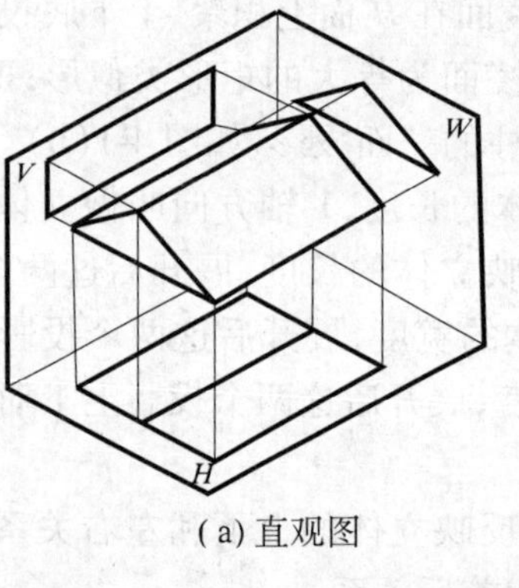

(a) 直观图

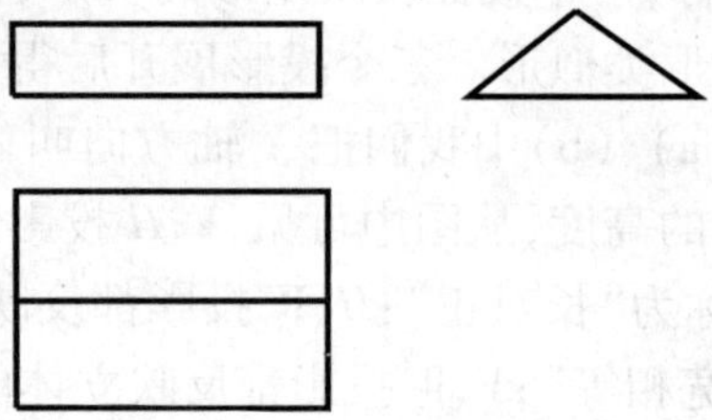

(b) 投影图

图 4-2　三棱柱的投影

(二)棱柱表面上的点

在平面立体表面上取点,其方法与平面内取点相同,只是平面立体是由若干个平面围成的,投影时总会有两个表面重叠在一起,就有一个可见性问题。只有位于可见表面上的点才是可见的,反之不可见。所以,要确定立体表面上的点,先要判断它位于哪个平面上。

如图 4-3(a)所示,六棱柱的表面分别有 A、B、C 三个点的一个投影,求其他的两个投影。

投影分析:从 V 面投影看,a' 在中间图框内且可见,则 A 点应在六棱柱最前的棱面上;(b')在右面的图框内且不可见,B 点应在六棱柱右后方的棱面上;从 H 投影看,c 在六边形内且可见,C 点应在六棱柱的表面上。

作图:由于六棱柱的六个侧面均聚积在 H 投影上,所以 A、B 两点的 H 投影应在相应侧面的积聚投影上,利用积聚性即可求得,如图 4-3(b)所示,它们的 W 投影和 C 点的 V、W 投影则可根据“长对正、宽相等、高平齐”求得。注意判断可见性。

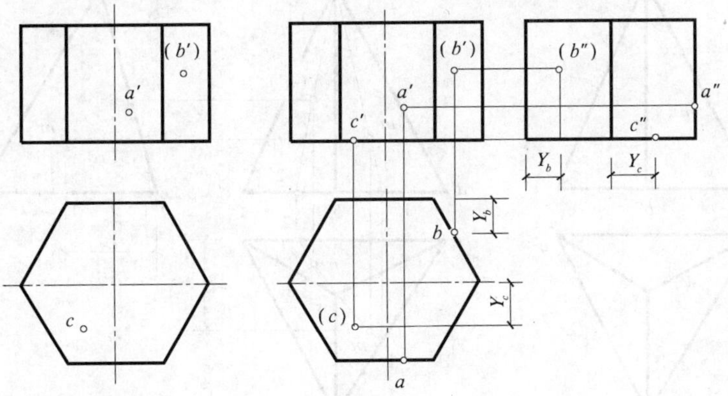

(a) 已知　　　　(b) 作图

图 4-3　棱柱表面上定点

二、棱锥体

底面为多边形，所有棱线均相交于一点的立体就是棱锥体。正棱锥底面为正多边形，其侧棱面为等腰三角形。

（一）棱锥的投影

图 4-4（a）为一正置的正四棱台，*H* 投影外框为矩形，反映四个梯形棱面的类似形，顶面反映矩形实形，而底面为不可见的矩形；在 *V*、*W* 面上的棱台均反映棱面的类似形。其三面投影图见图 4-4（b）。

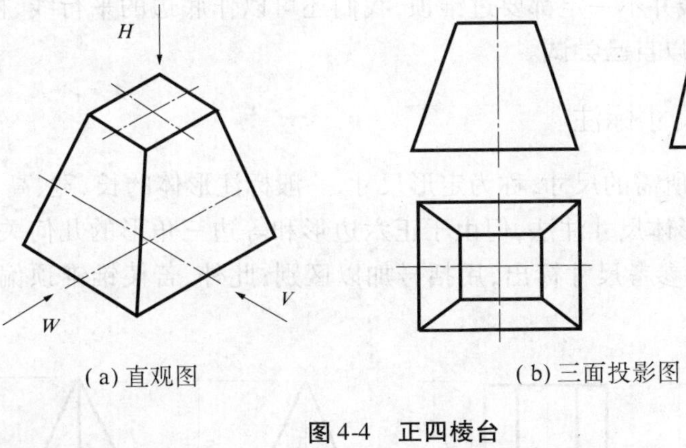

(a) 直观图　　　　(b) 三面投影图

图 4-4　正四棱台

（二）棱锥表面上的点

棱锥表面定点的方法和棱柱有相似之处，不同的是棱锥表面绝大多数没有积聚性，不能利用积聚性找点。这里的关键是点与平面的从属性的应用。

如图 4-5（a）所示，已知正三棱锥 *S-ABC* 表面上的点 *M*、*N* 的一个投影，求其他两个投影。

投影分析：从 *V* 投影看 *M* 点应在三棱锥的左前棱面 *SAB* 上，从 *H* 投影看 *N* 点应在三棱锥的后棱面 *SAC* 上。由于三棱锥的三个棱面均处于一般位置，没有积聚性可利用，所以要利

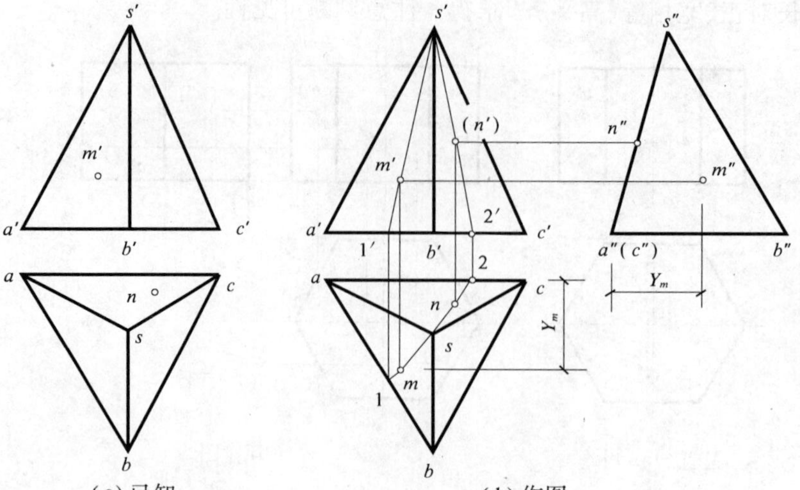

(a) 已知　　　　(b) 作图

图 4-5　棱锥表面上定点

用平面内取点的方法(辅助线法)。

作图:如图 4-5(b)所示,过点 M 作辅助线 SM,即连 $s'm'$并延长交于底边得 $s'1'$,向 H 面上投影得 $s1$,由 m'向下作竖直线交于 $s1$ 上得 m,利用宽度 Y_m 相等,确定 m'',因为 SAB 棱面在三投影中都可见,所以 M 点的三面投影也可见。

按同样的作图方法可得 n'和 n''。连 $s2$,求出 $s'2'$,过 n 作竖直线交 $s'2'$得 n',根据投影规律求得 n''。因为 SAC 棱面处于三棱锥的后面,故 n'不可见,n''则积聚在 $s''a''c''$上,如图 4-5(b)所示。

讨论:这里的辅助线并不一定都要过锥顶,我们还可以作底边的平行线、棱面上过已知点的任意斜线。读者可以自己尝试。

三、基本形体的尺寸标注

确定基本形体大小所需的尺寸,称为定形尺寸,一般标注形体的长、宽、高。如图 4-6 所示,为常见的几种平面形体尺寸注法,但由于正六边形和等边三角形的几何关系,图中宽度 b 与长度 a 相关,常作为参考尺寸标出,用括号加以区别;此外,若棱锥锥顶偏移,还须加注定位尺寸,请读者留意。

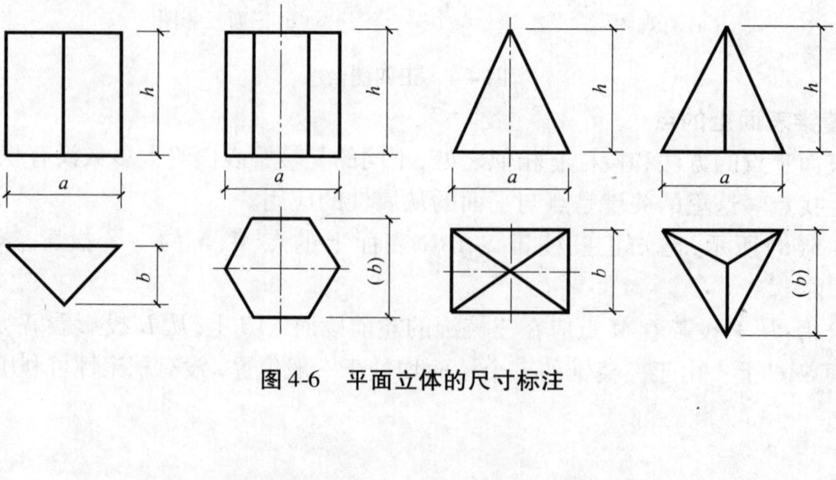

图 4-6　平面立体的尺寸标注

第二节　切口形体的投影

基本形体被截切后称为切口形体，截平面与形体的交线称为截交线，截交线所围成的平面图形称为截断面，它是截平面与形体的共有线。

一、切口平面立体的投影作图及其尺寸标注

平面立体的截交线为一封闭多边形，其顶点是棱线与截平面的交点，而各边是棱面与截平面的交线，可由求出各顶点连接而成。

（一）棱柱体的截切

图4-7(a)为切口正六棱柱，被相交二平面截切，完成其三面投影。

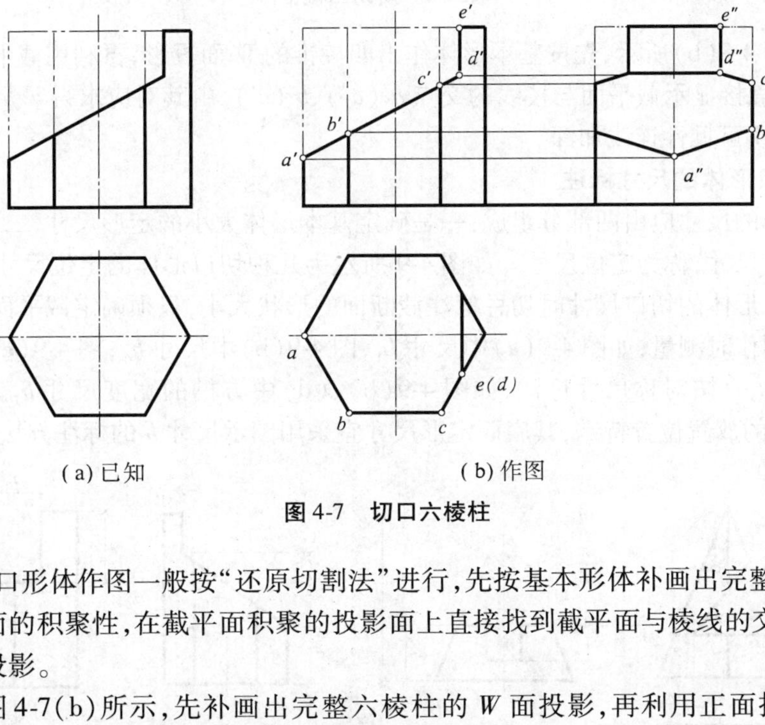

(a) 已知　　　(b) 作图

图4-7　切口六棱柱

分析：切口形体作图一般按“还原切割法”进行，先按基本形体补画出完整的第三投影，再利用截平面的积聚性，在截平面积聚的投影面上直接找到截平面与棱线的交点，再找这些交点的其他投影。

作图如图4-7(b)所示，先补画出完整六棱柱的 W 面投影，再利用正面投影上截平面（一为正垂面，一为侧平面）的积聚性直接求得截平面与棱线的交点 a'、b'、c'、d'、e'（只标出可见点），对应得其水平投影 $a \sim e$ 和侧面投影 $a'' \sim e''$。由于六棱柱的水平投影有积聚性，实际上只增加侧平的截面积聚后的一条直线，其左边为斜截面所得七边形的类似形投影，右边是六棱柱顶面截切后余下的三角形实形投影。在 W 面投影上，斜截面所得七边形仍为类似形，侧平截面所得矩形反映实形，其分界线就是两截平面的交线。此外，在连线时应注意棱线（轮廓线）的增减和可见性变化。

（二）棱锥体的截切

图4-8(a)为正四棱锥被一正垂面 P 截切，截平面位置标记为 P_V，完成其 H 面、W 面投影。

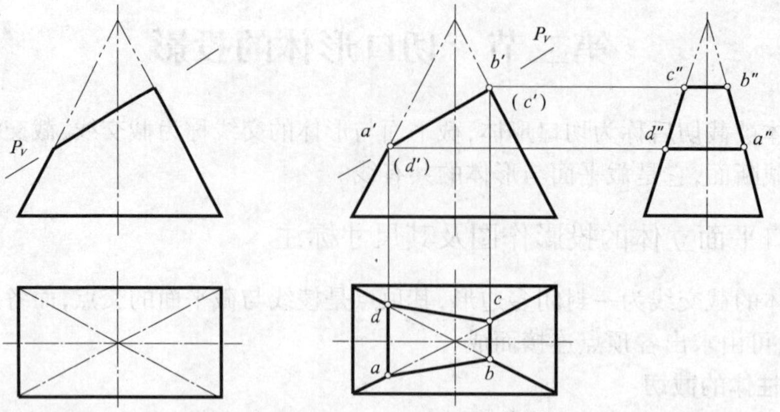

图 4-8　斜切四棱锥

作图如图 4-8(b)所示，先按基本形体作出四棱锥的 W 面投影，再利用截平面 P_V 的积聚性，在 V 面上直接显示截平面与棱线的交点 $a'(d')$、$b'(c')$，由其对应求得 a、b、c、d 和 a''、b''、c''、d''，最后判明可见性连线加深。

（三）切口形体的尺寸标注

切口形体的尺寸应由两部分组成：一是确定基本形体大小的定形尺寸，二是确定切口处截平面的位置尺寸，称为定位尺寸。如图 4-9 所示为几种切口形体的定位尺寸标注方法。

标注切口形体的切口尺寸时切忌标注截断面的形状大小，只须确定截平面的位置，并注意便于加工制作时测量，如图 4-9(a)中尺寸 L_1，图 4-9(b)中尺寸 h_1，图 4-9(c)中尺寸 b；对于对称的切口，宜按对称尺寸标注，如图 4-9(b)、(d)中方槽的宽度尺寸 b_1。此外，图 4-9(d)中四棱柱的放置位置特殊，其底面定形尺寸宜采用图示尺寸 b 的标注方法。

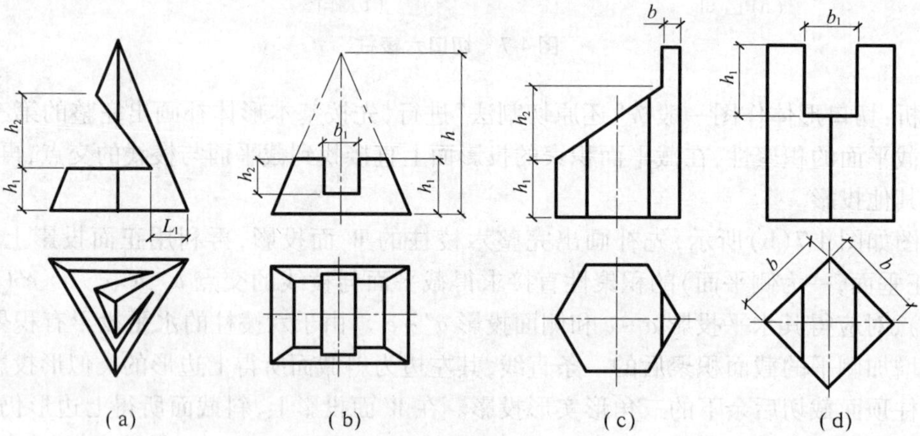

图 4-9　切口形体的定位尺寸

二、切口回转体的投影作图及其尺寸标注

曲面立体被平面所截而在曲面立体表面所形成的交线即为曲面立体的截交线。它是曲面立体与截平面的共有线，而曲面立体的各侧面由曲面或曲面加平面所组成。因此，曲面立体的截交线一般情况下为一条封闭的平面曲线或由平面曲线加直线段所组成，特殊情况下

也可能成为平面折线。

(一)圆柱体的截切

圆柱体被平面截切,由于截平面与圆柱轴线的相对位置不同,其截交线(或截断面)有三种情况,见表4-1。

表 4-1　圆柱体的截切

截平面位置	倾斜于圆柱轴线	垂直于圆柱轴线	平行于圆柱轴线
截交线形状	椭圆、圆	圆	两条素线
立体图	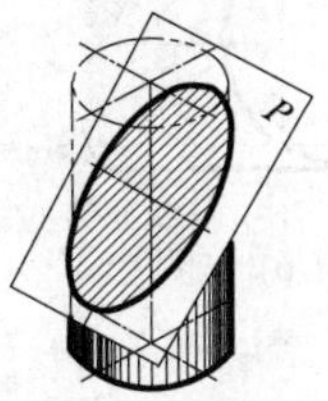	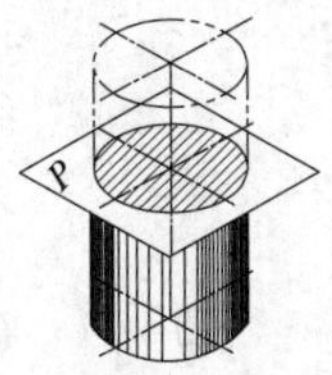	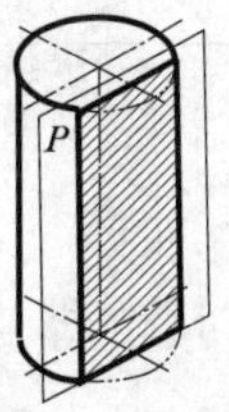
投影图	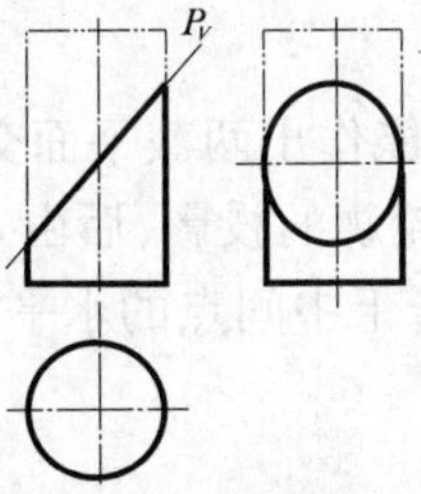	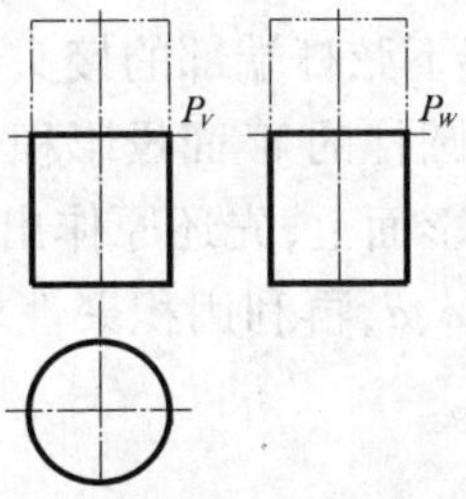	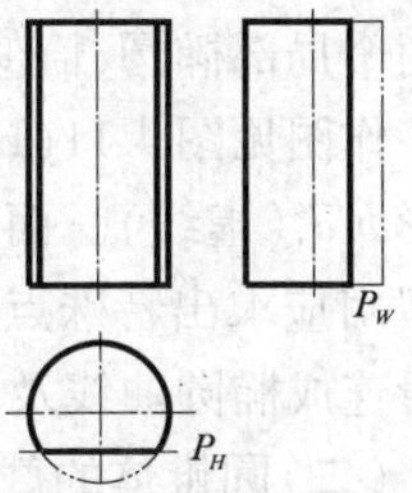

【例 4-1】　补全圆柱切台(榫头)和开槽(榫槽)的三面投影,见图4-10(a)。

观察图4-10(a),圆柱的左端被两个对称于轴线的水平面及一侧平面截切去两部分,形成常见的圆柱榫头,截断面为矩形和圆弧,圆柱右端被两个正平面(也对称于轴线)和一侧平面截去中间部分,形成常见的榫槽,其截面也是矩形和圆弧,见图4-10(b)。

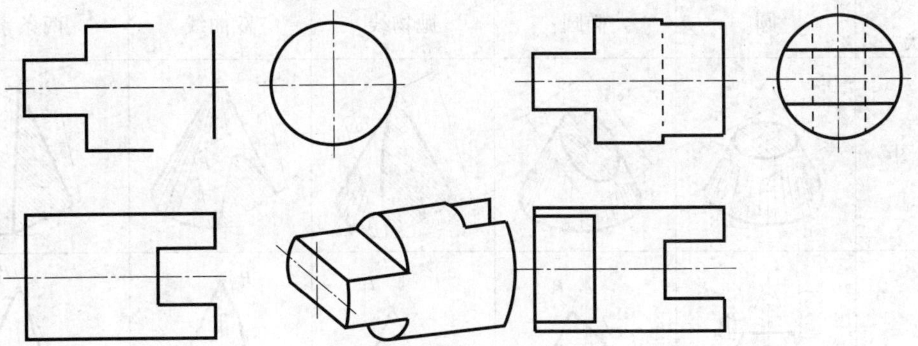

(a)已知　(b)直观图　(c)作图

图 4-10　切台和开槽的圆柱

作图见图4-10(c),由于圆柱的 W 面投影有积聚性,左端两水平截面在 W 面也积聚成二直线,由 V 面、W 面投影对应到 H 面投影面上得矩形的实形。右端的作法与左端相似,只是方位和可见性发生了变化，请读者自行分析比较。

【例 4-2】 求斜切口圆柱的 H 面、W 面投影，见图 4-11(a)。

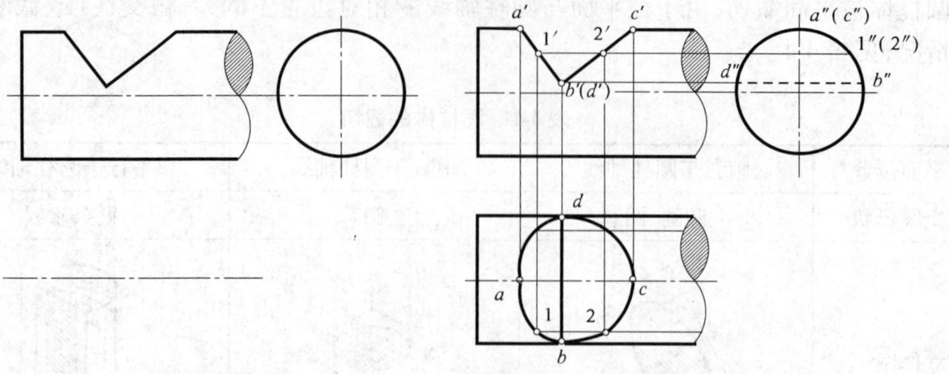

(a) 已知　　　(b) 作图

图 4-11　斜切口圆柱

观察图 4-11(a)，圆柱右端为一种折断画法，左端被两相交正垂面切成 V 形切口，截面为两个局部椭圆，恰似木屋架下弦杆端部的接头切口。

作图见图 4-11(b)，由于圆柱的 W 面投影积聚，只能作出两截平面交线 BD 在 W 面上的投影 $b''d''$(虚线)。而 H 面投影面上，先还原作出圆柱轮廓的投影，后由 a'、b'、c'、d' 和 a''、b''、c''、d'' 对应求出特殊点的 a、b、c、d，再利用积聚性求出若干中间点的水平投影(如 1，2)，最后光滑连成椭圆曲线及交线 bd。

(二)圆锥体的截切

圆锥体被截平面截切，由于相对位置不同可得到五种截交线，见表 4-2。

表 4-2　圆锥体的截切

截平面位置	垂直于圆锥轴线	截面上素线相交	平行于圆锥面上一条素线	平行于圆锥面上两条素线	通过锥顶
截交线形状	圆	椭圆	抛物线	双曲线	两条素线
立体图	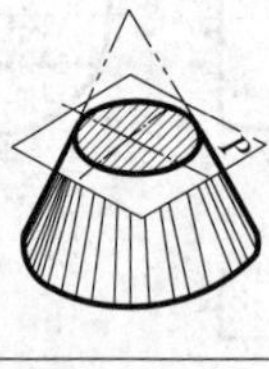	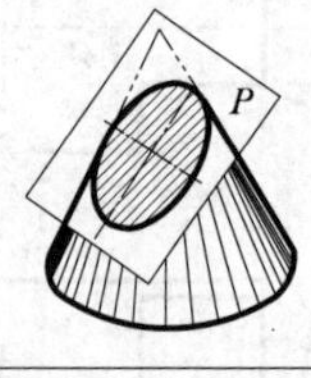	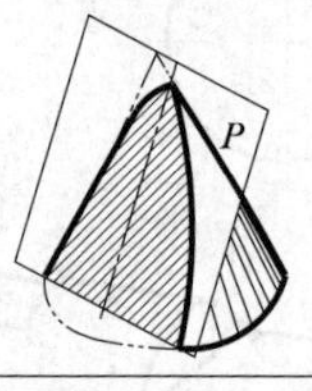	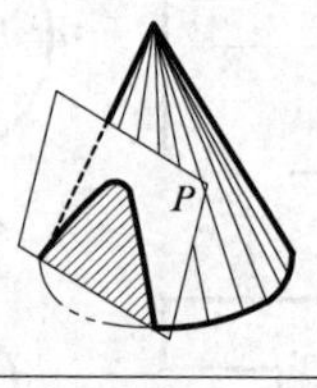	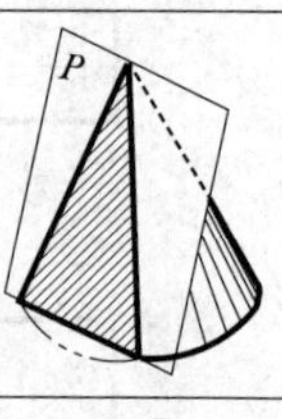
投影图	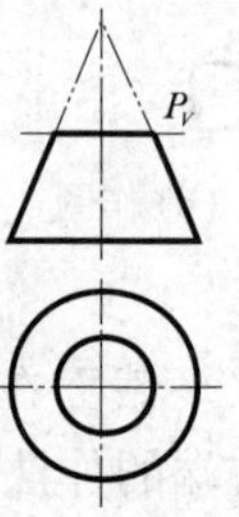	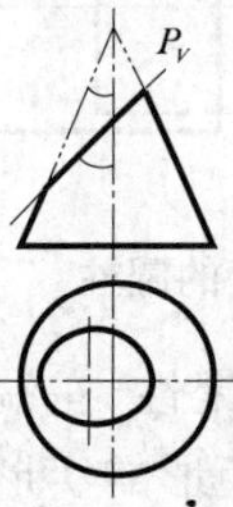	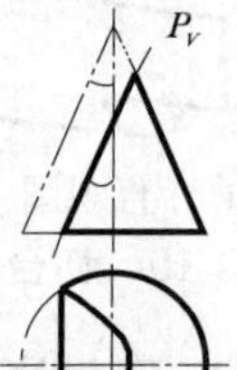	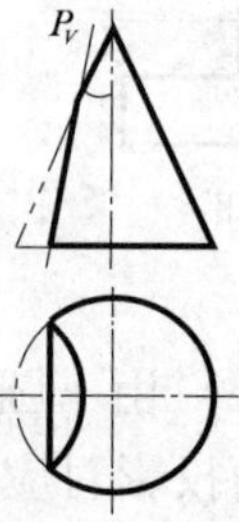	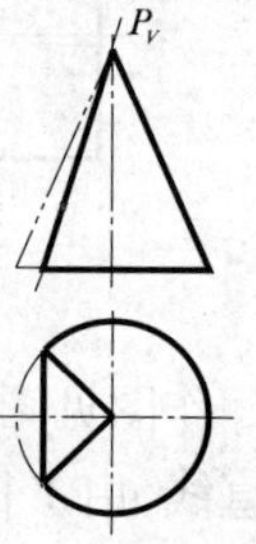

【例 4-3】 补全切口圆锥体的 H 面、W 面投影，见图 4-12。

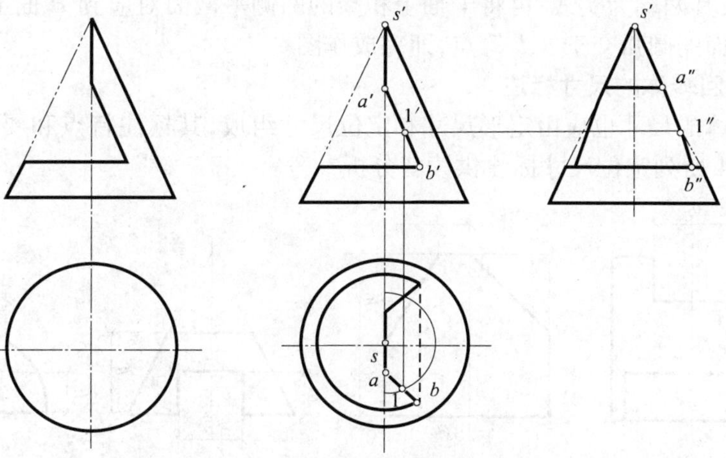

(a) 已知　　(b) 作图

图 4-12　切口圆锥体

观察图 4-12(a)，正置圆锥体被三个截平面截切，一侧平截面过轴线，其截断面为三角形；一截平面为正垂面，且平行于圆锥右轮廓线，其截断面为抛物线；另一水平截面，其截断面为圆。

作图见图 4-12(b)，先作出圆锥的 W 面投影，再利用积聚性和实形性作出侧平截面的投影（H 面投影积聚成直线、W 面投影为实形的等腰三角形），水平截面的投影（H 面投影为实形的圆，W 面投影为一积聚性直线）。最后在 V 面投影上正垂截面 $a'b'$ 之间取若干中间点（如 $1'$，过该点作辅助水平纬线圆，对应得 1 和 $1''$ 等，顺连抛物线 $a1b$ 和 $a''1''b''$，以及各截面的交线，并判明可见性，即完成作图）。

(三)圆球体的截切

圆球体被截平面截切的截断面均是圆，由于截平面与投影面的相对位置不同，其投影也不同，当截平面垂直于投影面时，投影积聚成一直线；当截平面平行于投影面时，投影反映实形圆；当截平面倾斜于投影面时，投影变形成椭圆。

【例 4-4】 补全开槽半球体的 H 面、W 面投影，见图 4-13(a)。

观察图 4-13(a)，半球体上开的方形槽由两个侧平截面和一个水平截面组成，类似常见的半球头螺钉头上的起子槽。

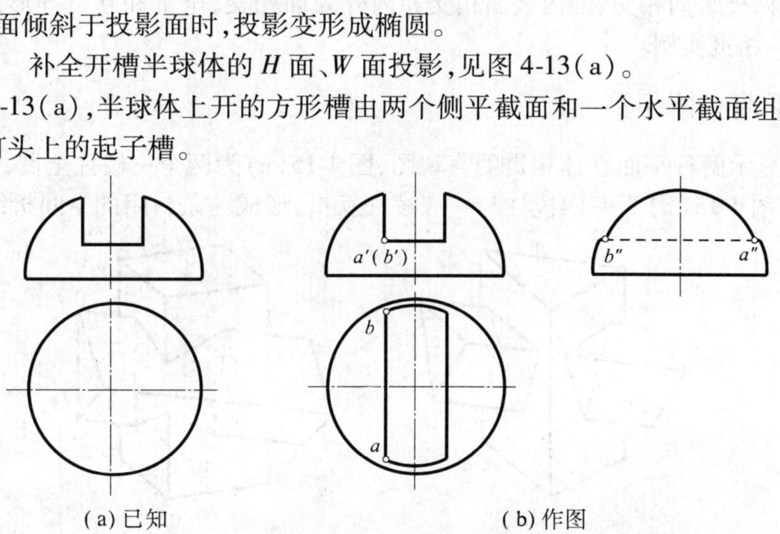

(a) 已知　　(b) 作图

图 4-13　开槽半球体

作图见图 4-13(b)，先作出半球的 W 面投影，后作方槽侧平面的实形圆弧至 a''、b''，连 $a''b''$(虚线)，延长其两端为实线；再将 V 面上积聚的两侧平截面对应到 H 面上仍为两条直线，并作出水平截面的圆弧交于 a、b 等点，即完成作图。

(四)切口回转体的尺寸标注

切口回转体的尺寸也应由定形尺寸和定位尺寸组成，其标注特点和要求与切口平面形体相同，图 4-14 所列定位尺寸标注供读者分析参考。

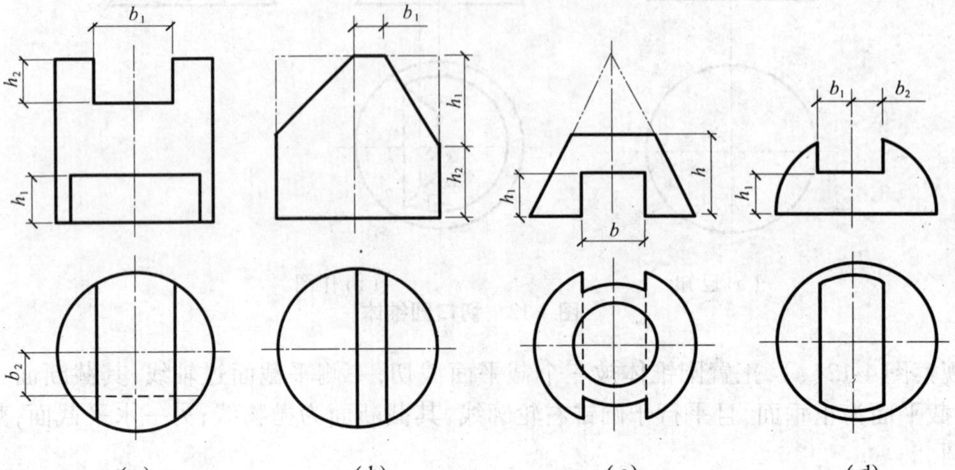

图 4-14 切口回转体的定位尺寸

第三节 相贯形体的投影

两个以上基本形体相交称为相贯形体，其表面产生的交线称为相贯线，它是形体表面的共有线，一般为封闭的空间线段。

由于形体的类型和相对位置不同，有两平面立体相贯、平面立体与曲面立体相贯、两曲面立体相贯；两外表面相交、两内表面相交和内外表面相交；全贯和互贯等形式。本节只介绍一些常见的相贯实例。

一、两平面立体相贯

图 4-15 显示两种平面立体相贯的直观图，图 4-15(a)为两个三棱柱全贯，形成两条封闭的空间折线；图 4-15(b)为一四棱柱与一三棱柱互贯，形成一条封闭的空间折线。

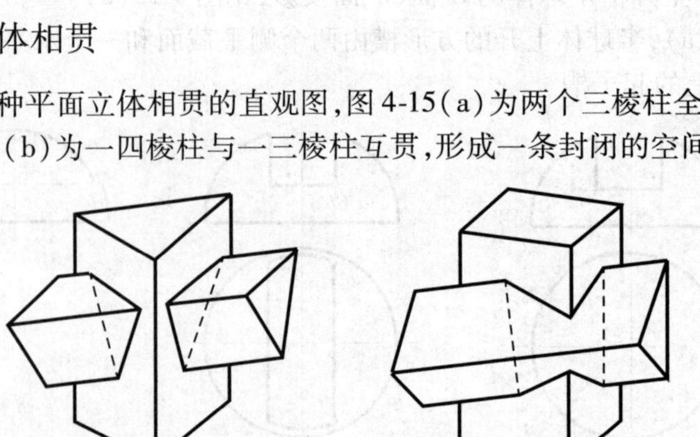

图 4-15 两平面立体相贯

观察图4-15(a)、(b),求两平面立体的相贯线,实质上是求棱线与棱线、棱线与棱面的交点(空间封闭折线的各顶点)及两棱面的交线(各折线段),而各顶点的依次连接就是各折线段,可得出求两平面立体相贯线的作图步骤如下:

(1)形体分析,先看懂投影的对应关系、相贯形体的类型、相对位置、投影特征,尽可能判断相贯线的空间状态和范围。

(2)求各顶点,其作法因题型而异,常利用积聚性或辅助线求得。

(3)顺连各顶点的同面投影,并判明可见性,特别注意连点顺序和棱线、棱面的变化。

【例4-5】 求四棱柱与五棱柱的相贯线,补全三面投影,见图4-16(a)。

由图4-16(a)可以看出,两平面立体可看成是铅垂的烟囱与侧垂的坡屋顶相贯的建筑形体,是全贯式的一条封闭折线。在 H 面、W 面上均积聚在棱面的投影上。

作图如图4-16(b)所示,根据题意要求先作出 W 面投影,由 H 面、W 面投影的积聚性可对应标出1~6和1″~6″六个顶点;由于烟囱在屋脊处前后对称,对应到 V 面投影上得1′、2′、3′和6′;顺连6′1′、1′2′、2′3′,即得 V 面上的相贯线。

由图4-16(b)还可以看出,若不要求作 W 面投影,也可在 H 面投影上直接取辅助线求出 V 面投影。如过1作辅助线 ab,对应到 V 面上得 $a'b'$ 即得1′。

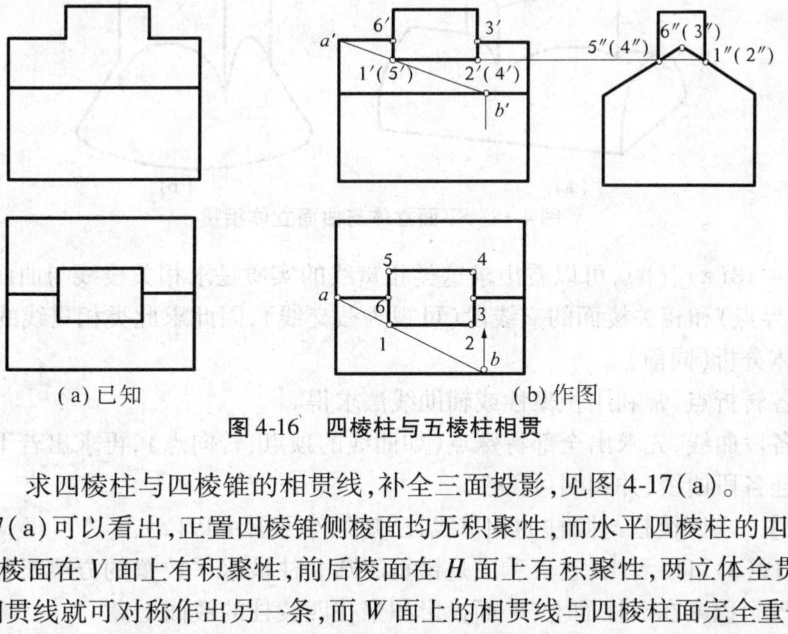

(a)已知　　(b)作图

图4-16　四棱柱与五棱柱相贯

【例4-6】 求四棱柱与四棱锥的相贯线,补全三面投影,见图4-17(a)。

由图4-17(a)可以看出,正置四棱锥侧棱面均无积聚性,而水平四棱柱的四棱面均侧垂于 W 面,上下棱面在 V 面上有积聚性,前后棱面在 H 面上有积聚性,两立体全贯且对称,只须求出一条相贯线就可对称作出另一条,而 W 面上的相贯线与四棱柱面完全重合。

作图见图4-17(b),先作出 W 面投影,并利用积聚性直接标出六个相贯点1″~6″;然后由1″、4″对应得到1′、4′和1、(4);再由1、(4)作四棱锥底边平行线交于2、(3)和6、(5),并对应得2′(6′)、3′(5′);最后判明可见性,顺连1 2、2(3)、(3)(4)、(4)(5)、(5)6和1′2′、2′3′、3′4′,并对称作出另一条相贯线,即完成 V 面、H 面上的相贯线。

图4-17(c)为拔出四棱柱后形成穿方孔的加棱锥,请读者分析比较。

二、平面立体与曲面立体相贯

图4-18显示两种相贯体的直观图,图4-18(a)为三棱柱与半圆柱全贯;图4-18(b)为四

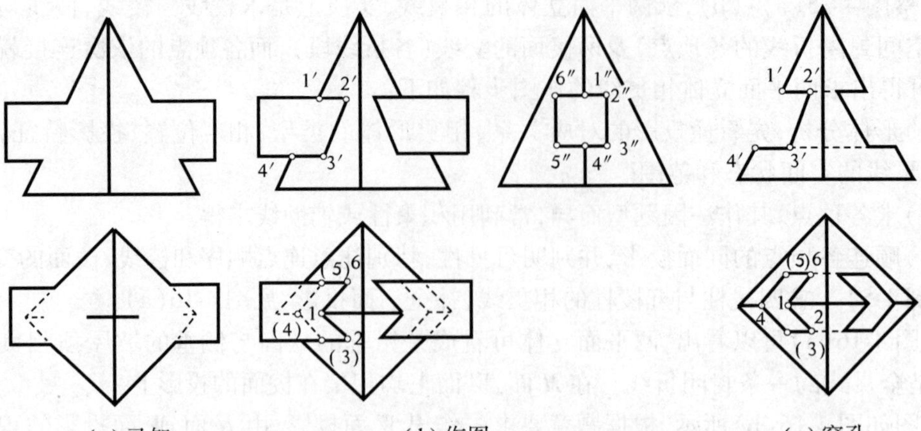

(a) 已知　　(b) 作图　　(c) 穿孔

图 4-17　四棱柱与四棱锥相贯

棱柱与圆锥全贯,都形成一条空间封闭的曲折线。

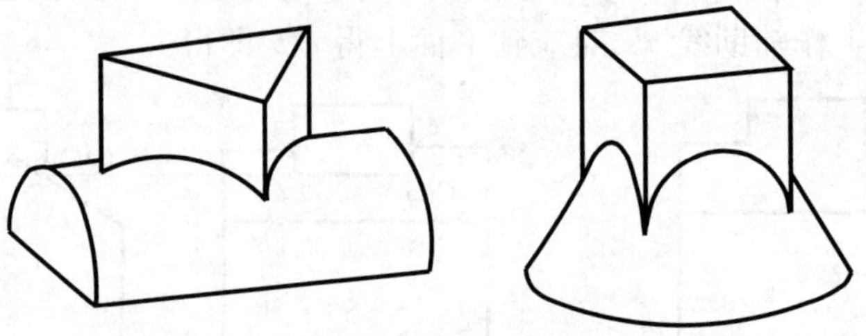

(a)　　(b)

图 4-18　平面立体与曲面立体相贯

观察图 4-18(a)、(b),可以看出求这类相贯线的实质是求相关棱线与曲面的交点(曲折线的转折分界点)和相关棱面的交线段(可视为截交线),因此求此类相贯线的步骤是:

(1)形体分析(同前)。

(2)求各转折点,常利用积聚性或辅助线法求得。

(3)求各段曲线,先求出全部特殊点(如曲线的顶点、转向点),再求出若干中间点。

(4)顺连各段曲线,并判明可见性。

【例 4-7】　求四棱柱与圆柱的相贯线,已知条件见图 4-19(a)。

由图 4-19(a)可以看出,它可看成是铅垂的圆立柱被水平放置的方梁贯穿,有两条相贯线,其 H 面投影积聚在圆柱面上,W 面投影积聚在四棱柱的棱面上。

作图如图 4-19(b)所示,先作出 W 面投影,并标出特殊点 $1''\sim6''$和 1、2、6;后对应在 V 面上得 $1'\sim4'$;再顺连 $1'\sim4'$($5'$、$6'$因重影而略去)得一条相贯线,并对称作出另一条相贯线,即完成作图。

图 4-19(c)显示出圆柱上穿方孔的相贯线,请读者分析比较。此外应指出:由于四棱柱(或四方孔)的两侧棱面与圆柱轴线平行,其交线段为直线,属于特殊情况。

【例 4-8】　求圆锥与四棱柱的相贯线的 V 面、W 面投影,见图 4-20(a)。

由图 4-20(a)可以看出,它可以看成是铅垂的矩形立柱与圆锥形底座全贯,但只在上方产生一条相贯线,H 面投影积聚在矩形柱棱面上,四段曲线为双曲线、分别在 V 面、W 面上积

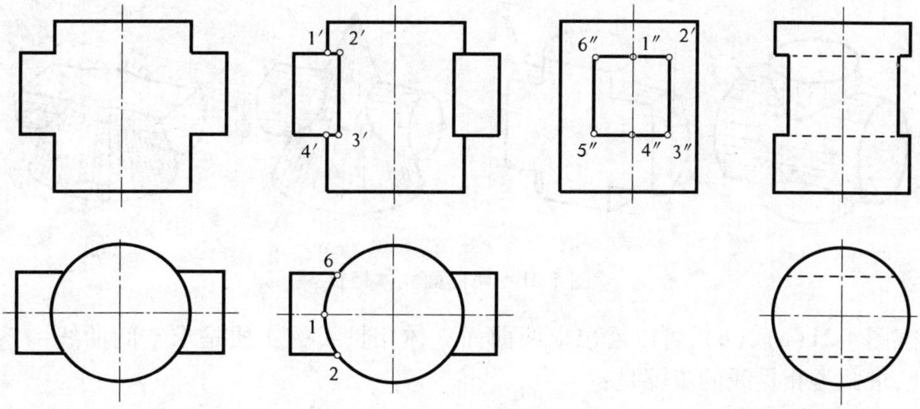

(a) 已知　　(b) 作图　　(c) 穿孔

图 4-19　四棱柱与圆柱体相贯

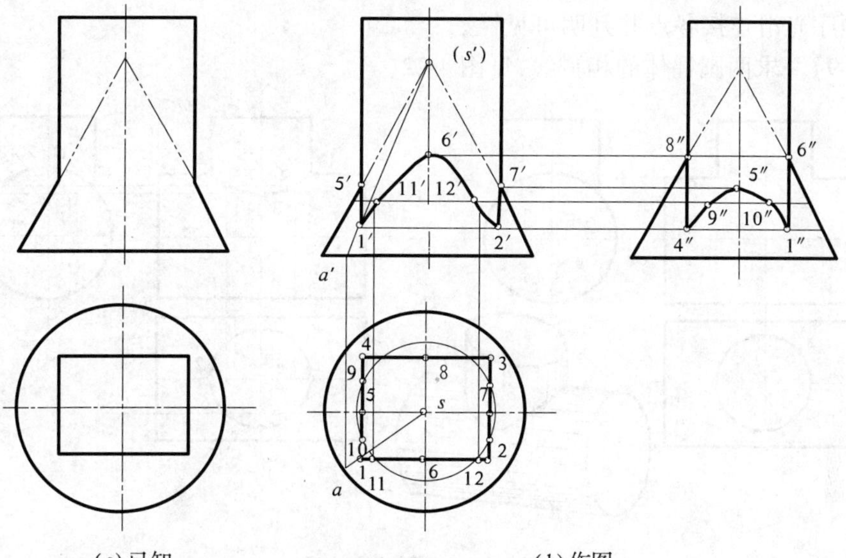

(a) 已知　　(b) 作图

图 4-20　四棱柱与圆锥相贯

聚或反映实形。

作图见图 4-20(b)，先作出基本形体的 W 面投影，后在 H 面投影上利用方柱的积聚性标出 1 ~ 8 等特殊点，过点 1 取圆锥面上的辅助素线 sa，对应到 V 面上的 $s'a'$ 得 1′，并根据对称性和“高平齐”得 1′ ~ 4′及 1″ ~ 4″，而 5 ~ 8 是双曲线的最高点，由 V 面、W 面投影对应得 6′和 5″。再在 V 面投影的最低点之上和最高点之下取圆锥的水平纬线圆，对应到 H 面投影上得 9 ~ 12 等点，将 9 ~ 12 对应到 V 面、W 面投影上得 11′12′和 9″10″。最后，顺连 1′11′6′12′2′和 4″9″5″10″1″成双曲线，将方柱棱线延长至 1′2′和 4″1″，即完成作图。

三、两曲面立体相贯

图 4-21 显示两种相贯体的直观图，图 4-21(a)为两圆柱全贯，图 4-21(c)为圆柱与圆锥全贯，都是两条封闭的空间曲线。

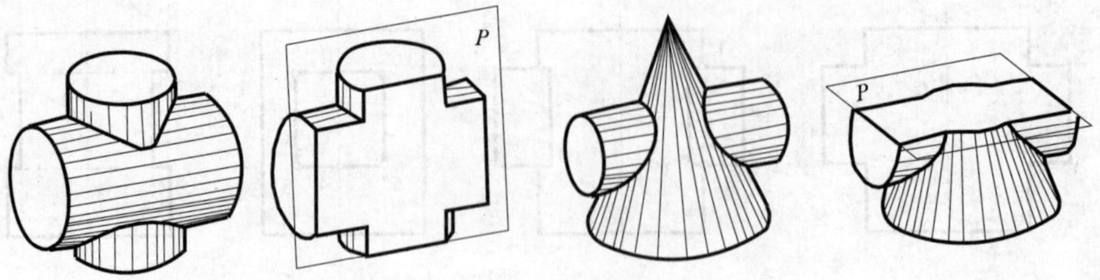

图 4-21　两曲面立体相贯

观察图 4-21(a)、(b)，可以看出求两曲面立体相贯线的实质是求空间曲线一系列共有点，由此，求此类相贯线的步骤是：

(1)形体分析(同前)。

(2)求一系列共有点，利用积聚性或辅助线(面)法先求出特殊点(极限位置点和转向点)，再视需要求若干中间点。

(3)顺序光滑连接各点并判明可见性。

【例 4-9】　求两圆柱体的相贯线，见图 4-22(a)。

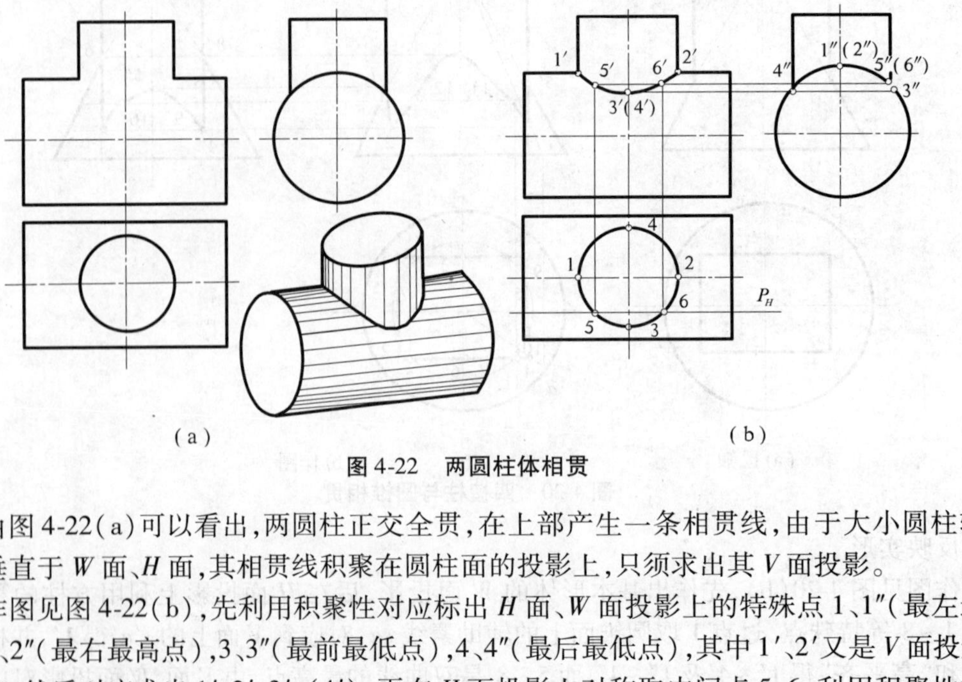

图 4-22　两圆柱体相贯

由图 4-22(a)可以看出，两圆柱正交全贯，在上部产生一条相贯线，由于大小圆柱轴线分别垂直于 W 面、H 面，其相贯线积聚在圆柱面的投影上，只须求出其 V 面投影。

作图见图 4-22(b)，先利用积聚性对应标出 H 面、W 面投影上的特殊点 1、1″(最左最高点)，2、2″(最右最高点)，3、3″(最前最低点)，4、4″(最后最低点)，其中 1′、2′又是 V 面投影的转向点；然后对应求出 1′、2′、3′、(4′)；再在 H 面投影上对称取中间点 5、6，利用积聚性标出 5″、6″，在 V 面投影对应得 5′、6′；最后依次光滑连接 1′5′3′6′2′得相贯线。

若将图 4-22 中两圆柱体改成两圆柱筒相贯，如图 4-23 所示，成为工程中常见的一种管接头“三通”，则在内外表面产生两条相贯线，请读者分析比较。

两回转体相贯，在特殊情况下，其相贯线也可能是平面曲线或直线。

(1)两回转体同轴相贯时，其交线为圆，见图 4-24。

(2)两回转体相切于同一球面时，其交线为直线，见图 4-25。

(3)两圆柱轴线平行时，其交线为直线，见图 4-26。

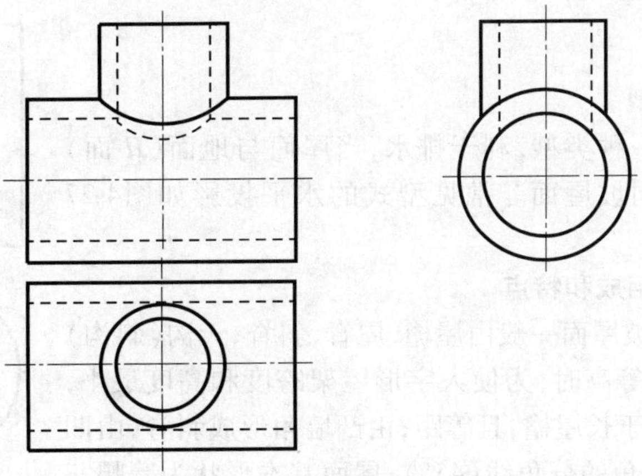

图 4-23　两圆筒相贯

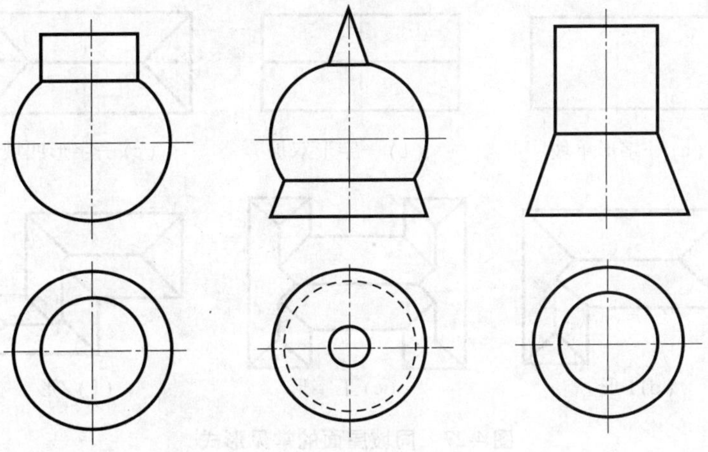

(a)　　(b)　　(c)

图 4-24　两同轴回转体的相贯线

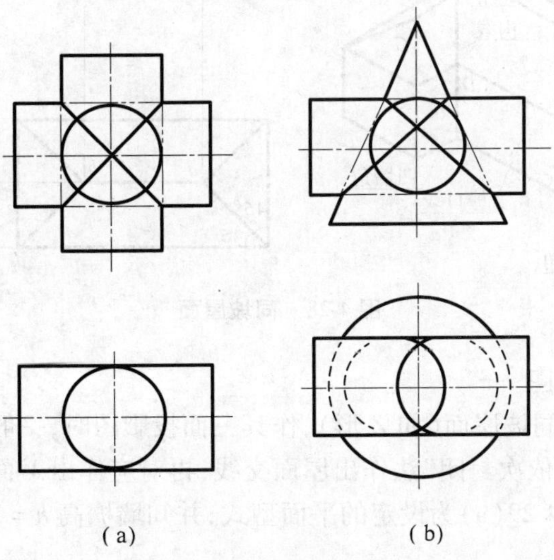

(a)　　(b)

图 4-25　公切于一个球

四、同坡屋面

(一)坡屋面的类型

坡屋面是屋顶的一种类型,利于排水,当屋面与地面(H 面)倾角 α 相同时,称为同坡屋面。常见型式的水平投影如图4-27所示。

(二)同坡屋面的组成和特点

如图 4-28 所示同坡屋面一般由屋檐、屋脊、斜脊、天沟(斜沟)和坡屋面组成,当屋檐等高时,为使人字形屋架跨度和高度最小,省工省料,屋脊应平行于长屋檐,且等距;由凸墙角形成斜脊,由凹墙角形成斜沟,都是墙角的分角线(45°);屋面基本形状为等腰三角形、等腰梯形和平行四边形。

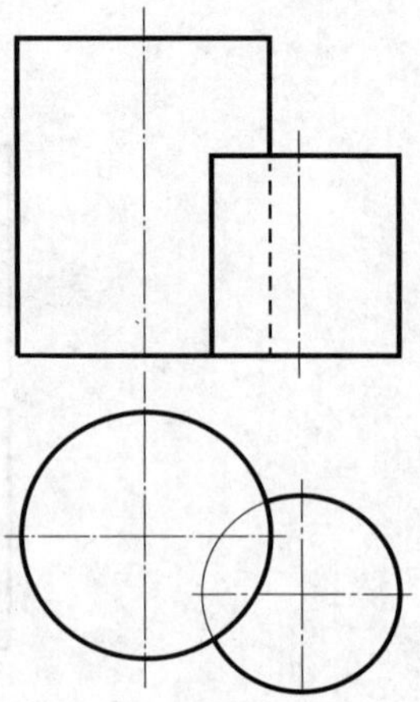

图 4-26　两轴线平行

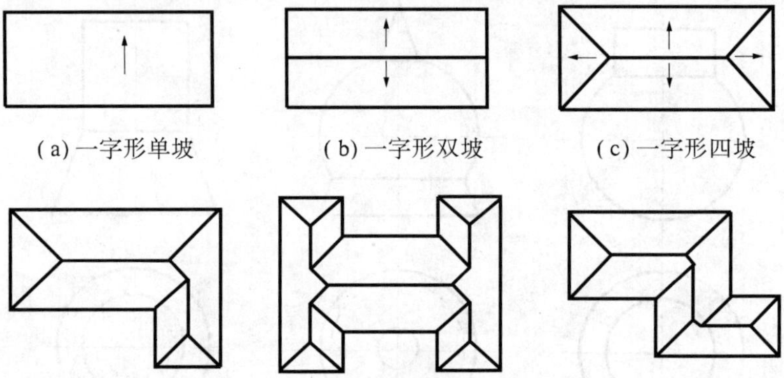

(a)一字形单坡　(b)一字形双坡　(c)一字形四坡

(d)L形　(e)工字形　(f)Z形

图 4-27　同坡屋面的常见形式

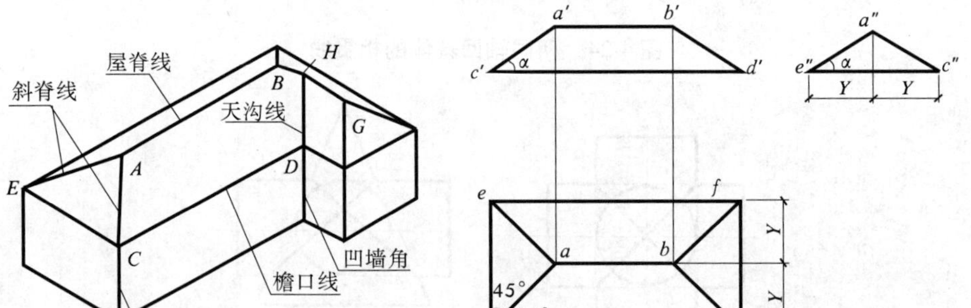

图 4-28　同坡屋面

(三)同坡屋面的作图

对于形状较复杂的同坡屋面(如 Z 形),作其三面投影图时,一般先确定平面型式(H 面投影),运用“脊线定位、依次封闭”法作出屋面交线,再对应作出 V 面、W 面投影。

如图 4-29 所示,图 4-29(a)为设定的平面型式,并知墙檐高 $h=10$,屋面坡度 $\alpha=30°$,作其三面投影。

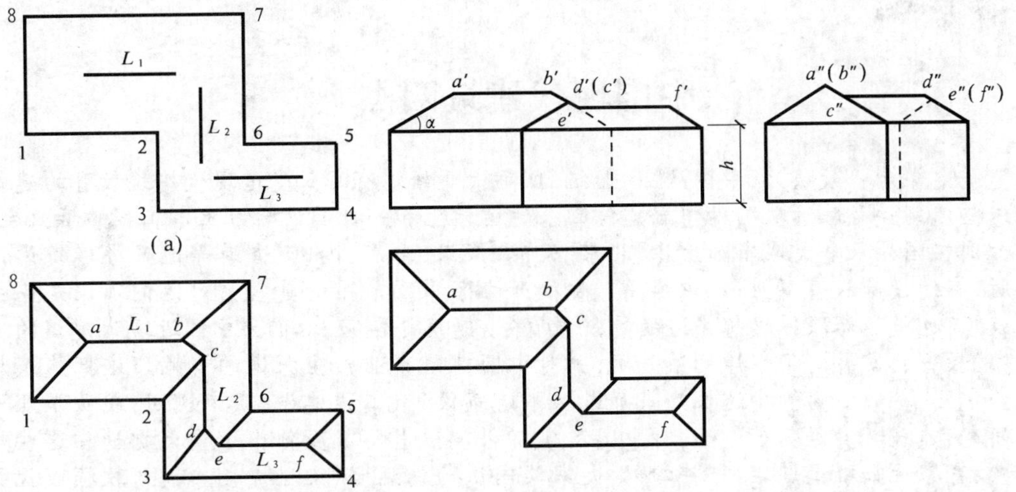

图 4-29　坡屋顶形体的三面投影

首先在平面型式上确定屋脊线 L_1、L_2 和 L_3，依次标记墙角编号 1 ~ 8，见图 4-29(a)，再从一端墙角(如 1、8)开始依次作 45°分角线，其中先交于 L_1 者有效，得脊点 a、b，另一分角线必交于 L_2 的点 c；由 3、6 作 45°分角线，同样得脊点 d 和 e；由 4、5 作 45°分角线必交于脊点 f，见图 4-29(b)。

根据图 4-29(b)对应作出 V 面、W 面投影墙体(高 h)和屋檐，最后各墙角与檐口交点作坡屋面($\alpha=30°$)并对应作出脊点脊线 $a'b'$、$d'(c')$、$e'f'$ 和 $a''(b'')$、$c''d''$、$e''(f'')$，即完成作图，见图 4-29(c)。

知识链接四

中国现代建筑四杰

建筑史学者一致认为，中国从20世纪20年代开始才有真正受过现代建筑教育的建筑师。这些建筑师是陆续从国外学习建筑回来的留学生和一批国内学习土木工程的毕业生，他们分别在国内很多大城市如上海、北京、天津、武汉、重庆、南京、香港等地开办建筑设计事务所，有的投身教育事业，在中国高等院校开办了中国最早的建筑系。他们不仅是优秀的建筑师，也是学养深厚思想先进的建筑教育家、建筑史学家，他们为中国近现代建筑的发展、建筑教育的发展写了辉煌的第一页，并对中国建筑事业产生深远的影响。这批建筑师被称为中国第一代建筑师，这批建筑师或从事建筑设计、工程建设、城市规划，或从事理论学术研究、建筑教育等各个方面，对中国及建筑科学技术与教育作出了重大贡献。这些建筑师、教育家犹如群星灿烂，光芒四射，大家共同认为杨廷宝、梁思成、童寯、刘敦桢成就更为突出，是中国第一代建筑师的优秀代表，在建筑界被尊称为“建筑四杰”。

杨廷宝(1901—1982)，河南南阳人，现代建筑学家、建筑师、建筑教育家。1921年赴美留学就读于宾夕法尼亚大学建筑系，1927年回国加入基泰工程公司任建筑事务所设计方面负责人，1940年兼任中央大学建筑学教授，新中国成立后，历任南京大学工学院建筑系系主任，南京工学院(现东南大学)建筑系系主任、副院长，江苏省副省长，1955年当选中国科学院技术科学部学部委员(工程院院士)，1957～1961年两次当选国际建协副主席，一生主持和指导的建筑工程100余项，在中国近现代建筑史中负有盛名，在建筑画方面(素描、水彩)造诣很高。

梁思成(1901—1972)，中国现代建筑学家、建筑史学家、建筑教育家。广东新会人。1924～1927年在美国宾夕法尼亚大学建筑系读书，获学士和硕士学位，曾在哈佛大学研究世界建筑史，1928年归国创立东北大学建筑系并任系主任，是中国建筑教育的开拓者之一。1946年，创办清华大学建筑系并任系主任，直至逝世。1949年先后任北平都市计划委员会和北京建设委员会副主任，1955年当选中国科学院技术科学部学部委员(中国工程院院士)。梁思成在中国古代史研究、建筑遗产保护、北京的建设与规划、建筑教育等方面作出了杰出贡献，其著作有《梁思成全集》十卷本、《中国建筑史》(在美国出版)。

童寯(1900—1953)，中国现代建筑学家、建筑师、建筑教育家。满族，1925年赴美留学就读于宾夕法尼亚大学建筑系，1930年考察欧洲后回国，担任东北大学建筑系教授，后加入华盖建筑事务所，一生设计100余项建筑工程，1944年先后在重庆和南京兼任中央大学工学院建筑系教授，后任南京工学院(现东南大学)建筑系教授。童寯在建筑设计、中国古典园林、建筑历史等方面有大量学术研究著作出版，对中国建筑教育、建筑设计及建筑画创作教学方面作出了重大贡献，为后人景仰。

刘敦桢(1897—1968)，中国现代建筑学家、建筑史学家、建筑教育家。湖南人。1921年毕业于东京高等工业学校建筑科，回国后任教于苏州工业专科学校建筑科，后与柳士英、刘福泰在中央大学创办中国最早的建筑系，是中国建筑教育开拓者之一。刘敦桢有志于发扬中国传统建筑文化，与梁思成先生共同调查中国各地古建筑，写出大量研究论文，奠定了中国建筑史这门学科的基础，中华人民共和国成立后，任南京大学建筑系教授，南京工学院(现东南大学)建筑系教授、系主任，1955年当选中国科学院技术科学部学部委员(工程院院士)，其著作《刘敦桢文集》四卷本已出版。

(林深　撰写)

第五章　工程中常用的曲面

第一节　曲面立体的投影

所谓曲面立体,是指形体的部分表面或全部表面由曲面围成。在曲面立体中,常见的是回转体。

回转体是曲面立体中形状较规则的一类,它是由回转面与平面(有的无平面)所围成的立体,最常见的是圆柱、圆锥、圆球等。

一、圆柱体

(一)圆柱体的投影

圆柱体是直母线 *AB* 绕轴线旋转形成的圆柱面与两圆平面为上下底所围成的立体,见图 5-1(a)。

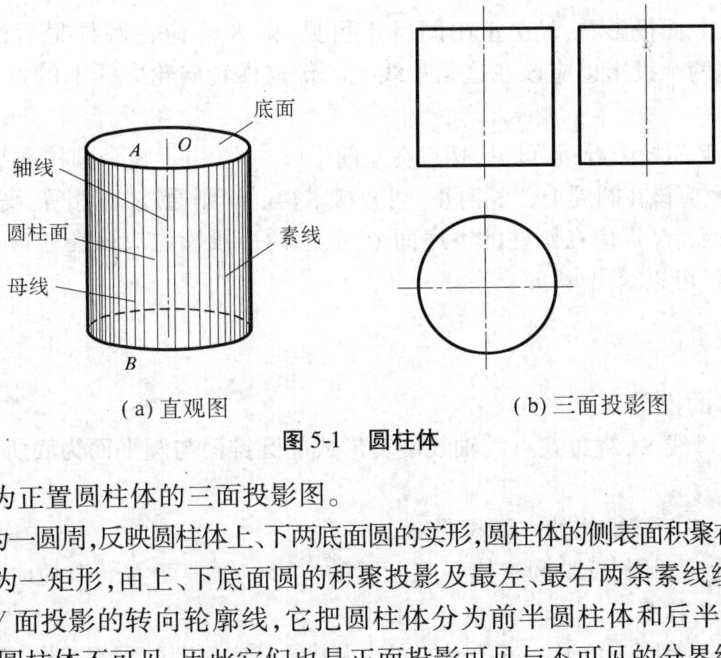

(a)直观图　　(b)三面投影图

图 5-1　圆柱体

图 5-1(b)为正置圆柱体的三面投影图。

H 面投影:为一圆周,反映圆柱体上、下两底面圆的实形,圆柱体的侧表面积聚在整个圆周上。

V 面投影:为一矩形,由上、下底面圆的积聚投影及最左、最右两条素线组成。这两条素线是圆柱体对 *V* 面投影的转向轮廓线,它把圆柱体分为前半圆柱体和后半圆柱体,前半圆柱体可见,后半圆柱体不可见,因此它们也是正面投影可见与不可见的分界线。

W 面投影:亦为一个矩形,由上、下两底面圆的积聚投影及最前、最后两条素线组成。这两条素线是圆柱体对 *W* 面投影的转向轮廓线,它把圆柱体分为左半圆柱体和右半圆柱体,左半圆柱体可见,右半圆柱体不可见,因此它们也是侧面投影可见与不可见的分界线。

由于圆柱体的侧表面是光滑的曲面,实际上不存在最左、最右、最前、最后这样的轮廓素线,它们仅仅是因投影而产生的。因此,投影轮廓素线只在相应的投影中存在,在其他投影中则不存在。

（二）圆柱表面上的点

由于圆柱侧表面在轴线所垂直的投影面上投影积聚为圆，故可利用积聚性来作图。

如图 5-2(a)所示，已知圆柱表面上的点 K、M、N 的一个投影，求其他两个投影。

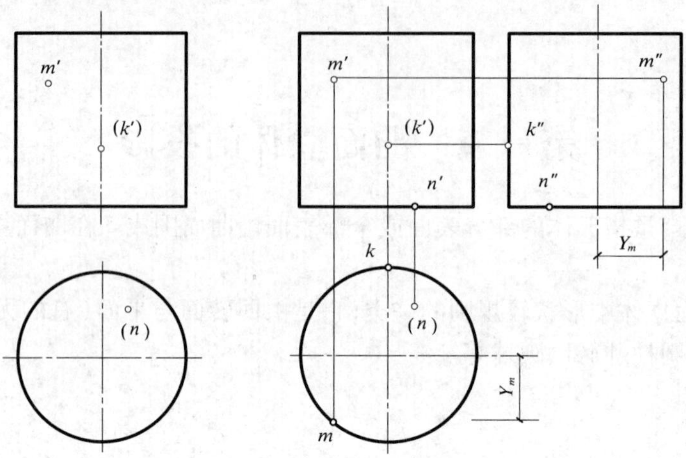

(a) 已知　　(b) 作图

图 5-2　圆柱表面上的点

投影分析与作图：

特殊点。从 V 面投影看，k' 在正中间且不可见，则 K 点应在圆柱最后的素线上（转向轮廓线上），其他两个投影也应该在这条素线上。像这样转向轮廓线上的点可直接求得，如图 5-2(b)所示。

一般点。从 V 面投影看，m' 可见，M 点在左前半圆柱上，由于整个圆柱面水平投影积聚在圆周上，所以 m 也应该在圆周上，"长对正"可直接求得。m'' 则通过"宽相等、高平齐"求得。

从 H 面投影看，N 点应在圆柱的下底面上，其他两个投影也应该在相应的投影上，利用"长对正、宽相等"可以求出 n'、n''。

二、圆锥体

（一）圆锥体的投影

圆锥体是直母线 SA 绕过 S 点的轴线旋转形成的圆锥面与圆平面为底所围成的立体，见图 5-3(a)。

图 5-3(b)为正置圆锥体的三面投影图。

H 面投影：为一圆周，反映圆锥体下底面圆的实形。锥表面为光滑的曲面，其投影与底面圆重影且覆盖在其上。

V 面投影：为一等腰三角形。三角形的底边为圆锥体底面圆的积聚投影，两腰为圆锥体最左、最右两轮廓素线的投影。它是圆锥体前、后两部分的分界线。其另两面投影不予画出。

W 面投影：亦为一等腰三角形。其底边为圆锥体底面圆的积聚投影，两腰为圆锥体最前、最后两轮廓素线的投影，是圆锥体左、右两部分的分界线。其另两面投影也不予画出。

（二）圆锥表面上的点

由于圆锥表面投影均不积聚，所以求圆锥表面上的点就要作辅助线。点属于曲面，也应该属于曲面上的一条线。曲面上最简单的线是素线和圆。下面分别介绍素线法和纬线圆法。

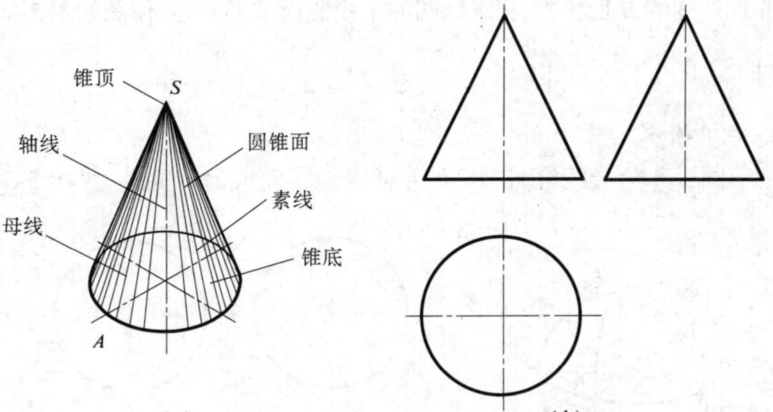

(a) (b)

图 5-3 圆锥体

如图 5-4(a)所示,已知圆锥表面上的点 K、M、N 的一个投影,求其他两个投影。

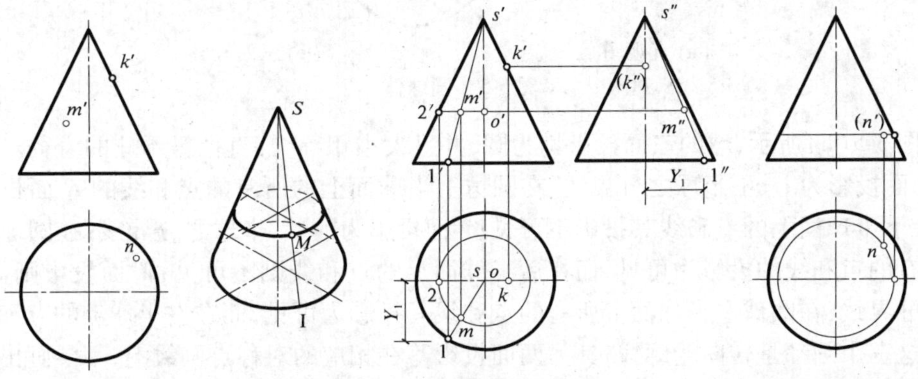

(a) 已知 (b) 立体图 (c) 素线法定点 (d) 纬线圆法定点

图 5-4 圆锥表面上的点

投影分析与作图:

特殊点。从 V 面投影看,k'在转向轮廓线,即 K 点在圆锥最右的素线上,其他两个投影也应该在这条素线上。k、k''可直接求得,注意:k''不可见,如图 5-4(c)所示。

一般点。用素线法,从图 5-4(a)V 面投影看,m'可见,M 点在左前半圆锥面上。在 V 面投影上连 $s'm'$延长与底面水平线交于 $1'$,$s'1'$即素线 S Ⅰ的 V 面投影,如图 5-4(c)所示;过 $1'$作铅垂线与 H 面上圆周交于前后两点,因 m'可见,故取前面一点,$s1$ 即为素线 S Ⅰ的 H 面投影;再过 m'引铅垂线与 $s1$ 交于 m,即为所求 M 点的 H 面投影;根据点的投影规律求出 $s''1''$,过 m'作水平线与 $s''1''$交于 m''。作图过程如图 5-4(c)所示。

纬线圆法:母线绕轴线旋转时,母线上任意点的轨迹是一个圆,称为纬线圆,且该圆所在的平面垂直于轴线,如图 5-4(b)中 M 点的轨迹。

过 m'作水平线与轮廓线交于 $2'$,$o'2'$即为辅助线纬圆的半径实长,在 H 面上以 $s(o)$为中心,$o'2'$为半径作圆周即得纬圆的 H 面投影,此纬圆与过 m'的铅垂线相交得 m 点。这一交点应与素线法交于同一点。

从图 5-4(a)的 H 面投影看,N 点位于右后锥面上,用纬线圆法求解,其作图过程与图5-4(c)

相反,即先过 n 作纬圆的 H 面投影,再求纬圆的 V 投影而求得 n' 点,作图如图 5-4(d)。

三、圆球体

(一)圆球体的投影

圆球体是半圆(EAF)母线绕直径 EF 为轴线旋转而成的球面体,见图 5-5(a)。

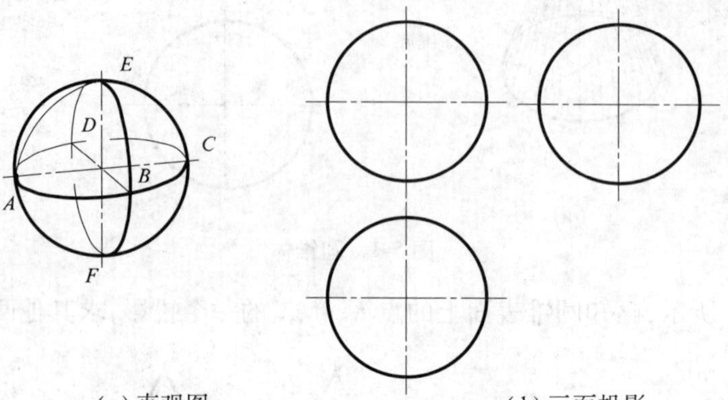

(a) 直观图　　(b) 三面投影

图 5-5　圆球体

如图 5-5(b)所示,球的三面投影均为圆,并且大小相等,其直径等于球的直径。所不同的是,H 面投影为上、下半球之分界线,在圆球上半球面上的所有的点和线的 H 面投影均可见,而在下半球面上的点和线其投影不可见;V 面投影为前、后半球之分界线,在圆球前半球面上所有的点和线的投影为可见,而在后半球面上的点和线则不可见;W 面投影则为左、右半球之分界线,在圆球左半球面上所有的点和线其投影为可见,而在右半球上的点和线则不可见。这三个圆都是转向轮廓线,其另两面投影落在相应的对称点画线上,不予画出。

(二)圆球表面上的点

点属于圆球,也必须属于圆球表面上的一条线,而圆球表面只有圆。理论上可用圆球表面上的任意纬圆作辅助线,但方法上所用纬线圆要简单易画,所以只能用投影面平行圆。

如图 5-6(a)所示,已知圆球表面上的点 K、M 的一个投影,求其他两个投影。

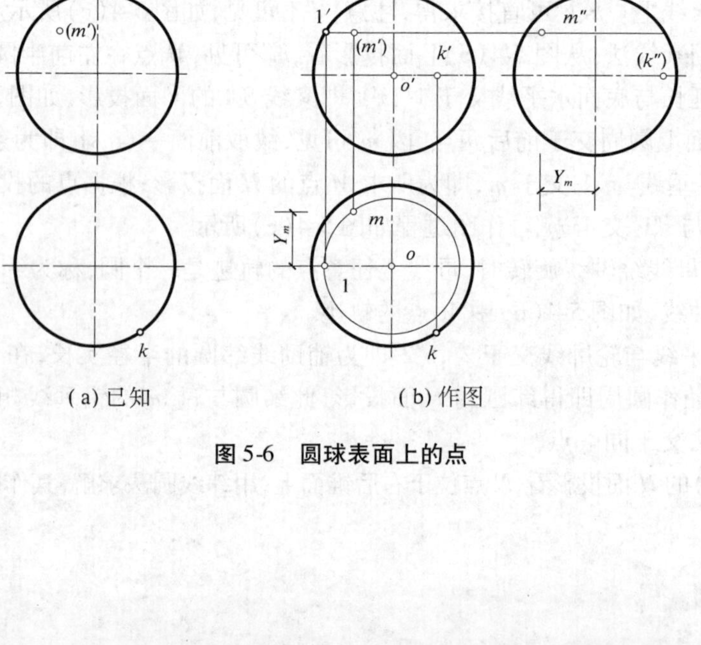

(a) 已知　　(b) 作图

图 5-6　圆球表面上的点

投影分析与作图：

特殊点。从 H 面投影看，k 在前半圆球面上，在水平投影转向轮廓线上，则其他两个投影也应该在这条轮廓线上。k、k''可直接求得，注意：k''不可见，如图 5-6(b) 所示。

一般点。从图 5-6(a) 的 V 面投影看，M 点应在左后上部圆球面上，先用水平圆来作图。在图 5-6(b) 过 (m') 作水平线与 V 面圆交于 $1'$，根据 $1'$ 求出纬圆 O Ⅰ 的 H 面投影 $o1$，过 (m') 作铅垂线与圆 $o1$ 交于两点，因 (m') 不可见，取后半圆上一点 m，然后根据 (m')、m 求得 m''。

讨论：按同样的方法，在 (m') 处还可以用正平圆作辅助圆、用侧平圆作辅助圆，得到的答案都是一致的，读者可以自己尝试。

四、回转体的尺寸标注

图 5-7 为常见回转体的定形尺寸标注。由于回转体的长宽相同，只须标注直径 $\phi\times\times$ 和高度 h 即可，而圆球体则只标注一个球体直径 $S\phi\times\times$。从图中可以看出，若将直径 $\phi\times\times$ 都注在 V 面投影上（括号处），可以取消水平投影。

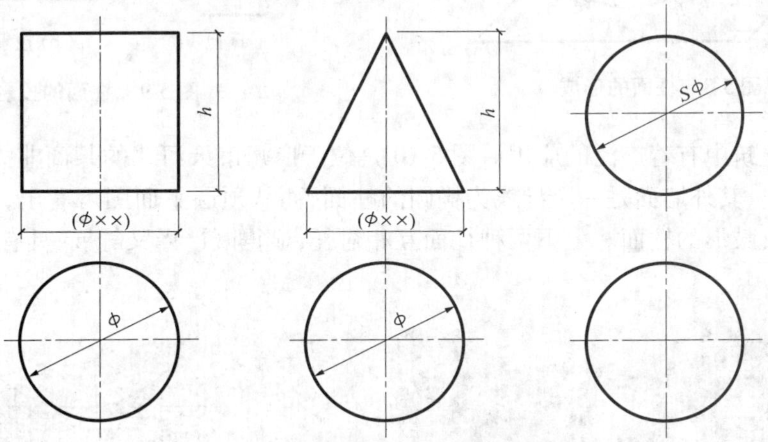

图 5-7　回转体的定形尺寸标注

第二节　工程中常用的曲面

除前面所讲的圆柱、圆锥等回转曲面外，在建筑工程中还会遇到其他较为复杂的曲面，通常将这些复杂的曲面称为工程曲面，如柱面、锥面、柱状面、锥状面、双曲抛物面和平螺旋面等。

曲面可以看做是线运动的轨迹。运动的线是母线。母线在曲面上的任一位置，称为素线，如果母线按照一定的规则运动，则形成规则曲面。其中控制母线运动的点、线、面，分别称为导点、导线和导面。母线的形状（直线或曲线）以及母线运动的形式是形成曲面的条件。

曲面的种类很多，其分类方法也很多，在此只介绍工程中最常见的一些曲面，它们属于非回转直线曲面。

一、柱面

一直线沿一曲线移动，并始终平行于另一固定的直线所形成的曲面称为柱面，如图 5-8 所示。柱面上所有的素线都互相平行。

图 5-9 是某一柱面的两面投影。它的导线是一个水平圆，母线的方向平行于图中给出的正平线 L 的方向，可见柱面的各素线是互相平行的。由于取母线为定长，所以此柱面的上下底各是一个水平圆。

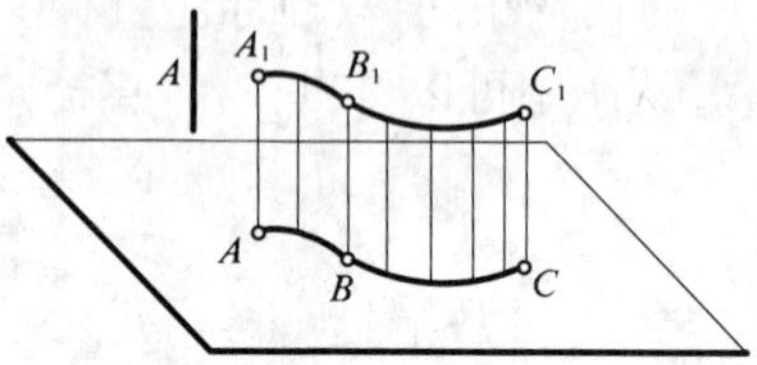

图 5-8　柱面的形成

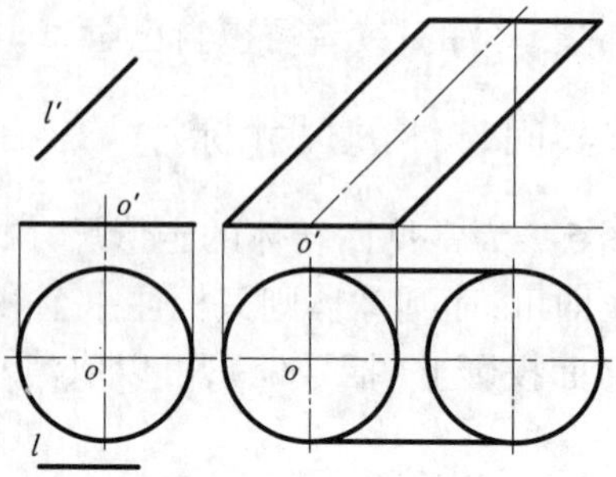

(a) 已知　　(b) 投影

图 5-9　柱面的投影

柱面在建筑中有着广泛的应用。图 5-10 是位于广州市天河北的某商业大厦，从标准层平面图可看出，其外墙面是一个导线为椭圆的柱面，而从顶层平面图可看出，该处外墙面是两对导线为反鼓形的柱面。上下两种柱面互相衬托，显得既严谨又舒展，具有较高的艺术性和创造性。

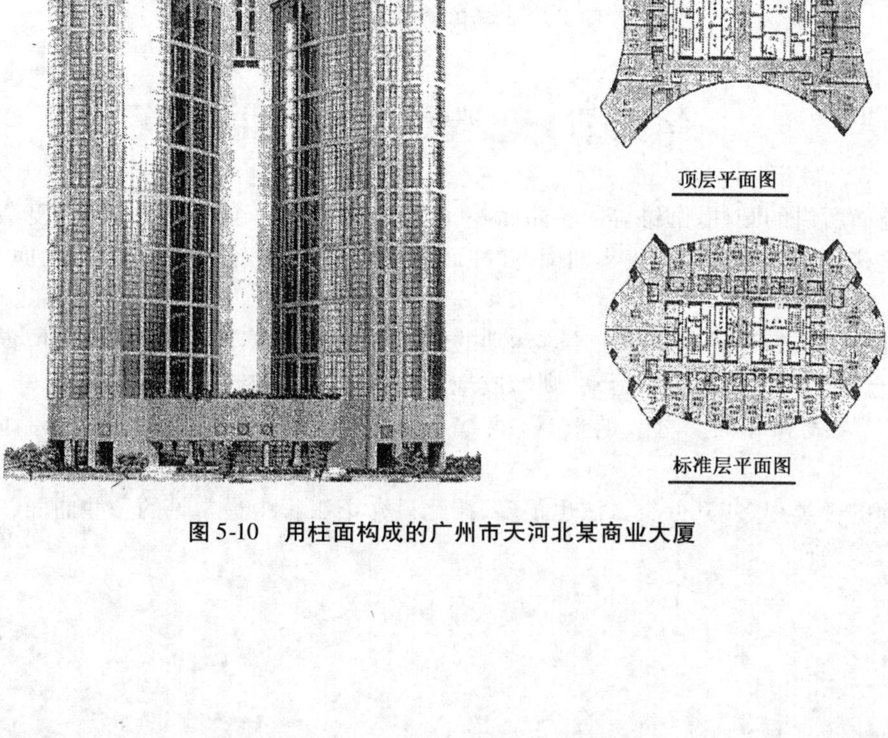

图 5-10　用柱面构成的广州市天河北某商业大厦

二、锥面

一直母线 *SA* 沿一曲导线移动，并始终通过一固定点 *S*（导点）所形成的曲面，称为锥面，如图 5-11 所示。

图 5-12 是某一锥面的两面投影。它的导线是一个水平圆，点 *S* 是固定点，即锥面的各素线相交于该点，如果把锥顶移到无限远处，锥面则变为柱面。同样，锥面在建筑工程中也有着广泛的应用，图 5-13 所示为一个用锥面构成的壳体建筑。

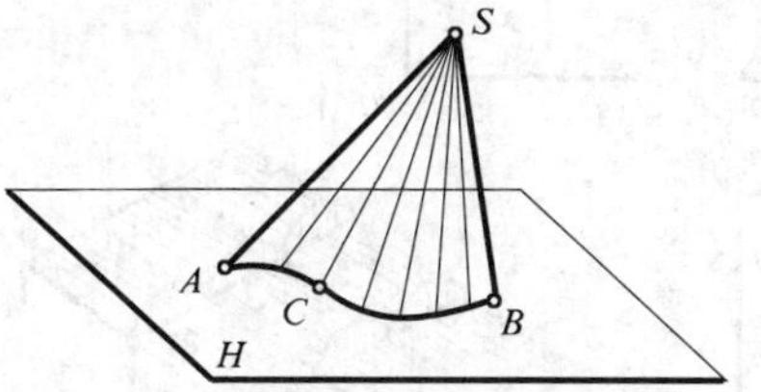

图 5-11　锥面的形成与投影图

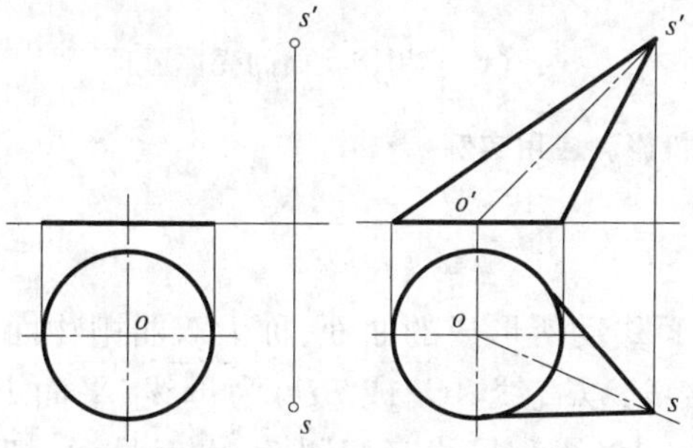

(a) 已知　　(b) 所求

图 5-12　锥面的投影

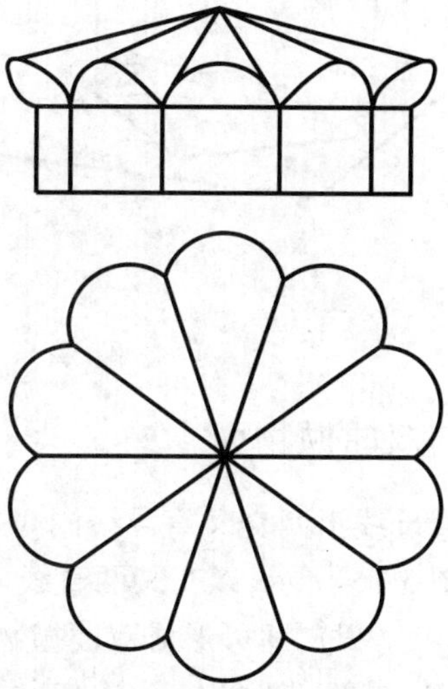

图 5-13　用锥面构成的壳体建筑

三、柱状面

一直母线沿两条曲导线同时平行于一导平面移动所形成的曲面，称为柱状面。如图 5-14(a)所示，柱状面的直母线 *AC* 沿着两条曲导线 *AB* 和 *CD* 移动，并始终平行于铅垂的导平面 *P*。当导平面 *P* 平行于 *W* 面时，该柱状面的投影图如图 5-14(b)所示。

柱状面常用来做壳体屋顶、隧道拱及钢管接头等。图 5-14(c)是柱状面应用于桥墩上的实例。

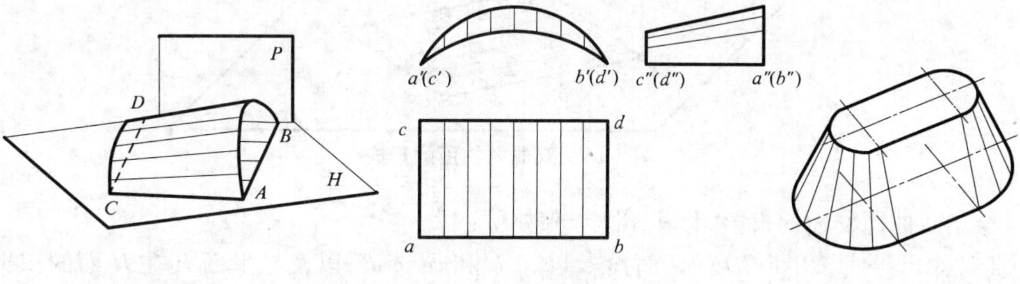

(a) 形成　　(b) 投影图　　(c) 应用柱状面的桥墩

图 5-14　柱状面的形成、投影和应用实例

四、锥状面

一直母线沿一直导线和一曲导线同时平行于一导平面移动所形成的曲面，称为锥状面。如图5-15(a)所示，锥状面是直母线 AC 沿着直导线 CD 和曲导线 AB 移动，并始终平行于导平面 P。当导平面 P 平行于 W 面时，该锥状面的投影图如图5-15(b)所示。

锥状面多用于壳体屋顶及带直螺旋面的物体，如图5-15(c)所示。

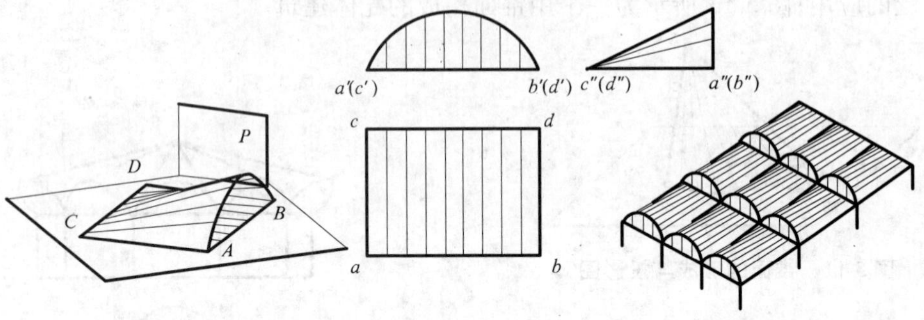

(a)形成　(b)投影图　(c)应用锥状面的壳体屋顶

图5-15　锥状面的形成、投影和应用实例

五、双曲抛物面

一直母线沿两交叉直导线同时平行于一导平面移动所形成的曲面，称为双曲抛物面。

如图5-16所示，以交叉两直线 AB 和 CD 为导线，以直线 AC(或 BD)为母线，平面 P 为导平面($AC /\!/ P$)，即可形成双曲抛物面。如果把上述母线和导线互相调换，也就是说，把 AC 和 BD 当做导线，把 AB(或 CD)当做母线，以 Q 面为导平面，那么也可以形成同样一个双曲抛物面。可见，同一双曲抛物面可有两组素线，各有不同的导线和导平面。同组素线互不相交，而每一素线与另一组所有素线必定相交。

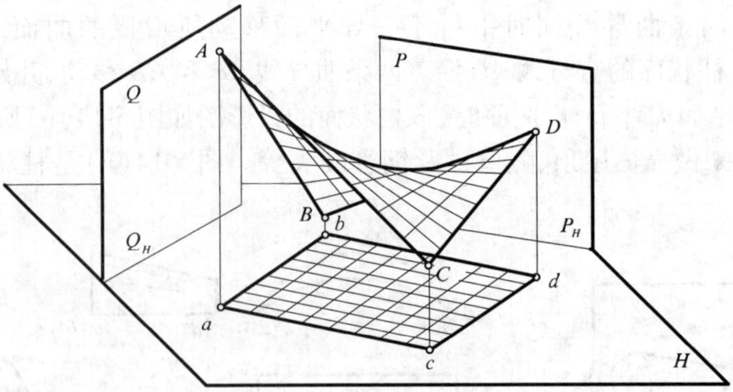

图5-16　双曲抛物面的形成

绘制双曲抛物面的投影图，其作图步骤如下：

(1)作出导线 AB 和 CD 的两面投影 ab、$a'b'$ 和 cd、$c'd'$，以及导平面 P 在 H 面的积聚投影 P_H，如图5-17(a)所示。

(2)将直导线若干等分，本例为6等分，如图5-17(b)所示。

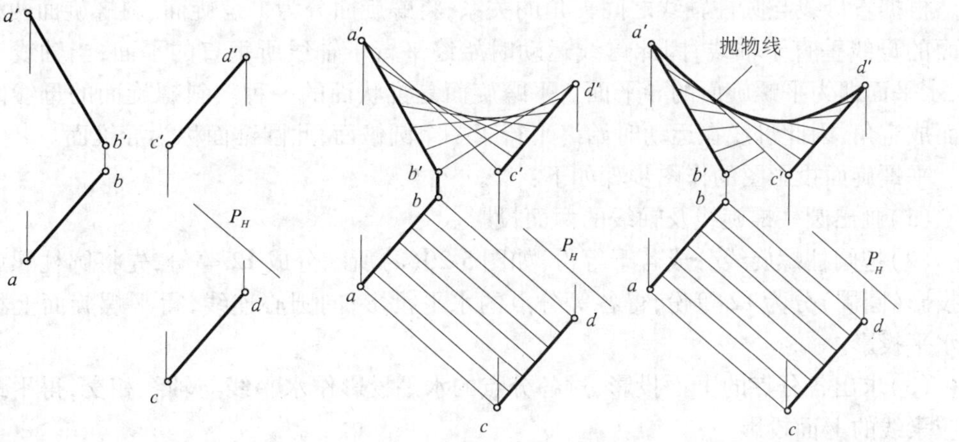

(a) 题目　　(b) 作图过程　　(c) 完成作图

图 5-17　双曲抛物面的投影画法

(3)分别连接各等分点的对应投影。

(4)在正面投影图上作出与各素线都相切的包络线,这是一条抛物线,如图 5-17(c)所示。

如果母线和导线互换角色,以 *AC* 和 *BD* 为导线,*AB*(或 *CD*)为母线,以平行于 *AB* 的铅垂面 *Q* 作为导平面,用同样的作图方法可以得到另一组素线的投影,即同一双曲抛物面的另一投影图,如图 5-18 所示。

双曲抛物面造型流畅优美,富有动感,常用于大型公共建筑(如体育馆、歌剧院和音乐厅等)的屋面结构中。如图 5-19 所示,雄踞珠江之畔的广州星海音乐厅的屋面设计采用了双曲抛物面,其檐角高翘、造型奇特的壮丽外观富于现代感,如江边欲飞的一只天鹅,与蓝天碧水浑然一体,形成一道瑰丽的风景线。

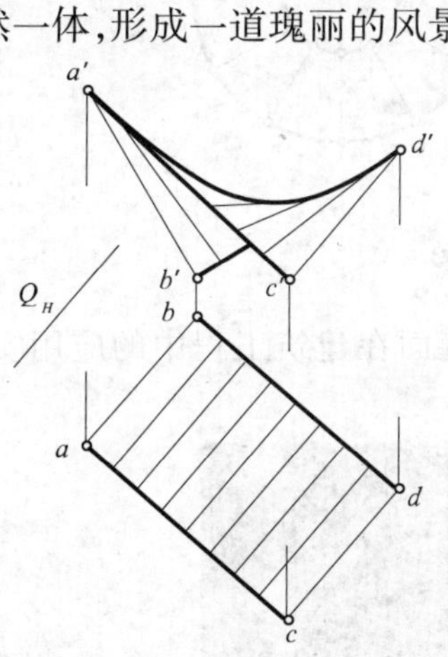

图 5-18　母线为 *AB* 时双曲抛物面的投影图

图 5-19　广州星海音乐厅的屋面为双曲抛物面

六、平螺旋面

一直母线沿着圆柱螺旋线和圆柱轴线移动,并始终与圆在轴线相交成定角。这样形成的曲面称为螺旋面。

根据直母线与圆柱轴线之间夹角的关系，将螺旋面分为平螺旋面、斜螺旋面两种。平螺旋面的母线垂直于轴线，因此母线运动时始终平行于轴线所垂直的平面；当轴线为铅垂线时，水平面即为平螺旋面的导平面。平螺旋面是锥状面的一种。斜螺旋面的母线倾斜于轴线而成定角，因此母线在运动时始终平行于一个圆锥面，此圆锥面称为导锥面。

平螺旋面投影图的作图步骤如下：

(1)画出圆柱螺旋线及轴线的两面投影。

(2)把圆柱螺旋线分成若干等份，如图 5-20(a)所示分成 12 等份，先将圆柱螺旋线的水平投影(圆周)分为 12 等份，得各等分点的水平投影；向圆心连线，得平螺旋面上相应素线的水平投影。

(3)求出各分点的 V 面投影，过各分点的水平投影作水平线与轴线相交，得平螺旋面上相应素线的 V 面投影。

图 5-20(b)为空心平螺旋面的投影图。

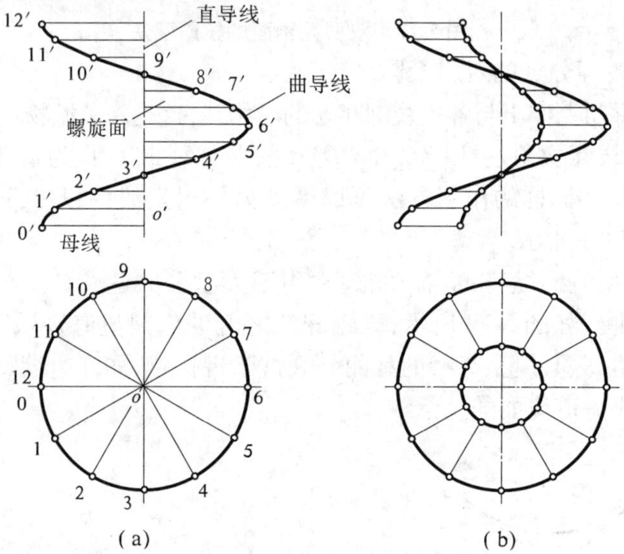

图 5-20　平螺旋面的投影

图 5-21 是广州某高校实验楼的螺旋楼梯，是平螺旋面在建筑工程中的应用实例，下面用一例题说明螺旋楼梯投影图的画法。

图 5-21　某高校实验楼的螺旋楼梯

【例 5-1】 已知螺旋楼梯所在内、外两个导圆柱面的直径分别为 d 和 D，沿螺旋上行一圈有 12 个踏步，导程为 h，左旋，作出该螺旋楼梯的两面投影。

分析：在螺旋楼梯的每一个踏步中，踏面为扇形，踢面为矩形，两端面是圆柱面，底面是螺旋面，如图 5-22(a)所示。将螺旋楼梯看成是一个踏步沿着两条圆柱螺旋线脉动上升而形成。底板的厚度可认为由底部螺旋面下降一定的高度形成。

设第一踏步的扇形踏面四个角点为 A_1、B_1、C_1、D_1，踢面为 $OO_1B_1A_1$；第二踏步的扇形踏面四个角点为 A_2、B_2、C_2、D_2，踢面为 $D_1C_1B_2A_2$…

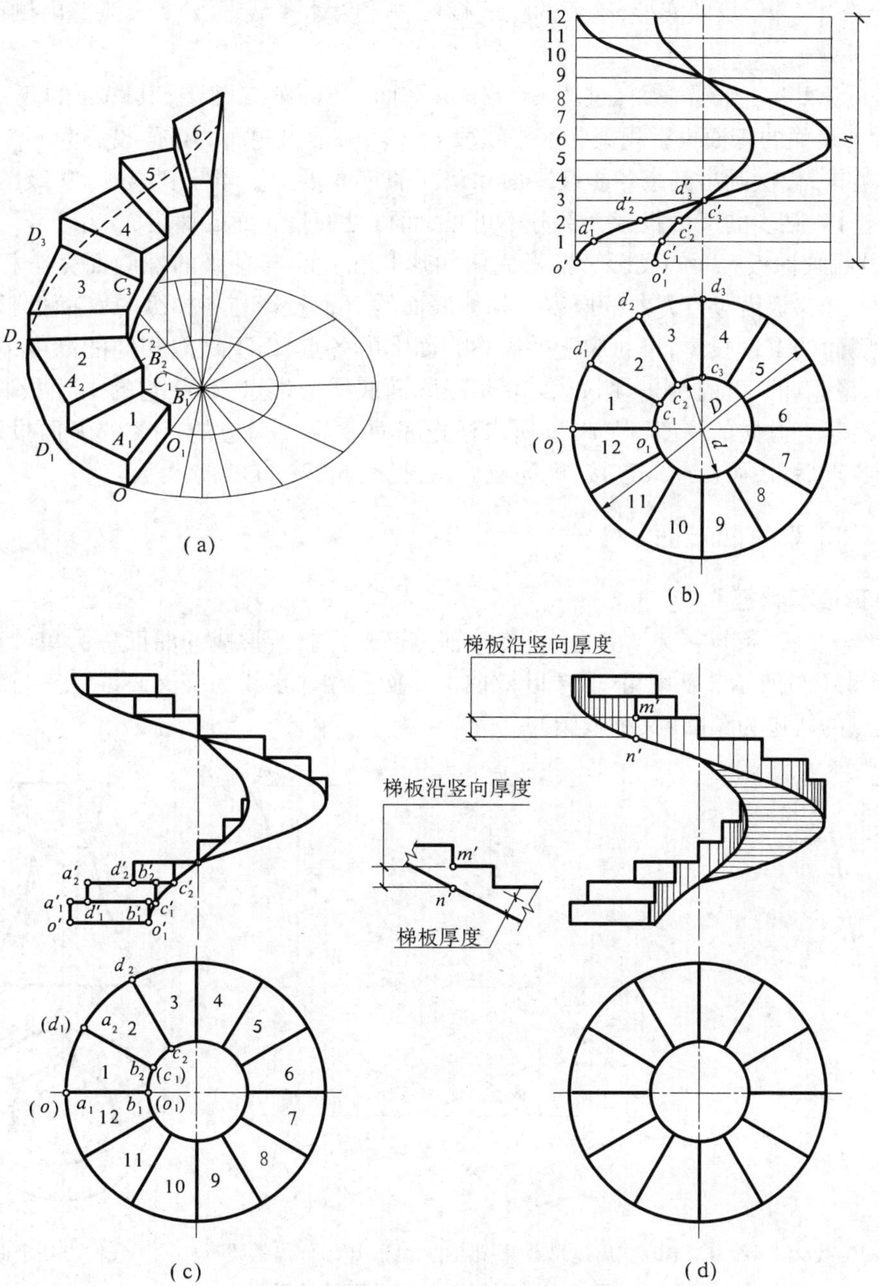

图 5-22 螺旋楼梯投影图的画法

作图步骤如下：

(1)根据导圆柱直径 d 和 D 及高度 h，作出同轴两导圆柱的两面投影，见图 5-22(b)。

(2)将内、外导圆柱在 H 面上的投影(分别积聚为两个圆)分为 12 等份，得 12 个扇形踏面的水平投影。

(3)分别在内、外导圆柱的 V 面投影上，作出外螺旋线的正面投影 $o'd'_1d'_2d'_3\cdots$ 及内螺旋线的正面投影 $o'_1c'_1c'_2c'_3\cdots$

(4)如图 5-22(c)所示，过 OO_1 作正平面，过 D_1C_1 作水平面，交得第一踏步。其踢面的正面投影 $o'o'_1b'_1a'_1$ 反映实形，踏面的正面投影积聚为水平线段 $a'_1c'_1$，弧形内侧面的正面投影为 $o'_1c'_1b'_1$。

(5)过点 D_1、C_1 作铅垂面，过 D_2、C_2 作水平面，交得第二踏步，其踢面的正面投影为 $d'_1c'_1b'_2a'_2$，踏面的正面投影积聚为水平线段 $a'_2c'_2$，弧形内侧面的正面投影为 $c'_1c'_2b'_2$。

如此类推，依次画出其余各步级踢面和踏面的正面投影。当圆到第 4 ~ 9 级踏步时，由于本身的遮挡，踏步的 V 面投影大部分不可见，而可见的是底面的螺旋面。

(6)最后画梯板底面的投影。梯板底面的形状和大小与梯级的螺旋面完全相同，只是两者相距一个梯板沿竖直方向的厚度。梯板底面的 H 面投影与各梯级的 H 面投影重合。

梯板底面的 V 面投影，可对应于梯级螺旋面上的各点，向下截取相同的高度，求出底板螺旋面相应各点的 V 面投影。例如第 10 步级踢面底线的端点 M，从它的 V 面投影 m' 向下截取梯板沿竖直方向的厚度，得 n'，即所求梯板底面上与 M 对应的点 N 的 V 面投影。同理求出其余各点后，用圆滑曲线连接，即完成作图，见图 5-22(d)。

七、单叶双曲回转面

(一)形成和特征

直母线 L 绕一条与它交叉的直线(旋转轴)旋转一周，所形成的曲面称为单叶双曲回转面，如图 5-23(d)所示。从图可知，单叶双曲回转面上相邻素线为交叉直线。直母线上距旋转轴最近点的轨迹为颈圆(又称喉圆)。

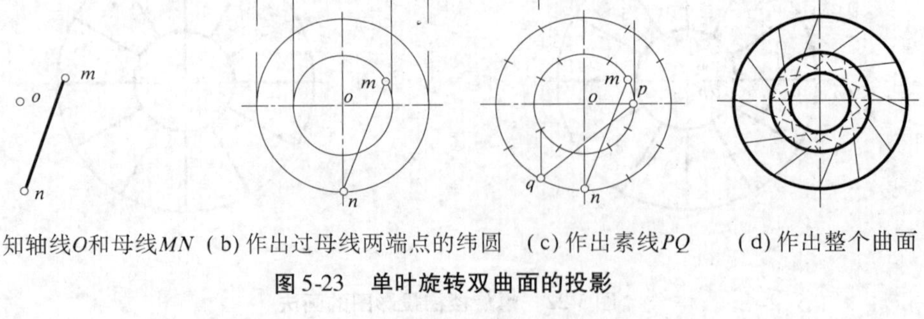

(a) 已知轴线O和母线MN　(b) 作出过母线两端点的纬圆　(c) 作出素线PQ　(d) 作出整个曲面

图 5-23　单叶旋转双曲面的投影

（二）投影图作法

只要知道直母线和轴线，就可以作出单叶双曲回转面的投影。如已知旋转轴为铅垂线，并已知直母线 $MN(m'n', mn)$，如图 5-23（a）所示。作图步骤如下：

（1）母线旋转时，每一点的运动轨迹都是一个垂直于 H 面的纬圆。作图时，先作出过母线两端点 M 和 N 的纬圆：以轴线的 H 面投影 o 为圆心，分别以 om 和 on 为半径作圆，即为所求两纬圆的 H 面投影；这两个纬圆的 V 面投影分别是过 m' 和 n' 的水平线段，长度等于纬圆的直径，如图 5-23（b）所示。

（2）把所作纬圆分别从 M 和 N 开始，等分为相同等份，如进行 12 等分，如图 5-23（c）所示，MN 旋转 30°后，即为素线 PQ。根据其 H 面投影 pq 作出 V 面投影 $p'q'$。

（3）顺次作出每旋转 30°后，各素线的 H 面投影和 V 面投影。

（4）作出 V 面投影轮廓线：引圆滑曲线作为包络线与各素线的 V 面投影相切，作出来的 V 面投影轮廓线是一对双曲线。因此，整个曲面也可以看成是由这对双曲线绕着它的虚轴旋转而成。

（三）工程应用

单叶双曲旋转在土建工程中应用得较广泛，如冷凝塔等，见图 5-24。

图 5-24　冷凝塔

知识链接五

你知道勒·柯布西耶其人其事吗

勒·柯布西耶的原名是贾尔·爱德华·让雷,勒·柯布西耶是他的笔名,1887年生于瑞士,1965年卒于法国,和密斯·凡·德·罗、富兰克林·赖特同是20世纪最重要和最富有影响力的建筑师,他的才能还表现在绘画、版画和造型方面,他还是一位兴趣广泛的自学者,他的突出建筑才能和学识大部分通过刻苦自学获得。1928年他和W·格罗皮乌斯、密斯·范法罗在法国组织现代建筑协会,倡导新建筑运动,他提出很多惊世骇俗的理论,如他针对20世纪30年代,建筑不如汽车、飞机、轮船发展的步伐,说“建筑艺术被习惯势力所束缚,必须创造新时代的新建筑。建筑要走工业化道路,住房是居住的机器”,“建筑是纯粹的精神创造”,他的新思想和独特见解对当时学院派建筑思想产生有力的冲击,1926年,针对钢筋混凝土框架结构刚刚兴起,他发表了新建筑的五个论点:①房屋底层采用独立支柱(架空);②屋顶花园;③自由的平面;④横向长窗;⑤自由的立面。他的这些建筑思想在其两次世界大战时期所设计的诸多建筑中得到实践,对现代建筑运动影响很大。在城市规划方面,柯布西耶也有很独到的理论和见解,比如城市集中思想,有的理论甚至带有空想性质。他的理论直到20世纪50年代,在他主持印度昌迪加尔城规划时才得以实现。第二次世界大战之后,他的建筑理论和创作活动仍然非常活跃,创作了粗野主义建筑风格的马赛公寓,外墙是不加修饰的粗糙混凝土面,粗犷沉重。他最著名的作品还有1955年建成的形象独特,并具有神秘象征性的郎香教堂,这些作品对现代建筑的演变产生了重要影响,有人甚至说现代主义建筑的任何东西都可在勒·柯布西耶设计创作的草图中找到。

(任小兵　撰写)

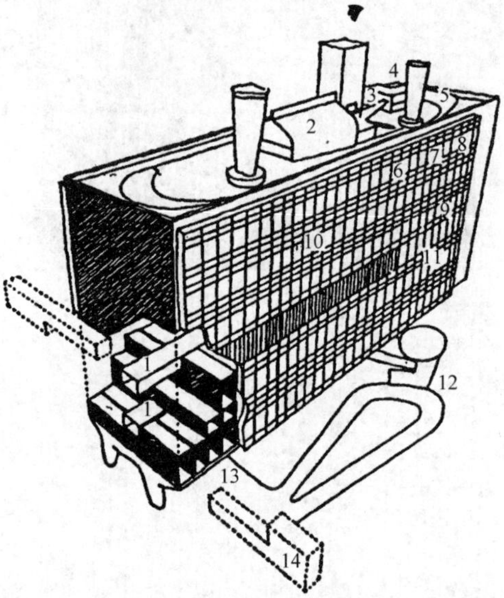

马赛公寓

1—走道;2—健身房;3—浴室;4—餐厅;5—游乐雕像;
6—保健中心;7—托儿所;8—幼儿园;9—俱乐部;
10—青年活动的创作室与会议室;11—洗衣房;
12—入口与门房;13—汽车房;14—标准化的双联式公寓

第六章　建筑形体的表达方法

第一节　组合体投影图的画法

建筑工程中的各种形体,大多以组合体的形式出现。组合体是由若干基本几何体(如棱柱、棱锥、圆柱、圆锥、圆球等),经叠加、切割或两者兼有的方式组合而成。因此,在画组合体的投影图时,一般应先进行形体分析,然后选择适当的投影,再进行画图。

一、形体分析

绘制和阅读组合体的投影图时,应首先分析它是由哪些基本几何体组成的,再分析这些基本几何体的组合形式、相对位置和表面连接关系,最后根据以上分析,按各个基本几何体,逐步作出组合体的投影图。这种把一个物体分解成若干基本几何体的方法,称为形体分析法,它是画图、读图和标注尺寸的基本方法。

(一)组合体的组合形式

组合体按其组合方式,一般分为叠加型、切割型和综合型三种。

(1)叠加型是由若干个基本形体叠加而成的形体,如图 6-1(a)所示。

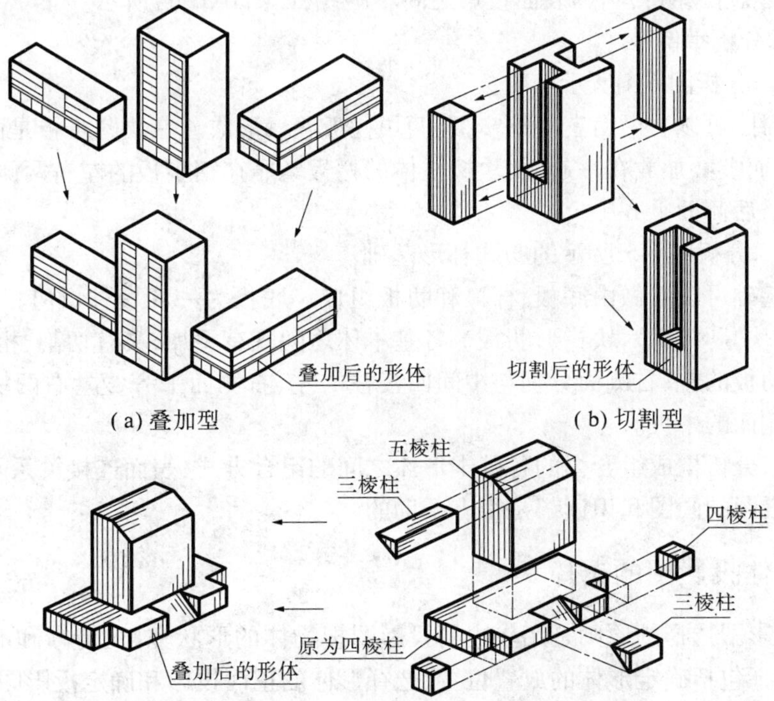

(a)叠加型　(b)切割型

(c)综合型

图 6-1　组合体的组合方式

(2)切割型是由一个基本形体经过若干次切割而成的形体,如图 6-1(b)所示。

(3)综合型指在组合体的组合过程中,既有叠加又有切割的形体,如图 6-1(c)所示。

(二)组合体中各基本形体间的相对位置关系

组合体中各基本形体之间有一定的相对位置,如果以某一基本形体为参照物,另一基本形体与参照物之间的位置就有上下、前后、左右和中间等几种位置关系,如图 6-2 所示。

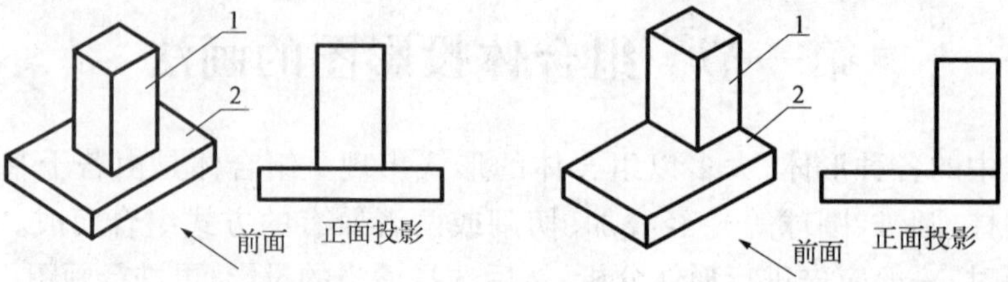

图 6-2 基本形体间的相对位置关系

(三)组合体的表面连接关系

组合体本是一整体,人们主观地将组合体分解成若干基本形体。初学者在作图时,必须搞清楚各基本形体之间的位置关系,才能确定是否画出各形体之间的表面交线。组合体表面的连接关系可以归纳为以下四种情况:

(1)形体表面不平齐,则两表面投影之间画线,如图 6-3(a)所示。

(2)形体表面平齐,则两表面投影之间不画线,如图 6-3(b)所示。

(3)两形体表面相交,则两表面投影之间画线,如图 6-3(c)所示。

(4)两形体表面相切,则两表面投影之间不画线,如图 6-3(d)所示。

(四)形体分析举例

【例 6-1】 分析图 6-4 所示台阶。

分析:此台阶可以看做由三块踏步板、两块栏板叠靠形成。三块踏步板是由三个四棱柱由大到小自下而上叠加放在一起,两块棱柱体的栏板紧靠在踏步板的左右两侧,组合而成的台阶底面平齐、后侧面平齐。

【例 6-2】 分析图 6-5 所示的肋式杯形基础。

分析:此基础可以看做由底板、杯口和肋板组成。底板为一四棱柱,杯口为四棱柱中间挖去的一楔形块,肋板为六块梯形肋板。各基本体之间既有叠加,又有切割、相交;杯口在底板中央,前后肋板的左、右侧面分别与中间四棱柱的左、右侧面平齐,左、右两块肋板分别在四棱柱左、右侧面的中央。

综上所述,分析构成组合体的各基本形体之间的组合方式、表面连接关系及相对位置关系,对组合体投影的画图和识读都是很有帮助的。

二、组合体投影图的选择

组合体投影图选择的原则是用较少的投影图把物体的形状完整、清晰和准确地表达出来。投影图选择包括确定形体的放置位置、选择形体的正面投影和确定投影图的数量等。

(一)确定形体的放置位置

在作图以前,需对组合体在投影体系中的安放位置进行选择、确定,以便清晰、完整地反映形体。形体在投影体系中的位置，应重心平稳，其在各投影面上的投影应尽量反映形体实形，应和形体的使用习惯及正常工作位置保持一致。如图6-4、图6-5所示的台阶、肋式杯形基础等，应使它们的底板在下，并使底板处于水平位置。

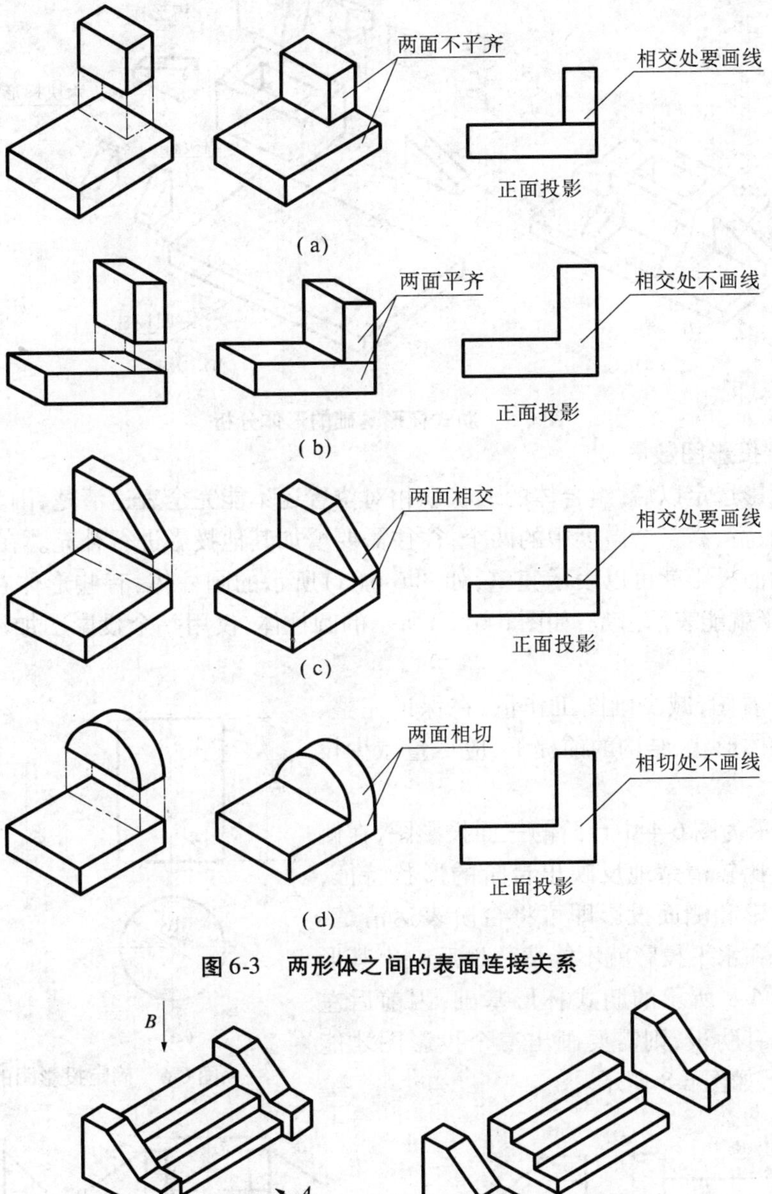

图6-3　两形体之间的表面连接关系

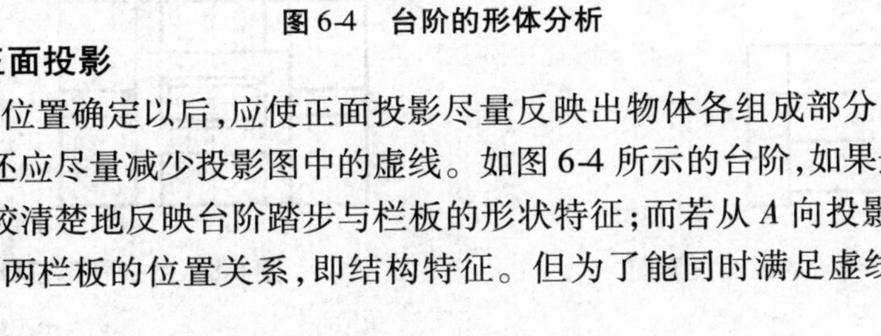

图6-4　台阶的形体分析

（二）选择正面投影

形体的放置位置确定以后，应使正面投影尽量反映出物体各组成部分的形状特征及其相对位置，同时还应尽量减少投影图中的虚线。如图6-4所示的台阶，如果选 C 向投影为正面投影图，它能较清楚地反映台阶踏步与栏板的形状特征；而若从 A 向投影，就能很清楚地反映台阶踏步与两栏板的位置关系，即结构特征。但为了能同时满足虚线少的条件，选 A

向则更为合理。图6-5所示肋式杯形基础,A向最能反映物体各组成部分的形状特征及其相对位置,可作为正面投影图的方向。

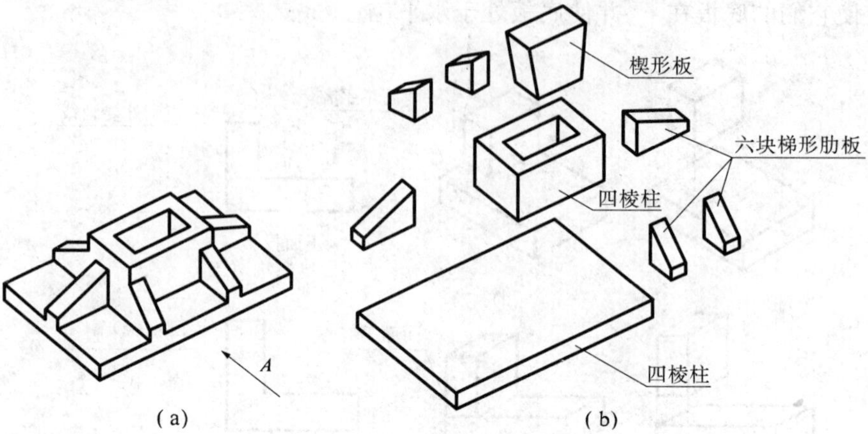

图6-5 肋式杯形基础的形体分析

(三)确定投影图数量

当正面投影选定以后,组合体的形状和相对位置还不能完全表达清楚,因为一个投影只能反映物体长、宽、高三个向度中的两个,往往需要增加其他投影进行补充。在实际作图时,有些形体用两面投影就可以表示完整,如图6-6(a)所示的圆柱体;有些形体在加注尺寸以后,用一个投影就能表示清楚,如图6-6(b)所示的圆柱体,仅用一个投影图加注直径尺寸也能表达清楚。

为了便于看图,减少画图工作量,在保证完整、清楚地表达物体形状、结构的前提下,应尽量减少投影图的数量。

图6-7所示为图6-4中台阶的三面投影图,在侧面投影中可以比较清楚地反映出台阶的形状特征,因此用正面投影和侧面投影即可将台阶表达清楚,但用正面投影和水平投影就不能清楚地反映出其形状特征。而图6-8所示的肋式杯形基础,因前后左右四个侧面都有肋板,则需要画出三个投影图才能确定它的形状,如图6-8所示。

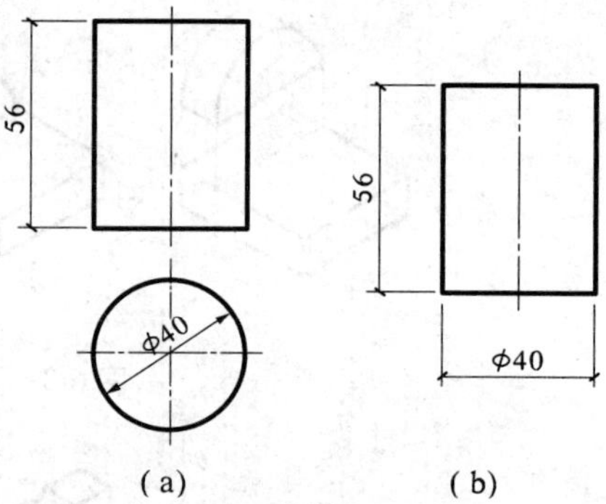

图6-6 确定投影图的数量

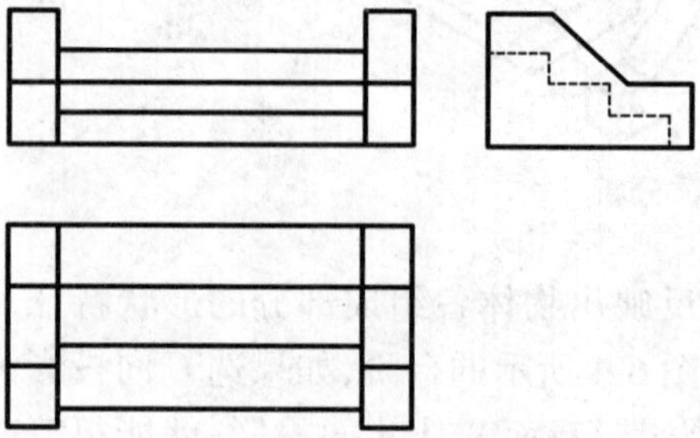

图6-7 台阶的三面投影图

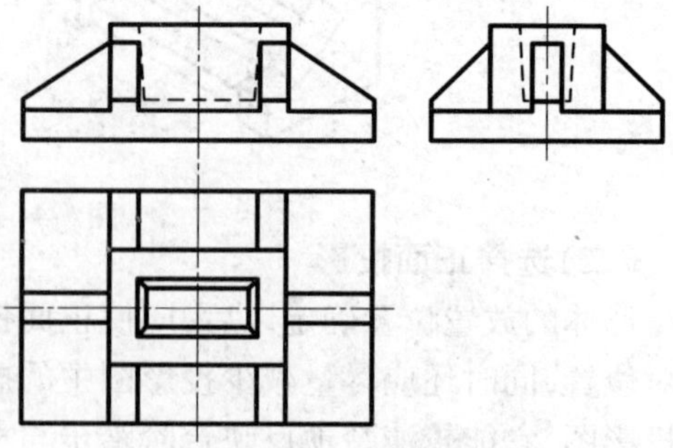

图6-8 肋式杯形基础投影图

三、组合体投影图的画图步骤

(1)选取画图比例、确定画幅。根据组合体尺寸的大小确定绘图比例,再根据投影图的大小及数量所占的面积,在投影图之间留出标注尺寸的位置和适当的间距,选用合适的标准图幅。

(2)布图,画基准线。先固定图纸,画出图框和标题栏。然后根据投影图的大小和标注尺寸所需的位置,合理布置在图面上。应先画出各投影图中用于长、宽、高定位的基准线、对称线,如图 6-9(a)所示,并依次均匀布图。

(3)画投影图的底稿。根据物体投影规律,逐个画出各基本形体的三面投影图,画图的一般顺序是:先画实形体,后画虚形体(挖去的形体);先画大形体,后画小形体;先画整体形状,后画局部形状。画每个形体时,要三个投影图联系起来画,并从反映形体特征的投影图画起,再根据投影关系画出其他两个投影图,如图 6-9(b)、(c)所示。画底稿时,底稿线要浅细、准确。

(4)检查、加深图线。底稿画完后,用形体分析法逐个检查各组成部分的基本形体的投影,以及它们之间的相互位置关系;对各基本形体之间连接表面处于相切、共面或相交时产生的线、面的投影,用线、面的投影特性予以重点校核,纠正错误,补充遗漏。检查无误后,擦去多余线条,再按规定的线型进行加深,如图 6-9(d)所示。

图线加深的顺序为:先曲线后直线;先水平线后铅垂线,最后斜线;水平线从上到下,铅垂线从左到右。完成后的投影图应做到布图均衡、内容正确、线型分明、线条均匀、图面整洁、字体工整、符合国家制图标准。

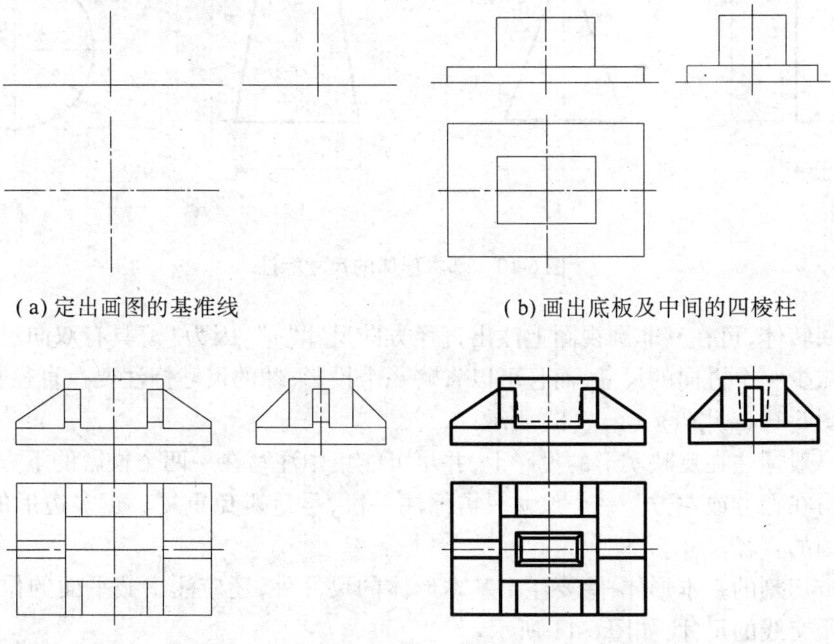

(a)定出画图的基准线　　(b)画出底板及中间的四棱柱

(c)画梯形肋板　　(d)画楔形杯口并加深图线

图 6-9　肋式杯形基础画图步骤

第二节　基本形体的尺寸标注

组合体的投影图，虽然已经清楚地表达了组合体的形状，但不能确定其真实大小。形体的真实大小和各部分的相互位置关系，必须通过标注尺寸来确定。在实际工程中，没有尺寸的投影图不能用来指导施工和制作。

任何基本形体都有长、宽、高三个方向上的大小，在投影图上，通常要把反映这三个方向的大小尺寸都标注出来，图6-10所示是几种常见的基本形体的尺寸注法示例。

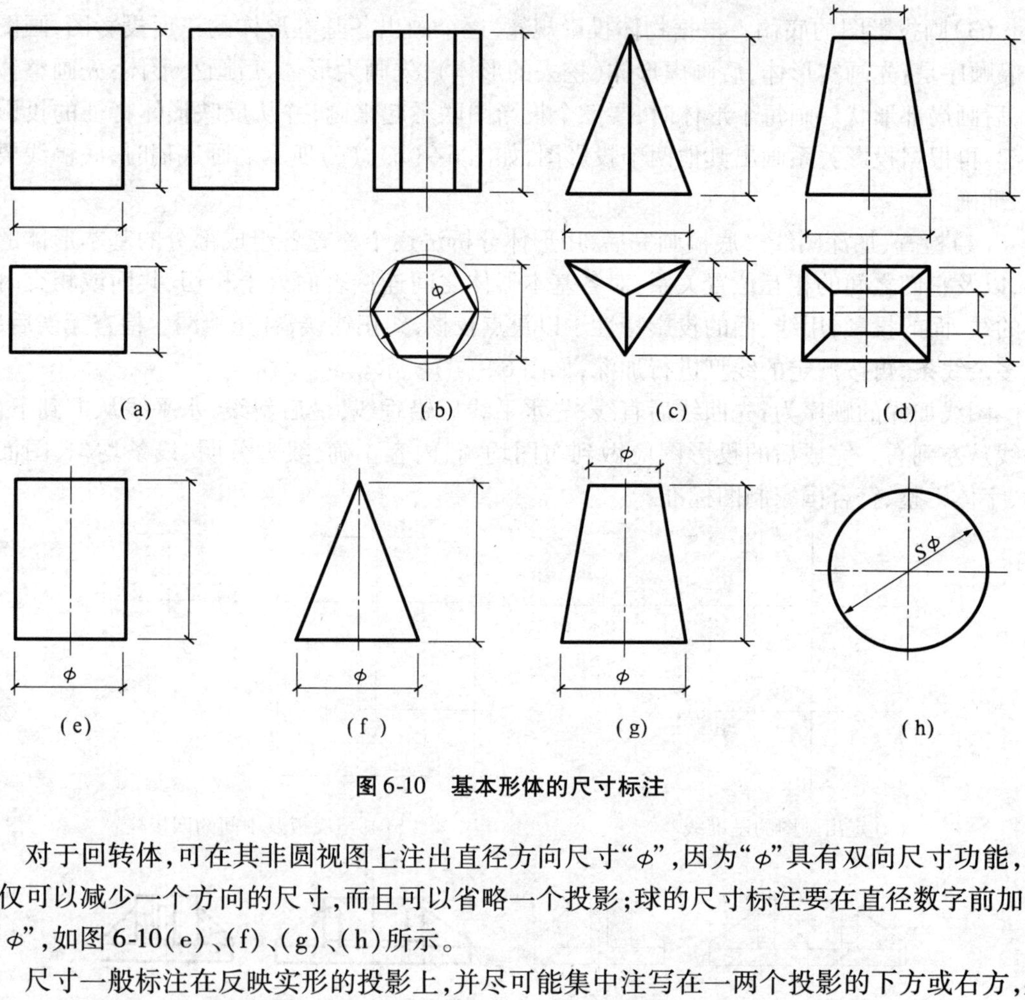

图6-10　基本形体的尺寸标注

对于回转体，可在其非圆视图上注出直径方向尺寸"ϕ"，因为"ϕ"具有双向尺寸功能，它不仅可以减少一个方向的尺寸，而且可以省略一个投影；球的尺寸标注要在直径数字前加注"Sϕ"，如图6-10(e)、(f)、(g)、(h)所示。

尺寸一般标注在反映实形的投影上，并尽可能集中注写在一两个投影的下方或右方，必要时才注写在上方或左方。一个尺寸只需标注一次，尽量避免重复。正多边形的大小可标注其外接圆的直径尺寸。

对于被切割的基本形体，除要注出基本形体的尺寸外，还应注出截平面的位置尺寸，而不必注出截交线的尺寸，如图6-11所示。

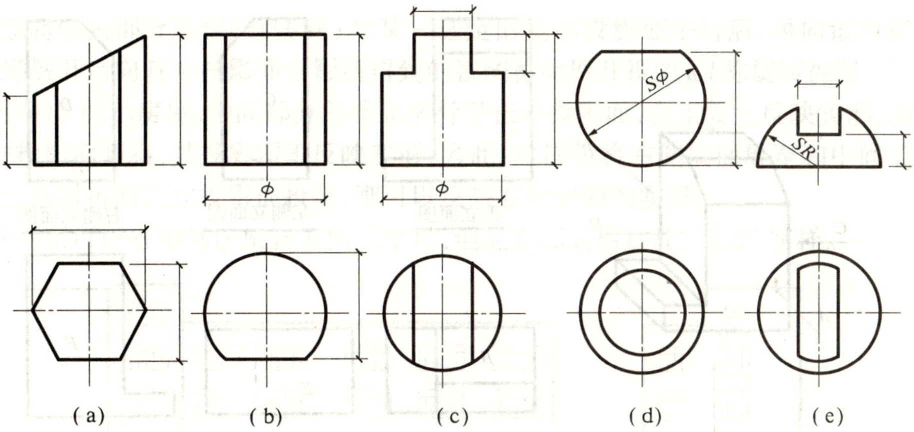

图 6-11　被切割的基本形体及尺寸标注

第三节　视　图

前面介绍了用正投影原理绘制三面投影图表达物体的方法，工程上常把表达形体的投影图称为视图。在建筑工程图样中，仅用三视图有时难以将复杂物体的外部形状和内部结构简便、清晰地表示出来。为此，制图标准规定了多种表达方法，绘图时可根据具体情况适当选用。

一、基本视图

在原有三个投影面 V、H、W 的对面再增设三个分别与它们平行的投影面 V_1、H_1、W_1，可得到六面投影体系，这样的六个投影面称为基本投影面，六个投影面的展开方法如图 6-12 所示。

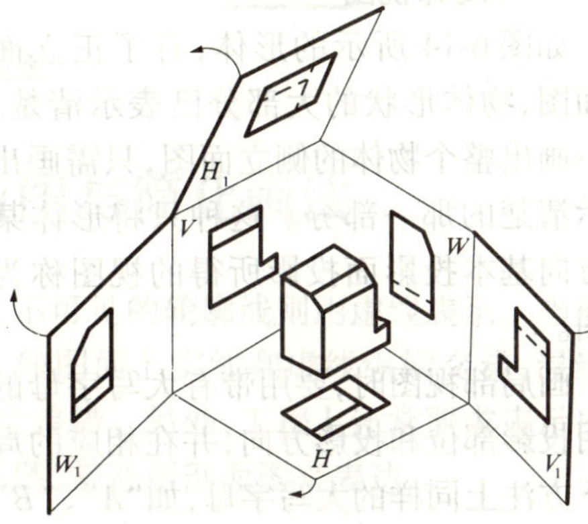

图 6-12　六个投影面的展开方法

建筑形体的视图，按正投影法并用第一角画法绘制。投影时将形体放置在基本投影面之中，按观察者→形体→投影面的关系，从形体的前、后、左、右、上、下六个方向，向六个投影面投影，如图 6-13(a)所示，所得的视图分别称为：

正立面图——由前向后（A 向）作投影所得的视图；

平面图——由上向下（B 向）作投影所得的视图；

左侧立面图——由左向右（C 向）作投影所得的视图；

右侧立面图——由右向左（D 向）作投影所得的视图；

底面图——由下向上（E 向）作投影所得的视图；

背立面图——由后向前（F 向）作投影所得的视图。

以上六个视图称为基本视图。如在同一张图纸上绘制若干个视图，各视图的位置宜按图 6-13(b)所示的顺序进行配置。

分组成的,一部分是断面图形,另一部分是沿投影方向未被切到但能看到部分的投影。形体被剖切后,剖切平面切到的实体部分,其材料被“暴露出来”。为了更好地区分实体与空心部分,制图标准规定,应在剖面图上的断面部分画出相应建筑材料的图例。

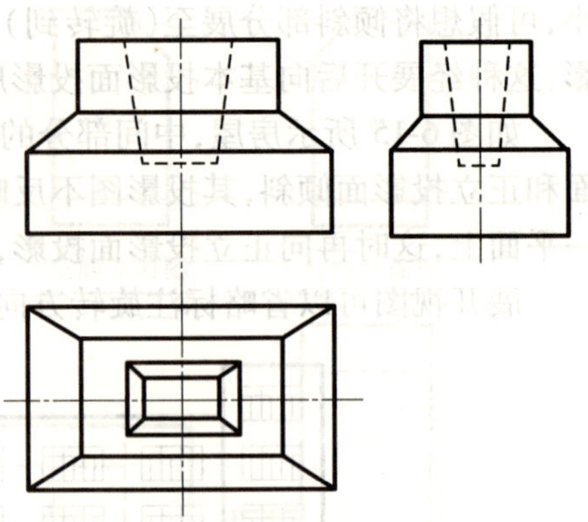

图 6-16 杯形基础投影图

(二)剖面图的标注

用剖面图配合其他投影图表达形体时,为了读图方便,需要在投影图上把所画剖面图的剖切位置和投射方向表示出来,同时,还要给每一个剖面图加上编号,以免产生混乱。对剖面图的标注方法有如下规定:

(1)用剖切位置线表示剖切平面的位置。剖切位置线实质上就是剖切平面的积聚投影。按规定只用两小段长度为 6 ~ 10 mm 的粗实线表示,并且不宜与图面上的图线相接触,如图 6-18 所示。

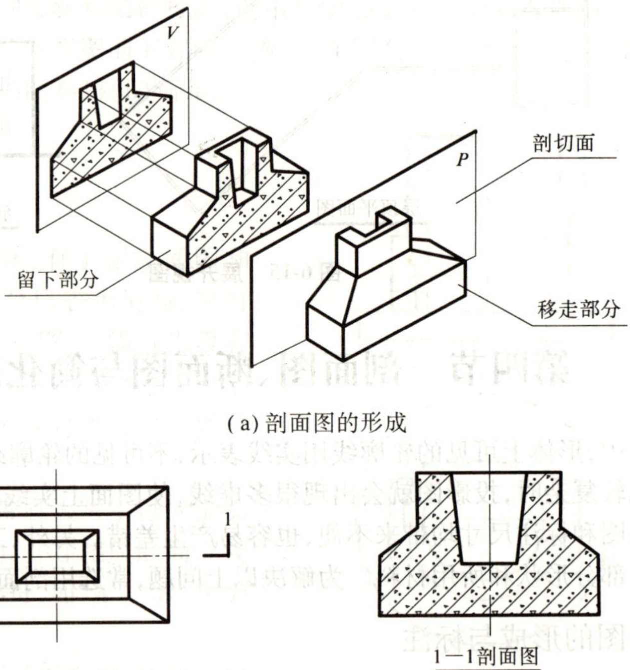

(a) 剖面图的形成

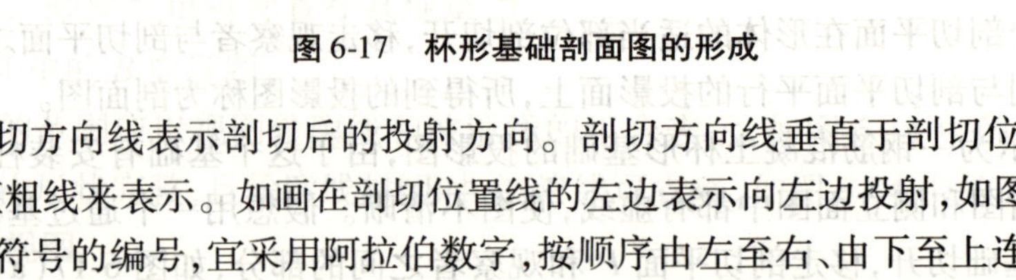

(b) 剖面图

图 6-17 杯形基础剖面图的形成

(2)用剖切方向线表示剖切后的投射方向。剖切方向线垂直于剖切位置线,用长度为 4 ~ 6 mm 的短粗线来表示。如画在剖切位置线的左边表示向左边投射,如图 6-18 所示。

(3)剖切符号的编号,宜采用阿拉伯数字,按顺序由左至右、由下至上连续编排,并注写在投射方向线的端部。剖切位置线需转折时,应在转角的外侧加注与该符号相同的编号,如图 6-18 中的“3—3”所示。

(4)剖面图如与被剖切图样不在同一张图纸内,可在剖切位置线的另一侧注明其所在图纸的图纸号，如图 6-18 中的 3—3 剖切位置线下侧注写“J－05”，即表示 3—3 剖面图画在“建筑施工图”第 5 号图纸上。

(5)对习惯使用的剖切符号(如画房屋平面图时通过门、窗洞的剖切位置)，以及通过构件对称平面的剖切符号，可以不在图上作任何标注。

(6)在剖面图的下方或一侧，写上与该图相对应的剖切符号编号，“1—1、“2—2”，作为该图的图名，并应在图名下方画上一等长的粗实线，如图 6-19(c)所示。

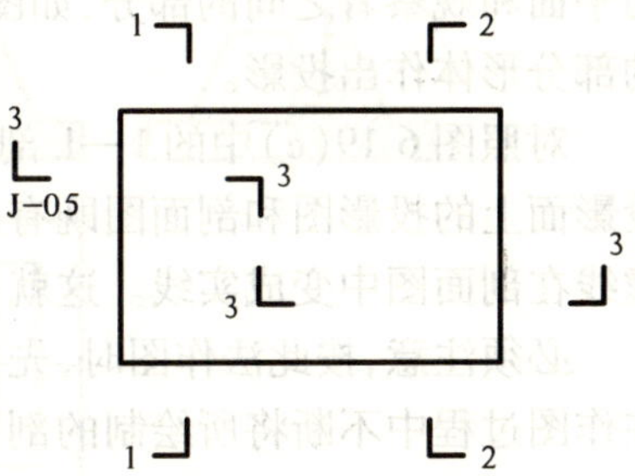

图 6-18　剖切符号和编号

(三)剖面图的画法

以图 6-19 的水池为例，说明剖面图的画法。

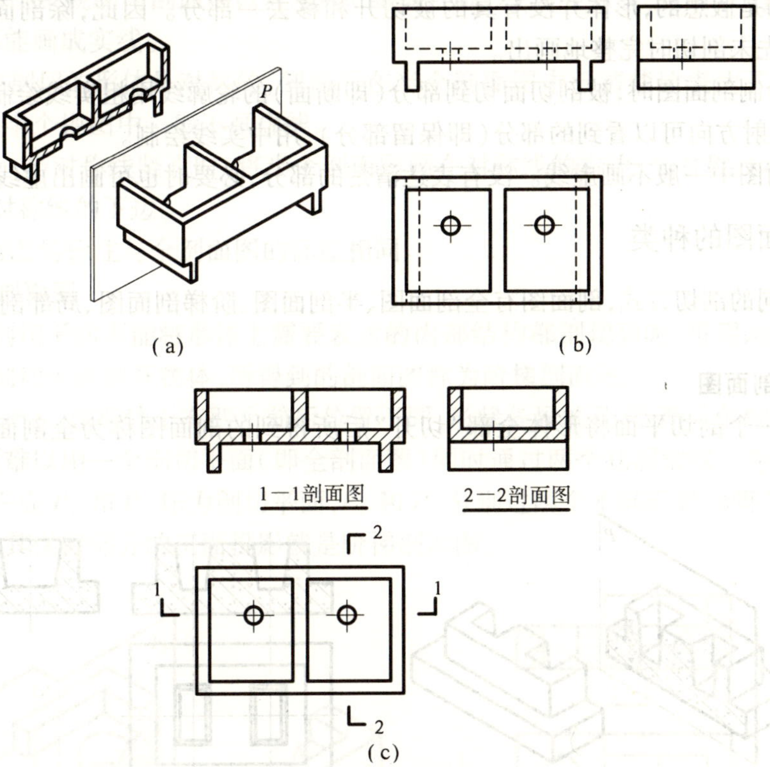

图 6-19　剖面图的画法

(1)确定剖切平面的位置。为了更好地反映出形体的内部形状和结构，所取的剖切平面应是投影面平行面，以便使断面的投影反映实形；剖切平面应尽量通过形体的孔、槽等结构的轴线或对称面，使得它们由不可见变为可见，并表达得完整、清楚，如图 6-19(a)所示，取通过水池底板上圆孔轴线的正平面为剖切平面。

(2)画剖面剖切符号并进行标注。剖切平面的位置确定以后，应在投影图上的相应位置画上剖切符号并进行编号，如图 6-19(c)中的投影图所示。这样做既便于读者读图，同时又为下一步作图打下基础。

(3)画断面和剖开后剩余部分的轮廓线。按剖切平面的剖切位置，假想移去形体在剖

(1)为反映形体上各内部结构的实形，阶梯剖面图中的几个平行剖切平面必须平行于某一基本投影面。

(2)由于剖切平面是假想的，所以在阶梯剖面图上，剖切平面的转折处不能画出分界线。

（四）局部剖面图

用一个剖切平面将形体的局部剖开后所得到的剖面图称为局部剖面图。如图6-23所示为一钢筋混凝土杯形基础，为了表示其内部钢筋的配置情况，平面图采用了局部剖切，局部剖切的部分画出了杯形基础的内部结构和断面材料图例，其余部分仍画外形视图。

局部剖面图只是形体整个投影图中的一部分，其剖切范围用波浪线表示，是外形视图和剖面的分界线。波浪线不能与轮廓线重合，也不应超出视图的轮廓线，波浪线在视图孔洞处要断开。

局部剖面图一般不再进行标注，它适合于用来表达形体的局部内部结构。

在建筑工程和装饰工程中，为了表示楼面、屋面、墙面及地面等的构造和所用材料，常用分层剖切的方法画出各构造层次的剖面图，称为分层局部剖面图。如图6-24所示，是墙面的分层局部剖面图。

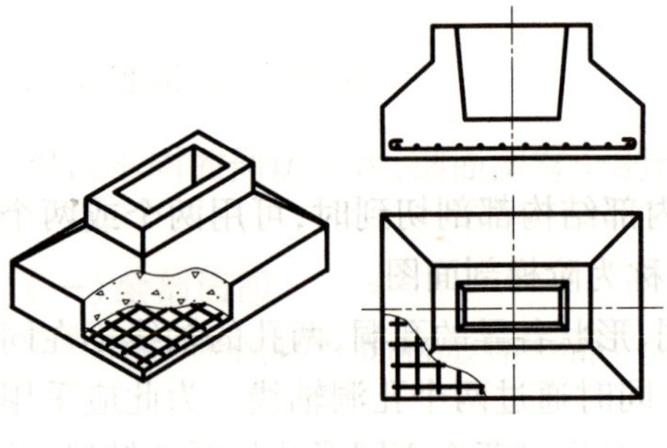

图6-23　基础的局部剖面图

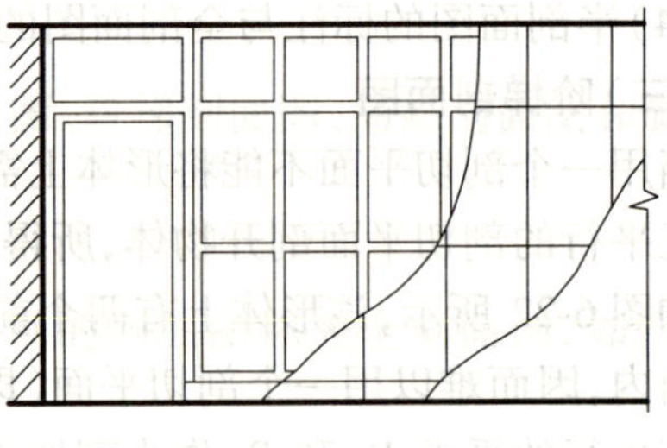

图6-24　墙面的分层局部剖面图

（五）旋转剖面图

用两个相交的剖切平面（交线垂直于基本投影面）剖开物体，把两个平面剖切得到的图形旋转到与投影面平行的位置，然后进行投影，这样得到的剖面图称为旋转剖面图。

在绘制旋转剖面图时，常选其中一个剖切平面平行于投影面，另一个剖切平面必定与这个投影面倾斜，将倾斜于投影面的剖切平面整体绕剖切平面的交线（投影面垂直线）旋转到平行于投影面的位置，然后向该投影面作投影。如图6-25所示的检查井，其两个水管的轴线是斜交的，为了表示检查井和两个水管的内部结构，采用了相交于检查井轴线的正平面 P_1 和铅垂面 P_2 作为剖切面，沿两个水管的轴线把检查井切开；再将右边铅垂剖切平面剖到的投影（断面及其相联系的部分），绕检查井铅垂轴线旋转到正平面位置，并与右侧用正平面剖切得到的图形一起向 V 面投影，便得到1—1旋转剖面图。

2—2剖面图是通过检查井上、下水管轴线作两个水平剖切平面而得到的阶梯剖面图。

旋转剖面图的标注与阶梯剖面图相同。制图国标规定，旋转剖面图应在图名后加注“展开”字样。

绘制旋转剖面图时也应注意：在断面上不应画出两相交剖切平面的交线。

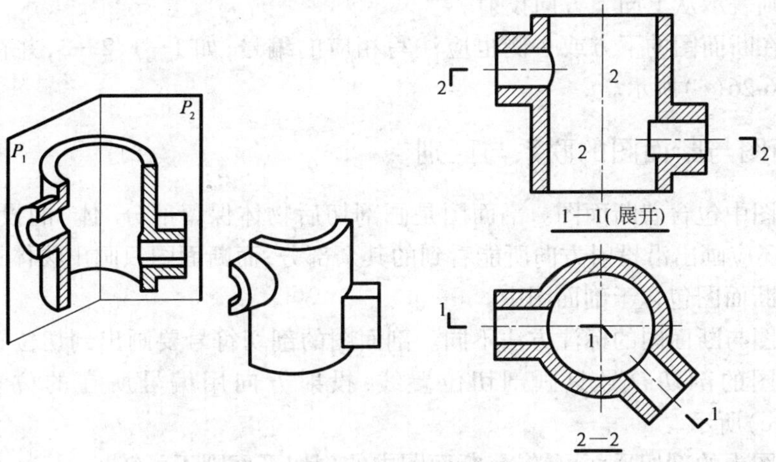

图 6-25　检查井的旋转剖面图

三、断面图的形成

假想用一剖切平面把物体剖开后,仅画出剖切平面与物体接触部分即截断面的形状,称为断面图,如图 6-26(c)中所示的钢筋混凝土牛腿柱断面图。

断面图常用来表示建筑及装饰工程中梁、板、柱等某一部位的断面实形,需单独绘制。

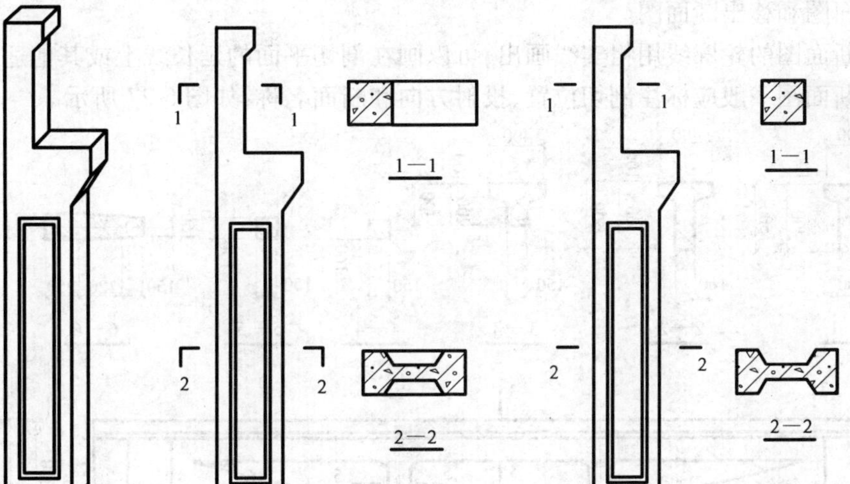

(a) 立体图　　(b) 剖面图　　(c) 断面图

图 6-26　牛腿柱的立体图、剖面图与断面图

四、断面图的表示方法

断面图的断面轮廓线用粗实线绘制,断面轮廓线范围内也要绘出材料图例,画法同剖面图。

断面图的剖切符号由剖切位置线和编号两部分组成,不画投射方向线,而以编号写在剖切位置线的一侧表示投射方向。如图 6-26(c)所示,断面图剖切符号的编号注写在剖切位置线的下侧,则表示从上向下方向投射。

视图中,在断面图的下方或一侧也应注写相应的编号,如 1—1、2—2,并在图名下画一粗实线,如图 6-26(c)所示。

五、剖面图与断面图的联系与区别

(1)剖面图中包含着断面图。剖面图是画剖切后物体保留部分“体”的投影,除画出断面的图形外,还应画出沿投射方向所能看到的其余部分;而断面图只画出物体被剖切后截断“面”的投影,断面图包含于剖面图中。

(2)剖面图与断面图的标注方法不同。剖面图的剖切符号要画出剖切位置线及投射方向线,而断面图的剖切符号只画剖切位置线,投射方向用编号所在的位置来表示,如图 6-26(b)、(c)所示。

(3)剖面图中的剖切平面可转折,断面图中的剖切平面则不可转折。

六、断面图的种类及应用

断面图主要用来表示物体某一部位的截断面形状。根据断面图在视图中的位置不同,分为移出断面图、中断断面图和重合断面图。

(一)移出断面图

画在视图轮廓线以外的断面图称为移出断面图。如图 6-27 所示为钢筋混凝土梁、柱节点的正立面图和移出断面图。

移出断面图的轮廓线用粗实线画出,可以画在剖切平面的延长线上或其他适当的位置。

移出断面图一般应标注剖切位置、投射方向和断面名称,如图 6-27 所示。

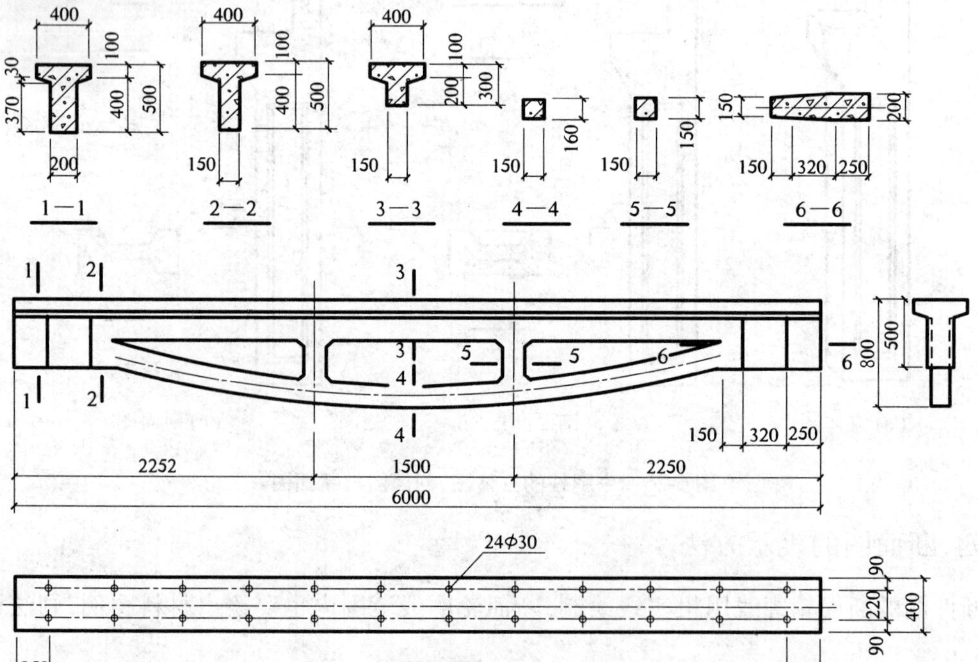

图 6-27　鱼腹式吊车梁移出断面图

（二）重合断面图

画在视图轮廓线内的断面图称为重合断面图。重合断面图的轮廓线用粗实线画出。当投影图的轮廓线与断面图的轮廓线重叠时，投影图的轮廓线仍需要完整地画出，不可间断，如图 6-28 所示。

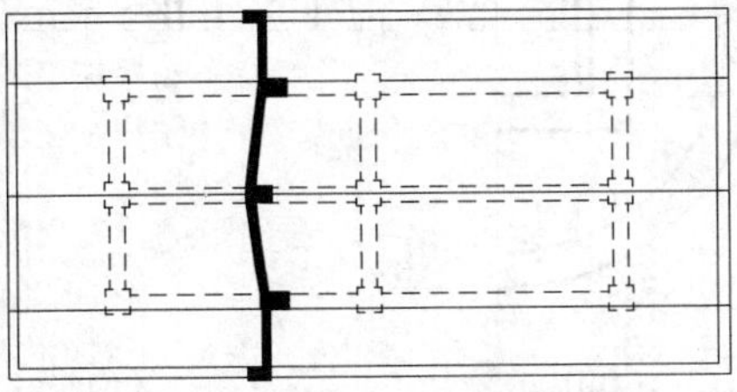

(a) 厂房的屋面平面图

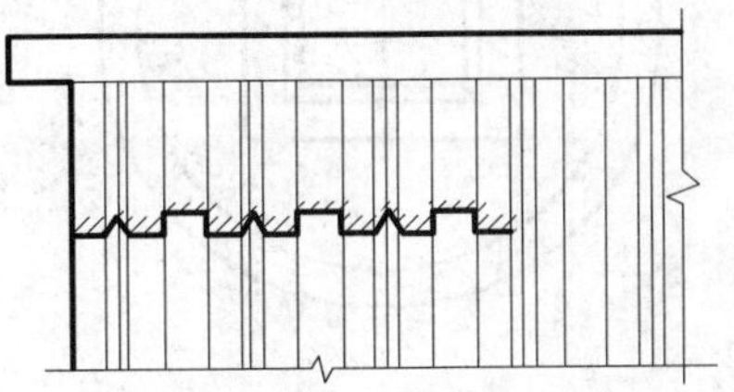

(b) 墙壁上装饰的断面图

图 6-28　屋面与墙壁的重合断面图

（三）中断断面图

有些构件较长且断面图对称，可以将断面图画在构件投影图的中断处。画在投影图中断处的断面图称为中断断面图，中断断面图的轮廓线用粗实线绘制，投影图的中断处用波浪线或折断线绘制，如图 6-29 所示。此时不画剖切符号，图名仍用原图名。

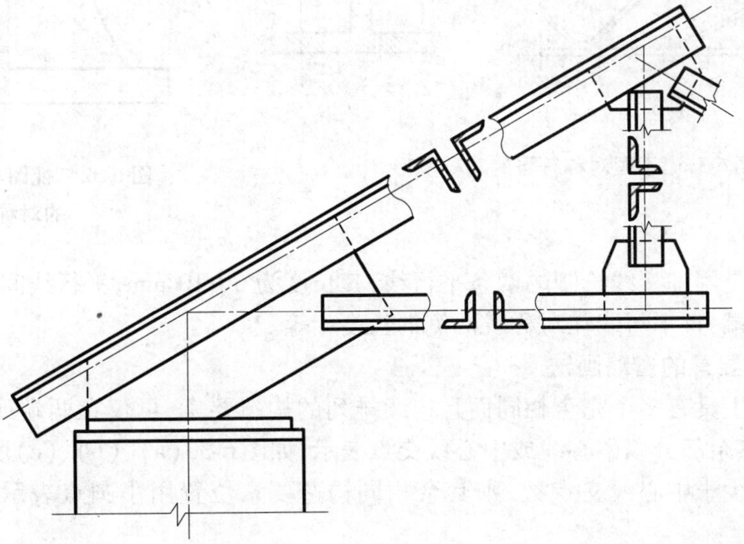

图 6-29　屋架的中断断面图

七、简化画法

为了减少绘图的工作量，按制图国标规定可以采用下列的简化画法。

（一）对称图形的简化画法

如果图形具有对称性，可只画该图形的一半或四分之一，并画出对称符号，如图 6-30 所示，也可稍超出图形的对称线，此时不宜画对称符号，如图 6-31 所示。

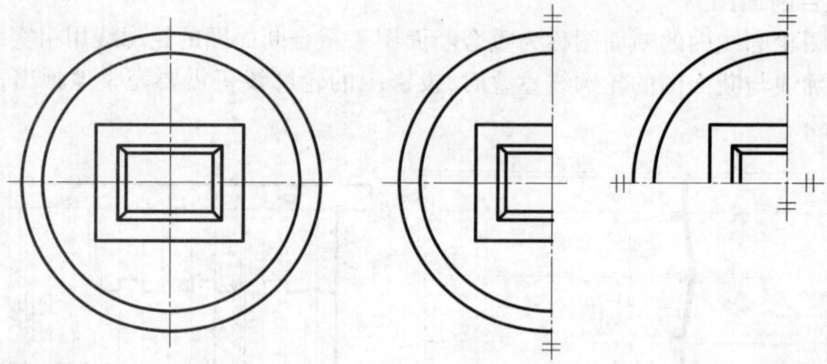

(a)　　(b)　　(c)

图 6-30　画出对称符号的对称图形

对称的图形需要画剖面图时，也可以用对称符号为界，一边画外形图，一边画剖面图。这时需要加对称符号，如图 6-32 所示。

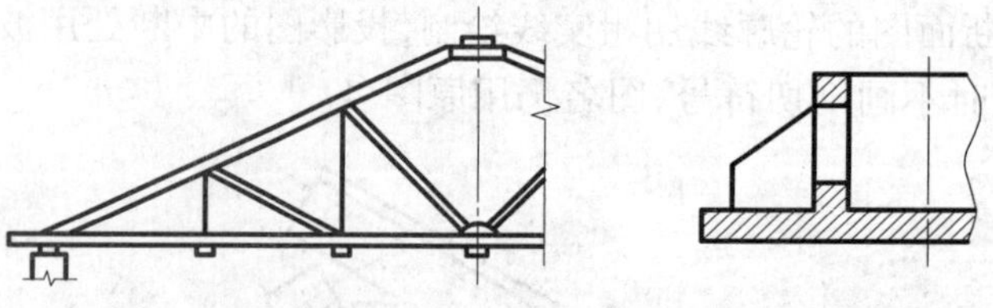

(a)　　(b)

图 6-31　不画对称符号的对称图形

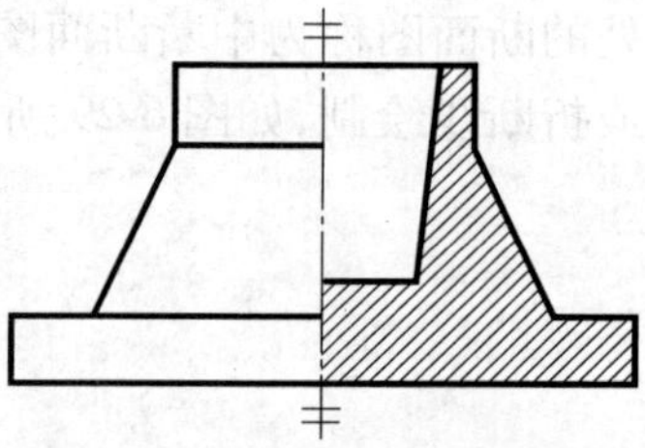

图 6-32　视图与剖画图各半的对称图形

对称符号是用细实线绘制的两条平行线，其长度为 6 ~ 10 mm，平行线间距 2 ~ 3 mm，画在对称线的两端，且平行线在对称线两侧的长度相等。

（二）相同要素的省略画法

如果物体上具有多个完全相同而且连续排列的构造要素，可仅在两端或适当位置画出其完整形状，其余部分以中心线或中心线交点表示，如图 6-33(a)、(b)、(c)所示。如果相同构造要素数量少于中心线交点数，则其余相同构造要素位置用小圆点表示，如图 6-33(d)所示。

（三）折断简化画法

对于较长的构件，如果沿长度方向的形状相同或按一定规律变化，可断开省略绘制，即只画构件的两端，而将中间折断部分省略不画。在断开处，应以折断线表示。其尺寸应按折断前原长度标注，如图 6-34 所示。

（四）局部省略画法

一个形体如果与另一个形体仅有部分不相同，该形体可只画出不同的部分，但应在两个形体的相同部分与不同部分的分界处，分别绘制连接符号，两个连接符号应对准在同一线上，如图 6-35 所示。

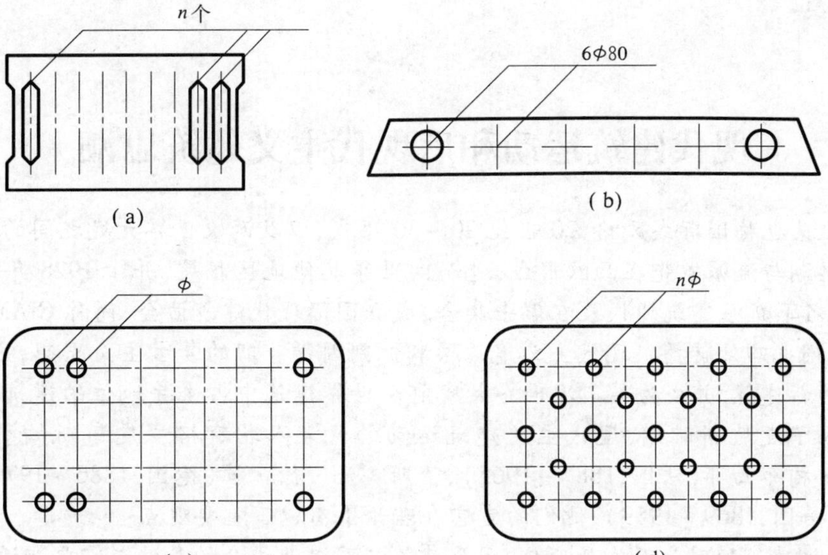

图 6-33　相同要素的省略画法

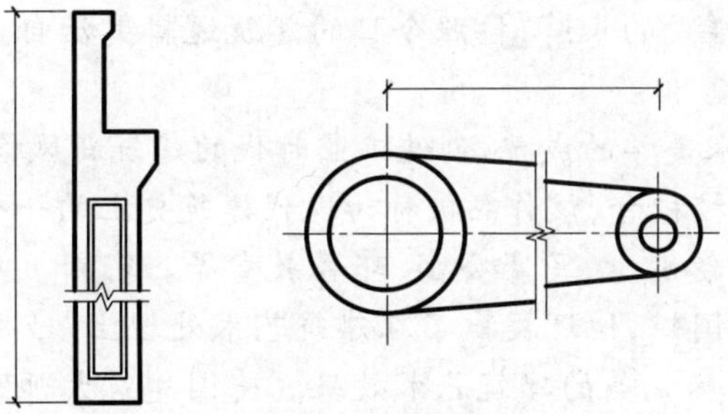

图 6-34　较长构件的折断简化画法

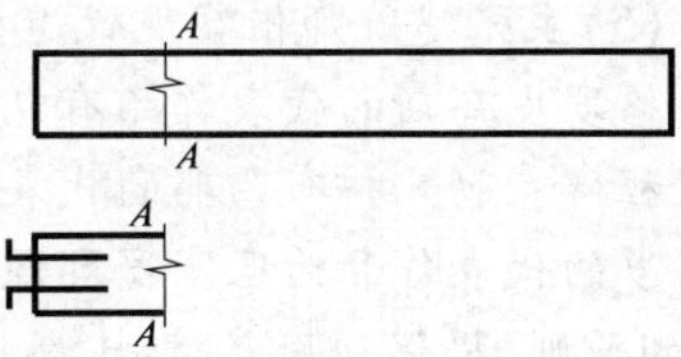

图 6-35　构件局部不同的简化画法

知识链接六

现代建筑运动和后现代主义建筑思潮

现代主义也称国际式风格,20世纪20~30年代,以及两次世界大战之间的时期,现代主义建筑思潮与流派首先在西欧形成,进而向世界其他地区扩展,并于1928年来自12个国家的42名革新派建筑师代表在瑞士集合,成立国际现代建筑协会,简称CIAM,“现代主义建筑”一词也四处传播。现代主义建筑思潮批判因循守旧的复古主义思想,主张创造表现新时代的新建筑,并成为第二次世界大战前夕世界建筑中占主导地位的建筑潮流,使西方建筑进入了发展新时期,现代主义建筑运动的代表人物有格罗皮乌斯(德国,1883~1969)、勒·柯布西耶(法国,1887~1965)、密斯·凡·德·罗(德国,1886~1970)、富兰克林·赖特(美国,1869~1959),他们的宣言在理论上有以下重要观点:

(1)强调建筑随时代而发展变化,现代建筑应同工业社会的条件与需要相适应。

(2)号召建筑师重视建筑物使用功能,关心有关的社会和经济问题。

(3)主张在建筑设计和建筑艺术创作中发挥现代材料、结构和新技术的特质。

(4)主张坚决抛开历史上的建筑风格和样式的束缚,按照今日的建筑逻辑灵活自由地进行创造性的设计与创作。

(5)主张建筑师借鉴现代造型艺术和技术美学的成就,创造工业时代的建筑新风格。

格罗皮乌斯的代表作品有包豪斯工艺学校校舍,该作品被称为现代建筑史上的一个重要里程碑。勒·柯布西耶的代表作品有萨伏伊别墅、马赛公寓、郎香教堂等。密斯·凡·德·罗的代表作品为巴塞罗那国际博览会德国馆,他还提出了在建筑艺术处理上“少就是多”的原则,提倡利用新材料、新技术,提倡精确完美的建筑艺术效果。美国建筑大师富兰克林·赖特在建筑设计上不断创新,对现代建筑影响很大,有着不同于欧洲现代主义建筑师的独到之处,他以倡导有机建筑论而闻名世界,代表作品有草原住宅、流水别墅等。流水别墅是一座别具匠心、构思巧妙的有机建筑的代表作品。

20世纪20~60年代现代建筑运动得到很大、快速发展,但从60年代开始,世界各地陆续出现新的建筑创造倾向与流派,旨在突破放之四海而皆准的“国际式”风格,并在理论上批判20年代建筑重视技术而忽视人的感情需要,割断历史而忽视建筑与原有环境的配合,70~80年代对建筑影响最大的则是“后现代主义”建筑,这一流派在理论上提出现代主义过时论、“死亡”等观点,竟然声称1972年某月某日下午随美国圣路易城几座公寓楼房被炸毁,现代主义已经死亡,并预示着一个新的建设时代——后现代主义已经或正在来临。

实际上,后现代主义是一切背离现代主义倾向和流派的总称,他们在尊重历史的名义下重新提倡复古主义和折中主义,在艺术处理上主张将互不相容的建筑元件不分主次的二元并列和矛盾共处,即在建筑艺术中追求复杂性和矛盾性,故而所表达的是一种突破建筑艺术规律性、逻辑性的建筑美学观点,实质上,后现代主义是忽视形象与功能相联系的一种形式主义建筑思想,其代表建筑师有文丘里、格雷夫斯、约翰逊。著名代表作如美国宾州栗树山住宅,1962年,文丘里设计。

(林小兵　撰写)

知识链接六

纽约古根汉姆美术馆

上大下小的螺旋体形正是创作者多年来所探求的，在三个向度上都是曲线的、富有流动感的结构(设计:赖特,1959年)。

洛杉矶迪斯尼音乐厅

无规则的扭曲形体散乱地堆积在一起(设计:盖里,1992年)。

美国宾州栗树山住宅

对古典的山墙形式、几何形方、圆构件有意识地加以扭曲、片断、断裂和歪斜，以达到“古典而不纯”的效果(设计:文丘里,1962年)。

第七章　轴测投影

形体的三面或多面正投影图能完整、准确地表达形体的真实形状，作图方便，且便于标注尺寸，所以在工程中被广泛应用。但这种图形缺乏立体感，不易看懂。读图时需几个投影联系起来看，才能想象出空间的真实形状。为了便于读图，在工程图中常用一种富有立体感的投影图来表示形体，作为辅助图样，以弥补多面正投影的不足，这种投影图称为轴测投影图，简称轴测图，如图 7-1 所示。

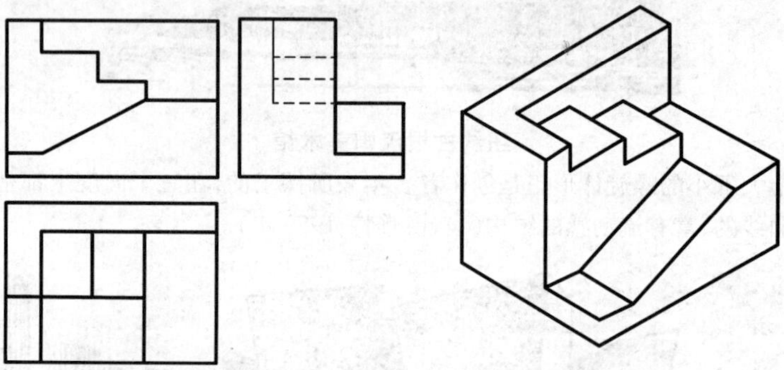

(a) 正投影图　　(b) 轴测投影图

图 7-1　物体的正投影图与轴测投影图

第一节　概　述

一、轴测投影图的形成

正投影之所以缺乏立体感，是因为每个正投影只能反映形体两个方向的情况，若能使一个投影同时反映三个方向的情况，也就能得到富有立体感的投影图。方法有两种：第一种，如图 7-2 所示，选取一个与物体的 X、Y、Z 轴都倾斜的投影面 P，自然，该投影面倾斜于物体的长、宽、高三个方向，称之为轴测投影面，将空间形体连同三个坐标轴一起，用平行光线沿垂直于 P 面的方向向 P 面作投影，所得到的投影图就能反映物体的三个方向的情况。这种轴测投影称正轴测投影，画出的图叫做正轴测图。第二种，如图 7-2 所示，选取一个与三个坐标平面之一平行的轴测投影面，如 V 面，投影方向倾斜于 V 面，将空间形体连同三个坐标轴向 V 面作投影，也能得到反映形体的三个方向的投影图。这种轴测投影称斜轴测投影，画出的图叫做斜轴测图。

综上所述，轴测投影分两大类。

(1) 正轴测投影：即投影线互相平行，投影方向垂直于轴测投影面，但轴测投影面倾斜于形体的坐标轴时所得到的轴测投影，如图 7-2 所示。

(2) 斜轴测投影：即投影线互相平行，投影方向倾斜于轴测投影面，但投影面平行于形

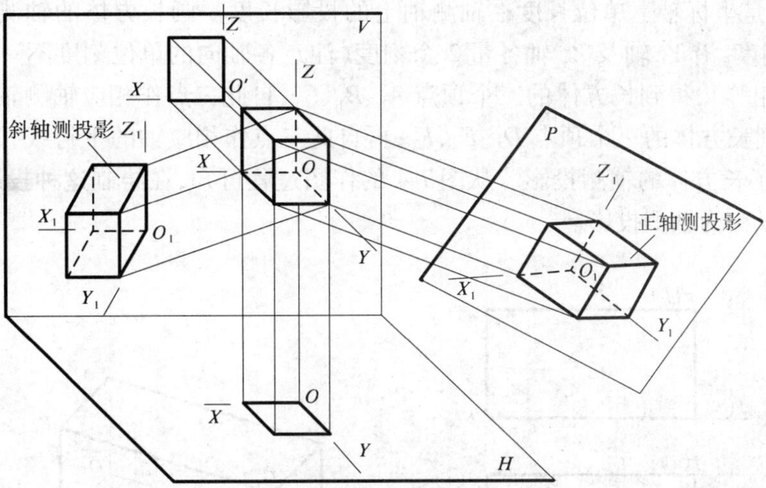

图 7-2　轴测投影图的形成

体的一个坐标平面时所得到的轴测投影，如图 7-2 所示。

二、轴测投影图的特性

从图 7-2 可以看出，坐标面上或平行于坐标面的正方形平面（如 YOZ 坐标面上的正方形）不平行于轴测投影面 P 或 V，在轴测投影中将要变形。不平行于轴测投影面的坐标轴（如 Y 轴），它们的轴测投影方向和长度也会发生变化。

轴测投影是平行投影，两平行直线的平行投影仍保持平行，这就是轴测投影的基本特性。如图 7-3 所示，设直线 $AB /\!/ CD$，又因投影线 $AA_1 /\!/ BB_1 /\!/ CC_1 /\!/ DD_1$，故投射平面 $ABB_1A_1 /\!/ CDD_1C_1$，其与轴测投影面 P 的交线仍旧平行，即 $A_1B_1 /\!/ C_1D_1$。

三、轴间角和轴向伸缩系数

空间三坐标轴的轴测投影称为轴测轴，分别用 O_1X_1、O_1Y_1、O_1Z_1 表示。

轴测轴之间的夹角 $\angle X_1O_1Y_1$、$\angle Y_1O_1Z_1$、$\angle X_1O_1Z_1$ 称为轴间角。

在轴测投影中，平行于空间坐标轴方向的线段，其投影长与其空间实际长度的比值，称为轴向伸缩系数，或轴向变形系数。分别用 p、q、r 表示。

$$p=\frac{O_1X_1}{OX},q=\frac{O_1Y_1}{OY},r=\frac{O_1Z_1}{OZ}$$

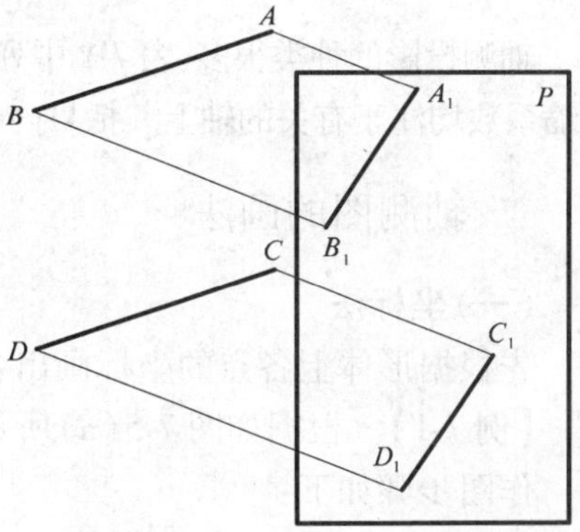

图 7-3　平行直线的轴测投影

这样一来，凡事先知道了轴测轴的方向和轴向伸缩系数，则与每条坐标轴平行的直线，在轴测投影中必平行于相应的轴测轴，其投影长度等于原来长度乘以该轴的变形系数，于是形体的轴测投影就不难作出了。如图 7-4 所示是一长方体的正投影图和轴测图。直角坐标的原点与长方体的一顶点重合，如图 7-4(a) 所示，OX、OY、OZ 与长方体的三条棱（长、宽、高）重合，该长方体长 4 个单位、宽 2 个单位、高 2 个单位。轴测轴为 O_1X_1、O_1Y_1、O_1Z_1，轴测轴上每一刻度是坐标轴上单位长度在轴测轴上的投影长度。画长方体的轴测投影时，先沿 X_1 轴量 4 个刻度，沿 Y_1 轴及 Z_1 轴各量 2 个刻度（注意各轴向的单位刻度不一定相等，即 p、q、r 值不一定相等），得到长方体的三个顶点 A_1、B_1、C_1，自此三点作相应轴测轴的平行线，两两相交，又得到长方体的三个顶点 D_1、E_1、F_1，再自此三点作相应轴的平行线，三线交于一顶点 G_1，就得出了长方体的轴测投影。从图 7-4 的作图过程可知，在绘制这种投影时是沿轴测轴量测的，所以称为轴测投影。

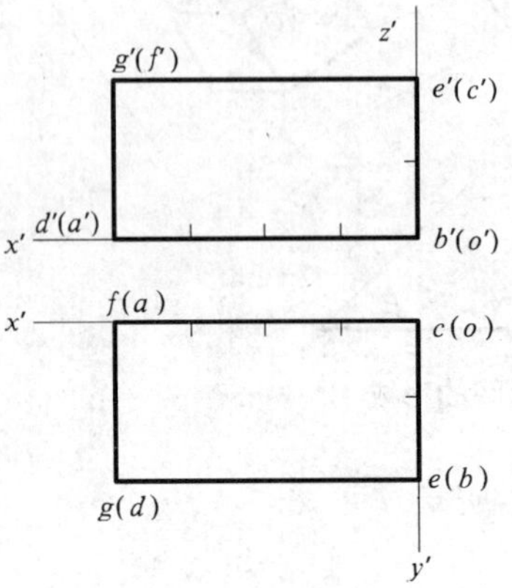

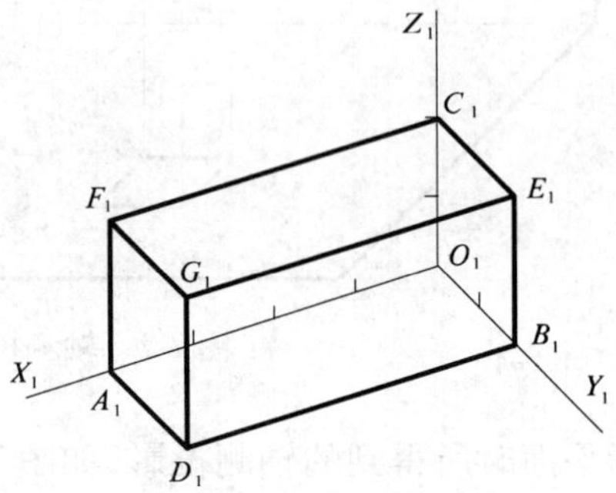

图 7-4　根据正投影图作轴测图

第二节　轴测投影图的画法

一、常用轴测图的轴间角和轴向伸缩系数

轴测投影的种类很多，表 7-1 中列出了几种工程上常用轴测投影的轴测轴方向及伸缩系数。伸缩系数均注于有关的轴上。括号内的数字为简化系数，实际作图时，一般采用简化系数。

二、轴测图的画法

（一）坐标法

先根据形体上各点的坐标画出各顶点的轴测投影再连轮廓线。

【例 7-1】　根据如图 7-5(a)所示的正投影图画出正等轴测图。

作图步骤如下：

(1)把正五边形的中心定为空间坐标的原点，在正投影图中画出坐标轴。

(2)画出轴测轴 O_1X_1、O_1Y_1、O_1Z_1。

(3)按照各顶点的坐标值画出它们的轴测投影。

(4)连接各顶点，并区分可见性。在轴测投影中一般不画虚线，但为增加立体感，图 7-5(b)所示的五棱柱的虚线仍然画出了。

（二）叠加法

有些形体可看成由几个简单的形体叠加而成。画图时，一般先画较大的形体，再叠加上较小的形体。作图时要特别注意它们之间的相对位置。

表 7-1　常用的几种轴测投影

名称	轴间角和轴向伸缩系数	轴测轴定法	轴测图举例
正等轴测图	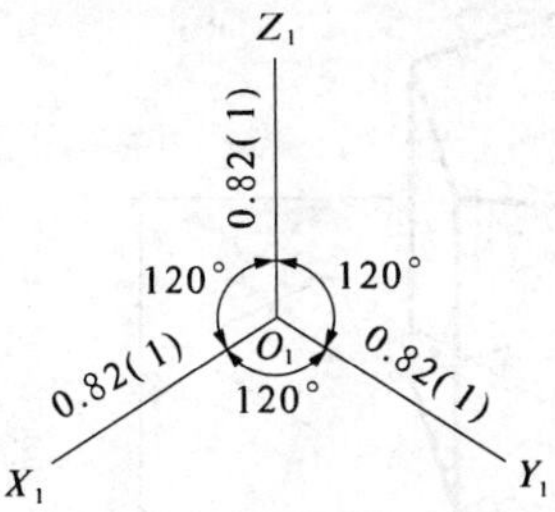	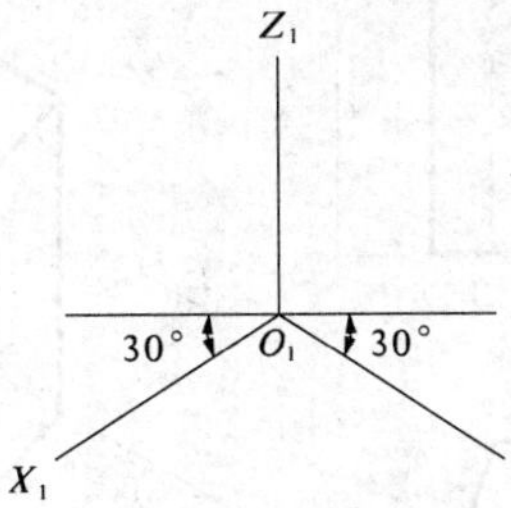	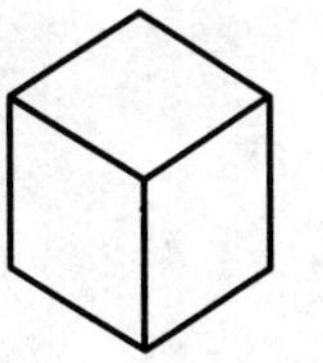
正二等轴测图	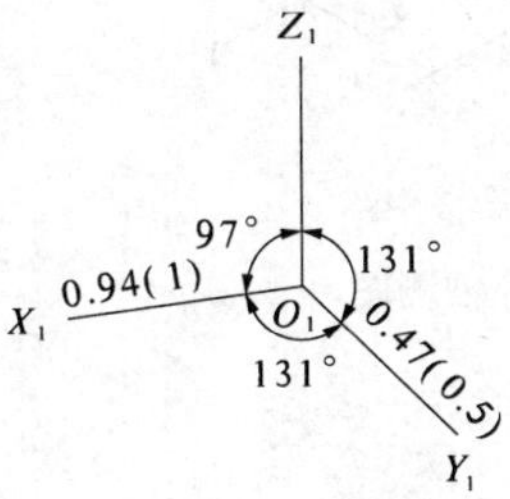	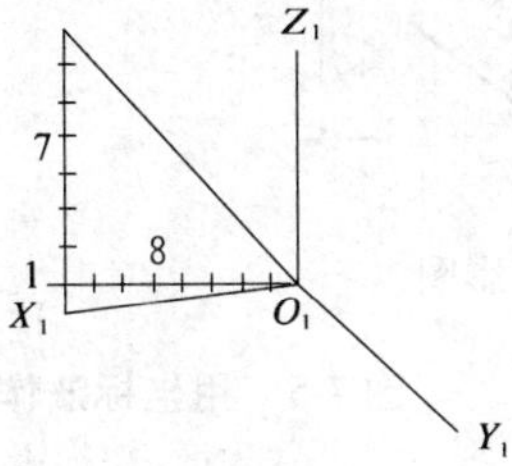	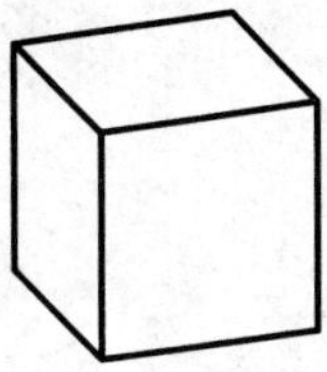
正面斜二测图	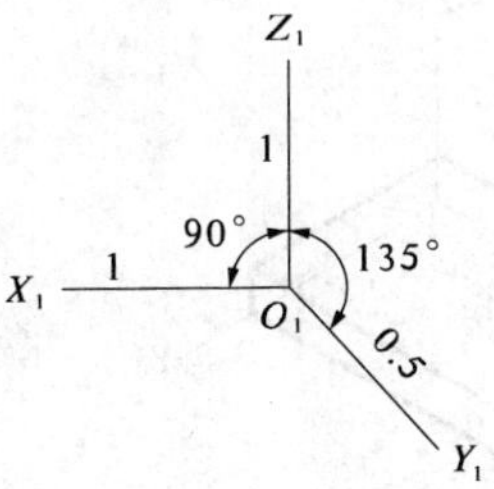	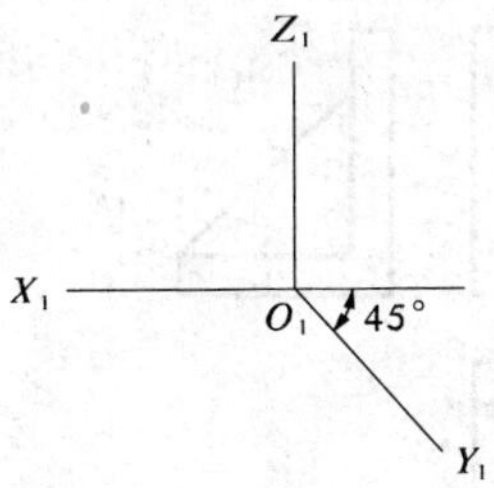	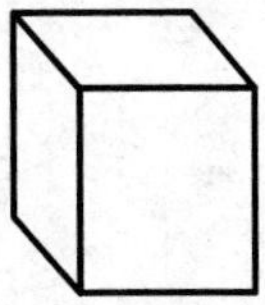
水平斜轴测图	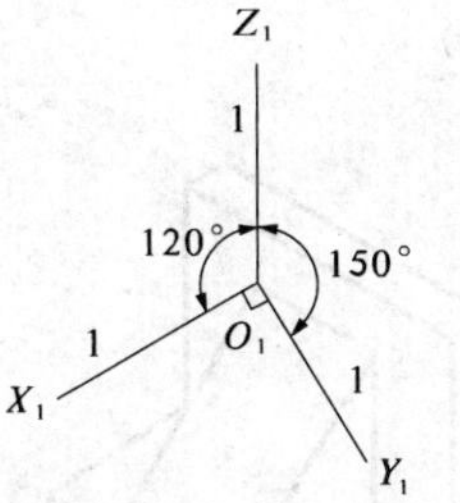	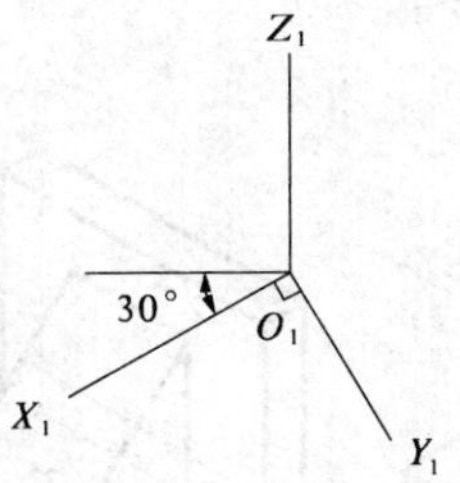	

【例 7-2】　根据如图 7-6(a)所示的三面正投影图作正等轴测图。

经分析投影图可知，此形体由底板 1、后测板 2 和肋板 3 组成，三部分都是棱柱体，可根据它们的相对位置关系，逐一画出其轴测图。

作图步骤如下：

(1)把底板的右、后、下顶点作为坐标原点，根据表 7-1 中正等轴测图轴测轴的定法作出轴测轴，并作出底板 1 的轴测图，如图 7-6(b)所示。

(2)作出后测板 2 的轴测图,如图 7-6(c)所示。

(3)作出肋板 3 的轴测图,如图 7-6(d)所示。

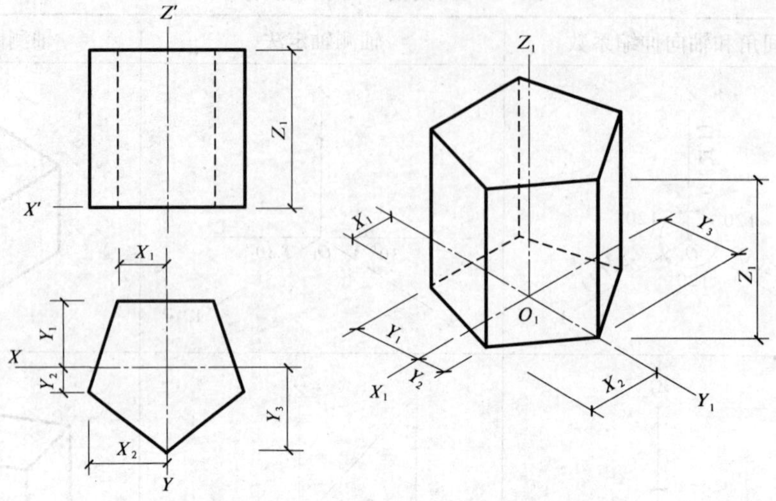

(a) 正投影图　　(b) 正等轴测图

图 7-5　用坐标法作轴测图

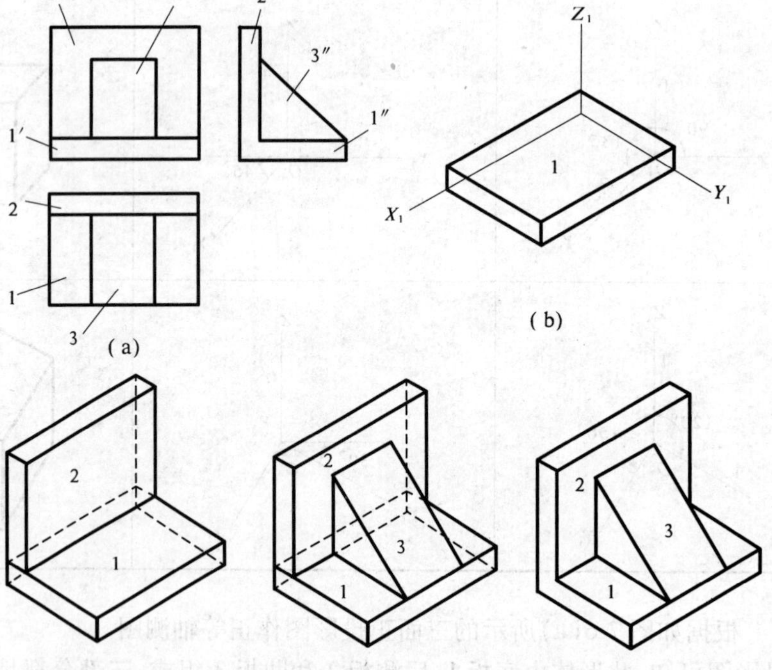

(a)　(b)

(c)　(d)　(e)

图 7-6　用叠加法画形体的正等轴测图

(4)擦去多余的线完成形体的正等轴测图,如图 7-6(e)所示。

用叠加法作轴测图时,当叠加的两个物体组成一个连续的平面时,其间不应有界线。

（三）切割法

有些形体可以看成由简单形体经若干次切割而成。画图时，可先画出完整的简单形体，再进行切割，画出形体的轴测图，如图 7-7 所示。

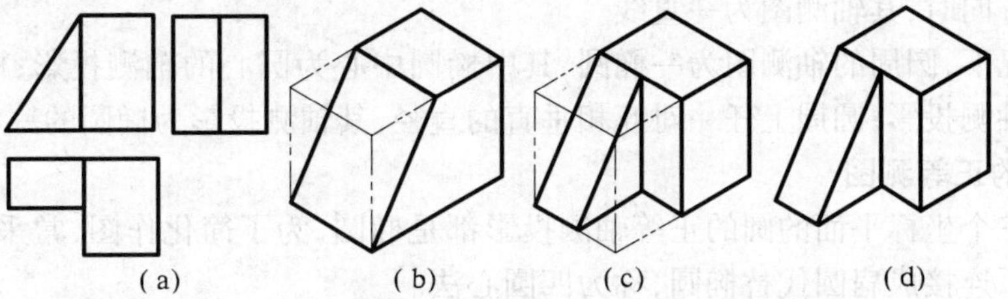

图 7-7　用切割法画形体的正等轴测图

作图步骤如下：

(1)画出长方体的正等轴测图，并把左上方的角切去，如图 7-7(b)所示。

(2)再切去左前方的一部分，如图 7-7(c)所示。

(3)擦去多余的线条，加深可见部分的轮廓线，如图 7-7(d)所示。

（四）端面法

对于有两个互相平行端面的柱体，先画出其反映特征的可见端面，再画出其可见的棱及不可见端面上的可见边。如图 7-8 所示为采用端面法作形体的正面斜二测图。

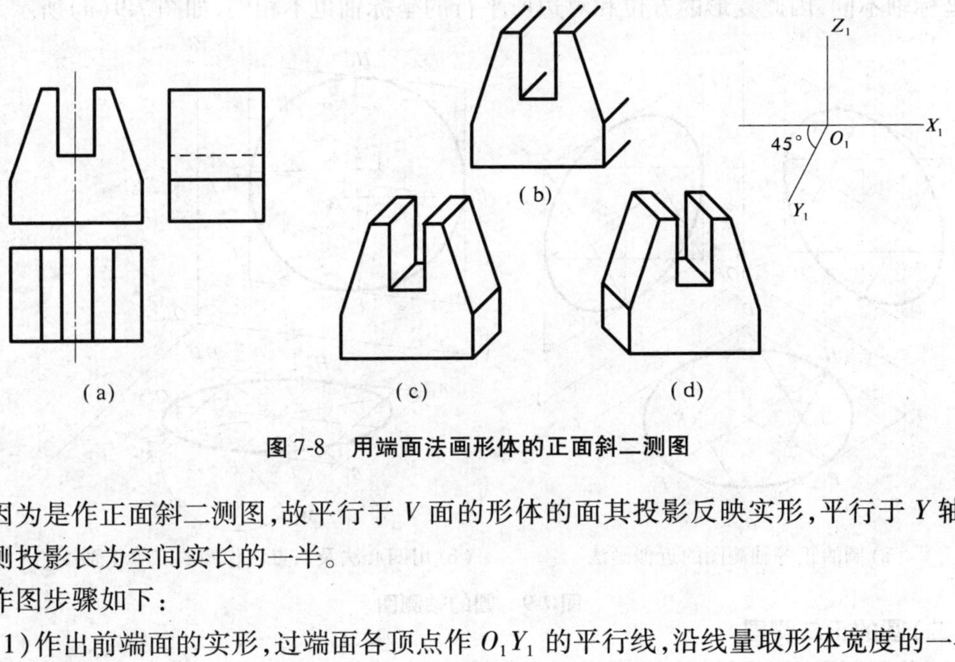

图 7-8　用端面法画形体的正面斜二测图

因为是作正面斜二测图，故平行于 V 面的形体的面其投影反映实形，平行于 Y 轴的线其轴测投影长为空间实长的一半。

作图步骤如下：

(1)作出前端面的实形，过端面各顶点作 O_1Y_1 的平行线，沿线量取形体宽度的一半，如图 7-8(b)所示。

(2)顺次连接后端面上各顶点，即得到后端面，如图 7-8(c)所示。

(3)加深图线，即得到形体的正面斜二测图，见图 7-8(c)。

图 7-8(d)给出了另一种方向观察的轴测图。

由本例可见，采用端面法作轴测图，可以避免在作图过程中画不必要的作图线。

三、圆的轴测图

圆周所在平面平行于轴测投影面时，其轴测图仍为原来大小的圆周。当圆周平面平行于轴测投影方向时，其轴测图为一直线。

一般情况下，圆周的轴测图为一椭圆，其中椭圆中心为圆心的轴测投影；椭圆的直径为圆周直径的轴测投影；圆周上任一对互相垂直的直径，其轴测投影为椭圆的一对共轭轴。

（一）圆的正等测图

平行于三个坐标平面的圆的正等轴测投影都是椭圆，为了简化作图，常采用近似画法，即用四段圆弧连接成扁圆代替椭圆，称为四圆心法。

（1）作出圆的外接正四边形的轴测图，其对边平行于所在坐标平面的轴测轴。图 7-9（a）以平行于坐标平面 XOY 的圆周为例，则得到菱形 $A_1B_1C_1D_1$。

（2）连接菱形对角线较短边的顶点与所对应边的中心，即连 D_1E_1、D_1F_1、B_1H_1、B_1G_1 得二交点 J_1、K_1。

（3）分别以 J_1 和 K_1 为圆心，J_1H_1 和 K_1G_1 为半径作圆弧 $\overset{\frown}{E_1H_1}$ 和 $\overset{\frown}{F_1G_1}$；分别以 D_1 和 B_1 为圆心，D_1E_1 和 B_1G_1 为半径作圆弧 $\overset{\frown}{F_1E_1}$ 和 $\overset{\frown}{H_1G_1}$。四段圆弧光滑连接所成的扁圆，即为近似椭圆。

平行于其他两个坐标平面的圆的正等轴测投影的画法与此相同，只是圆的中心线所平行的坐标轴不同，因此菱形的方位和对边所平行的坐标轴也不相同，如图 7-9（a）所示。

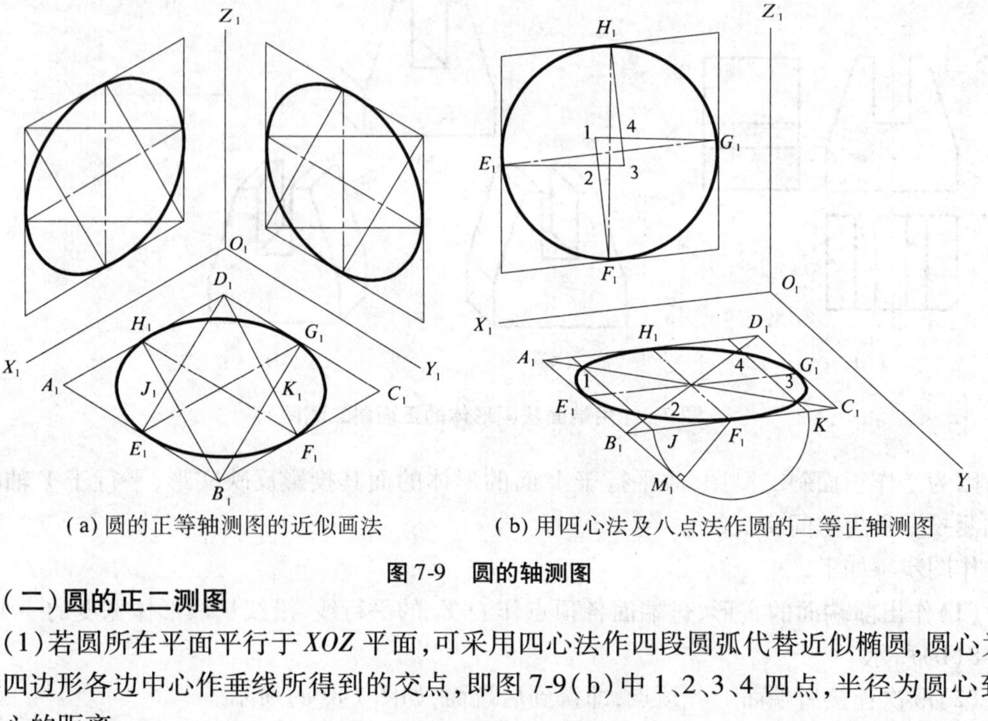

（a）圆的正等轴测图的近似画法　　（b）用四心法及八点法作圆的二等正轴测图

图 7-9　圆的轴测图

（二）圆的正二测图

（1）若圆所在平面平行于 XOZ 平面，可采用四心法作四段圆弧代替近似椭圆，圆心为过外接四边形各边中心作垂线所得到的交点，即图 7-9（b）中 1、2、3、4 四点，半径为圆心到对边中心的距离。

（2）若圆所在平面平行于 XOY 或 YOZ 平面，则宜采用八点法作椭圆。

作图步骤如下：

①作圆外接四边形的轴测投影，即平行四边形 $A_1B_1C_1D_1$，并作出四边形中轴线得各边中心 E_1、F_1、H_1、G_1。

②以平行四边形的任一边的一半，如 B_1F_1 边斜边，作等腰直角三角形 $B_1M_1F_1$，再以 F_1 为圆心，直角边 M_1F_1 为半径画圆弧，交 B_1C_1 边于 J、K 二点。过 J、K 二点分别作 A_1B_1 的平行线，交两对角线于 1、2、3、4 四点。

③光滑连接 1、E_1、2、F_1、3、G_1、4、H_1 八点，即为所求椭圆。

（三）正等轴测图中圆角的画法

平行于坐标平面的圆角，实质是四分之一的圆，其轴测图为上述近似椭圆的四分之一。其作法如图 7-10 所示。

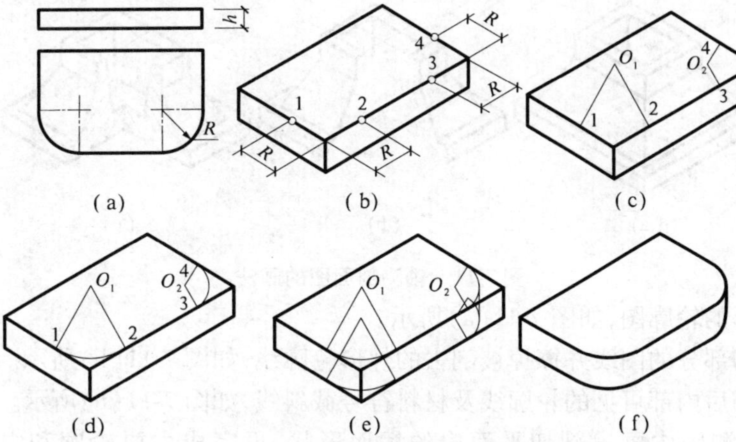

图 7-10　圆角的正等轴测图的画法

(1)画出平板的正等轴测图，并根据圆角半径 R，在平板的顶面相应边线上量取 1、2、3、4 各点，如图 7-10(b)所示。

(2)过切点 1、2 分别作出相应边线的垂线得交点 O_1。同样，过 3、4 作相应边线的垂线得交点 O_2，如图 7-10(c)所示。

(3)以 O_1 为圆心，$O_1$1 为半径作圆弧；以 O_2 为圆心，$O_2$3 为半径作圆弧，即得到平板上顶面圆角的轴测图，如图 7-10(d)所示。

(4)将圆心下移平板厚度 h，再用与上顶面相同的办法分别画圆弧，即得到平板下底面圆角的轴测图，如图 7-10(e)所示。

(5)在右端作上、下小圆弧的公切线。擦去多余的作图线，并加深可见轮廓线，即得到带圆角的平板的轴测图，如图 7-10(f)所示。

四、轴测图的剖切

在轴测图中为了表达物体内部的形状，可以假想用剖切平面把物体的一部分剖去，画成轴测剖面图。

画轴测剖切图一般有两种方法：

(1)先作外形轮廓的轴测图，在其上画出剖切部分的图线，最后擦去被剖去的外形轮廓线，补画剖切后可以看到的内部轮廓线，如图 7-11 所示。

作图步骤如下：

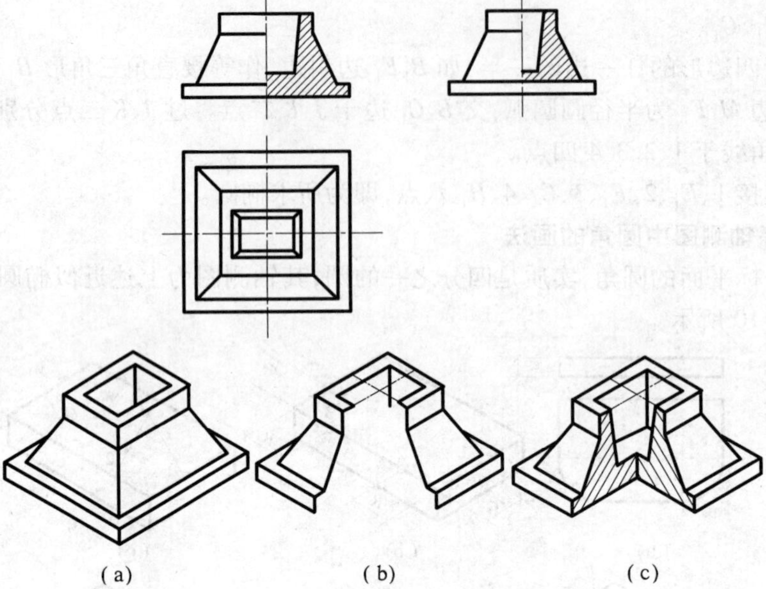

图 7-11　轴测剖面图的画法

①作出外形的轮廓图，如图 7-11(a)所示。

②画出剖切部分的图线并擦掉被剖去的外形轮廓线，如图 7-11(b)所示。

③补画剖切后内部可见的轮廓线及材料符号截斜线，如图 7-11(c)所示。

(2)先在轴测图中画出剖切平面内的截面形状，再完成主要轮廓和内部的形状，如图 7-12所示。

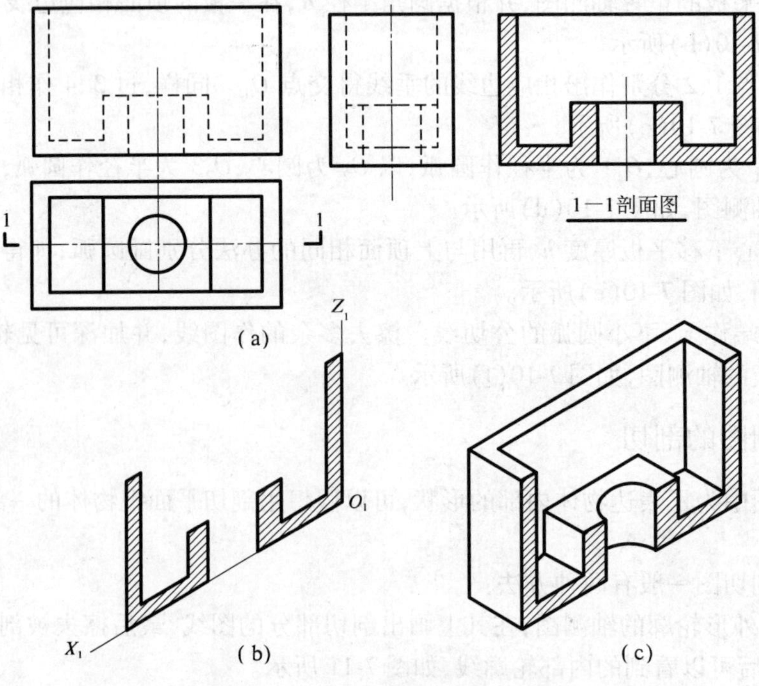

图 7-12　轴测剖面图的画法(一)

作图步骤如下：

①在轴测图中画出剖切平面内的截面形状，如图 7-12(b)所示。

②画出轮廓线和内部形状，如图 7-12(c)所示。

轴测剖面图中截面斜线的画法如下：

在剖面图部分介绍过，为使形体剖切后的截面更清晰真实，国家制图标准规定，在截断面上画材料图例，未指明材料时画 45°斜线。在轴测剖面图中，截面上的图例线不再是 45°斜线，而是与轴测坐标有关，其方向应按图 7-13 的方法绘制。

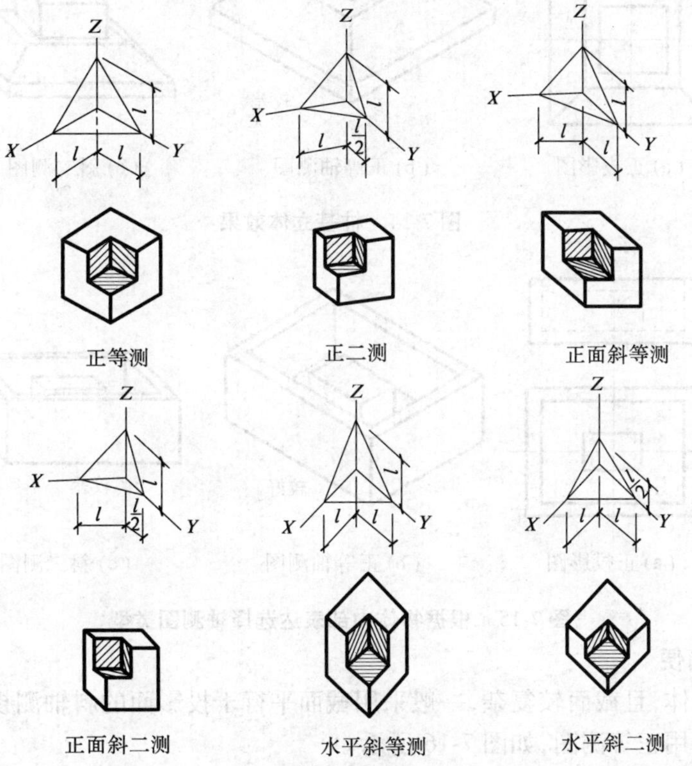

图 7-13 轴测剖面图的画法(二)

第三节 轴测图的选择

从轴测投影图的形成我们知道，随着形体坐标轴的倾斜角或斜投影的角度不同，轴测投影有无数种，我们已经介绍了几种常用的轴测投影，但选用哪一种轴测图和物体如何放置，才能够更直观地表现物体的立体形状，还须对轴测类型进行合理的选择。

一、轴测类型的选择

根据物体的形状，在选用轴测图时，应考虑下面几个问题。

(一)立体感强

如图 7-14 所示，在图 7-14(b)中物体转角处的棱线其轴测投影成一条直线，效果较差，若采用图 7-14(c)所示的斜二测图，效果则较好。

（二）尽量少遮挡内部构造

如图 7-15 所示，采用正等轴测图可以把物体内部表达清楚，采用斜二测图，则内部构造表达不是很清楚。

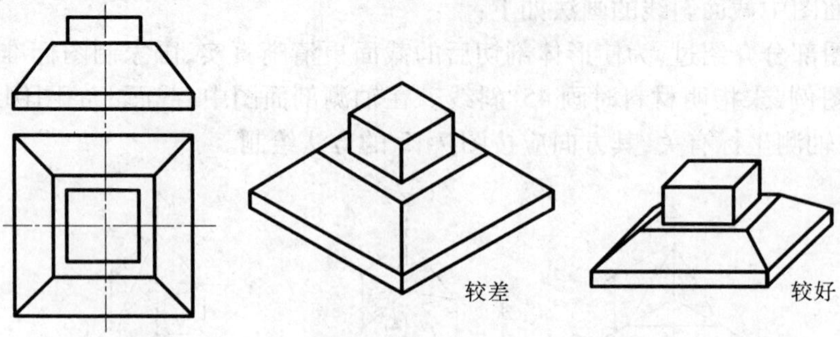

(a) 正投影图　　(b) 正等轴测图　　(c) 斜二测图

图 7-14　柱基立体效果

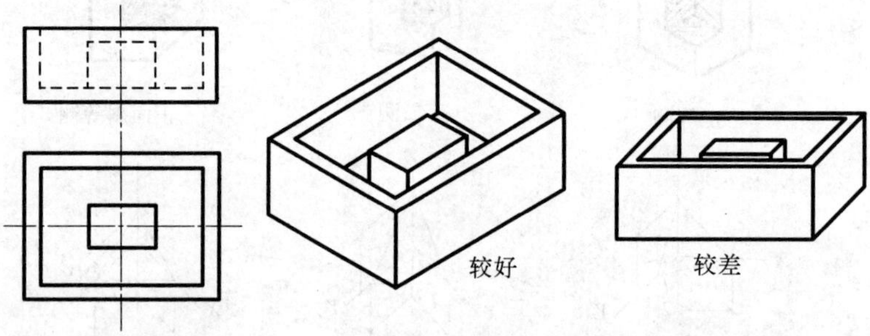

(a) 正投影图　　(b) 正等轴测图　　(c) 斜二测图

图 7-15　根据物体内部表达选择轴测图类型

（三）作图简便

若形体是柱体，且截面较复杂，一般采用截面平行于投影面的斜轴测投影图。外形较方正平整的物体常用正等测图，如图 7-16 所示。

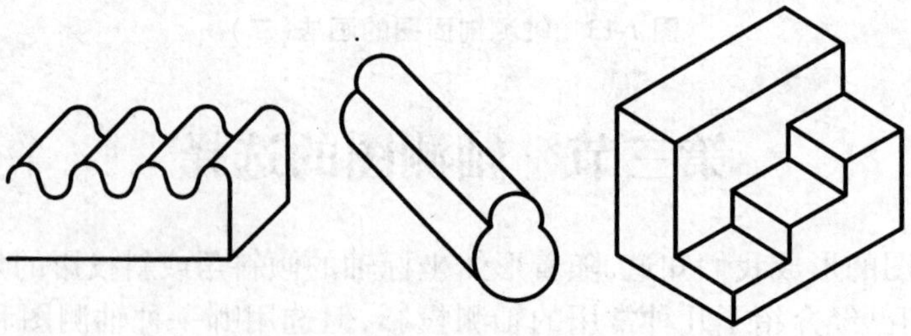

(a) 斜二测图　　(b) 正等测图

图 7-16　根据物体外形选择轴测图类型

二、投影角度的选择

画轴测图时，只要保持轴间角不变，轴测轴的方向和位置是可以随着表达要求而变化的。如图 7-17 所示，是以正等测图为例，表示了从不同方向观看形体的四种典型情况。一般来说，确定投影方向时应该能观看到形体的主要特征表面。

选择投影方向时还应考虑到形体的形状特征。如图 7-18 及图 7-19 所示，同样都是形体的斜二测图，图 7-18(b)从右前上方投影较好，但是图 7-19 从左前上方作投影，就比从右前上方作投影合适。

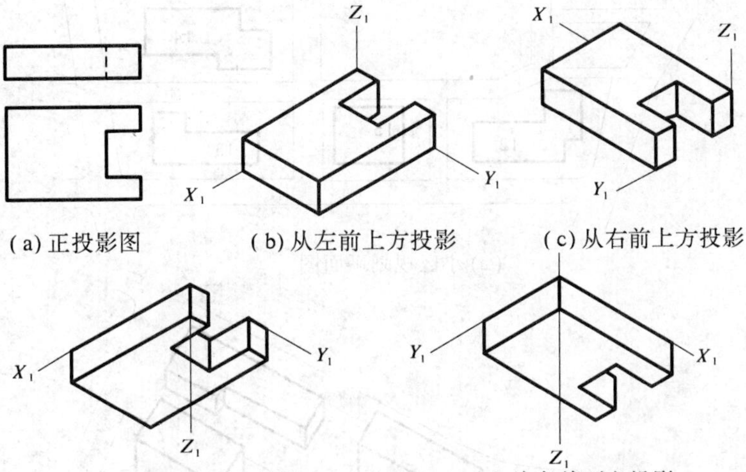

(a) 正投影图　(b) 从左前上方投影　(c) 从右前上方投影

(d) 从右前下方投影　(e) 从左前下方投影

图 7-17　从不同的方向作形体的正等测投影

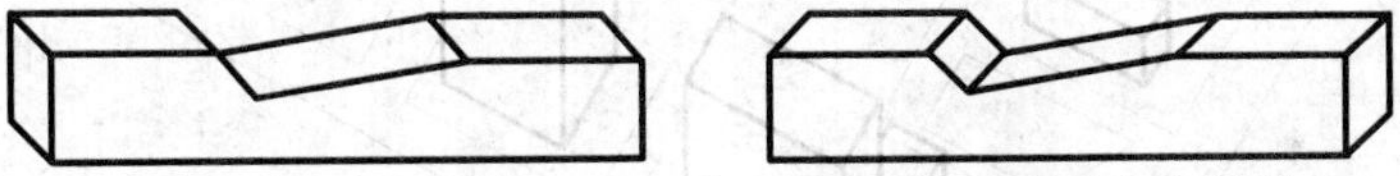

(a) 从左前上方投影　(b) 从右前上方投影

图 7-18　房屋架下弦的斜二测图

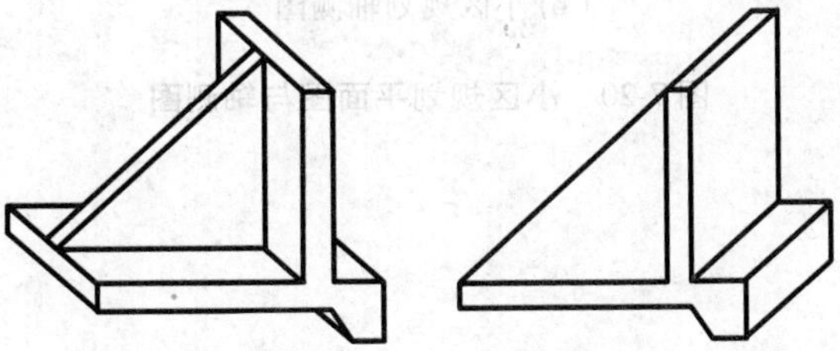

(a) 从左前上方投影　(b) 从右前上方投影

图 7-19　挡土墙的斜二测图

另外，为了表现小区规划立体图，常采用水平面斜轴测图，其投影方向是从上往下，类似于居高临下鸟瞰图的画法，如图 7-20 所示。

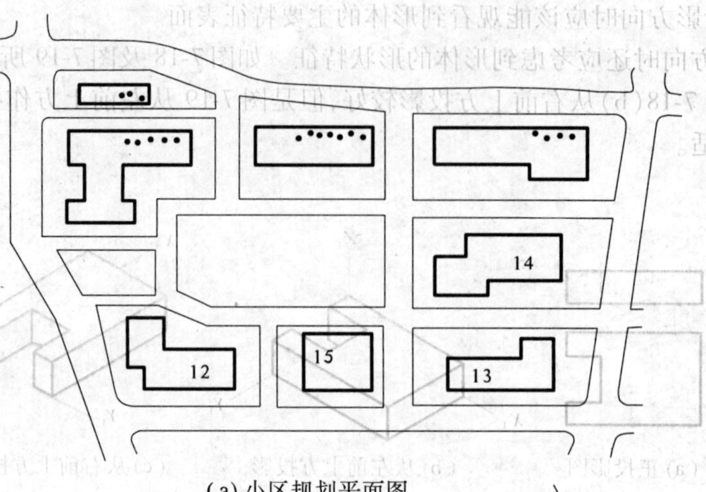

(a) 小区规划平面图

(b) 小区规划轴测图

图 7-20　小区规划平面图与轴测图

知识链接七

"样式雷"

"样式雷",中国清代宫廷建筑匠师家族。

始祖雷发达(1619—1693),字明所,祖籍江西建昌(今永修县)。清初,清廷兴修宫室,招募天下工匠,雷发达与其弟雷发宣应募供役,因其技艺精巧而任营造所长班,负责内廷营造工程,在当时有"上有鲁班,下有长班"之说。后来,其子雷金玉承继父业,并投身内务府包衣旗,"领楠木工程,因正殿上梁,得蒙恩召见奏对,钦赐内务府总理钦工处掌案",自此至清终,雷氏家族有六代后人皆在样式房任职,成为中国清代宫廷建筑匠师家族,世称"样式雷",遗有《雷氏大成总谱》。故宫、三海、圆明园、颐和园、静宜园、承德避暑山庄、清东陵和清西陵等设计工程皆为该家族所负责。

雷氏家族进行建筑设计时,都会按1/100或1/200的比例制作模型,先呈内廷审定,模型用草纸板热压制成,故称"烫样",现有部分烫样留存于北京故宫博物馆,是了解清代建筑和设计程序的重要资料。

(样式房,清廷内务府中负责宫室、园囿、陵墓等修建的工程部。中国古代凡制造器物的模型、绘图的稿本等,都称作"样"或"样式"。样式房的职责和现代的建筑事务所大致相同,主要的职务是设计。其主要包括制作建筑设计图(即"画样")、建筑模型(即"烫样"),以及设计说明(即"工程做法")。)

(王蕾　撰写)

第八章　阴影与透视投影

第一节　阴影的基本知识

正投影图的度量性强，但是立体感较差。如果在正投影图中加绘出阴影，就可以增强其立体感。如图 8-1 所示，比较同一建筑物的立面图，可以明显地感觉到，加绘阴影的立面图增强了房屋的凹凸立体感，使图面生动逼真，丰富了立面图的表现能力。

(a) 未加绘阴影的建筑立面图

(b) 加绘阴影的建筑立面图

图 8-1　阴影的效果

一、阴影的概念及常用光线

在光线的照射下，物体受光的表面称为阳面；背光的表面称为阴面，简称为阴；阳面和阴面的分界线称为阴线，如图 8-2 所示。通常情况下，形体的材料是不透光的，因此在地面或墙面上被该形体遮挡了光线的部分，就产生了阴暗区域，这一阴暗区域称为落影，简称为影。产生影的表面称为承影面，如墙面或地面等；物体上的阴面与承影面上的影称为阴影；影的边界线是形体的阴线在承影面上的影。由此可见，产生阴影要有光线、形体、承影面三要素。

在投影图中求作阴影，一般采用平行光线。为了方便作图，选用一种特定方向的平行光线，称为常用光线。如图 8-3 所示，常用光线从左前上方射向右后下方，在投影图中常用光线的三面投影 k、k'、k''与坐标轴的夹角均为 45°，使作图十分简便。这时，常用光线对 H、V、W 投影面的倾角为 $\alpha=\beta=\gamma=35°15'53''$。

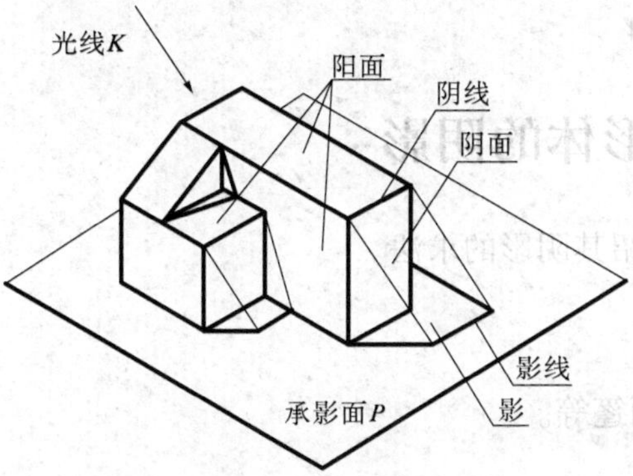

图 8-2　阴影的概念

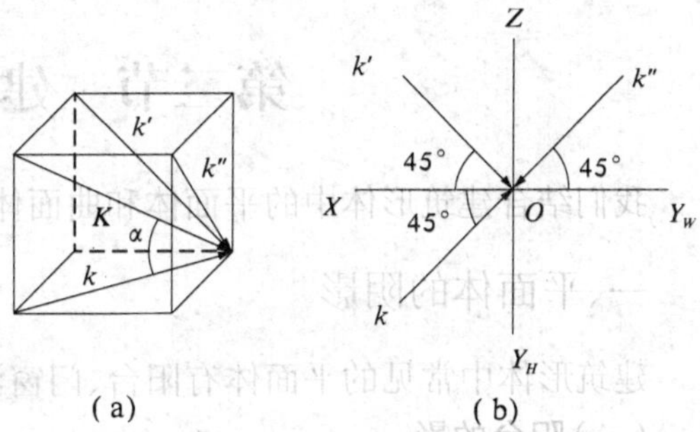

图 8-3　常用光线

二、平面图形的影

平面图形的影由平面图形各边线的影所围成。平面图形为多边形时，只要作出多边形各顶点的影，并以直线相应连接即为所求的影的轮廓线，如图 8-4(a)、(b)、(c)、(d)所示。如其影落在两相交承影面上，就会出现折影线，如图 8-4(e)所示。

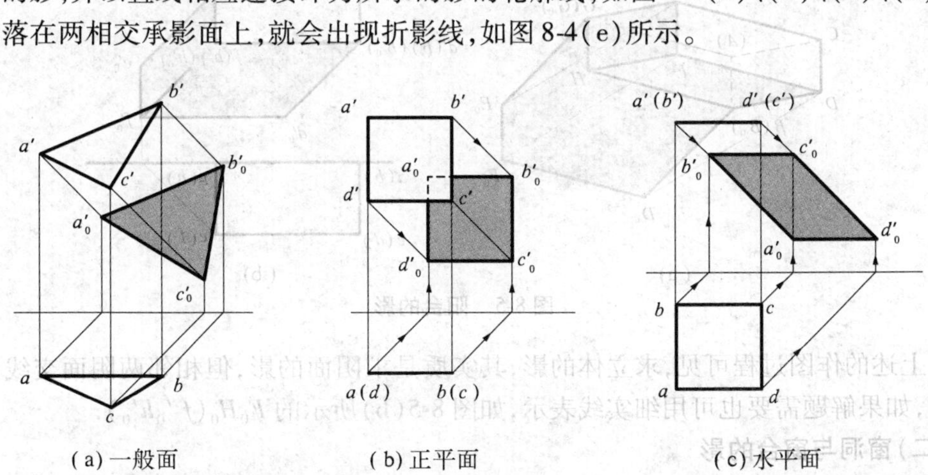

(a) 一般面　　(b) 正平面　　(c) 水平面

图 8-4　平面图形的影

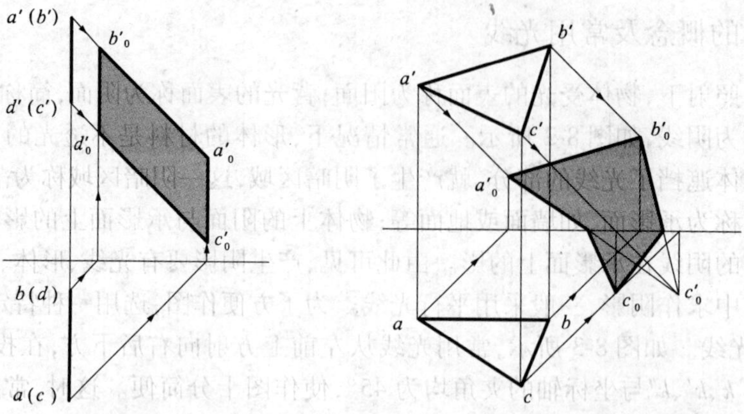

(d) 侧平面　　　　(e) 一般面在墙上和地面的影

续图 8-4

第二节　建筑形体的阴影

我们结合建筑形体中的平面体和曲面体，介绍其阴影的求法。

一、平面体的阴影

建筑形体中常见的平面体有阳台、门窗洞、雨篷等。

（一）阳台的影

求立体的影时，应先判断该立体的阳面及阴面，然后把阴面及其落影求出并涂黑即为所求。如图 8-5(a)所示，由于常用光线的方向是由左前上方指向右后下方，故阳台的阳面应是左侧面 *ABDC*、前立面是 *CDFE* 和上底面 *ACEG*，其余的为阴面。由此得阴线 *BD*、*DF*、*FE* 和 *EG*。从图中可判断，其影均落在墙面上，结果如图 8-5(b)所示。

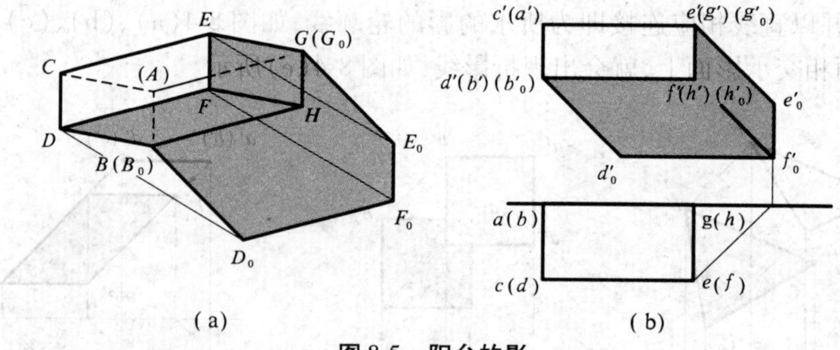

(a)　　　　(b)

图 8-5　阳台的影

由上述的作图过程可见，求立体的影，其实质是求阴面的影，但相邻两阴面交线的影不用表示，如果解题需要也可用细实线表示，如图 8-5(b)所示的 $F_0H_0(f'_0h'_0)$。

（二）窗洞与窗台的影

从图 8-6(a)所示的立体图可以看出，窗洞边框的影落在窗扇上，窗台的影落在墙面上。窗洞边的阴线是 *EFC*，窗台的阴线是 *HABDC*。其中 *EG*、*BC* 是铅垂线，*EF*、*AB* 是侧垂线，

AH、CD 是正垂线。用交点法作图如图 8-6(b)所示。

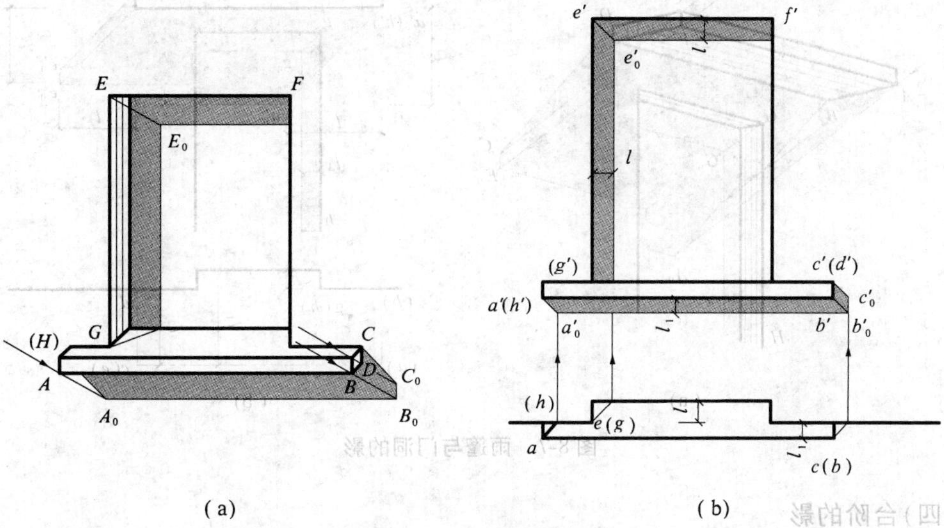

图 8-6 窗洞与窗台的影

1. 窗洞的影

(1)求出窗洞边框阴线上点 E 的影的 V 面投影 e'_0。

(2)过 e'_0 作水平线与 $e'f'$ 平行,又作铅直线与 $e'g'$ 平行。所作两直线即为所求窗洞边框在窗扇上的影线。影的宽度 l 与窗洞边框到窗扇的深度相等。

2. 窗台的影

(1)分别求出窗台阴线上点 A、B、C 的影的 V 面投影 a'_0、b'_0 和 c'_0。

(2)连接折线(h')、a'_0、b'_0、c'_0 和(d'),即为所求窗台在墙面上的影的影线。影的宽度 l_1 等于窗台凸出墙面的深度。

窗洞和窗台的影,也可以直接用度量法作出。

(三)雨篷与门洞的影

从如图 8-7(a)所示的立体图可以看出:雨篷的影落在墙面和门扇两个互相平行的承影面上,其中 AB 是正垂线,它的影的 V 面投影是一段 45°线$(b')a'_0$,如图 8-7(b)所示。点 A 和 E 的影的 V 面投影 a'_0、e'_0 可用交点法作出。AE 是侧垂线,它在两个承影面上的影的 V 面投影分别是通过 a'_0 和 e'_0 的两段水平线,距门洞深度为 l_3。

另外,门扇上还有门洞边框的落影。但其中一部分影落在雨篷的影线范围之内,作图时只须作出阴线 GH 的影,如图 8-7(b)所示。

用度量法作图的步骤如下:

(1)求 a'_0,使 a'_0 与 a' 的纵横距离都等于阴线 AE 到门扇的水平距离 l_1。连$(b')a'_0$,然后过 a'_0 向右作一水平线至门框边线。

(2)求 e'_0,使 e'_0 与 e' 的纵横距离都等于 AE 与墙面的水平距离 l_2。然后过 e'_0 向左作一水平线至门框边线。

(3)作铅垂线 $e'_0c'_0$,高度等于雨篷的厚度,然后连 $d'c'_0$。

(4)作门框边线的影,使宽度等于门扇凹入墙面的深度 l_3。

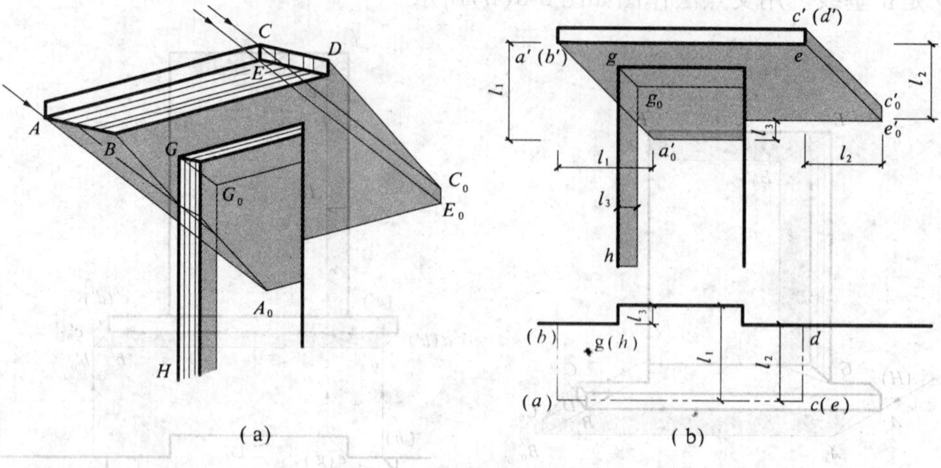

图 8-7 雨篷与门洞的影

(四)台阶的影

如图 8-8(a)所示台阶的阴线为左栏板的 AB、BC 和右栏板的 DE、EF。

作图过程如 8-8(b)所示。

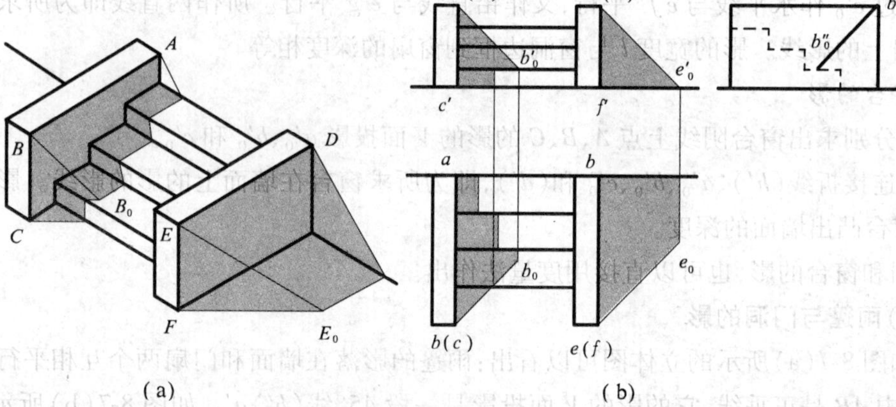

图 8-8 台阶的影

(1)由于左栏板阴影线的影落在步级的踏面、踢面等,因此具有多承影面。其求解关键是点 B 的影 B_0,可由侧面投影中求出 b''_0,从 b''_0 的位置可以判断影 B_0 落在第一级的踏面上,然后根据投影特性求得 b_0、b'_0。至于阴线 BC、BA 的影,可分别求出其折影点后连线而成,也可根据 BC、BA 与台阶的踏面、踢面的平行、垂直关系求解。

(2)右栏板阴线的影落在地面和墙面两个承影面上,同样先求出 E 的影 E_0,然后求阴线 EF、ED 的影。由于承影面少,其作图过程显得比求左栏板的影要简单。

第三节 透视投影的基本知识

一、透视投影的形成

当我们站在公路上向远处眺望时,就会看到一个很明显的特点,就是公路旁的建筑物上原本等长的墙面、公路上原本等宽的路面以及公路边原本等高的电杆,变得近宽远窄或近大远小,如图 8-9 所示。这是一种透视现象,是人类视觉印象的特征。

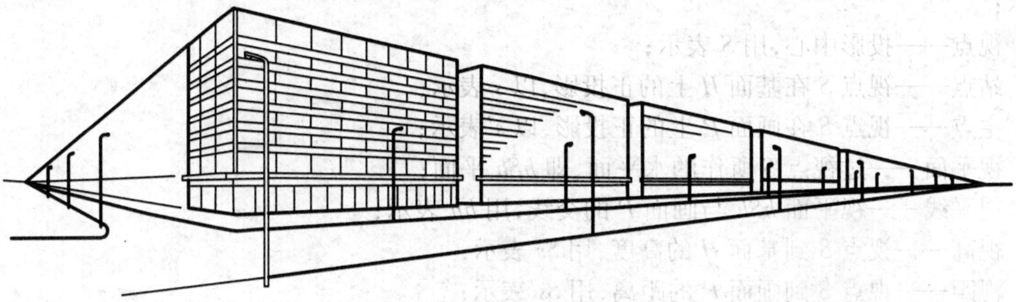

图 8-9 透视投影的特征

透视投影是用中心投影法将物体投射在单一投影面上所得到的具有立体感的图形,也称透视图,简称透视。如图 8-10 所示,从投射中心 S(相当于人的眼睛)发出视线,透过一个画面 P 与物体轮廓各点相连,视线与画面的交点所组成的图形就成了透视图。图中所示是某大楼的透视图,它逼真地反映了这座建筑物庄重、雄伟的外貌,使观者看图如目睹实物一样。由于透视图是符合人的视觉印象的真实图画,在建筑设计过程中,常常需要绘制建筑物的透视图,用于研究建筑物的空间造型和立面处理;在道路工程中,也常利用透视图进行选线规划。此外,透视图也被广泛地应用于工业设计、艺术造型和广告展览等方面。

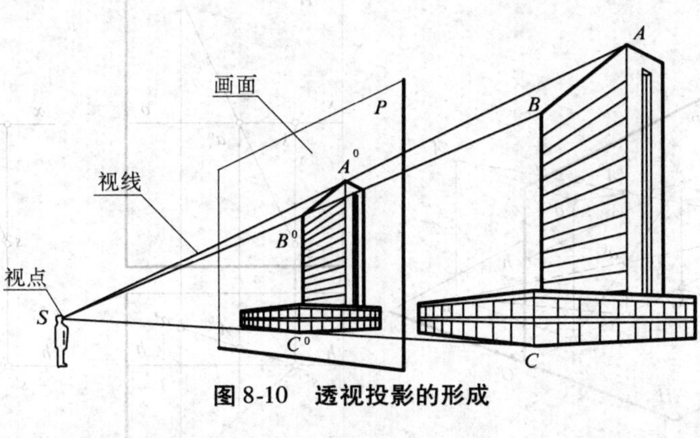

图 8-10 透视投影的形成

透视图和轴测图一样,都是一种单面投影,即用一个投影面表达物体的立体图。不同之处在于,轴测图是用平行投影法画出,透视图则是用中心投影法画出。透视图的立体感比轴测图强,但作图较烦琐,度量性差。透视图和轴测图在工程中一般只作为辅助图样。

二、透视投影中的常用术语

在透视投影中，常用到一些专用的术语，弄清它们的确切含义将有助于进一步学习透视作图。如图 8-11 所示，透视投影中的常用术语如下：

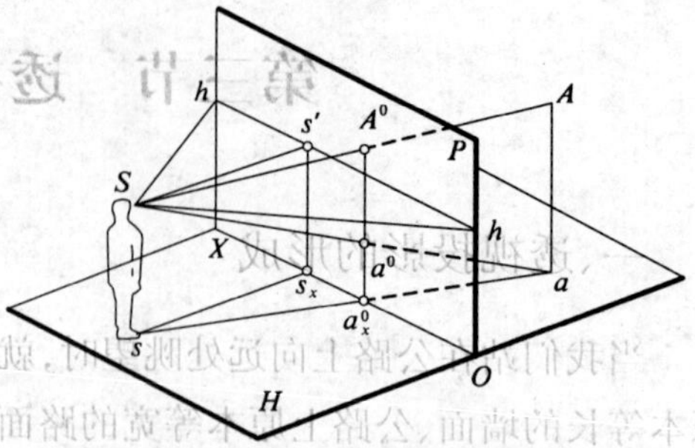

图 8-11　透视投影中的常用术语

基面——建筑物所在的地平面，用 H 表示；

画面——绘制透视图的投影面，常用垂直于地面的平面做画面，用 P 表示；

基线——基面 H 与画面 P 的交线，用 OX 表示；

视点——投影中心，用 S 表示；

站点——视点 S 在基面 H 上的正投影，以 s 表示；

主点——视点 S 在画面 P 上的正投影，以 s'表示；

视平面——过视点 S 所作的水平面，即 hSh 平面；

视平线——视平面 hSh 与画面 P 的交线，用 hh 表示；

视高——视点 S 到基面 H 的高度，用 Ss 表示；

视距——视点 S 到画面 P 的距离，用 Ss'表示；

视线——通过视点的投影线，如视点 S 与空间点 A 的连线 SA。

此外，视线 SA 与画面 P 的交点 A^0，就是空间点 A 的透视。点 a 是空间点 A 的基面 H 上的正投影，称为点 A 的基点。基点 a 的透视 a^0，称为点 A 的基透视。

三、点的透视

求连接空间点和视点的视线与画面的交点的作法，称为视线交点法。求出空间物体上各点透视后，连接这些交点即得物体的透视，故视线交点法是作透视图的基本作法。如图 8-12(a)所示，已知空间点 A 的正投影(a',a)、视点 S 的正投影(s'、s)、画面 P 和基面 H，求

(a)　(b)　(c)

图 8-12　视线交点法作点的透视和基透视

点 A 的透视和基透视(A^0、a^0),作图步骤如下:

(1)作视线 SA,即在画面上连 $s'a'$、$s'a'_x$(视线 SA、Sa 在画面 P 上的投影),在基面 H 上连 sa(视线 SA、Sa 在基面上的投影)。

(2)求视线 SA、Sa 与画面的交点 A^0、a^0。求出基面上 sa 与基线 OX 的交点 a_x^0。过点 a_x^0 引铅垂线,与 $SA(s'a',s'a'_x)$ 的交点 A^0、a^0 即为点 A 的透视与基透视。

具体作图时,为使图形清晰起见,投影面展开时,通常把基面 H 和画面 P 分开放置在一个平面上,基面 H 可以画在画面 P 的正上方或正下方,习惯上把基面放于正上方,画面放在正下方,左右对齐,使 s' 与 s、a' 与 a 符合正投影规律,如图 8-12(b)所示。由于投影面(P、H)边框线与作图无关,故可省略不画,如图 8-12(c)所示。图中 ox 线表示画面 P 在基面 H 上的水平投影,$o'x'$ 线表示基面 H 在画面上的投影。

四、透视图的分类

建筑物具有长、宽、高三组主方向的棱线。与主方向棱线平行的视线和画面的交点,称为主向灭点。随着建筑物与画面相对位置的不同,主向灭点的数量也有所不同。建筑透视图以主向灭点的多少来分类。在图 8-13(a)中,物体只有宽度方向的直线与画面相交,有一个灭点,即主点 s',所得的透视称为一点透视,也称平行透视;在图 8-13(b)中,物体长、宽两个主向直线与画面相交,有两个灭点 F_1、F_2,所得的透视称为两点透视,也称成角透视。在图 8-13(c)中,画面倾斜于基面,物体上三主向直线都与画面相交,有三个灭点 F_1、F_2、F_3,所得的透视就称为三点透视,也称斜透视。图 8-14 为长方体的一点透视、两点透视和三点透视的三种透视图形,本章只介绍前两种透视的画法。

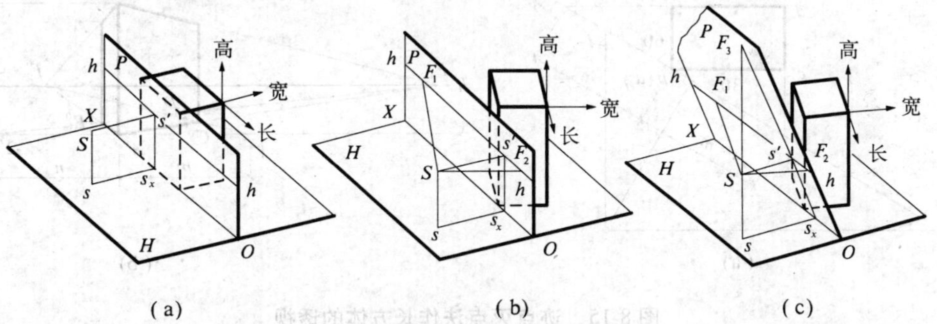

图 8-13 透视的分类

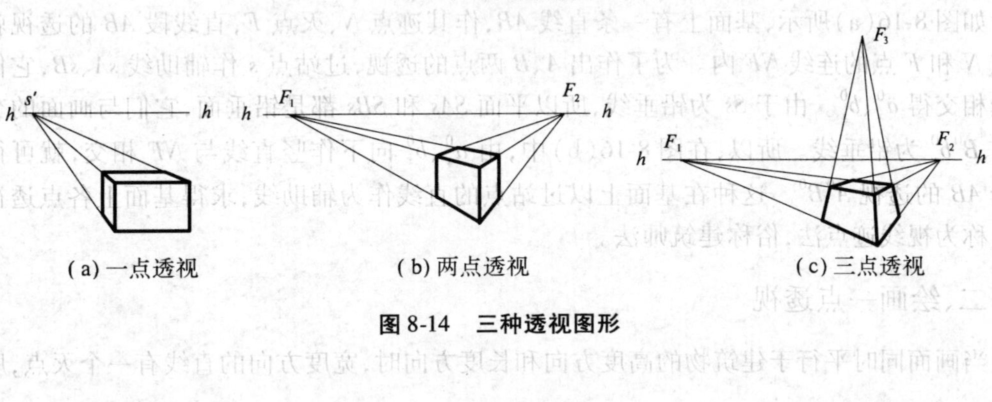

(a)一点透视 (b)两点透视 (c)三点透视

图 8-14 三种透视图形

第四节　透视图的画法

一、绘制透视图的基本方法

（一）迹点灭点法

在图8-15(a)中有一长方体的正投影图。设视高为 H。为便于作图，使画面经过长方体的一条棱线 AB，并使其正面和侧面与画面的夹角分别为30°和60°。过站点作长方体两主向直线的平行线，得灭点的投影 f_1 和 f_2。将长方体底面边线 dc 和 de 延长至画面上，得到两个迹点1和2。由此量得三个迹点间的距离为 m、n。

在图8-15(b)中，先根据高度 H 确定基线 $o'x'$ 和视平线 hh，再根据图8-15(a)中 ox 线上各点的相对位置，确定灭点 F_1、F_2 和三个迹点的位置 $1'$、A^0、$2'$。由这三个迹点与相应的灭点相连，就得到长方体的基透视 $A^0C^0D^0E^0$，即长方体的透视平面图。过迹点 A^0 作高为 L 的真高线 A^0B^0，连 B^0F_1、B^0F_2，它们与过 C^0、E^0 两点的竖直线相交，得到长方体的透视。这种利用直线的迹点和灭点来作出形体透视的方法，就称为迹点灭点法。

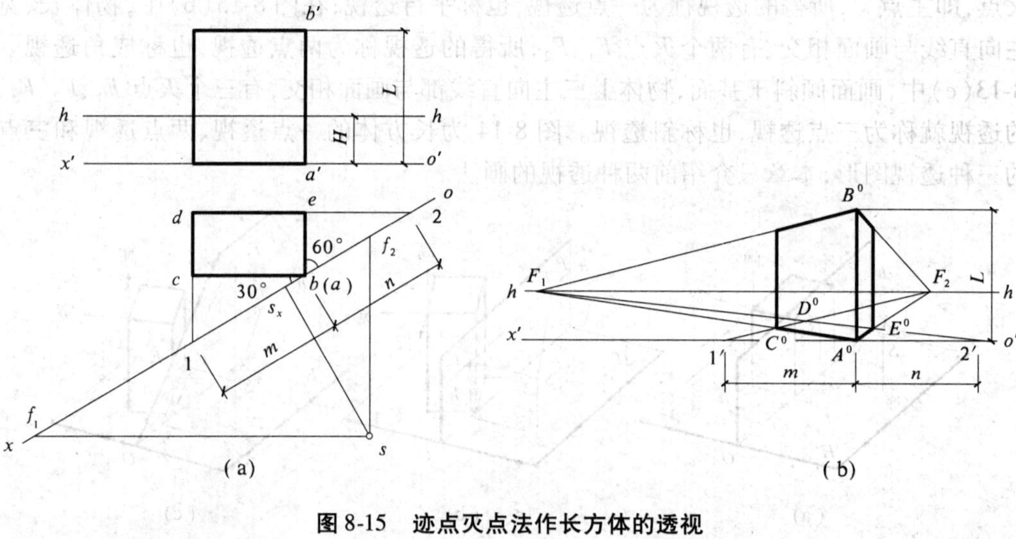

图8-15　迹点灭点法作长方体的透视

（二）视线迹点法

如图8-16(a)所示，基面上有一条直线 AB，作其迹点 N、灭点 F，直线段 AB 的透视就包含在 N 和 F 点的连线 NF 内。为了作出 A、B 两点的透视，过站点 s 作辅助线 sA、sB，它们与基线相交得 a_x^0、b_x^0。由于 Ss 为铅垂线，所以平面 SAs 和 SBs 都是铅垂面，它们与画面的交线 $A^0a_x^0$、$B^0b_x^0$ 为铅垂线。所以，在图8-16(b)中，由 a_x^0、b_x^0 向下作竖直线与 NF 相交，就可得出直线 AB 的透视 A^0B^0。这种在基面上以过站点的直线作为辅助线，求得基面上各点透视的方法称为视线迹点法，俗称建筑师法。

二、绘画一点透视

当画面同时平行于建筑物的高度方向和长度方向时，宽度方向的直线有一个灭点，所得

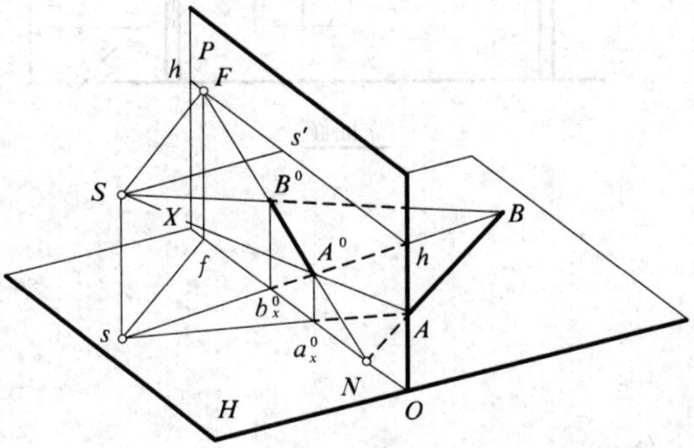

(a)

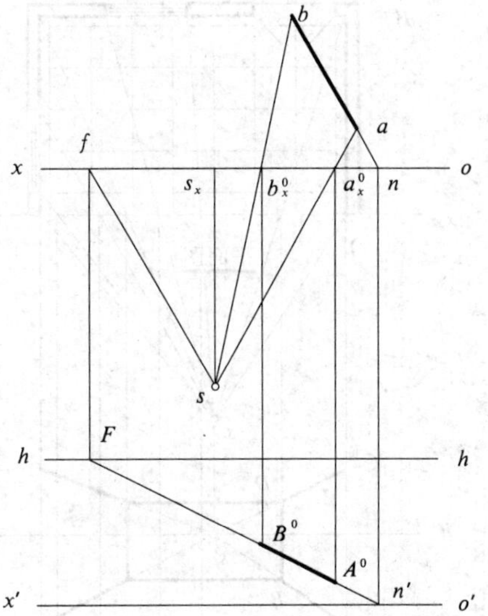

(b)

图 8-16　视线迹点法作直线的透视

的透视称为一点透视。由于一点透视可以同时看到观看者前面和左右侧面的情况，一般用于画室内装饰、庭园、长廊和街景等。

【例 8-1】　如图 8-17 所示，已知门厅的平面图和立面图，求作室内一点透视图。

建筑图中的平面图为建筑物的 H 投影，立面图则为 V 投影。图 8-17 将作图过程分成四个步骤，具体如下：

(1)布局。画面平行于正墙面，视角一般取 60°～80°。站点可稍偏于一侧，使构图不至于因太正而显得呆板。视点高度一般取人眼平均高 1.6 m 左右。画好视平线后，求宽度方向的灭点 F。由于宽度方向垂直于画面，所以主点 s'就是所求灭点 F，它必在视平线 hh 上。

(2)作墙脚线等的透视。左侧墙脚线 AB 和墙顶线 CD，分别与画面交于 A^0 和 C^0，即画面交点。它们的透视方向分别是 A^0s' 和 C^0s'。用视线迹点法即可求得墙脚线 BD 的透视 B^0D^0。用同样的方法作出右墙的透视。最后连接正墙的墙脚线和墙顶线。必须注意，由于它们在空间是平行于画面的水平线，它们的透视仍然是水平线。

(3)作门窗洞的透视。作正墙面的窗洞时，假想把窗洞向右侧延伸至与墙面相接，利用墙面与画面的交线反映真实高度的特性，先确定窗台和窗顶在墙面与画面交线上的高度点 M^0、N^0，再连接灭点得 M^0s'、N^0s'，与墙脚线的交点 1^0、2^0 就是窗台和窗顶的透视高度点。

(4)作门窗洞与地板的分隔线透视，完成全图。

值得一提的是，如果还需画家具，则按先画其外框，再画细部的步骤进行。

【例 8-2】　如图 8-18 所示，已知台阶的 H、V 面投影，求作台阶的一点透视图。

使台阶的前立面在画面上，确定站点 s，并根据台阶立面图高度定出基线 $O'x'$和视平线 hh 的位置。

因为台阶的前立面在画面上，故其透视与前立面重合。将立面图上的各点与主点 s'相连，即为踏步上所有与画面垂直的棱线的全长透视。

利用视线迹点法按顺序画出台阶踏步各踏面和踢面的透视。由于踏步前后立面均为画

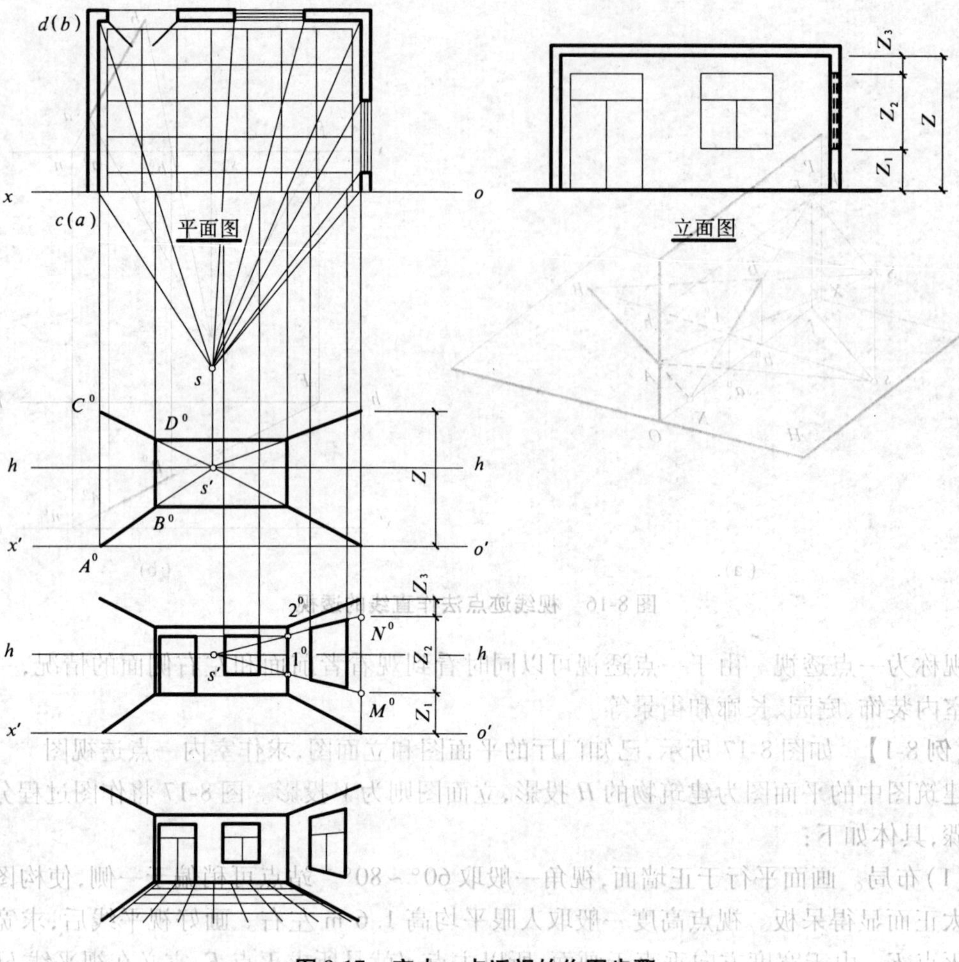

图 8-17　室内一点透视的作图步骤

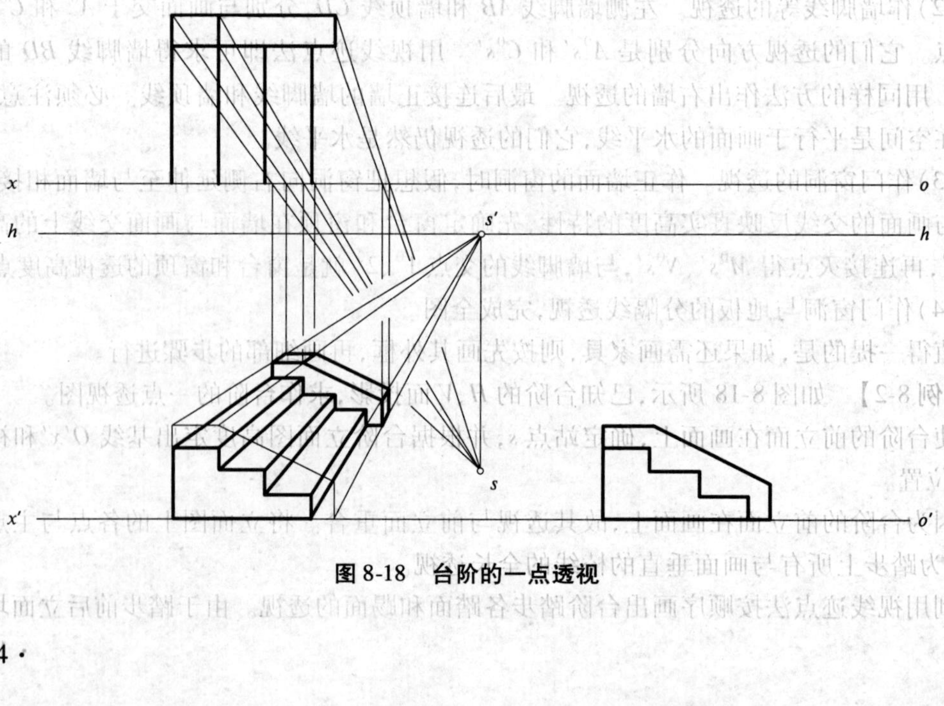

图 8-18　台阶的一点透视

面平行面，故踏步前后立面的透视为相似图形。

台阶侧板的透视，可用同样的方法画出。透视图上看得见的轮廓线用粗实线画出，看不见的轮廓线不必画出。

三、两点透视的画法

当画面仅平行于建筑物的高度方向时，长度方向和宽度方向的直线各有一个灭点，所得的透视称为两点透视。两点透视符合人们平时观察物体时的视觉印象，透视效果真实自然，广泛应用于表达单体建筑物，是常用的一种透视图。

【例 8-3】 绘画如图 8-19(a)所示两坡顶房屋的两点透视。

该房屋轮廓由下方长方体和上方人字坡屋面组成，作图的方法和步骤如下：

(1)布局。着手画一个建筑物的透视时，首先要进行合理的布局，如图 8-19(b)所示。铅垂的画面 P 习惯上与长方体的一根侧棱（建筑物的墙脚线）接触，并且与长方体的正立面成 30°左右的夹角。

确定视平线。实际上，也就是确定视点的高度，一般视平线的高度取 1.6 m 左右，在画面上以与建筑图同样的比例画出，如图 8-19(b)中的 hh。

确定视角。对于两点透视，一般视角取 30°左右，而且主视线应大致是视角的分角线，如图 8-19(b)所示，这样所画出的透视图效果较好。

(2)求水平线的灭点。长方体共有四条平行于长度方向的水平线 AB、ab、CD、cd，见图 8-19(c)。如前所述，它们的透视的延长线必相交于一个灭点 F_1。如果先把灭点 F_1 求出，作图就非常方便了。由此，在透视图上过站点 s 引直线平行于建筑物的长度方向，即 $sf_1 /\!/ ab$，与 ox 轴相交于 f_1，得灭点的水平投影。过 f_1 引铅直线与画面 P 上的视平线 hh 相交，即得灭点 F_1。用同样的方法可求出宽度方向的灭点 F_2。

(3)绘画房屋下方长方体的透视。用迹点灭点法作长方体的透视，见图 8-19(c)。作图方法可参阅图 8-15，这里不再重述。其中长方体的侧棱 Aa 与画面重合，因而它的透视 A^0a^0 等于真高 Z_1。

在确定竖高度的同时，作出 AB 和 AC 的透视 A^0B^0 和 A^0C^0。长方体背后其他线条都看不见，不必画出。

(4)作屋檐线的透视。如图 8-19(d)所示，由于布局时已设置画面与墙脚接触，因此前屋檐线就有一段 GM 凸出画面。作图时可如前所述，先求屋檐线的水平投影 ge 的透视，然后由竖高度求出 GE。不难看出，与墙脚线 Aa 一样，直线 Mm 也位于画面上，可直接从点 m^0 截取檐口高度 Z_2，求得点 M 的透视 M^0。然后连 M^0F_1，就是前屋檐线的透视方向，最后用视线迹点法求出两端点 G 和 E 的透视，即得 G^0E^0。

(5)作屋脊线的透视。屋脊线 IJ 也是平行于长度方向的水平线，它与画面没有现成的交点。作图时，先将屋脊线延长，与画面相交于点 N，见图 8-19(e)。点 N 的水平投影 n，就是 IJ 的水平投影 ij 延长后与 ox 轴的交点。作图时，先延长 ij 交 ox 轴得 n，过 n 引竖直连线交 $o'x'$ 于 n^0，从 n^0 起在竖直线上量取 N^0n 等于屋脊高度 Z_3，得屋脊的画面交点 N^0。连 N^0F_1 就是屋脊线的透视方向。最后用视线迹点法求出两端点 I 和 J 的透视，即得屋脊线的透视 I^0J^0。

(6)作人字屋檐线的透视。求出前屋檐和屋脊的透视之后，只要分别连接 J^0G^0 和 I^0E^0，

②连 M^0F_2 与 m^0F_2 相交得 C^0、c^0，a^0F_1 与 m^0F_2 相交得 D^0。

(4)求门洞的透视：

①连 F_1a'即得地平线(墙面与地面的交线)；

②连 $n'F_2$、$r'F_2$ 与 F_1a'相交得 e^0、g^0，过 e^0、g^0 竖高度与 a^0F_1 相交得门洞的透视高度 E^0e^0、G^0g^0，再连 $t'F_1$ 与 $n'F_2$ 相交得 f^0；

③由于雨篷底面与门洞顶面在同一水平面上，所以连 E^0F_2 与过 f^0的铅垂线相交得F^0，再连 F^0F_1，并延长到与 G^0g^0 相交止。至此门洞的透视全部作完。

在工程实践中，往往需要根据小比例的建筑平面图和立面图，在画面上画出放大几倍后的透视图。如图 8-21(a)所示的设计图的比例为 1:100，现要求按设计图放大一倍($n=2$)，即按比例为 1:50 绘制两点透视。绘画透视图时，确定画面基点 a'后，定墙脚线点 b'时，只要

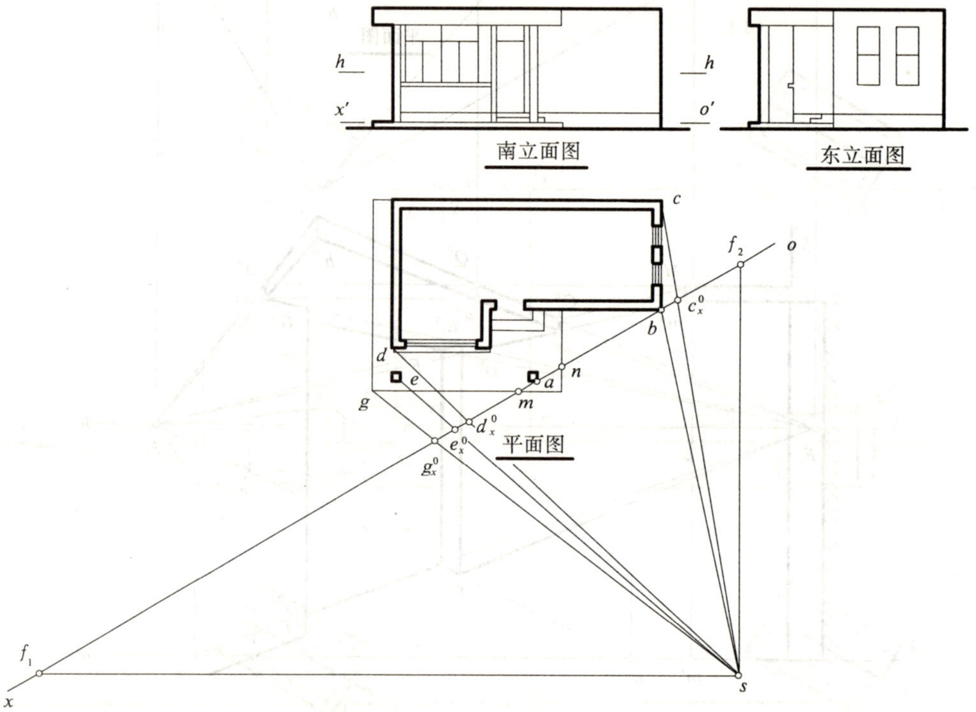

(a) 已知房屋的平面图与立面图，定站点，求灭点与迹点

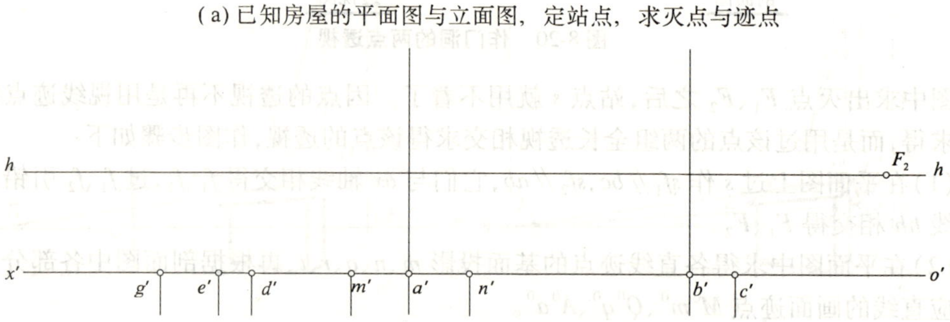

(b) 定画面，按相应倍数确定真高线及各迹点

图 8-21　放大绘画建筑物透视图步骤

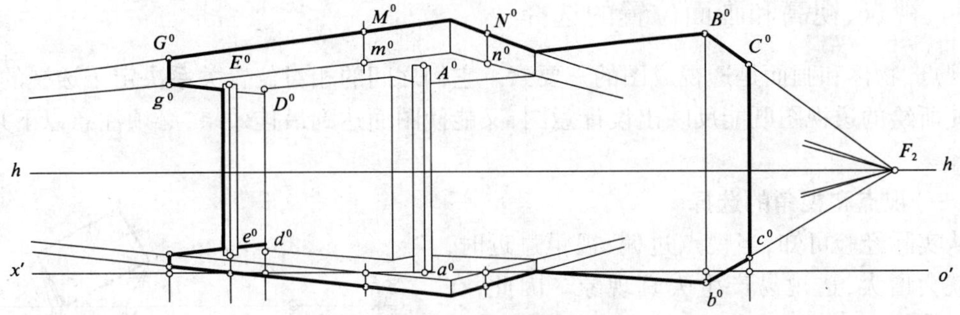

(c) 定房屋轮廓线

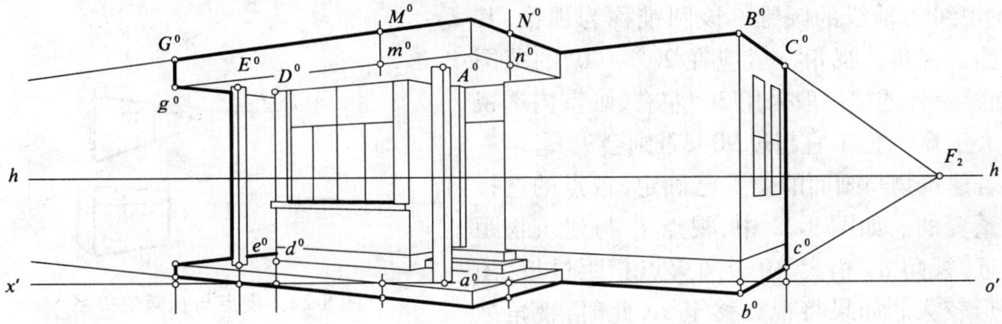

(d) 作门窗与台阶等细部

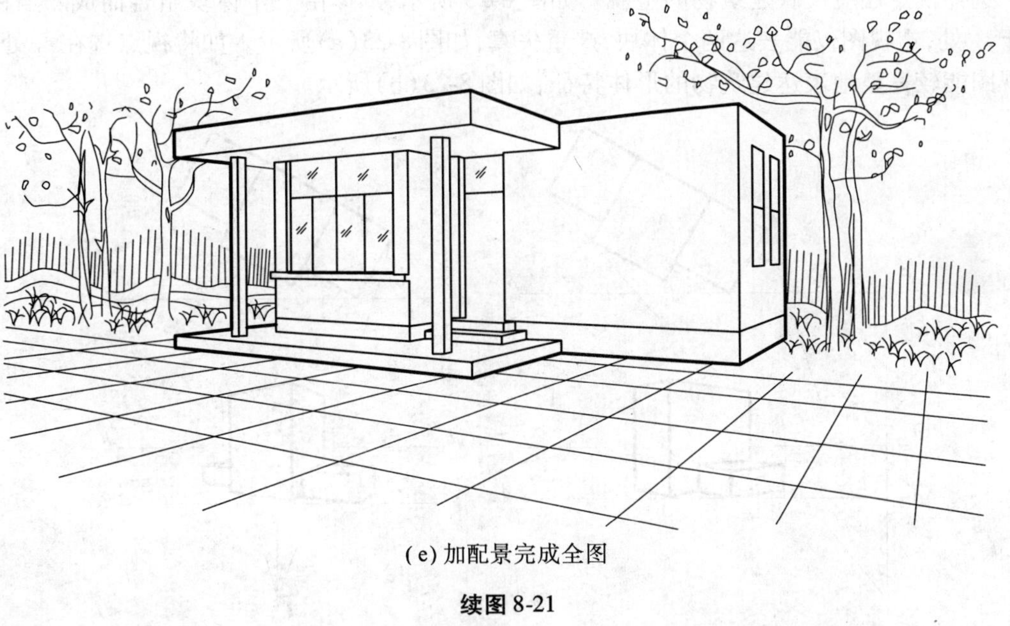

(e) 加配景完成全图

续图 8-21

使 $a'b'=2ab$ 即可，其他点的确定以此类推，如 $a'c'=2ac$、$a'd'=2ad$ 等。必须注意的是，视平线和各部分的真高线也应放大同样的倍数。详细作图过程如图 8-21 所示。

四、视点、视高和画面位置的选择

视点、物体和画面是透视成图的三要素。它们之间的相对位置关系决定了透视的形象。为了使所绘的透视图既能反映出设计意图，又能使图面达到最佳效果，必须注意以下几方面的选择。

（一）视点和视角的选择

从实际经验可知，当视点过偏、视距过近时，视角就会增大，透视易产生失真现象。因此，在绘画形体的透视图时，视线应在一定范围内才感到舒适，这个范围可近似地作为一个以视点为顶点、主视线为轴线的圆锥。该圆锥称为视锥，其顶角称为视角。视角一般应在 20°～90°的范围内，而绘室外透视一般采用 30°左右，画室内透视可略大于 60°，但不宜超过 90°，否则会失真。

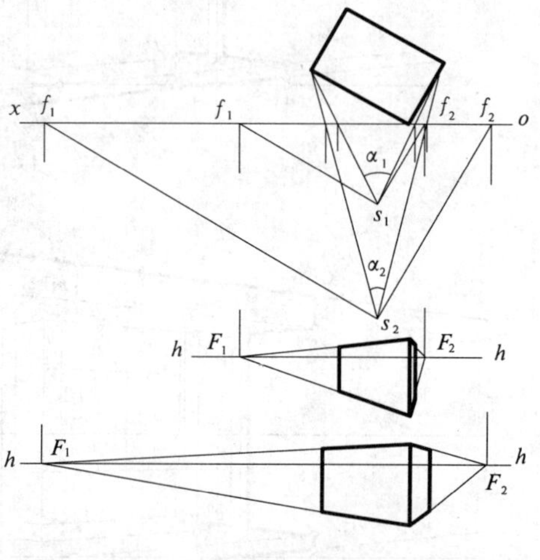

图 8-22　视点与视角的关系

若建筑物与画面的位置已确定，视点的选择是很重要的。如图 8-22 中，视点 s_1 与建筑物距离较近，视角 α_1 稍大，由于两灭点相距过近，图像变形较大。如果将视点移至 s_2，此时，视角减小，两灭点相距较远，图像看起来较开阔舒展。可见，视角的大小，对透视形象的影响甚大。

选择视点还应反映建筑物的全貌。如图 8-23 所示，形体由三个体块组合而成。当视点位于 s_1 处，透视图仅能表达两个体块，严重失真，如图 8-23(a)所示。如将视点选在 s_2 处，则透视图能较完整地表达建筑物的形体特征，如图 8-23(b)所示。

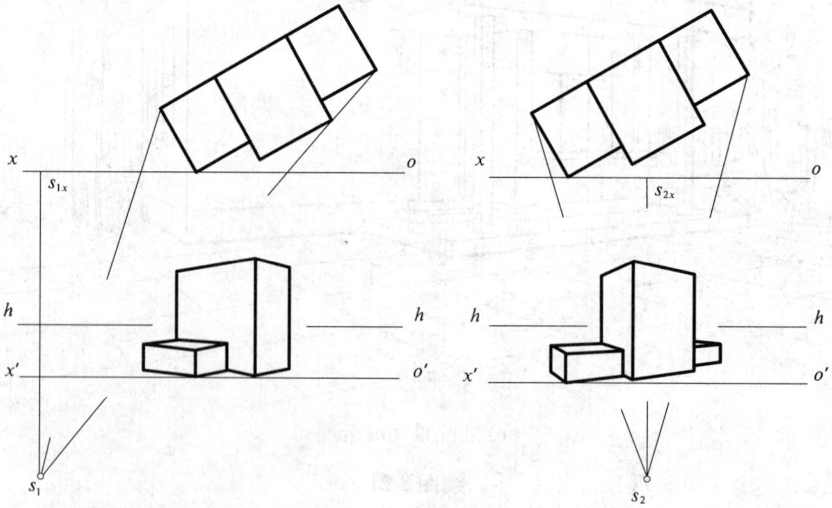

图 8-23　选择视点应反映建筑物的全貌

（二）视高的选择

视高的选择就是指确定视平线高度，在室外透视中，通常按一般人的眼睛到地面的高度来作视高，约1.6 m。具体作图时应根据建筑物的性质、用途来决定视平线的高低，如绘制纪念碑透视图时视平线应低，以显示它的高大雄伟；绘建筑群的鸟瞰透视时视平线应高，以看得广阔，尽可能反映全貌；对平房则视平线可选择低接近于地面，或高接近于檐口线，切忌选在房屋高的正中，以避免呆板，对于绘高层建筑外形透视，视平线可提高到二层门窗洞之间。尽量减少透视图产生失真。

如图 8-24 所示，同样表达一幢建筑物，由于视高不同，其透视效果就不一样。升高视点可获得俯视的效果，给人以舒展、开阔、居高临下的远视感觉；降低视点可获得仰视的效果，它可使所绘物体的图形给人以高耸、雄伟、挺拔的感觉。

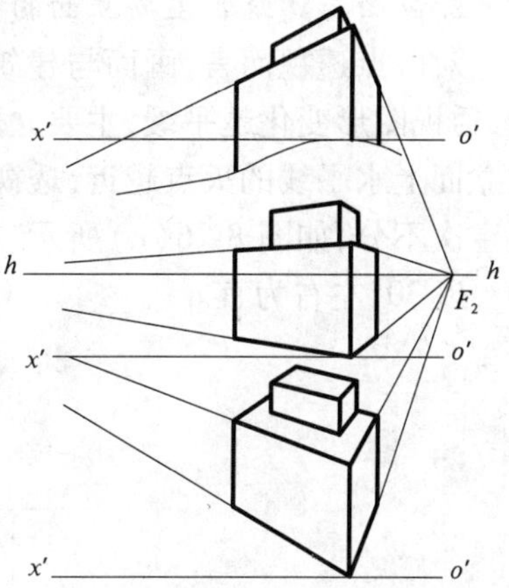

图 8-24　视高不同的不同透视效果

（三）画面位置的选择

1. 画面与建筑物前后位置的变化

画建筑物的一点透视时，为了作图方便，通常将画面与建筑物的主要立面重合。在视点位置不变时，前后平移画面，所得的透视图形状不变，而大小发生变化。

画建筑物的两点透视时，如果视点与建筑物的相对位置不变，仅使画面前后移动，则所得透视图形状相似，但大小不同。当画面在建筑物之前时，所得的透视为缩小透视，如图 8-25(a)所示；当画面位于建筑物之后时，所得的透视为放大透视，如图 8-25(c)所示；一般常使建筑物一角位于画面上，便于反映真高，以利于作图，如图8-25(b)所示。

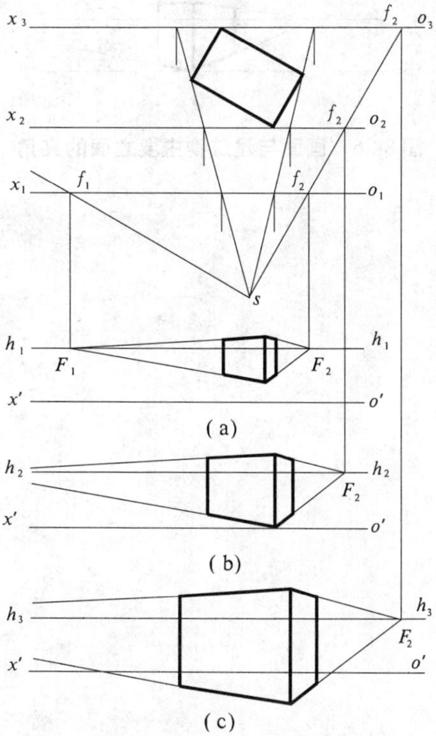

图 8-25　画面与建筑物的前后位置

2. 画面与建筑物主要立面的夹角

对两点透视而言，画面与建筑物主要立面之间的夹角越小，该立面上水平线的灭点越远，透视图形变化越平缓，主要立面的透视轮廓越宽阔，如图 8-26(a)所示；反之，夹角越大，主立面上水平线的灭点越近，透视图形变化越急剧，主立面的透视轮廓越窄小，甚至与侧立面主次不分，如图 8-26(c)所示。因而，一般选择画面与建筑物主要立面的夹角为 20°～40°，以 30°左右为宜。

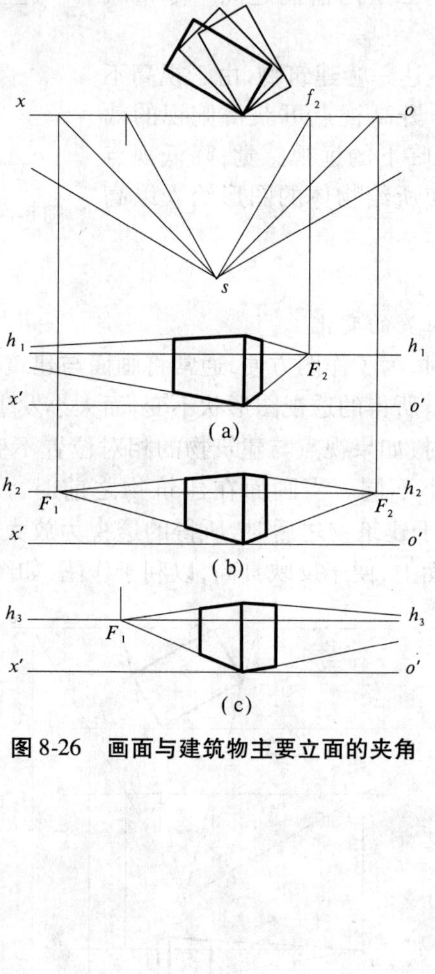

图 8-26　画面与建筑物主要立面的夹角

知识链接八

《营造法式》

——中国古代留存最早、最完备的建筑学专著

北宋建国后百余年间，大兴土木，由将作监编写的建筑营造方面的《元祐法式》于宋元祐六年(1091 年)颁行，但因"元祐营造法式只有两状，别无变造用材制度，其间工料太宽，关防无术"。绍圣四年(1097 年)，敕令李诫重新编修，并与崇宁二年(1103 年)成书，刊行全国，即《营造法式》。

李诫，字明仲，管城人(今河南郑州)，以父荫进入仕途，长期在将作监任职(负责营造建筑事物的长官)，毕生 16 次提升，多是由于工程实绩。他经手的工程有王府、辟雍、太庙、龙德宫、开封府署、军营等大型建筑工程。他的突出贡献在于以工程经验为基础，参阅大量文献和旧有规章制度，并收集各种工匠的技术经验编修《营造法式》。

《营造法式》全书共五部分。第一部分释名，对 48 种建筑物和构件的名词术语进行解释；第二部分制度，列举各种工程的制度，包括壕作、石作、大木作、小木作、雕作、旋作、锯作、竹作、瓦作、泥作、彩画作、窑作等，类似于今天的建筑工程标准做法；第三部分功限，详细规定了各种工程和构件所需的劳动定额；第四部分料例，详细规定了各种工程和构件所需的材料规格和用料数量；第五部分图样，对各种木制构件、屋架、雕刻、彩画、装修等均附有详细图样。全书关于建筑设计施工、计算工料等各方面的记述相当完善，特别是详细说明了"材分制"(类似于今天建筑工程中的模数制)，具有较高的科学价值，在我国古代建筑史上起着承前启后的作用，是研究中国古代建筑的珍贵文献，被梁思成先生称为"中国建筑的文法"。

(王蕾　撰写)

第九章　建筑施工图

第一节　概　述

一、施工图的分类和编排顺序

施工图由于专业分工的不同,可分为建筑施工图、结构施工图和设备施工图。

一套简单的房屋施工图有几十张图纸,一套大型复杂的建筑物甚至有几百张图纸。为了便于看图,根据专业内容或作用的不同,一般将这些图纸进行排序。

(1)图纸目录:又称标题页或首页图,说明该套图纸有几类,各类图纸分别有几张,每张图纸的图号、图名、图幅大小;如采用标准图,应写出所使用标准图的名称,所在的标准图集和图号或页次。编制图纸目录的目的是为了便于查找图纸,图纸目录中应先列新绘制图纸,后列选用的标准图或重复利用的图纸。

(2)设计总说明(即首页):主要介绍工程概况、设计依据、设计范围及分工、施工及建造时应注意的事项。内容一般包括:本工程施工图设计的依据;本工程的建筑概况,如建筑名称、建设地点、建筑面积、建筑等级、建筑层数、人防工程等级、主要结构类型、抗震设防烈度等;本工程的相对标高与总图绝对标高的对应关系;有特殊要求的做法说明,如屏蔽、防火、防腐蚀、防爆、防辐射、防尘等;对采用新技术、新材料的做法说明;室内室外的用料说明,如砖强度等级、砂浆强度等级、墙身防潮层、地下室防水、屋面、勒脚、散水、室内外装修做法等。

(3)建筑施工图(简称建施):主要表示建筑物的总体布局、外部造型、内部布置、细部构造、内外装饰、固定设施和施工要求的图样。一般包括总平面图、建筑平面图、建筑立面图、建筑剖面图、门窗表和建筑详图等。

(4)结构施工图(简称结施):主要表示房屋的结构设计内容,如房屋承重构件的布置,构件的形状、大小、材料等。一般包括结构平面布置图和各构件详图等。

(5)设备施工图(简称设施):包括给水排水、采暖通风、电气照明等设备的布置平面图、系统图和详图。表示上、下水及暖气管道管线布置,卫生设备及通风设备等的布置,电气线路的走向和安装要求等。

二、标准图(集)

为了加快设计和施工速度,提高设计和施工的质量,将各种大量常用的建筑物及其构配件,按照国家标准规定的模数协调,根据不同的规格标准,设计编绘出成套的施工图,以供设计和施工时选用,这种图样称为标准图或通用图。将其装订成册即为标准图集或通用图集。

标准图(集)分为两个层次:一是国家标准图(集),经国家部、委批准,可以在全国范围内使用;第二是地方标准图(集),经各省、市、自治区有关部门批准,可以在相应地区范围内使用。

标准图有两种:一种是整幢建筑的标准设计(定型设计)图集;另一种是目前大量使用

的建筑构配件标准图集，以代号“G”（或“结”）表示建筑构件图集，以代号“J（或“建”）表示建筑配件图集。

三、阅读施工图的方法

施工图的绘制是前述各章投影理论和图示方法及有关专业知识的综合应用。阅读施工图，必须做到以下几点：

(1)掌握投影原理和形体的各种图样方法，熟识施工图中常用的图例、符号、线型、尺寸和比例的意义。

(2)观察和了解房屋的组成及其基本构造。

(3)熟悉有关的国家标准。

(4)阅读时，应先整体后局部，先文字说明后图样，先图形后尺寸。按目录顺序通读一遍，对工程对象的建设地点、周围环境、建筑物的大小及形状、结构形式和建筑关键部位等情况先有概括的了解。然后，不同工种的技术人员应根据不同要求，重点深入地看不同类别的图纸。阅读时注意各类图纸的联系及互相对照，避免发生矛盾而造成质量事故或经济损失。

四、施工图中常用的符号

（一）标高符号

标高是标注建筑物高度的一种尺寸形式。在施工图中，建筑某一部分的高度通常用标高符号来表示。标高符号应以直角等腰三角形表示，高度 3 mm，按图 9-1(a)所示形式用细实线绘制，如标注位置不够，也可按图 9-1(b)所示形式绘制。标高符号的具体画法如图 9-1(c)、(d)所示。

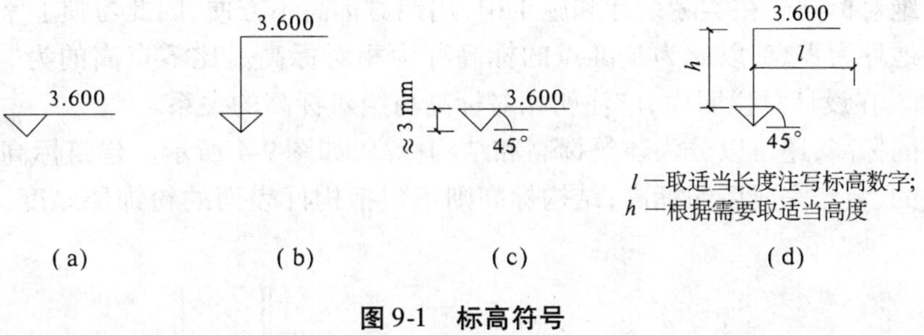

图 9-1　标高符号

在立面图和剖面图中，标高符号的尖端应指至被注高度的位置。尖端一般应向下，也可向上。应当注意：当标高符号在图形的外部时，在标高符号的尖端位置必须增加一条引出线指向所注写标高的位置；当标高符号在图形的内部直接指至被注高度的位置时，在标高符号的尖端位置就不必再增加一条引出线了，如图 9-2 所示。标高符号的尖端应指至被注高度的位置，尖端一般应向下，也可向上。在立面图和剖面图中，应注意当标高符号在图形的左侧时，标高数字按图中左侧方式注写，当标高符号位于图形右侧时，标高数字按图中右侧方式注写。在平面图中，标高符号的尖端位置没有引出线，如图 9-1(a)所示。

在总平面图中，室外地坪标高符号宜用涂黑的三角形表示，如图 9-3(a)所示，具体画法如图 9-3(b)所示。在图样的同一位置需表示几个不同标高时，标高数字应按图 9-3(c)的形式注写，注意括号外的数字是现有值，括号内的数值是替换值。

标高数字应以 m 为单位，注写到小数点以后第三位。在总平面图中，可注写到小数点

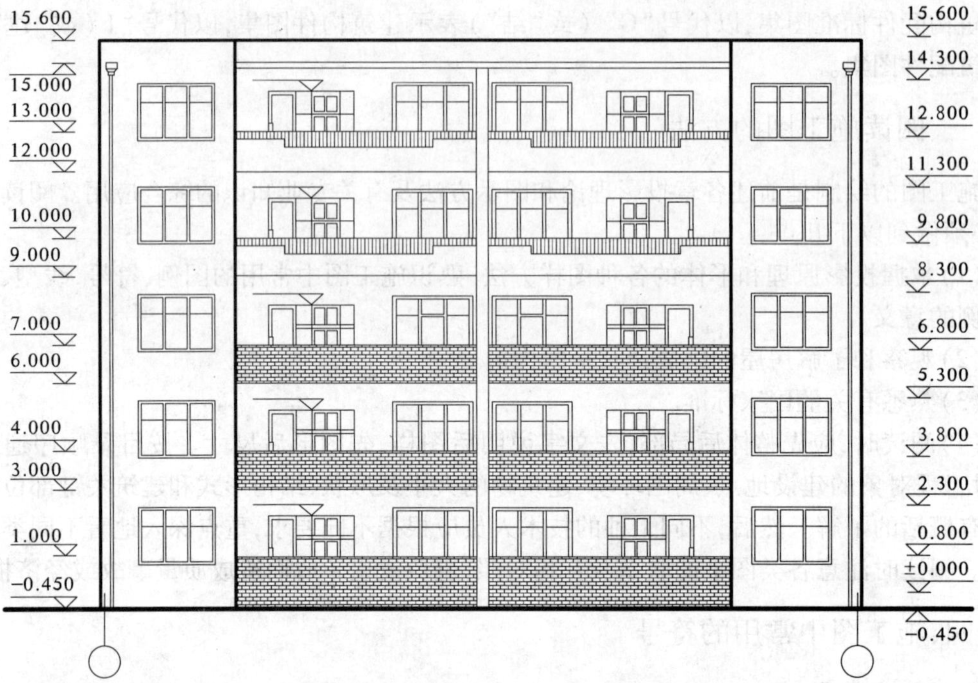

图 9-2　立面图和剖面图上标高符号注法

后第二位。零点标高应注写成 ± 0. 000，正数标高不注“ + ”，负数标高应注“ - ”，例如 3. 200、-0. 450。

标高有绝对标高和相对标高之分。以青岛附近的黄海平均海平面为零点，以此为基准的标高称为绝对标高。在实际设计和施工中，用绝对标高不方便，因此习惯上常以建筑物室内底层主要地坪为零点，以此为基准点的标高称为相对标高。比零点高的为“ + ”，比零点低的为“ - ”。在设计总说明中，应注明相对标高与绝对标高的关系。

建筑物的标高，还可以分为建筑标高和结构标高，如图 9-4 所示。建筑标高是构件包括粉饰层在内的、装修完成后的标高；结构标高则不包括构件表面的粉饰层厚度，是构件的毛面标高。

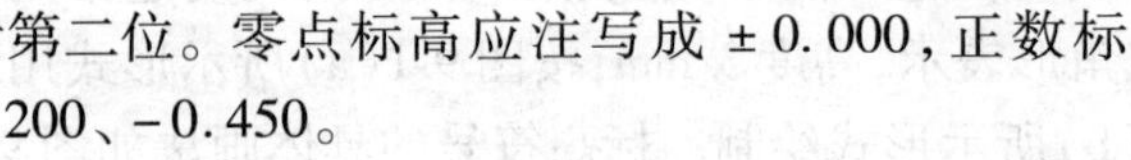

图 9-3　标高符号的几种形式

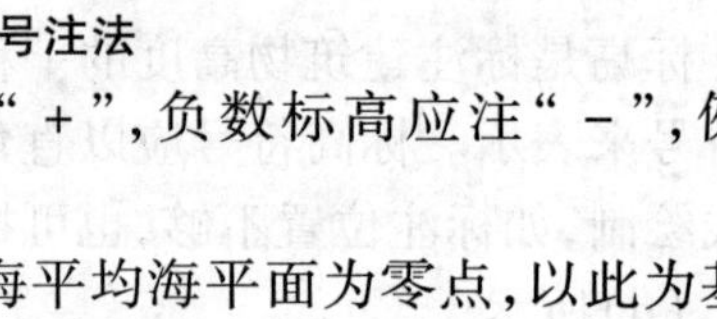

图 9-4　建筑标高与结构标高

第二节　总平面图

总平面图是将拟建工程四周一定范围内的新建、拟建、原有和拆除的建筑物、构筑物连同其周围的地形地物状况，用水平投影方法和相应的图例所画出的图样。它表明新建房屋的平面轮廓形状和层数、与原有建筑物的相对位置、周围环境、地貌地形、道路和绿化的布置等情况，是新建房屋及其他设施的施工定位，土方施工，施工总平面设计以及设计水、暖、电、燃气等管线总平面图的依据。

一、总平面图的图示内容及要求

（一）图示内容

（1）测量坐标网或建筑坐标网；

（2）新建筑的定位坐标（或相互关系尺寸）、名称（编号）、层数及室内外标高；

（3）相邻有关建筑、拆除建筑的位置或范围；

（4）指北针或风向频率玫瑰图；

（5）道路（或铁路）、明沟等的起点、变坡点、转折点、终点的标高与坡向箭头；

（6）附近的地形地物，如等高线、道路、水沟、河流、池塘、土坡等；

（7）用地范围内的绿化、公园等以及管道布置。

（二）风向频率玫瑰图

风向频率玫瑰图（简称风玫瑰图）用来表示该地区常年的风向频率和房屋的朝向。风玫瑰图是根据当地统计的各个方向多年平均吹风次数的百分数，按一定的比例绘制的，与风力无关。风的吹向是指从外吹向中心，有箭头的方向为北向。实线表示全年风向频率，虚线表示按6、7、8三个月统计的夏季风向频率。如图9-5所示。

（三）坐标注法

在大范围和复杂地形的总平面图中，为了保证施工放线正确，往往以坐标表示建筑物、道路和管线的位置。坐标有测量坐标与建筑坐标两种坐标系统，如图9-6所示。坐标网格应以细实线表示，一般应画成100 m×100 m或50 m×50 m的方格网。测量坐标网应画成交叉十字线，坐标代号宜用“X、Y”表示；建筑坐标网应画成网格通线，坐标代号宜用“A、B”表示。坐标值为负数时，应注“－”号，为正数时，“＋”号可省略。

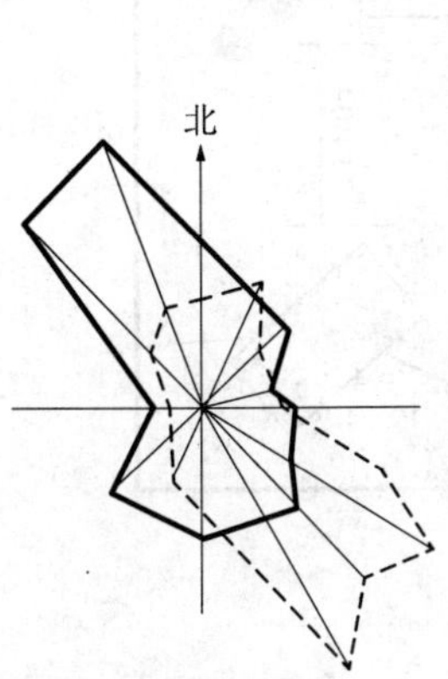

图9-5　风向频率玫瑰图

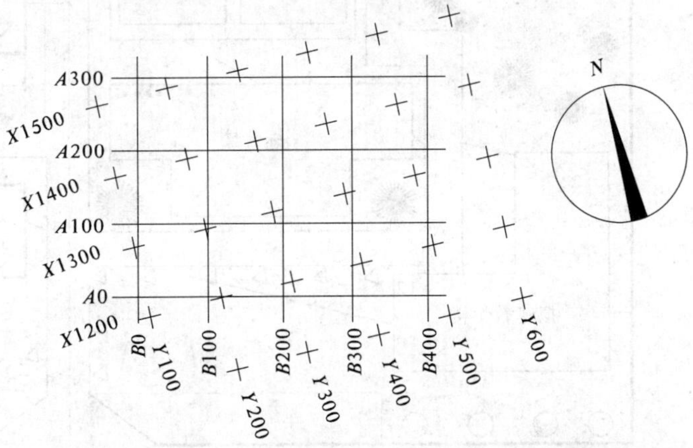

X—南北方向轴线，X的增量在X轴线上；Y—东西方向轴线，Y的增量在Y轴线上。A轴—相当于测量坐标网中的X轴；B轴—相当于测量坐标网中Y轴

图9-6　坐标网络

总平面图上有测量和建筑两种坐标系统时,应在附注中注明两种坐标系统的换算公式。表示建筑物、构筑物位置的坐标,宜注其三个角的坐标,如建筑物、构筑物与坐标轴线平行,可注其对角坐标。在一张图上,主要建筑物、构筑物用坐标定位,较小的建筑物、构筑物也可用相对尺寸定位。

(四)其他

应以含有 ±0.000 标高的平面作为总图平面,总图中标注的标高应为绝对标高,如标注相对标高,则应注明相对标高与绝对标高的换算关系。

当地形起伏较大时,常用等高线来表示地面的自然状态和起伏情况。

总图上的建筑物、构筑物应注写名称,名称宜直接标注在图上。当图样比例小或图面位置不够时,也可编号列表编注在图内。当图形过小时,可标注在图形外侧附近处。

二、识读总平面图示例

图 9-7 所示是某学校的总平面图,图样是按 1:500 的比例绘制的。它表明该学校在靠近公园池塘的围墙内,要新建两幢 4 层教师公寓。

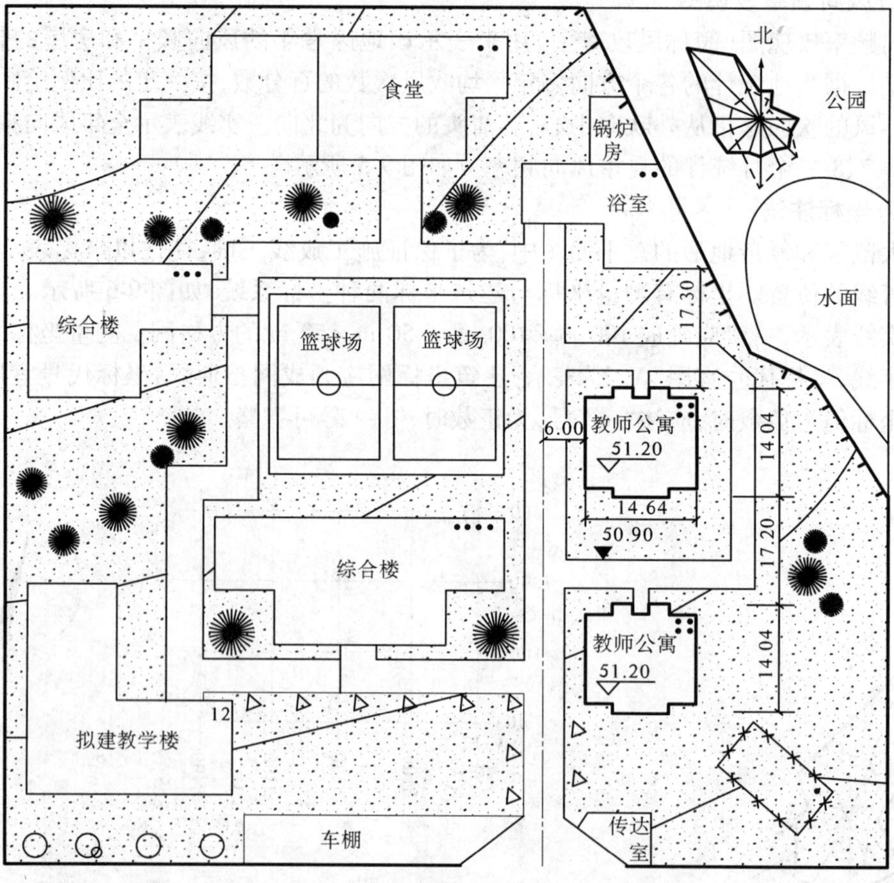

图 9-7　总平面图　(单位:m)

(一)明确新建教师公寓的位置、大小和朝向

新建教师公寓的位置是用定位尺寸表示的。北幢与浴室相距 17.30 m,与西侧道路中心线相距 6.00 m,两幢教师公寓相距 17.20 m。新建公寓均呈矩形,左右对称,东西向总长 14.64 m,南北向总宽 14.04 m,南北朝向。

(二)新建教师公寓周围的环境情况

从图 9-7 中可看出,该学校的地势是自西北向东南倾斜。学校的最北向是食堂,食堂南面有两个篮球场,篮球场的东面有锅炉房和浴室;篮球场的西面和南面各有一综合楼;在新建教师公寓东南角有一即将拆除的建筑物,该校的西南还有拟建的教学楼和道路;学校最南面有车棚和传达室,学校大门设在此处。

第三节　建筑平面图

一、概述

假想用一水平的剖切面沿门窗洞口的位置将房屋剖切后,对剖切面以下部分房屋所作出的水平剖面图,称为建筑平面图,简称平面图。它反映出房屋的平面形状、大小和房间的布置,墙(或柱)的位置、厚度和材料,门窗的类型和位置等情况。

平面图是建筑专业施工图中最主要、最基本的图纸,其他图纸(如立面图、剖面图及某些详图)多是以它为依据派生和深化而成的。建筑平面图也是其他工种(如结构、设备、装修)进行相关设计与制图的主要依据,其他工种(特别是结构与设备)对建筑的技术要求也主要在平面图中表示,如墙厚、柱子断面尺寸、管道竖井、留洞、地沟、地坑、明沟等。因此,平面图与建筑施工图其他图样相比,更为复杂,绘图也要求全面、准确、简明。

建筑平面图通常是以层数来命名的,若一幢多层房屋的各层平面布置都不相同,应画出各层的建筑平面图,并在每个图的下方注明相应的图名和比例。若各层的房间数量、大小和布置都相同时,至少要画三个平面图,即底层平面图、标准层平面图、顶层平面图(其中标准层平面图是指中间各层相同的楼层可用一个平面图表示,称为标准层平面图)。若建筑平面图左右对称,则习惯上也可将两层平面图合并画在同一个图上,左边画出一层的一半,右边画出另一层的一半,中间用对称线分界,在对称线两端画上对称符号,并在图的下方分别注明它们的图名。

平面较大的建筑物,可分区绘制平面图,但每张平面图均应绘制组合示意图,如图 9-8 所示。各区应分别用大写拉丁字母编号,在组合示意图中要提示的分区,应采用阴影线或填充的方式表示。

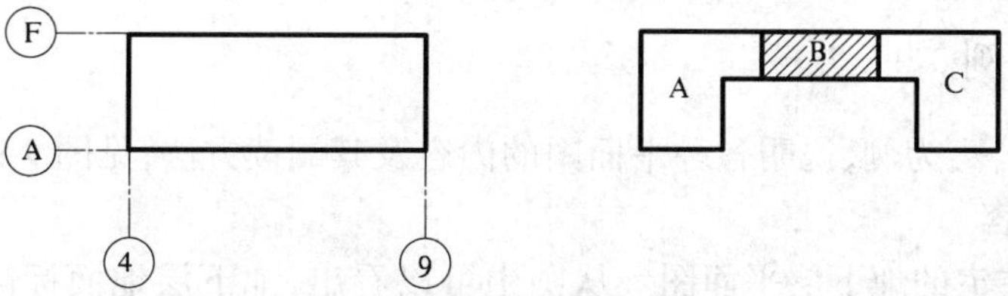

B区示意图　　　　组合示意

图 9-8　平面组合示意图

屋顶平面图是房屋顶部按俯视方向在水平投影面上所得到的正投影图,由于屋顶平面图比较简单,常常采用较小的比例(1∶200)绘制。在屋顶平面图中应详细表示有关定位轴线、屋顶的形状、女儿墙(或檐口)、天沟、变形缝、天窗、详图索引符号、分水线、上人孔、屋面、水箱、屋面的排水方向与坡度、雨水口的位置、检修梯、其他构筑物、标高等。此外,还应画出顶层平面图中未标明的顶层阳台雨篷、遮阳板等构件。

局部平面图可以用于表示两层或两层以上合用平面图中的局部不同处,也可以用来表示将平面图中某个局部以较大的比例另外画出,以便能较为清晰地表示出室内的一些固定设施的形状和标注它们的细部尺寸和定位尺寸。这些房屋的局部,主要是指:卫生间、厨房、楼梯间、高层建筑的核心筒、人防出入口、汽车库坡道等。

顶棚平面图宜用镜向投影法绘制。

二、建筑平面图的图示内容

(1)墙体、柱、墩、内外门窗位置及编号。

(2)注写房间的名称或编号。

(3)注写有关尺寸,建筑平面图标注的尺寸有三类:外部尺寸、内部尺寸及标高。

建筑平面图的外部尺寸共有三道尺寸,由外向内,第一道为总尺寸,表示房屋的总长、总宽;第二道为轴线尺寸,表示定位轴线之间的距离;第三道为细部尺寸,表示外部门窗洞口的宽度和定位尺寸。三道尺寸线之间应留有适当距离(一般为 7 ~ 10 mm,但第三道尺寸线应距图形最外轮廓线 15 ~ 20 mm),以便注写数字。

建筑平面图的内部尺寸表示内墙上门窗洞口和某些构配件的尺寸和定位。

建筑平面图常以一层主要房屋的室内地坪为零点(标记为 ±0.000),分别标注出各房间楼地面的相对标高。

(4)表示电梯、楼梯位置及楼梯上下方向、踏步数及主要尺寸。

(5)表示阳台、雨篷、窗台、通风道、烟道、管道井、雨水管、坡道、散水、排水沟、花池等位置及尺寸。

(6)表示固定的卫生器具、水池、工作台、橱柜、隔断等设施及重要设备位置。

(7)表示地下室、地坑、检查孔、墙上预留洞、高窗等位置与标高,如不可见,则应用细虚线画出。

(8)底层平面图中应画出剖面图的剖切符号,并在底层平面图附近画出指北针(注:指北针、剖切符号、散水、明沟、花池等在其他楼层平面图中不再重复画出)。

(9)标注有关部位上节点详图的索引符号。

(10)注写图名和比例。

三、读图示例

现以某教师公寓为例,说明各种平面图的内容及其阅读方法,见图 9-9 ~ 图 9-12。

(一)图示内容

图 9-9 是该住宅的地下层平面图。从图中可以看出,地下层地面标高为 -2.200,室外地面标高为 -2.500,说明地下层地面比室外地面高出 300 mm。

该层共有 6 个房间作为车库使用,在出口处都有坡道与室外地面相连,北面有 2 间储藏室,出口处都有室外台阶(2 个踏步)与室外地面相连,另有 2 间储藏室由单元入口进入。

楼梯间的开间为 2600 mm,所画出的那部分梯段是沿单元入口上到第一层地面的梯段。

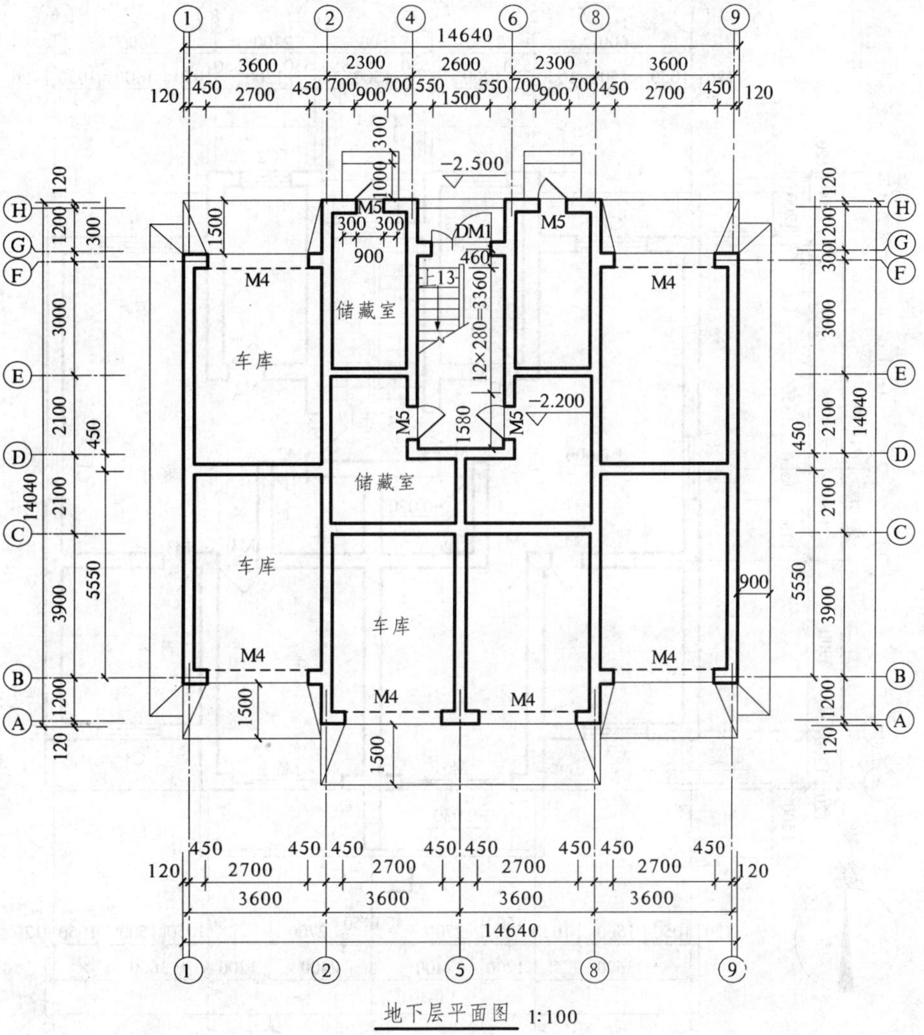

图 9-9　地下层平面图

该梯段共有 13 个踏步，12 个踏面，踏面宽度均为 280，尺寸标注为：$12 \times 280 = 3360$，说明了该梯段的长度为 3360 mm。

该住宅沿横向共有 9 条定位轴线，沿纵向共有 8 条定位轴线，住宅的最左与最右墙体的外侧，各有宽度为 900 mm 的散水，被前后的坡道打断。

地下层平面图中共有三种类型的门：M4、M5、DM1，宽度分别为 2700 mm、900 mm、1500 mm，其中 M4 是卷帘门，用虚线表示了卷帘的位置。

图 9-10 所示是该住宅的一层平面图。图的左下角画出了指北针表示该房屋的朝向，该住宅有一个单元，为一梯两户形式，每户的房间组成及大小都是一样的，两间卧室为南向，具有良好的朝向，其中的大卧室附带了一个外挑阳台；餐厅与厨房置于北向，客厅与餐厅之间是连通的，没有用墙体隔开。部分房间内还画出了主要的家具和设备等。

从图 9-10 中可以看出，该层室内主要房间的地面标高为 ±0.000，厨房、卫生间地面标高为 -0.020，这是由于厨房与卫生间的地面上经常有水存在，为防止水从厨房与卫生间内

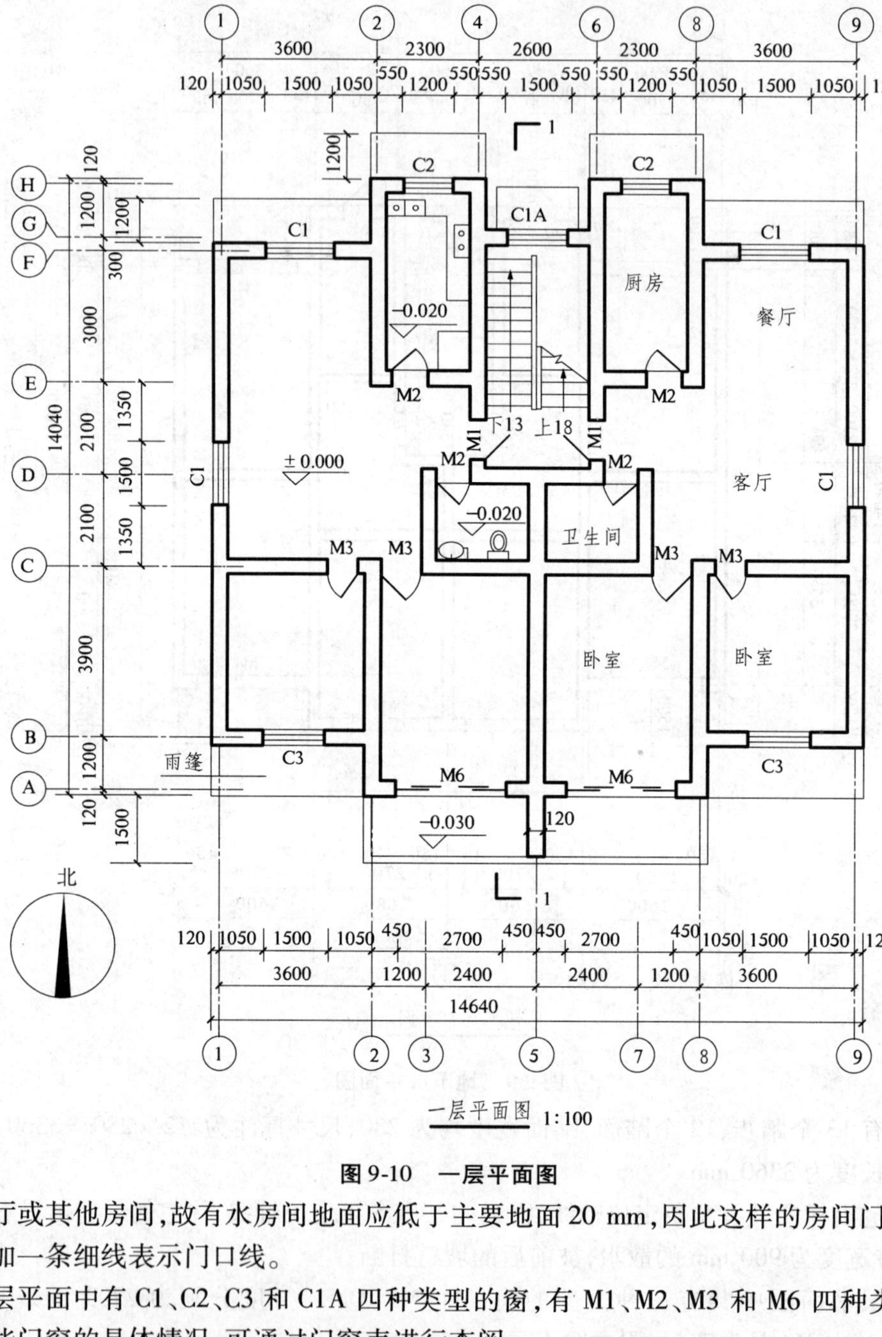

图 9-10　一层平面图

流入客厅或其他房间，故有水房间地面应低于主要地面 20 mm，因此这样的房间门在图样中都会增加一条细线表示门口线。

该层平面中有 C1、C2、C3 和 C1A 四种类型的窗，有 M1、M2、M3 和 M6 四种类型的门，关于这些门窗的具体情况，可通过门窗表进行查阅。

在地下层车库的上方需要有一个雨篷遮挡雨水，所以在一层平面图中表示了雨篷的位置。

图中有一个剖切符号 1—1，剖切位置通过了楼梯间、卫生间和南卧室，从后往前分别切到了 G 轴线、D 轴线、C 轴线和 A 轴线的墙体，剖切以后的投射方向为从左向右。

在一层平面图中有一些特有的表达内容，如指北针、剖切符号，这些内容尽管在上层的平面图中也能体现，但规定只在 ±0.000 层平面图中表示。

楼梯间所画出的西侧梯段是从一层地面通向地下层地面的梯段，该梯段共有13个踏步下到地下层；右侧梯段是从一层地面上到二层楼面的一部分踏步，“上18”表示从一层地面上到二层楼面共有18个踏步，因为一层平面图的水平剖切位置规定在门窗洞口处，所以在楼梯间处应该剖切在双跑楼梯第一个梯段的某个位置，用45°折断线表示剖切位置，画出剖切以后向下投射看到的那部分踏步。

图9-11所示是该住宅的标准层平面图，从房间内的标高标注可以看出，标高2.900表示二层平面，标高5.800表示了三层平面，与下一层的层高均为2.9 m。它与一层平面图相比，省略了指北针、剖切符号，在一层平面图中已画出的雨篷此时不再画出。

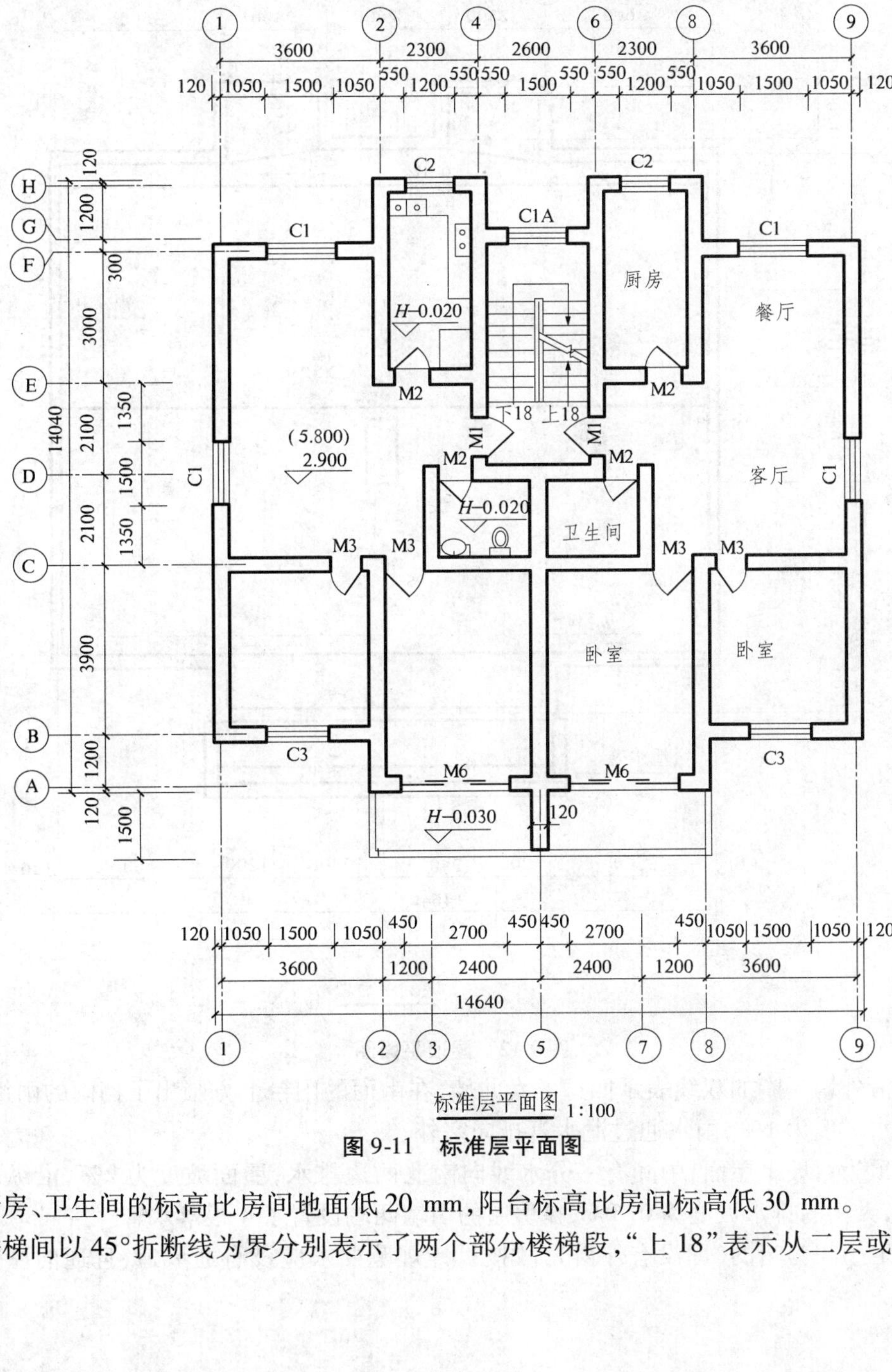

图9-11　标准层平面图

厨房、卫生间的标高比房间地面低20 mm，阳台标高比房间标高低30 mm。

楼梯间以45°折断线为界分别表示了两个部分楼梯段，“上18”表示从二层或三层楼面上到上一层楼面共有 18 个踏步，因为建筑平面图的水平剖切位置规定在门窗洞口处，所以用 45°折断线表示在楼梯段处的剖切位置，向下投影只看到了一少部分踏步；"下 18"是指从二层或三层楼面通向下一层楼面的梯段共有 18 个踏步，从楼梯段的剖切位置处向下投影只看到了往下走的一部分踏步，另有一部分踏步被上 18 的踏步遮挡了。

图 9-12 是本住宅的屋顶平面图，与前面几个平面图不同的是，屋顶平面图是房屋的水平投影图，而不是水平剖面图。由于不表示门窗洞口，所以外部的尺寸标注只有二道，分别是轴线尺寸和总尺寸，省略了细部尺寸。

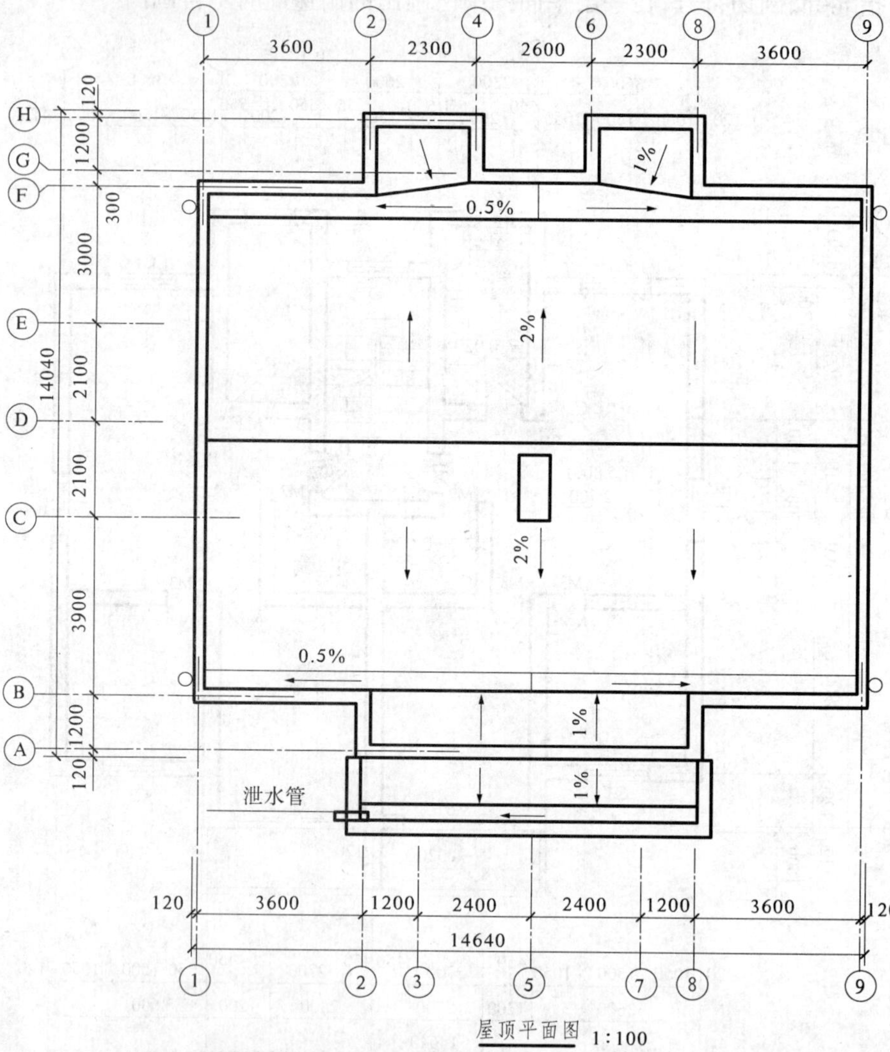

图 9-12　屋顶平面图

图中沿外墙一圈的双线表示四边的女儿墙，在南面的阳台上方画出了挡雨的雨篷，雨篷顶面的排水坡度为 1%，雨水通过泄水管排向室外。

该屋顶为双坡平屋面，中间有一分水线向南北两边排水，屋面坡度为 2%，沿纵墙方向设有天沟，天沟的排水坡度为 0.5%；在房屋的山墙两端设置了 4 根落水管。

由于卫生间为暗的（即没有外窗），故按设计规范要求应设有通风道，且通向屋顶高出屋面。

（二）平面图线型

本例建筑平面图中的线型一般有五种：剖到的墙柱断面轮廓用粗实线；剖到的门扇用中实线（单线）或细实线（双线）；定位轴线用细单点画线；看到的构配件轮廓和剖到的窗扇用细实线；被挡住的构配件轮廓用细虚线。

屋顶平面图中定位轴线用细单点画线，尺寸线用细实线，其余可见轮廓线均用中实线。

（三）定位轴线

从图 9-9 ~ 图 9-12 中定位轴线的编号及其间距，可了解到各承重构件的位置及房间的大小。本例房屋的横向定位轴线为① ~ ⑨，纵向定位轴线为Ⓐ ~ Ⓗ。

（四）墙、柱的断面

平面图中墙、柱的断面应根据平面图不同的比例，按《建筑制图标准》（GB/T 50104—2001）中的规定绘制。

（1）比例大于 1∶50 的平面图、剖面图，应画出抹灰层与楼地面、屋面的面层线，并宜画出材料图例。

（2）比例为 1∶100 ~ 1∶200 的平面图、剖面图，可画简化的材料图例，如砌体墙涂红（或用空白表示）、钢筋混凝土涂黑等。

（五）尺寸标注

在平面图中标注的尺寸，有外部标注、内部标注和标高标注。

（1）外部标注。为了便于读图和施工，当图形对称时，一般在图形的下方和左侧注写三道尺寸，图形不对称时，四面都要标注。本书以图 9-10 为例按尺寸由外到内的关系说明这三道尺寸：

第一道尺寸称为总尺寸，是建筑的外包尺寸，是指从一端外墙边到另一端外墙边的总长和总宽的尺寸。一般在底层平面图中标注外包总尺寸，在其他各层平面中可以省略。本例建筑外包总尺寸为 14640 mm 和 14040 mm，在每个平面图中都进行了标注。

第二道尺寸称为轴线尺寸，是表示轴线间距离的尺寸，用以说明房间的开间及进深。如① ~ ②、⑧ ~ ⑨、轴线间开间均为 3600 mm，② ~ ⑤、⑤ ~ ⑧轴线间的房间开间也均为 3600 mm（1200 mm + 2400 mm），Ⓑ ~ Ⓒ轴线间的房间进深为 3900 mm 等。

第三道尺寸称为细部尺寸，是表示外墙门窗洞口的尺寸。如① ~ ②轴线间的窗 C3，其宽度为 1500 mm，窗洞边距离轴线为 1050 mm；又如Ⓒ ~ Ⓔ轴线间的窗 C1，宽度为 1500 mm，窗洞边距离两侧轴线均为 1350 mm；② ~ ④轴线间的窗 C2，宽度为 1200 mm，窗洞边距离两侧轴线均为 550 mm。

应该注意，门窗洞口尺寸不要与其他实体的尺寸混行标注，墙厚、雨篷宽度、台阶踏步宽度、花池宽等应就近实体另行标注。

（2）内部标注。为了说明房间的净空大小和室内的门窗洞、孔洞、墙厚和固定设备（如厕所、工作台、搁板、厨房等）的大小与位置，以及室内楼地面的高度，在平面图上应清楚地注写出有关的内部尺寸。相同的内部构造或设备尺寸，可省略或简化标注，如“未注明之墙身厚度均为 240”、“除注明者外，墙轴线均居中”等。

（3）标高标注。楼地面标高是表明各房间的楼地面对标高零点（±0.000）的相对高度。本例一层地面定为标高零点，厨房、卫生间地面标高是 -0.020，说明这些地面比其他房间地面低 20 mm。标准层平面图中房间标注的楼面标高不止一个,所以厨房、卫生间的标高用 $H-0.020$表示此处的地面比房间地面低 20 mm。

其他各层平面图的尺寸,除标注出轴线间的尺寸和总尺寸外,其余与底层平面相同的细部尺寸均可省略。

(六)门窗表

在建筑各层平面图中标注了所有门和窗的代号,设计师通常将门窗代号、洞口尺寸、数量、选用标准图集的编号等内容列入门窗表中,一般放在建筑施工图的首页——建筑设计总说明中。本住宅的门窗表见表 9-1。

表 9-1 门窗表

序号	门窗代号	洞口尺寸		数量	说明
		宽	高		
1	DM1	1500	2100	1	对讲电控防盗门
2	M1	900	2100	8	多功能防火防盗分户门
3	M2	800	2100	16	木质夹板门
4	M3	900	2100	16	木质夹板门
5	M4	2700	2000	6	特制卷帘门甲方定
6	M5	900	2000	4	木质夹板门
7	M6	2700	2500	8	塑钢推拉门
8	C1	1500	1600	16	塑钢推拉窗
9	C1A	1500	1600	3	塑钢推拉窗
10	C2	1200	1600	8	塑钢推拉窗
11	C3	1500	1600	8	塑钢推拉窗

注:门窗做法详见厂家图集,窗户为绿色玻璃。

第四节 建筑立面图

一、概述

建筑立面图是房屋外表面的正投影图,简称立面图。立面图主要是用来表达建筑物的外形艺术效果,在施工图中,它主要反映房屋的外貌和立面装修的做法。立面图应包括建筑的外轮廓线和室外地坪线、勒脚、构配件、外墙面做法及必要的尺寸与标高等。

(1)立面图的命名方法。国标规定,立面图的命名方法有三种:当房屋为正朝向时,可按朝向命名为东(南、西、北)立面图。当房屋朝向不正时,可按投影(或按立面的主次)命名为正立面图、背立面图、左侧立面图、右侧立面图;也可按轴线编号命名,如① ~ ⑧立面图、⑧ ~ ①立面图、Ⓐ ~ Ⓖ立面图、Ⓖ ~ Ⓐ立面图。

(2)图示内容。按投影原理,立面图上应将立面上所有看得见的细部都表示出来。但由于立面图的比例较小,如门窗扇、檐口构造、阳台栏杆和墙面复杂的装修等细部,往往只用图例表示。它们的构造和做法,都另有详图或文字说明。因此,立面图上相同的门窗、阳台、外檐装修、构造做法等可在局部重点表示,绘出其完整图形,其余部分都可简化,只画出轮廓线。

较简单的对称式建筑物或对称的构配件等,在不影响构造处理和施工的情况下,立面图可绘制一半,并在对称轴线处画对称符号。这种画法,由于建筑物的外形不完整,故较少采用。前后或左右完全相同的立面,可以只画一个,另一个注明即可。

(3)标高与尺寸标注。建筑立面图宜标注室外地坪、入口地面、雨篷底、门窗上下坪、檐口、女儿墙顶及屋顶最高处部位的标高。除标高外,有时还需注出一些并无详图的局部尺寸,用以补充建筑构造、设施或构配件的定位尺寸和细部尺寸,如本例墙面上与室内楼面标高相同水平构件的尺寸120。标高一般注在图形外,并做到符号上下对齐,大小一致,必要时,可标注在图内。

(4)图线。在绘制建筑立面图时,为了加强图面效果,使外形清晰、重点突出和层次分明,按要求立面图线型分为五种:室外地坪线用线宽为 $1.4b$ 的特粗实线绘制;房屋立面的外墙和屋脊轮廓线用线宽为 b(b 的取值按国家标准,常取 $b=0.7$ mm 或 1.0 mm)的粗实线绘制;在外轮廓线之内的凹进或凸出墙面的轮廓线,用线宽为 $0.5b$ 的中实线画出,如窗台、门窗洞、檐口、阳台、雨篷、柱、台阶等构配件的轮廓线;门窗扇、栏杆、雨水管和墙面分格线等均用线宽为 $0.25b$ 的细实线绘制;房屋两端的轴线用细单点画线绘制。

二、建筑立面图的图示内容

(1)建筑物两端或分段的轴线及编号。

(2)女儿墙顶、檐口、柱、室外楼梯和消防梯、烟囱、雨篷、阳台、门窗、门斗、勒脚、雨水管、台阶、坡道、花池,其他装饰构件和粉刷分格线示意等;外墙的留洞应注尺寸与标高(宽×高×深及关系尺寸)。

(3)在平面图上表示不出的窗编号,应在立面图上标注。平、剖面图未能表示出来的屋顶、檐口、女儿墙、窗台等标高或高度,应在立面图上分别注明。

(4)各部分构造、装饰节点详图索引符号。

三、读图示例

现以图9-13~图9-15所示的立面图为例,说明立面图的内容及其阅读方法。

从图名和轴线编号可知,这三个立面图分别是表示房屋的南面、北面及西面的立面图,比例与平面图一样,为1:100。

①~⑨轴立面图表示了房屋从前向后投影所得到的室外地坪、外墙、女儿墙顶轮廓线,画出了负一层南面车库的四个大门,从一层往上画出了南面小卧室的窗户,此窗带有外挑窗台和遮阳板;还画出了南面大卧室的推拉门,此门的下半部分被阳台栏板遮挡。另外,还表示了大门上方的雨篷、阳台上方的雨篷,地面上的坡道、散水等设施。

图右侧标注了室内外地面标高,车库上方雨篷的顶面标高,分别标注了每层的窗台和窗顶标高,以及女儿墙顶的标高。

⑨~①轴立面图表示了房屋从后往前投影所得到的室外地坪、外墙、女儿墙顶轮廓线,画出了负一层北面车库和储藏室的大门,从一层往上画出了北面餐厅和厨房的窗户;楼梯间部分有负一层的楼梯间大门,往上表示的是楼梯间休息平台处的窗户。另外,还表示了北立面外墙上大门上方的雨篷以及台阶、坡道、散水等地面设施。

图右侧标注了室内外地面标高,车库上面雨篷的顶面标高,分别标注了各层的窗台和窗顶标高,以及女儿墙顶的标高;图左侧标注了楼梯间大门上方雨篷的顶面标高,楼梯间休息平台的窗台和窗顶标高。

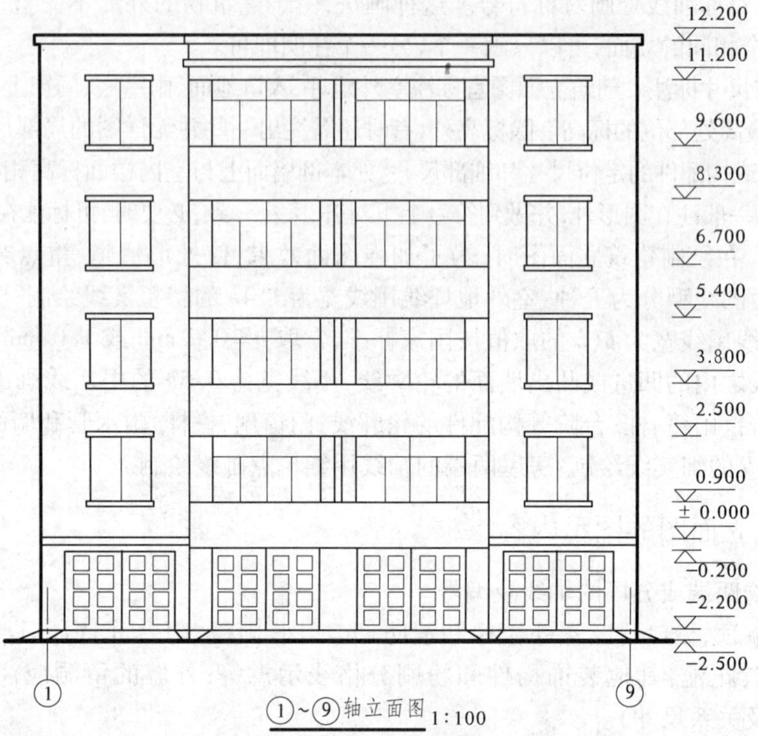

图 9-13　建筑立面图（一）

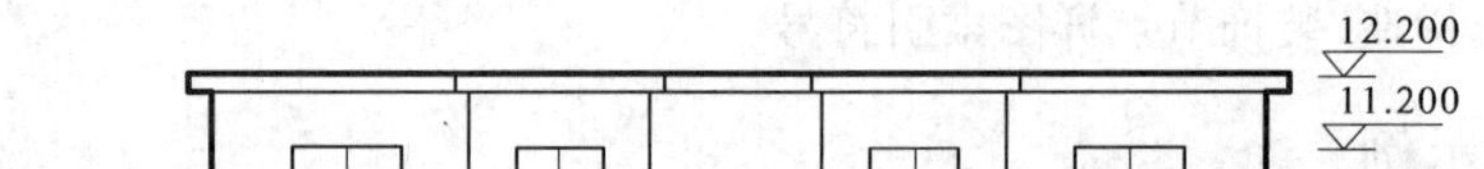

图 9-14　建筑立面图（二）

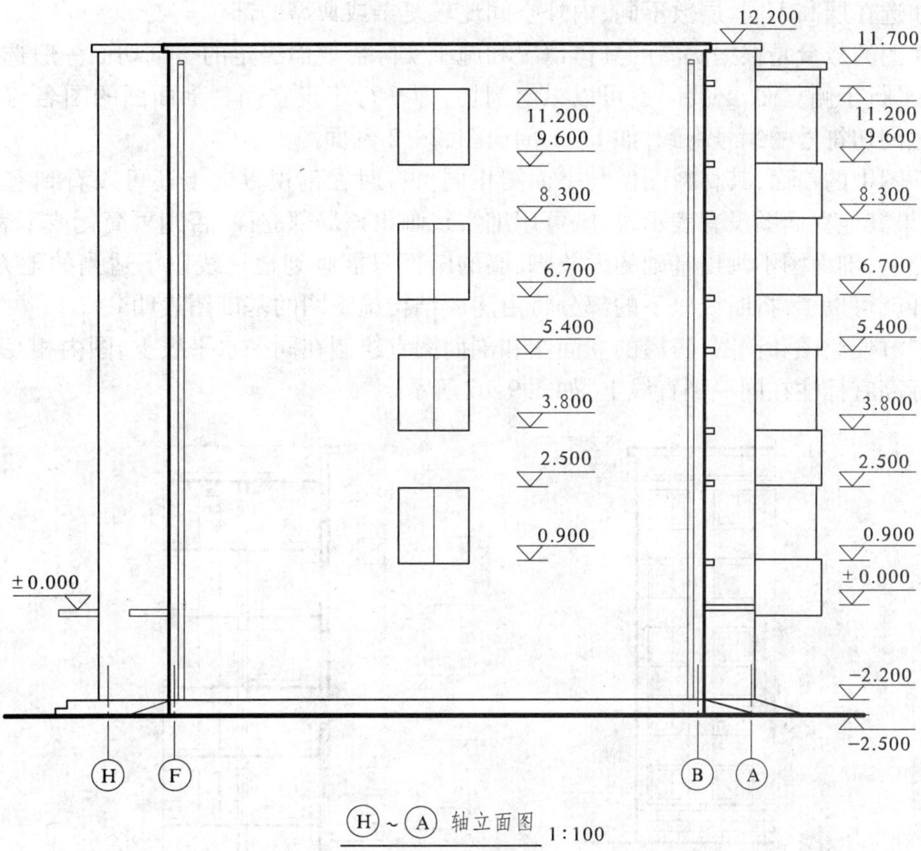

图9-15 建筑立面图(三)

Ⓗ~Ⓐ轴立面图表示了房屋从左往右投影所得到的室外地坪、外墙、女儿墙顶轮廓线，画出了西面外墙上从一层到四层的客厅窗户；Ⓗ轴线的左侧是投影时看到的楼梯间外墙线和楼梯间大门处的台阶和雨篷，Ⓕ轴线左侧有车库门上方的雨篷，还表示了地面的散水，Ⓐ轴的右侧是南面大卧室凸出的外墙面线和外挑阳台，墙面上还画出了两个落水管。

第五节　建筑剖面图

一、概述

建筑剖面图是房屋的竖直剖视图，也就是用一个或多个假想的平行于正立投影面或侧立投影面的竖直剖切面剖开房屋，移去剖切平面某一侧的形体部分，将留下的形体部分按剖视方向向投影面作正投影所得的图样。

建筑剖面图应表示剖切断面和投影方向可见的建筑构配件轮廓线，其尺寸包括外部尺寸与标高、内部楼地面标高及内部门窗洞尺寸。绘制建筑剖面图时，常用全剖面图和阶梯剖面图的形式。剖切符号一般应画在底层平面图内，剖切平面应根据图纸的用途或设计深度，选择房屋内部构造复杂而又反映特征且具有代表性的部位，并应尽量通过门窗洞和楼梯间剖切。如选在层高不同、层数不同、内外空间比较复杂或典型的部位。

剖面图的数量是根据房屋的具体情况和施工实际需要而决定的。剖切面一般选用横向剖切,即平行于侧立面,必要时也可以纵向剖切,即平行于正立面。剖面图的图名与平面图上所标注剖切符号的编号一致,如1—1剖面图、2—2剖面图等。

剖面图中的断面,其材料图例与平面图相同。有时在剖视方向上还可以看到室外局部立面,如果其他立面图没有表示过,则可用细实线画出该局部立面,否则可简化或不表示。

习惯上,剖面图不画出基础的大放脚,墙的断面只需画到地坪线以下适当的地方,画折断线断开就可以了,折断线以下的部分将由房屋结构施工图的基础图表明。

为了方便绘图和读图,房屋的立面图和剖面图宜绘制在同一水平线上,图内相互有关的尺寸及标高宜标注在同一竖直线上,如图9-16所示。

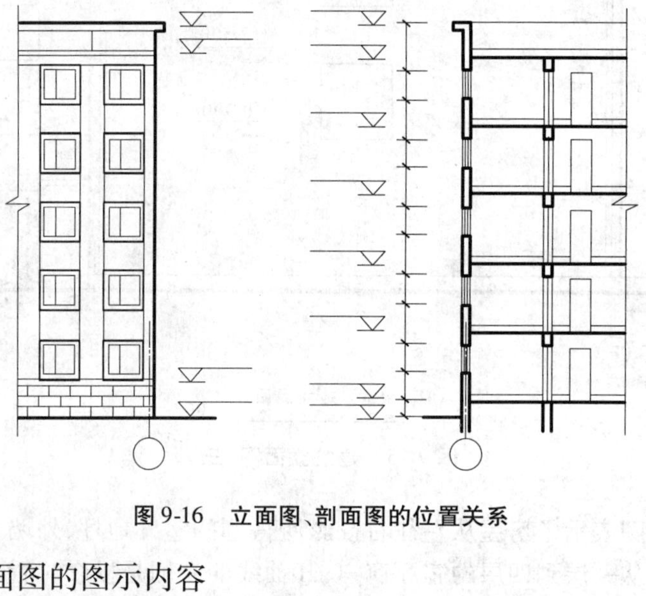

图9-16 立面图、剖面图的位置关系

二、建筑剖面图的图示内容

(1)墙、柱、轴线及轴线编号。

(2)室外地面、底层地(楼)面、各层楼板、吊顶、屋顶(包括檐口、烟囱、天窗、女儿墙等)、门、窗、梁、楼梯、台阶、坡道、散水、平台、阳台、雨篷、洞口、墙裙、踢脚板、防潮层、雨水管及其他装修可见的内容。

(3)标高及高度方向上的尺寸。剖面图和平面图、立面图一样,宜标注室内外地坪、台阶、地下层地面、门窗、雨篷、楼地面、阳台、平台、檐口、屋脊、女儿墙等处完成面的标高。平屋面等不易标明建筑标高的部位可标注结构标高,并予以说明。结构找坡的平屋面,屋面标高可标注在结构板面最低点,并注明找坡坡度。有屋架的立面,应标注屋架下弦搁置点或柱顶标高。

高度方向上的尺寸包括外部尺寸和内部尺寸。

外部尺寸应标注以下三道:

①洞口尺寸:包括门、窗、洞口、女儿墙或檐口高度及其定位尺寸;

②层间尺寸:层高尺寸,含地下层在内;

③建筑总高度:指由室外地面至檐口或女儿墙顶的高度。屋顶上的水箱间、电梯机房和

楼梯出口小间等局部升起的高度不计入总高度,可另行标注。当室外地面有变化时,应以剖面所在处的室外地面标高为准。

内部尺寸主要标注地坑深度、隔断、搁板、平台、吊顶、墙裙及室内门、窗等的高度。

(4)表示楼地面各层的构造,可用引出线说明。若另画有详图,在剖面图中可用索引符号引出说明;若已有“构造说明一览表”或“面层做法表”时,在剖面图上不再作任何标注。

(5)节点构造详图索引符号。

三、读图示例

现以图 9-17 所示的剖面图为例,说明剖面图的内容及其阅读方法。

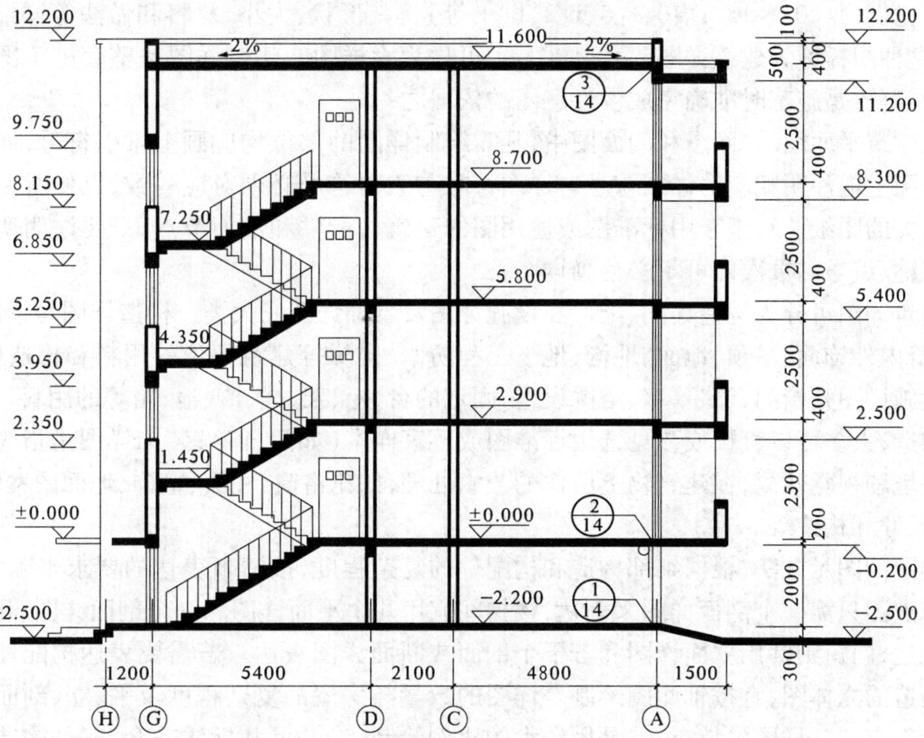

1—1剖面图 1:100

图 9-17 建筑剖面图

1—1 剖面的剖切符号在一层平面图中标注,看图时首先要查看前面的一层平面图,找到剖切位置和投射方向,并对照平面图中的轴线编号,了解被剖切到的有那几道墙体。本例中 1—1 剖面图是通过④~⑤轴线间的楼梯梯段,剖切后向右进行投影而得到的横向剖面图,绘图比例为 1∶100。

剖面图中表示了建筑的地面、楼面、屋面分隔形式,画出了被剖切到的屋顶的结构形式以及房屋室内外地坪以上各部位被剖切到的建筑构配件,如室内外地面、楼地面、内外墙及门窗、梁、楼梯与楼梯平台、阳台、雨篷、台阶、坡道等。

由于剖面图的比例较小,无法表达清楚剖切断面的材料图例,所以同建筑平面图的简化处理方式一样,剖到的砖墙外轮廓线画粗实线,内部空白,剖到的钢筋混凝土构件涂黑表示。

图中表示不清楚的外墙节点可以另画详图,在剖面图中用索引符号做了引出说明。

图中标高都表示的地面和楼面的相对标高。可以看出,除地下层层高是2.2 m外,其余各层的层高均为2.9 m。

剖面图中除标注重要部位的标高外,还需标注一些必要的高度方向的尺寸。

第六节　建筑详图

建筑平面图、立面图、剖面图一般采用较小的比例,在这些图样上难以表示清楚建筑物的某些局部构造或建筑装饰。必须专门绘制比例较大的详图,将这些建筑的细部或构配件用较大比例(1∶20、1∶15、1∶10、1∶5、1∶2、1∶1等)将其形状、大小、材料和做法等详细地表示出来,这种图样称为建筑详图,简称详图,也可称为大样图。建筑详图是整套施工图中不可缺少的部分,是施工时准确完成设计意图的依据之一。

在建筑平面图、立面图和剖面图中,凡需绘制详图的部位均应画上索引符号,而在所画出的详图上应注明相应的详图符号。详图符号与索引符号必须对应一致,以便看图时查找相互有关的图纸。对于套用标准图或通用图的建筑构配件和剖面节点,只要注明所套用图集的名称、编号和页次即可不必另画详图。

建筑详图可分为构造详图、配件和设施详图及装饰详图三大类。构造详图是指屋面、墙身、墙身内外饰面、吊顶、地面、地沟、地下工程防水、楼梯等建筑部位的用料和构造做法;配件和设施详图是指门、窗、幕墙、浴厕设施,固定的台、柜、架、桌、椅、池、箱等的用料、形式、尺寸和构造,大多可以直接或参见选用标准图或厂家样本(如门、窗);装饰详图是指为美化室内外环境和视觉效果,在建筑物上所作的艺术处理,如花格窗、柱头、壁饰、地面图案的纹样、用材、尺寸和构造等。

详图的图示方法,根据细部构造和构配件的复杂程度,按清晰表达的要求来确定,例如墙身节点图只需一个剖面详图来表达,楼梯间宜用几个平面详图和一个剖面详图、几个节点详图表达,门窗则常用立面详图和若干个剖面或断面详图表达。若需要表达构配件外形或局部构造的立体图,宜按轴测图绘制。详图的数量与房屋的复杂程度及平、立、剖面图的内容及比例有关。详图的特点:一是用较大的比例绘制,二是尺寸标注齐全,三是构造、做法、用料等详尽清楚。现以墙身大样和楼梯详图为例来说明。

一、墙身大样

墙身大样实际是在典型剖面上典型部位从上至下连续的放大节点详图。一般多取建筑物内外的交界面——外墙部位,以便完整、系统、清楚地表达房屋的屋面、楼层、地面和檐口构造、楼板与墙面的连接、门窗顶、窗台和勒脚、散水等处构造的情况,因此墙身大样也称为外墙身详图。

墙身大样实际上是建筑剖面图的局部放大图,不能用以代替表达建筑整体关系的剖面图,画墙身大样时,宜由剖面图直接索引出,常将各个节点剖面连在一起,中间用折断线断开,各个节点详图都分别注明详图符号和比例。下面以图9-18所示的住宅墙身大样为例作简要的介绍。

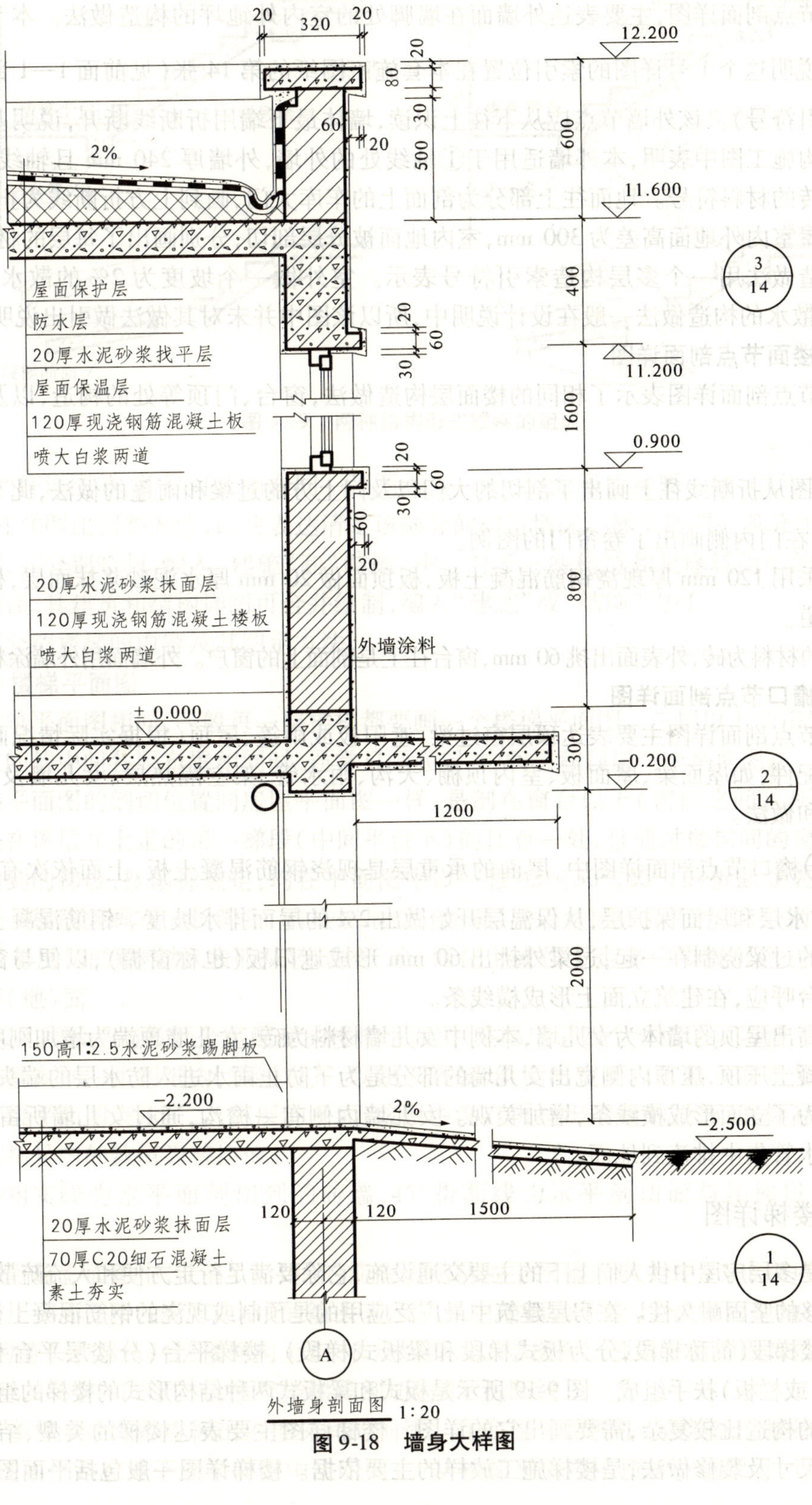

20 320 20
12.200
2%
60
20
600
80
30
500
11.600
3/14
屋面保护层
防水层
20厚水泥砂浆找平层
屋面保温层
120厚现浇钢筋混凝土板
喷大白浆两道
400
20
60
30
11.200
1600
0.900
20
60
30
60
20
800
20厚水泥砂浆抹面层
120厚现浇钢筋混凝土楼板
喷大白浆两道
外墙涂料
± 0.000
300
−0.200
2/14
1200
2000
150高1:2.5水泥砂浆踢脚板
−2.200
2%
−2.500
120 120 1500
20厚水泥砂浆抹面层
70厚C20细石混凝土
素土夯实
1/14
A
外墙身剖面图 1:20

图 9-18　墙身大样图

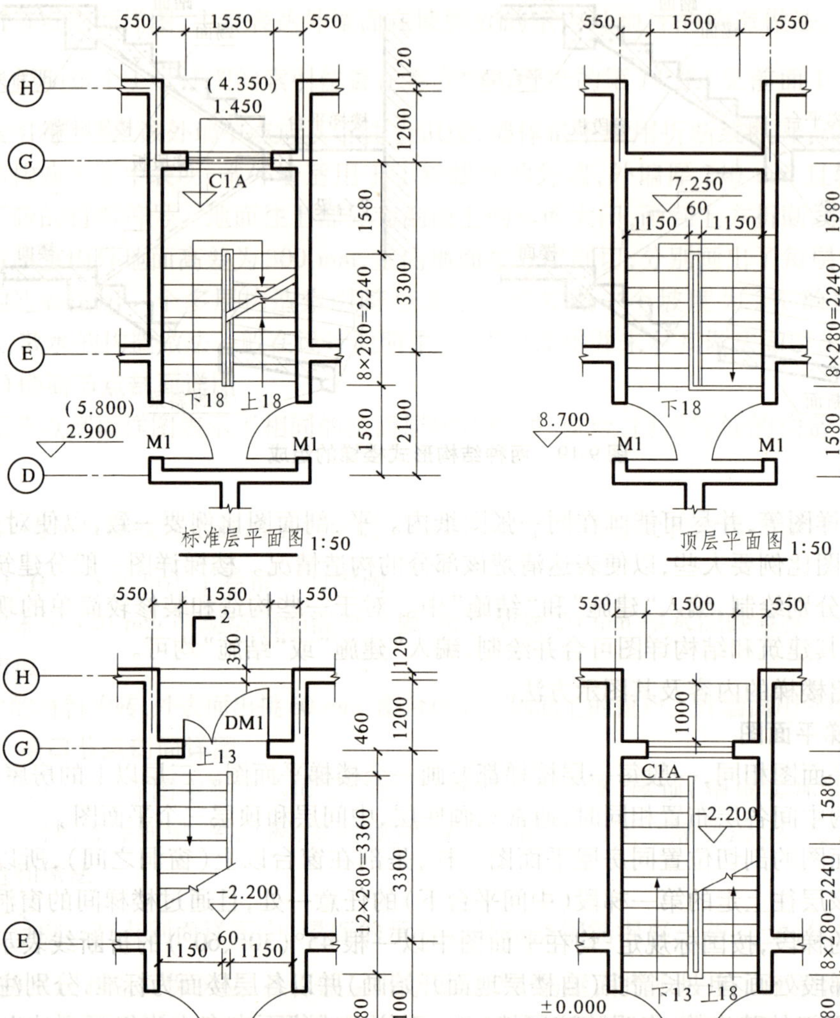

图 9-20　楼梯平面图

梯间的开间和进深尺寸，楼地面和平台面的标高以及楼梯各组成部分的详细尺寸。通常把梯段长度与踏面数、踏面宽的尺寸合并写在一起，如底层平面图中的 280 × 8 = 2240 mm，表示该梯段有 8 个踏面(9 个踏步)，每一踏面宽 280 mm，梯段长为 2240 mm。

从图中还可以看出，每一梯段的长度是 8 个踏步的宽度之和(280 × 8 = 2240 mm)，而每一梯段的步级数是 9(18/2)，由于每一梯段最高一级的踏面与休息平台面或楼面重合(即将最高一级踏面作为平台面或楼面)，因此平面图中每一梯段画出的踏面(格)数，总比踏步数少一,即踏面数=踏步数-1。

（二）楼梯剖面图

假想用一个竖直的剖切平面沿梯段的长度方向并通过各层的门窗洞和一个梯段,将楼梯间剖开,然后向另一梯段方向投影所得到的剖面图称为楼梯剖面图,如图9-21所示。

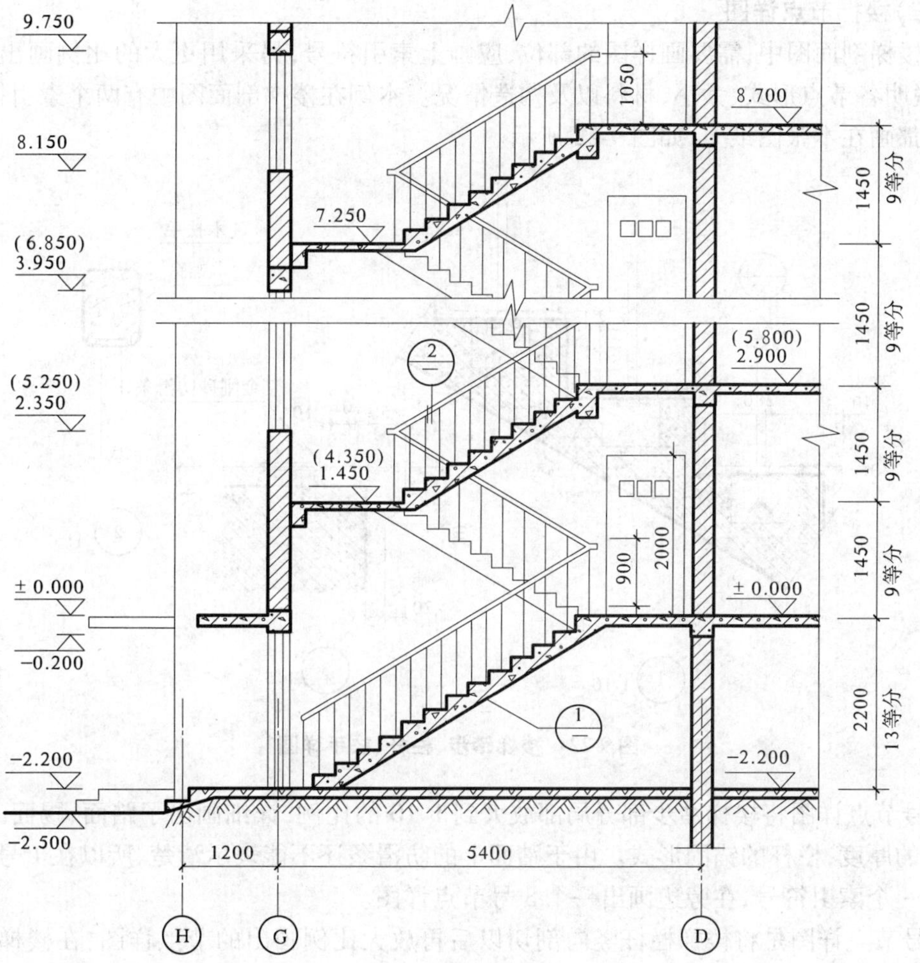

图9-21 楼梯剖面图

楼梯剖面图应能完整地、清晰地表明楼梯梯段的结构形式、踏步的踏面宽、踢面高、级数及楼地面、平台、栏杆(或栏板)的构造及它们的相互关系。本例楼梯,从一层到四层,每层只有两个平行的梯段,称为双跑楼梯。由于楼梯间的屋面与其他位置的屋面相同,所以,在楼梯剖面图中可不画出楼梯间的屋面,一般用折断线将最上一梯段的以上部分略去不画。

在多层建筑中,若中间层楼梯完全相同,楼梯剖面图可只画出底层、中间层、顶层的楼梯剖面,中间用折断线分开,并在中间层的楼面和楼梯平台面上注写适用于其他中间层楼面和平台面的标高。例如图9-21中只画出了地下层、一层和顶层的楼梯剖面。

楼梯剖面图中应注出楼梯间的进深尺寸和轴线编号，地面、平台面、楼面等的标高，梯段、栏杆（或栏板）的高度尺寸（建筑设计规范规定：楼梯扶手高度应自踏步前缘量至扶手顶面的垂直距离，其高度不得小于 900 mm），其中梯段的高度尺寸与踢面高和踏步数合并书写，如 9 × 161.1 = 1 450，表示有 9 个踢面，每个踢面高度为 161.1 mm，梯段高度为 1 450 mm；此外，还应注出楼梯间外墙上门、窗洞口、雨篷的尺寸与标高。

（三）楼梯节点详图

在楼梯剖面图中，需要画详图的部位，应画上索引符号，另采用更大的比例画出它们的详图，说明各节点形式、大小、材料以及构造情况。本例在楼梯剖面图中有两个索引符号，节点详图都画在本张图纸上，如图 9-22 所示。

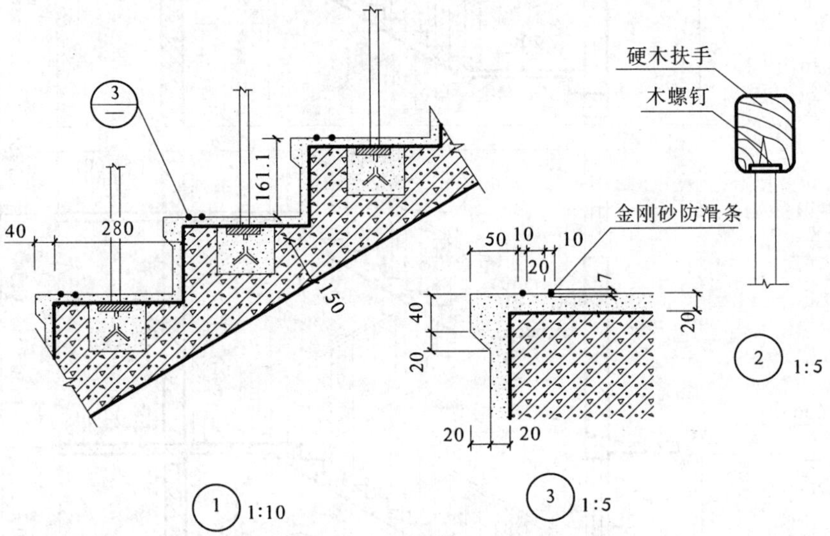

图 9-22　楼梯踏步、栏杆、扶手详图

1 号节点详图将楼梯踏步部分局部放大到 1:10 的比例，详细画出了踏面、踢面的尺寸，楼梯板的厚度，栏杆的锚固形式。由于踏面上的防滑条还不能表示清楚，所以在 1 号详图里又引出一个索引符号，在旁边画出一个 3 号节点详图。

2 号节点详图是将楼梯栏杆竖向剖切以后再放大比例画出的节点详图，在楼梯剖面图中表示了带剖切的索引符号。

知识链接九

高层建筑知多少

高层建筑的定义

从我国的建筑技术规范中对高层建筑做如下界定:10 层和 10 层以上居住建筑和建筑高度超过 24 m 的公共建筑为高层建筑。而有的结构设计技术规范中提出:10 层以上及房屋高度超过 28 m 的为高层建筑;《民用建筑设计通则》中规定:高度超过 100 m,不论住宅及公共建筑均为超高层建筑。建筑高度的计算是从建筑物室外地坪到其檐口或屋面面层的高度,屋顶上的水箱间、电梯间、排烟机房、楼梯出口等不计入建筑高度。

高层建筑发展概况

18 世纪欧洲和美国的工业革命带来了生产力的发展和繁荣,城市化发展迅猛,城市人口高速增长,为了在一定土地范围内得到更多的使用面积,建筑开始向高空发展,与此同时,随着科学技术的不断发展而产生的轻质高强建筑材料、各种水暖电等现代设施以及先进的施工技术、施工机械为高层建筑的出现和发展奠定了物质基础。

美国在近代高层建筑发展中扮演了重要角色。从 1885 年在芝加哥建成 10 层的家庭生命保险大楼(被认定为世界第一栋真正的高层建筑)开始,到 20 世纪 80 年代,美国建成的高层建筑有:1974 年芝加哥歇尔斯大厦 108 层;1976 年芝加哥水塔广场大厦,74 层,高 262 m;朝鲜平壤柳京饭店,105 层,高 305. 4 m;1972 年、1973 年相继建成世界贸易中心北楼,110 层,高 417 m 和南楼 110 层,高 415 m,分别为世界第五和第六高层建筑,于 2001 年 9 月 11 日被恐怖分子劫机撞毁。

日本地处地震多发地区,其国家建筑基本法对建筑高度作了限制,但由于人口集中,土地拥挤,1964 年废除了这种限制,采用钢结构和钢与混凝土混合结构建成不少高层建筑,如 1993 年在横滨建成马可兰大厦,70 层,高 296 m。

欧洲第二次世界大战后人口趋于稳定,高层建筑发展缓慢,一般保持在四五十层内,认为高度并不代表高层建筑发展上的进步,1997 年建成法国的法兰克福银行,53 层,高 300 m,在建筑空间、结构以及节能方面进行了有益探索。

在亚洲的新加坡、马来西亚土地紧张,高层建筑发展较快,值得一提的是 1996 年吉隆坡建成的双塔——石油公司大厦,高 452 m,88 层,2003 年前曾是世界最高建筑。

我国在现代化进程中也遇到了城市化问题,为了在城市建设中少占用耕地,高层建筑应运而生,并迅速发展。

从 20 世纪 50 年代,北京开始建 8、9 层的办公楼和旅馆,到 1958、1959 年,北京的国庆工程建成了 13 层的民族文化宫、12 层的民族饭店和 15 层的民航大楼;70 年代广州建成了 33 层的白云宾馆。中共十一届三中全会以后,我国高层建筑发展较快,数量猛增,全国有 30 个大城市兴建了数百栋高层建筑。20 世纪 80 年代后期,深圳作为经济特区兴建高层建筑 100 多栋;香港地区的高层建筑较多,最有名的是 2003 年建成的香港国际金融中心,约 88 层,

知识链接九

高415 m。1989年建成了中国银行大厦,高369 m,72层;台湾地区2004年建成国际101金融大厦,101层,高508 m,是目前世界最高建筑。附图为目前世界建筑高度排行榜前十名的建筑,值得注意的是其中八栋都在亚洲。

高层建筑虽然解决了不少城市用地紧张等问题,改变了城市形态,丰富了城市天际线,但是高层建筑带来了能源生态、建筑艺术及人体心理、生理的影响,也是迫切需要解决的问题。

(蔡海勇　撰写)

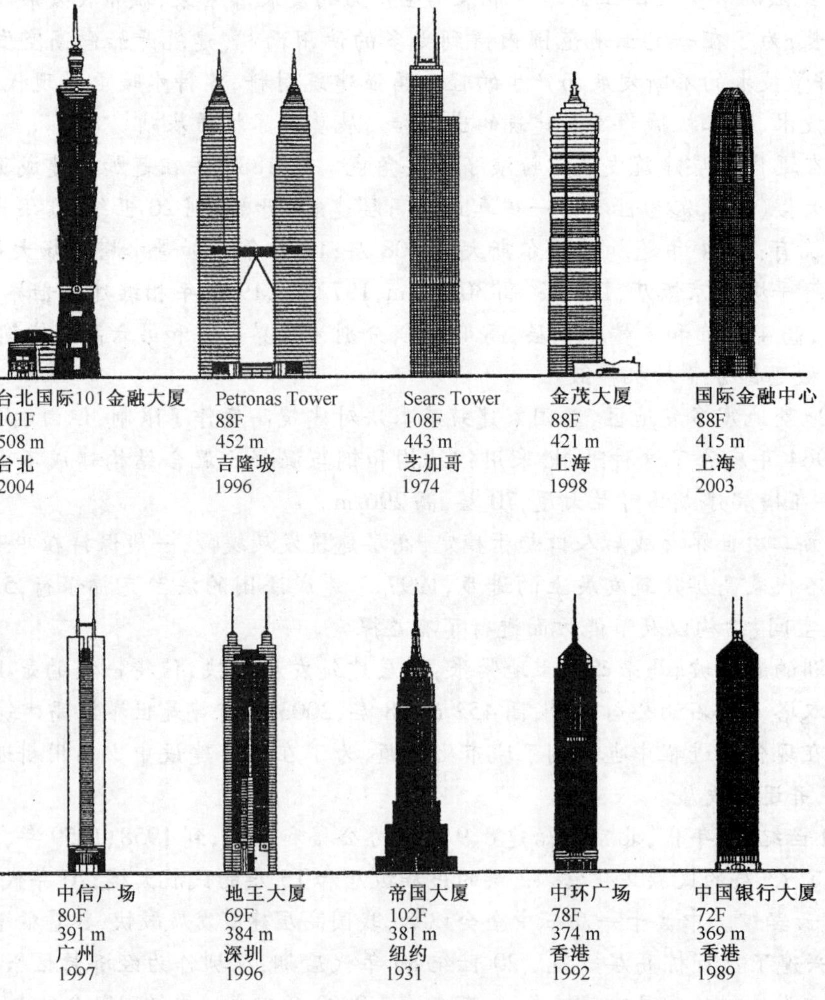

世界十大高层建筑

第十章 结构施工图

第一节 概 述

建筑施工图主要表达出了房屋的外形、内部布局、建筑构造和内外装修等内容,而房屋各承重构件的布置、形式和结构构造等内容都没有表达出来。因此,在房屋设计中,除进行建筑设计,画出建筑施工图外,还要进行结构设计。

结构设计是根据建筑各方面的要求,进行结构选型和构件布置,再通过力学计算,决定房屋各承重构件的材料、形状、大小,以及内部构造等,并将设计结果按正投影法绘制成图样以指导施工,这种图样称为结构施工图,简称"结施"。

房屋结构按承重构件的材料可分为:

(1)砖混结构——墙用砖或砌块砌筑,梁、楼板和屋面都是钢筋混凝土构件。

(2)钢筋混凝土结构——柱、梁、楼板和屋面都是钢筋混凝土构件。

(3)砖木结构——墙用砖砌筑、梁、楼板和屋架都是木构件。

(4)钢结构——承重构件全部为钢材。

(5)木结构——承重构件全部为木材。

房屋结构按结构体系可分为:

(1)墙体结构——以墙体为主要承重构件。

(2)框架结构——由梁和柱以刚接或铰接相连接成承重体系。

(3)剪力墙结构——由承受竖向和水平作用的剪力墙和水平构件板所组成的结构体系。

(4)框架-剪力墙结构——由剪力墙和框架共同承受竖向和水平作用的组合型结构。

一般民用房屋多采用混合砌体结构。采用砖混结构造价较低,施工简便。在现代公共建筑或高层建筑中,钢筋混凝土框架结构或框剪结构采用得较多,这些结构的抗震性能、稳定性好,平面布置灵活,可以满足较大空间的利用,如电影剧院、博物馆、会议室等。

工业厂房建筑大多采用钢筋混凝土或型钢的排架结构,低层大跨度的建筑一般采用薄壳、网架、悬索等空间结构体系,如体育馆、仓库等。

本章将主要介绍第九章所述某学校教师公寓中的钢筋混凝土结构施工图以及钢结构施工图的绘图与阅读。

结构施工图应包括以下内容:

(1)结构设计说明,包括以下内容:选用结构材料的类型、规格、强度等级,地基情况,施工注意事项,选用标准图集等(小型工程可将说明分别写在各图纸上)。

(2)结构平面图,包括以下内容:①楼层结构平面图,工业建筑还包括柱网、吊车梁、柱间支撑、连系梁布置等;②基础平面图,工业建筑还有设备基础布置图;③屋面结构平面图。

(3)结构构件详图,包括以下内容:①梁、板、柱及基础结构详图;②楼梯结构详图;③屋架结构详图;④其他详图,如支撑详图等。

一、钢筋混凝土构件的基本知识

(一)钢筋混凝土构件的组成和混凝土的强度等级

钢筋混凝土构件由钢筋和混凝土两种材料组成。混凝土是由水泥、砂子(细骨料)、石子(粗骨料)和水按一定的比例拌和硬化而成。混凝土的抗压强度高,但抗拉强度低,一般仅为抗压强度的1/10~1/20。因此,混凝土构件容易在受拉或受弯时断裂。混凝土的强度等级应按立方体抗压强度标准值确定,可划分为C10、C15、C20、C25、C30、C35、C40、C45、C50、C55、C60、C65、C70、C75、C80等。数字越大,表示混凝土的抗压强度越高。

为了提高混凝土构件的抗拉能力,常在混凝土构件受拉区域内(见图10-1)或相应部位加入一定数量的钢筋。钢筋不但具有良好的抗拉强度,而且与混凝土有良好的黏结力,其热膨胀系数与混凝土也相近。因此,钢筋与混凝土可结合成一个整体,共同承受外力。这种配有钢筋的混凝土,称为钢筋混凝土,配有钢筋的混凝土构件,称为钢筋混凝土构件。

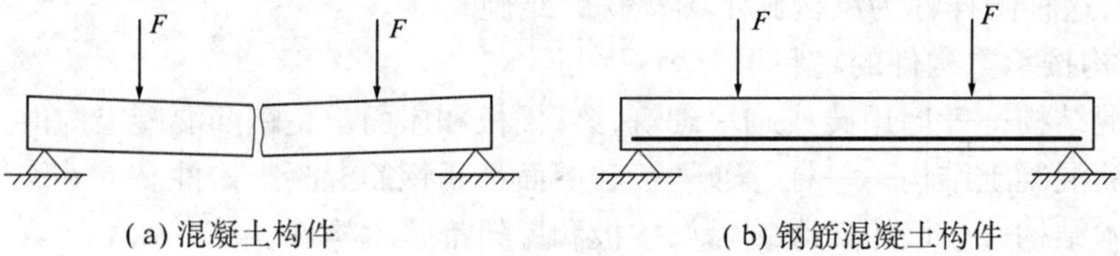

图10-1　钢筋混凝土梁受力示意图

钢筋混凝土构件有现浇和预制两种。现浇是指在建筑工地现场浇制,预制是指在预制品工厂先浇制好,然后运到工地进行吊装。有的预制构件(如厂房的柱或梁)也可在工地上预制,然后吊装。此外,在制作构件时,通过张拉钢筋对混凝土预加一定的压力,可以提高构件的抗拉和抗裂性能,这种构件称为预应力钢筋混凝土构件。

(二)钢筋混凝土构件中钢筋的名称和作用

配置在钢筋混凝土构件中的钢筋,按其作用可分为下列几种,如图10-2所示。

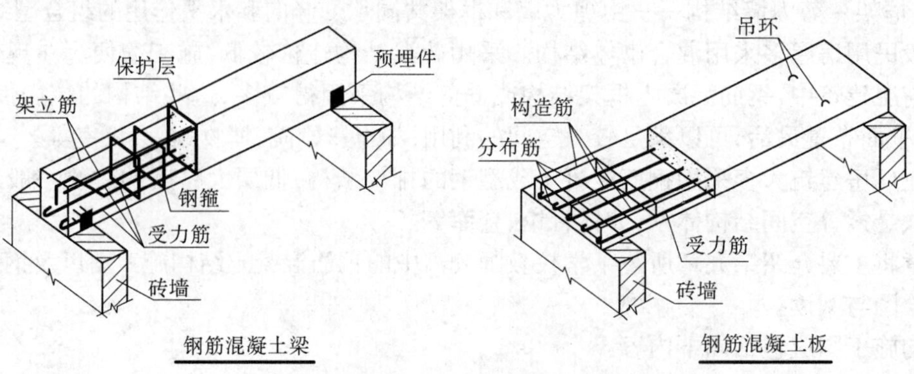

图10-2　钢筋的分类

(1)受力筋:承受拉、压应力的钢筋,用于梁、板、柱、墙等各种钢筋混凝上构件中。

(2)钢箍:也称为箍筋,用以固定受力筋的位置,并受一部分斜拉应力,多用在梁和柱内。

(3)架立筋:用以固定梁内钢箍位置,与受力筋、钢箍一起形成钢筋骨架,一般只在梁内使用。

(4)分布筋:用在板或墙内,与板内受力筋垂直布置,用以固定受力筋的位置,并将承受的重量均匀地传给受力筋,并抵抗热胀冷缩所引起的温度变形。

(5)其他:因构件在构造上的要求或施工安装需要而配置的钢筋,如腰筋、预埋锚固筋、吊环等。

(三)钢筋的种类与代号

混凝土构件中配置的钢筋分普通钢筋和预应力钢筋,普通钢筋宜采用 HRB400 级和 HRB335 级钢筋,也可采用 HPB235 级和 RRB400 级钢筋;预应力钢筋宜采用钢绞线、钢丝,也可采用热处理钢筋。

钢筋有光圆钢筋和带纹钢筋(表面上有人字纹或螺旋纹等)。按强度可分为四级,HPB235 级钢筋强度最低,HRB335、HRB400、RRB400 级钢筋强度逐级提高。钢筋经冷拉或冷拔后,也能提高强度。在钢筋混凝土结构设计规范中,对国产建筑用钢筋,按其产品种类等级不同,分别给予不同代号,以便标注及识别,如表 10-1 所示。

表 10-1　普通钢筋代号及强度标准值

种类(热轧钢筋)	代号	直径 d(mm)	强度标准值 f_{yk} (N/mm^2)	说明
HPB235(Q235)	Φ	8~20	235	光圆钢筋
HRB335(20MnSi)	Φ	6~50	335	带肋钢筋
HRB400(20MnSiV、20MnSiNb、20MnTi)	Φ	6~50	400	带肋钢筋
RRB400(K20MnSi)	Φ^R	8~40	400	热处理钢筋

(四)钢筋的保护层

为了保护钢筋、防腐蚀、防火以及加强钢筋与混凝土的黏结力,在构件中钢筋外边缘至构件表面之间留有一定厚度的保护层。《混凝土结构设计规范》(GB 50010—2002)规定:纵向受力的普通钢筋及预应力钢筋,其混凝土保护层厚度不应小于钢筋的公称直径,且应符合表 10-2 的规定。

表 10-2　纵向受力钢筋的混凝土保护层最小厚度　　(单位:mm)

环境类别		板、墙、壳			梁			柱		
		≤C20	C25~45	≥C50	≤C20	C25~45	≥C50	≤C20	C25~45	≥C50
一		20	15	15	30	25	25	30	30	30
二	a	—	20	20	—	30	30	—	30	30
	b	—	25	20	—	35	30	—	35	30
三		—	30	25	—	40	35	—	40	35

注:1. 基础中纵向受力钢筋的混凝土保护层厚度不应小于 40 mm;当无垫层时不应小于 70 mm。

2.《混凝土结构设计规范》(GB 50010—2002)还规定,板、墙、壳中分布钢筋的保护层厚度不应小于表 10-2 中相应数值减 10 mm,且不应小于 10 mm;梁、柱中箍筋和构造钢筋的保护层厚度不应小于 15 mm;当梁、柱中纵向受力钢筋的混凝土保护层厚度大于 40 mm 时,应对保护层采取有效地防裂构造措施。

表 10-2 中的环境类别是进行混凝土结构的耐久性设计的主要依据。

处于一类环境且由工厂生产的预制构件，当混凝土强度等级不低于 C20 时，其保护层厚度可按表 10-2 中规定减少 5 mm，但预应力钢筋的保护层厚度不应小于 15 mm；处于二类环境且由工厂生产的预制构件，当表面采取有效保护措施时，保护层厚度可按一类环境数值采用。预制钢筋混凝土受弯构件钢筋端头的保护层厚度不应小于 10 mm；预制肋形板主肋钢筋的保护层厚度应按梁的数值取用。

（五）钢筋的弯钩

为了使钢筋和混凝土具有良好的黏结力，避免钢筋在受拉时滑动，应对光圆钢筋的两端进行弯钩处理，弯钩常做成半圆弯钩或直弯钩，如图 10-3（a）、（b）所示。钢箍两端在交接处也要做出弯钩，弯钩的长度一般分别在两端各伸长 50 mm 左右，如图 10-3（c）所示。

带纹钢筋与混凝土的黏结力强，两端不必弯钩。

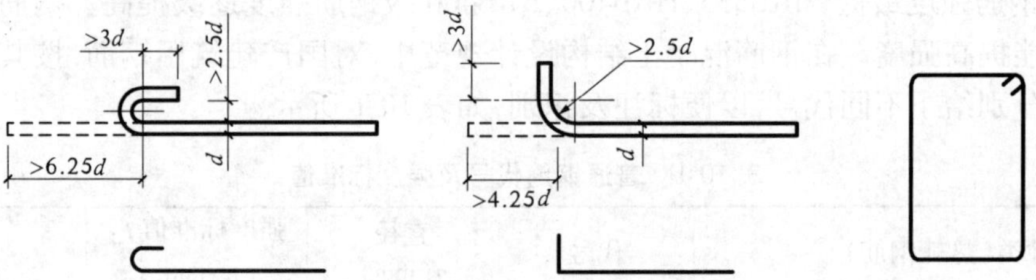

（a）钢筋的半圆弯钩　（b）钢筋的直弯钩　（c）钢箍的弯钩

图 10-3　钢筋和钢箍的弯钩和简化画法

二、钢筋混凝土结构图的图示特点

（1）绘图时应根据图样的用途和被绘形体的复杂程度，选用表 10-3 中的常用比例，特殊情况下也可选用可用比例。

表 10-3　结构专业制图比例

图名	常用比例	可用比例
结构平面图、基础平面图	1:50，1:100，1:150，1:200	1:60
圈梁平面图、总图中管沟、地下设施等	1:200，1:500	1:300
详图	1:10，1:20	1:5，1:25，1:40

（2）为了突出表示钢筋的配置情况，在构件结构图中，把钢筋画成粗实线，构件的外形轮廓线画成细实线；在构件断面图中，不画材料图例，钢筋用黑圆点表示。钢筋常用的表示方法见表 10-4。

表 10-4　钢筋的常用表示方法

名　称	图　例	说　明
钢筋横断面	●	下图表示长、短钢筋投影重叠时，短钢筋的端部用45°斜画线表示
无弯钩的钢筋端部		
带半圆形弯钩的钢筋端部		
带直钩的钢板端部		
带丝扣的钢筋端部		
无弯钩的钢筋搭接		
带半圆弯钩的钢筋搭接		
带直钩的钢筋搭接		
花篮螺丝钢筋接头		
预应力钢筋或钢绞线	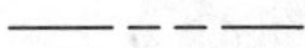	
单根预应力钢筋横断面	+	
单面焊接的钢筋接头		
双面焊接的钢筋接头		
接触对焊的钢筋接头（闪光焊、压力焊）	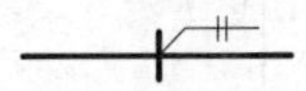	
钢筋网片	 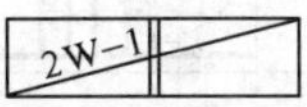	上图为一片钢筋网平面图，下图为一行相同的钢筋网平面图，均用文字注明焊接网或绑扎网

（3）钢筋（或钢丝束）的说明应给出钢筋的代号、直径、数量、间距、编号及所在位置，其说明应沿钢筋的长度标注或标注在相关钢筋的引出线上。简单的构件或钢筋种类较少时可不编号。具体的标注如图 10-4 所示。

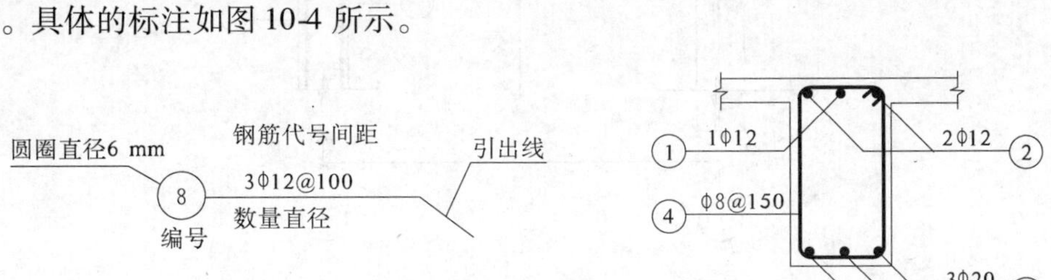

图 10-4　钢筋的标注

（4）构件配筋图中箍筋的长度尺寸，应指箍筋的里皮尺寸；受力钢筋的尺寸应指钢筋的外皮尺寸，如图 10-5 所示。

（5）其他特点：

①当构件的纵、横向断面尺寸相差悬殊时，可在同一图样中的纵、横向选用不同的比例

绘制。轴线尺寸与构件尺寸也可选用不同的比例绘制。

②当采用标准、通用图集中的构件时，应用该图集中的规定代号或型号注写。

③结构图应采用正投影法绘制，特殊情况下也可采用仰视投影法绘制。

④结构图中的构件标高，一般标注构件底面的结构标高。

⑤构件详图的纵向较长、重复较多时，可用折断线断开，适当省略重复部分。这样做可以简化图纸，提高工作效率。

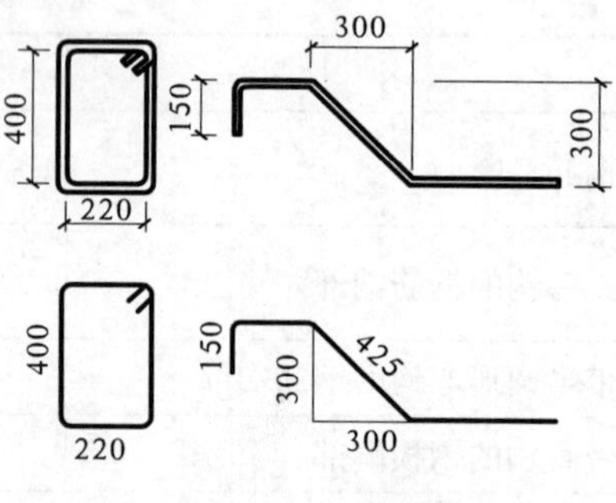

(a)箍筋　　(b)受力钢筋

图 10-5　箍筋、受力筋的尺寸注法

⑥对称的钢筋混凝土构件，可在同一图样中一半表示模板，另一半表示配筋，如图10-6 所示。

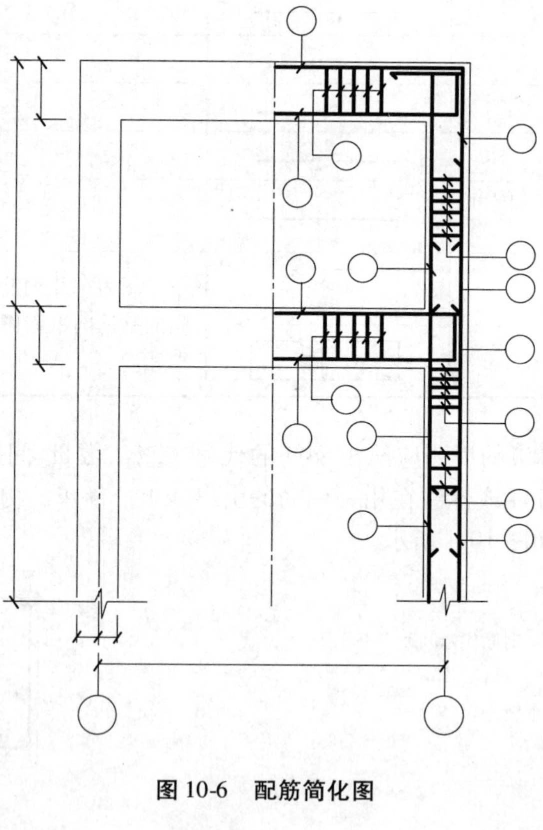

图 10-6　配筋简化图

三、常用的构件代号

为绘图和施工方便，结构构件的名称应用代号来表示，代号后用阿位伯数字标注该构件的型号或编号，也可为构件的顺序号。构件的顺序号采用不带角标的阿拉伯数字连续编排。常用的构件代号见表 10-5。

表 10-5 常用的构件代号

名称	代号	名称	代号	名称	代号
板	B	圈梁	QL	承台	CT
屋面板	WB	过梁	GL	设备基础	SJ
空心板	KB	连系梁	LL	桩	ZH
槽形板	CB	基础梁	JL	挡土墙	DQ
折板	ZB	楼梯梁	TL	地沟	DG
密肋板	MB	框架梁	KL	柱间支撑	ZC
楼梯板	TB	框支梁	KZL	垂直支撑	CC
盖板或沟盖板	GB	屋面框架梁	WKL	水平支撑	SC
挡雨板或檐口板	YB	檩条	LT	梯	T
吊车安全走道板	DB	屋架	WJ	雨篷	YP
墙板	QB	托架	TJ	阳台	YT
天沟板	TGB	天窗架	CJ	梁垫	LD
梁	L	框架	KJ	预埋件	M—
屋面梁	WL	刚架	GJ	天窗端壁	TD
吊车梁	DL	支架	ZJ	钢筋网	W
单轨吊车梁	DDL	柱	Z	钢筋骨架	G
轨道连接	DGL	框架柱	KZ	基础	J
车挡	CD	构造柱	GZ	暗柱	AZ

注:1. 预制钢筋混凝土构件、现浇钢筋混凝土构件、钢构件和木构件,一般可直接采用本表中的构件代号。在绘图中,当需要区别上述构件的材料种类时,可在构件代号前加注材料代号,并在图纸中加以说明。

2. 预应力钢筋混凝土构件的代号,应在构件代号前加注“Y—”,如 Y—KB 表示预应力钢筋混凝土空心板。

第二节 楼层结构平面图

楼层结构平面图是假想沿楼板顶面将房屋水平剖开后所作的楼层结构的水平投影,用来表示楼面板及其下面的墙、梁、柱等承重构件的平面布置,或现浇板的构造与配筋,以及它们之间的结构关系。

一、楼层结构平面图的内容

(1)标注出与建筑图一致的轴线网及墙、柱、梁等构件的位置和编号。

(2)注明预制板的跨度方向、代号、型号或编号、数量和预留洞等的大小和位置。

(3)在现浇板的平面图上,画出其配筋配置,并标注预留孔洞的大小及位置。

(4)注明圈梁或门窗洞过梁的编号。

(5)注出各种梁、板的底面标高和轴线间尺寸。有时还可注出梁的断面尺寸。

(6)注出有关剖切符号或详图索引符号。

(7)附注说明选用预制构件的图集编号、各种材料标号,板内分布筋的级别、直径、间距等。

二、结构平面图的一般画法

对于多层建筑，一般应分层绘制。但是，如果各层楼面结构布置情况相同时，可只画出一个楼层结构平面图，并注明应用各层的层数。

在结构平面图中，构件应采用轮廓线表示，如能用单线表示清楚时，也可用单线表示，如梁、屋架、支撑等可用粗点画线表示其中心位置。采用轮廓线表示时，可见的钢筋混凝土楼板的轮廓线用细实线表示，剖切到的构件轮廓线用中实线表示，不可见构件的轮廓线用中虚线表示，门窗洞一般不再画出，如图 10-7 所示。

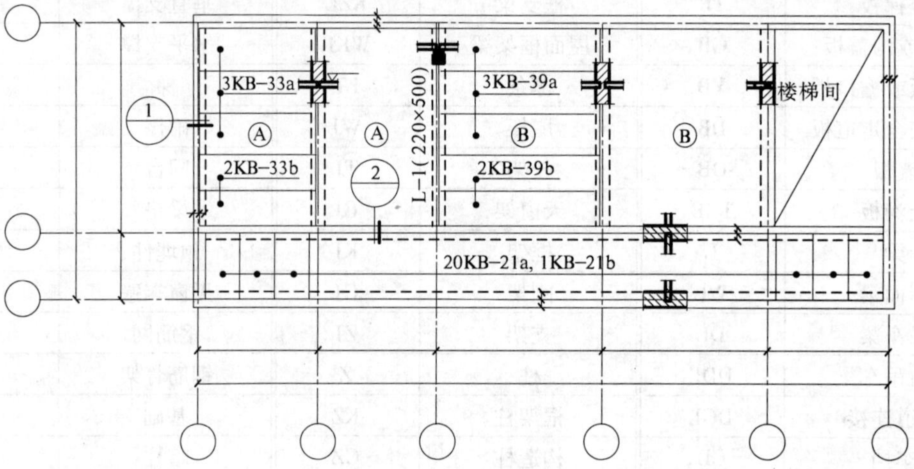

图 10-7　结构平面图示例

在楼层结构平面图中，如果有相同的结构布置时，可只绘制一部分，并用大写的拉丁字母外加细实线圆圈表示相同部分的分类符号，其他相同部分仅标注分类符号。分类符号圆圈直径为 8 mm 或 10 mm，如图 10-7 所示。

在楼层结构平面图中，定位轴线应与建筑平面图或总平面图保持一致，并标注结构标高。

结构平面图中的剖面图、断面详图的编号顺序宜按下列规定编排：

(1)外墙按顺时针方向从左下角开始编号。

(2)内横墙从左至右，从上至下编号。

(3)内纵墙从上至下，从左至右编号，如图 10-8 所示。

三、钢筋的画法

在结构平面图中配置双层钢筋时，底层钢筋的弯钩应向上或向左画出，顶层钢筋的弯钩则向下或向右画出，如图 10-9 所示。对于现浇楼板来说，每种规格的钢筋只画一根，并注明其编号、规格、直径、间距或数量等，与受力筋垂直的分布筋不必画出，但要在附注中或钢筋表中说明其级别、直径、间距(或数量)及长度等，如图 10-10 所示。

图中每组相同的钢筋、箍筋或环筋，可用一根粗实线表示，同时用一两端带斜短画线的横穿细线，表示其余钢筋起止范围，如图 10-11 所示。

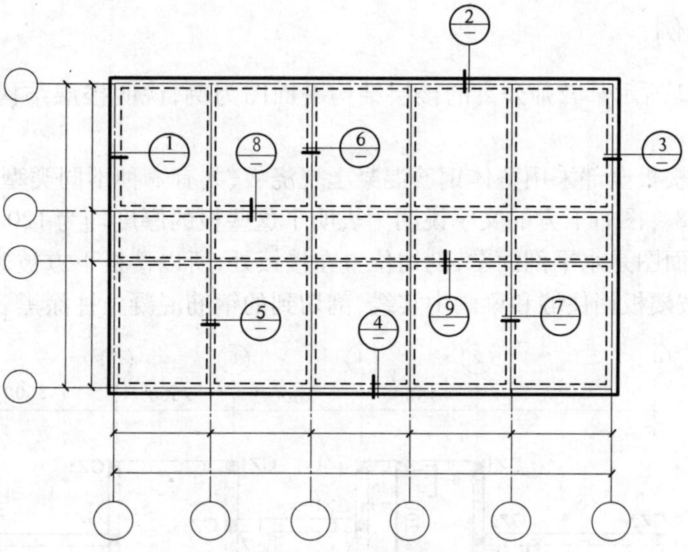

图 10-8　结构平面图中断面编号顺序表示方法

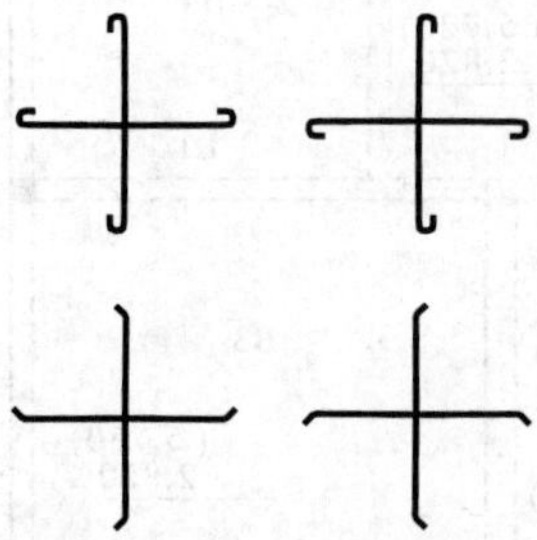

(a)底层钢筋　(b)顶层钢筋

图 10-9　双层钢筋画法

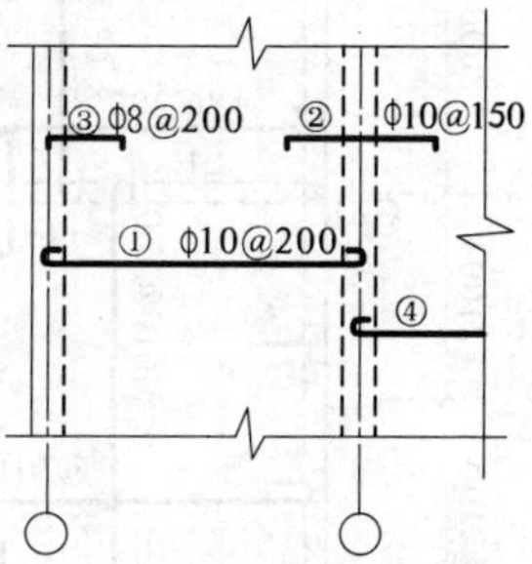

图 10-10　现浇楼板钢筋的画法

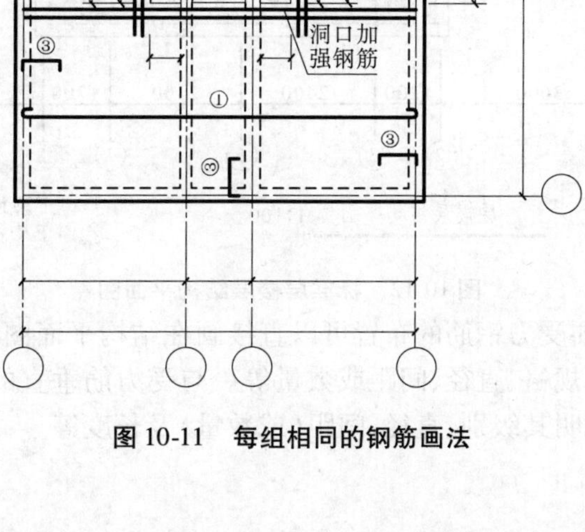

图 10-11　每组相同的钢筋画法

四、读图示例

现以图 10-12 所示某教师公寓的楼层结构平面图为例，说明楼层结构平面图的内容和读图方法。

该教师公寓楼板全部采用整体钢筋混凝土现浇板，共有 8 种不同类型的板：B1、B2、B3、B4、B5、B6、B7、B8。图右下方的文字说明中表明了这些板的厚度均为 120 mm。

由于结构平面图是水平剖面图，剖切位置在楼板处，所以楼板下方被遮挡的墙和梁画中虚线，外围没有被楼板挡住墙和梁画中实线，剖切到的钢筋混凝土柱涂黑表示。

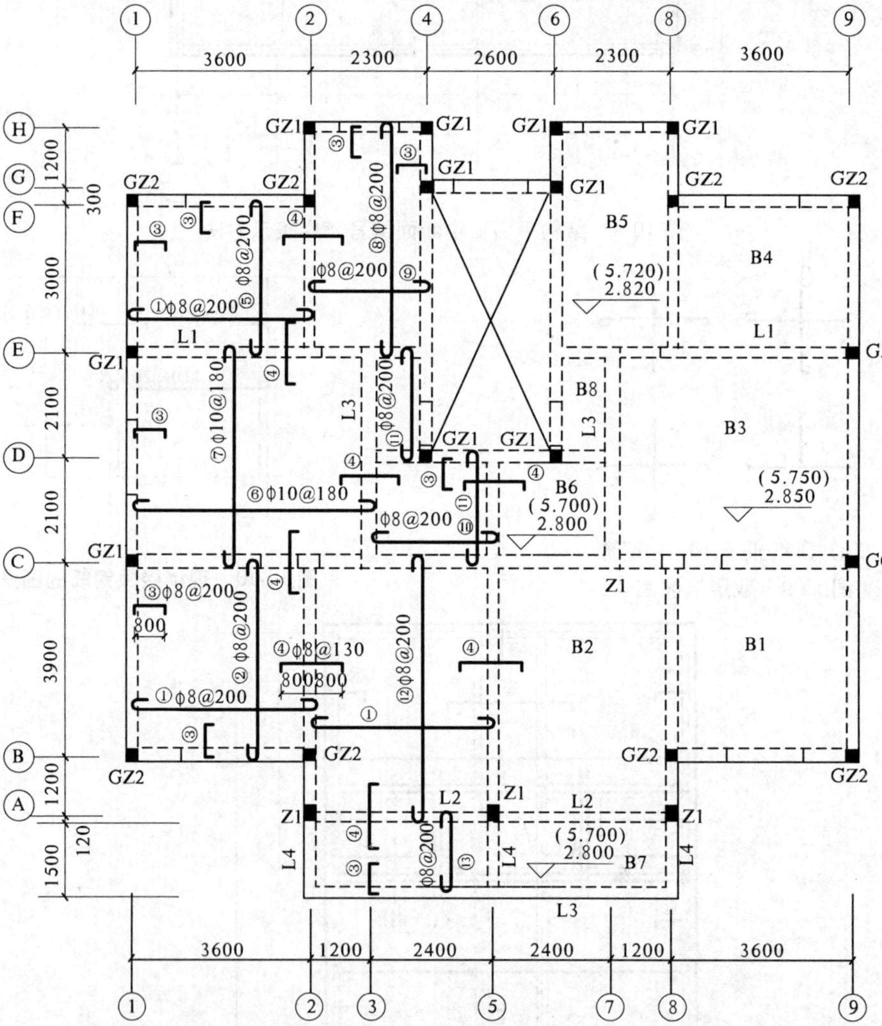

标准层楼层结构平面图 1:100

注：1.图中的楼板厚度均为120。
2.图中所示墙体厚度均为240。

图 10-12　标准层楼层结构平面图

对于现浇楼板，主要受力钢筋的布置可以直接画在结构平面图中。每种规格的钢筋只画一根，并注明其编号、规格、直径、间距或数量等。与受力筋垂直的分布筋不必画出，但要在附注中或钢筋表中说明其级别、直径、间距(或数量)及长度等。

由于图形左右对称，所以在右半部分标注了不同类型现浇板的编号，左半部分则画出了现浇板中的钢筋布置，从弯钩的弯起方向可以判断出：带半圆弯钩的钢筋配置在板的底部，带直弯钩的钢筋配置在板的顶部。从底部受拉钢筋的排列可以看出，除阳台为单向受力板外，其他房间均为双向受力板。

楼梯部分由于比例较小，图形不能清楚表达楼梯结构的平面布置，故需另外画出楼梯结构详图，在这里只需用细实线画出一对角线即可。

图中有四种类型的梁，分别是 L1、L2、L3 和 L4，用来承受客厅和阳台处楼板的荷载。

图中有编号为 Z1 的承重柱，用来承担梁传来的荷载；也有编号为 GZ1 和 GZ2 的构造柱，用来增加房屋的整体刚度，提高抗震能力。

结构平面图的尺寸标注比较简单，只标注轴线尺寸即可；图中房间内标注的标高是结构标高，即去掉面层厚度的钢筋混凝土楼板的上表面标高。

第三节　钢筋混凝土构件详图

钢筋混凝土构件有定型构件和非定型构件两种。定型的预制构件或现浇构件可直接引用标准图或本地区的通用图，只要在图纸上写明选用构件所在的标准图集或通用图集的名称、代号，便可查到相应的构件详图，因而不必重复绘制。非定型构件必须绘制构件详图。

钢筋混凝土构件详图，一般包括模板图（复杂的构件）、配筋图、钢筋表和预埋件详图。配筋图又分为立面图、断面图和钢筋详图，主要表明构件的长度、断面形状与尺寸及钢筋的形式与配置情况。模板图主要表示构件的外形和模板尺寸（外形尺寸）、预埋件、预留孔的位置及大小，以及轴线和标高等，是制作构件模板和安放预埋件的依据。

配筋图一般由立面图和断面图组成。立面图和断面图中的构件轮廓线均用细实线画出，钢筋用粗实线或黑圆点（钢筋横断面）画出。断面图的数量依据构件的复杂程度而定，截取位置选在构件断面形状或钢筋数量和位置有变化处，不宜在构件的斜筋段内截取。立面图和断面图都应注出相一致的钢筋编号和留出规定的保护层厚度。

当配筋较复杂时，通常在立面图的上方（或下方）用同一比例画出钢筋详图。相同编号的只画一根，并详细标注出钢筋的编号、数量（或间距）、类别、直径及各段的长度与总尺寸。若在断面图中不能表达清楚钢筋的布置，也应在断面图外增加钢筋大样图，如图 10-13 所示。

若断面图中表示的箍筋、环筋等布置复杂时，也应加画箍筋大样图及说明，如图 10-14 所示。

为了方便统计用料和编制施工预算，应编写构件的钢筋用量表，说明构件的名称、数量，钢筋的规格，钢筋简图、直径、长度、数量、总数量、长度和重量等，有时也可视具体情况，增减一些内容，如图 10-15 所示。

一、钢筋混凝土梁

图 10-15 所示为钢筋混凝土梁的构件详图，包括立面图、断面图和钢筋表。

从 L1 立面图可以看出，梁的两端搁置在砖墙上，梁的总长度为 3840 mm，混凝土的外轮廓线画细实线，钢筋画粗实线。在梁的中间和端部分别有 1—1 和 2—2 两个剖切符号，指明

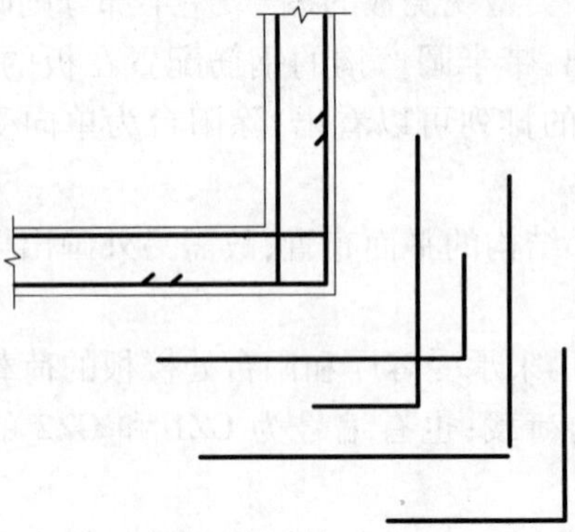

图 10-13　钢筋大样图

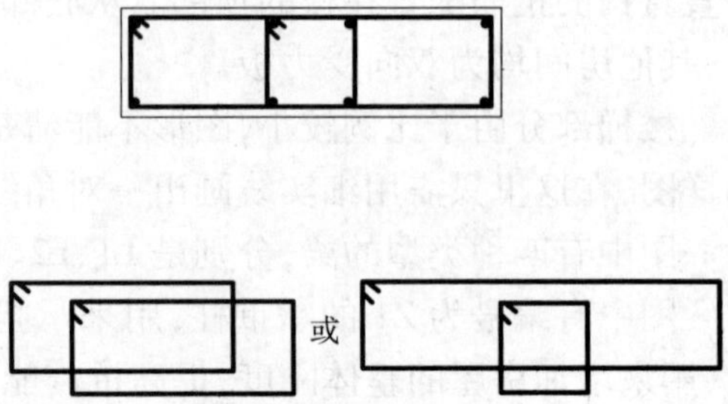

图 10-14　箍筋大样图

了两个断面图的剖切位置。

从立面图可知在梁的下部配置①号受力筋，从 1—1 和 2—2 断面图中可以看出①号筋为 2 根直筋，贯通了梁的底部，到梁端部弯起半圆弯钩；②号钢筋标注在钢筋斜段上，从1—1 和 2—2 两个断面图可以分析出此钢筋在梁的跨中处于底部，到接近梁的两端支座处时开始弯起，弯起后②号筋处于梁的顶部，这种钢筋称为弯起钢筋；①号直筋和②号弯筋都是梁中的主要受力筋，主要承受梁中的拉应力，也称主筋；③号钢筋是架立筋，配置在梁的上部两端，起架立箍筋的作用；④号钢筋是箍筋，也称钢箍，主要作用是固定主筋的位置，与主筋、架立筋一起形成钢筋骨架，以更好地承受外力。

二、钢筋混凝土柱

下面以工业厂房常用的预制钢筋混凝土牛腿柱为例来说明柱的构件详图特点。

对于工业厂房的钢筋混凝土柱等复杂的构件，除画出其配筋图外，还要画出其模板图和预埋件详图，如图 10-16 所示。

从模板图中可以看出，该柱分为上柱和下柱两部分，上柱是主要用来支撑屋架的，断面较小，上下柱之间突出的是牛腿，用来支承吊车梁，下柱受力大，故断面较大。与断面图对照，可以看出上柱是方形实心柱，其断面尺寸是为 400 mm × 400 mm，下柱是工字形柱，其断面尺寸为 400 mm × 600 mm。牛腿的 2—2 断面处的尺寸为 400 mm × 950 mm，柱总高为10550 mm。柱顶标高为 9. 300 mm，牛腿面标高为 6. 000 m。柱顶处的 M－1 表示 1 号预埋件与屋架焊接。牛腿顶面处的 M－2 和在上柱离牛腿面 830 mm 处的 M－3 预埋件，与吊车梁焊接。预埋件的构造做法，另用详图表示。

从牛腿柱的立面图、断面图可看出，上柱的①号钢筋是 4 根直径为 22 mm 的 HRB335 级钢筋，分别放在柱的四角，从柱顶一直伸入牛腿内 800 mm，下柱的③号钢筋是 4 根直径为18 mm的 HRB335 级钢筋，也是放在柱的四角。下柱左、右两侧中间各安放 2 根编号为④、直径为 16 mm 的 HRB335 级钢筋，下柱中间，配有 2 根编号为⑥，直径为 16 mm 的 HRB335级钢筋。③、④、⑥号钢筋都从柱底一直伸到牛腿顶部。柱左边的①和③号钢筋在牛腿处搭接成一整体。牛腿处配置编号为⑪和⑫的弯筋，都是 4 根直径为 12 mm 的 HPB235 级钢筋，其弯曲形状与各段长度尺寸详见钢筋详图。牛腿柱箍筋的编号，上柱是⑦，下柱是⑨和⑩，牛腿处是⑧，各段放法不同，都在立面图上说明。如上柱的顶端 500 范围内，是⑦号箍筋中

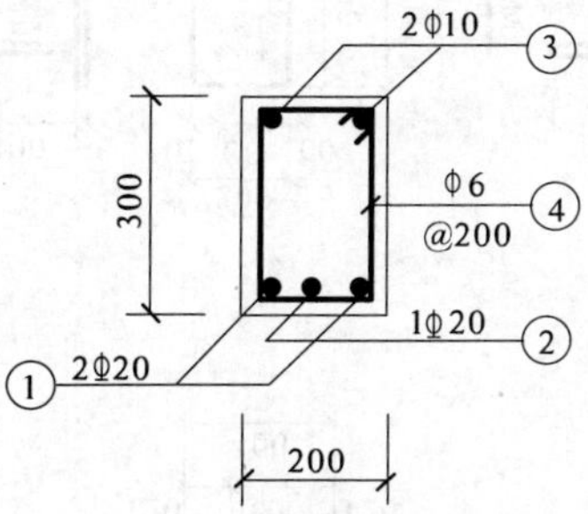

1—1 1: 20

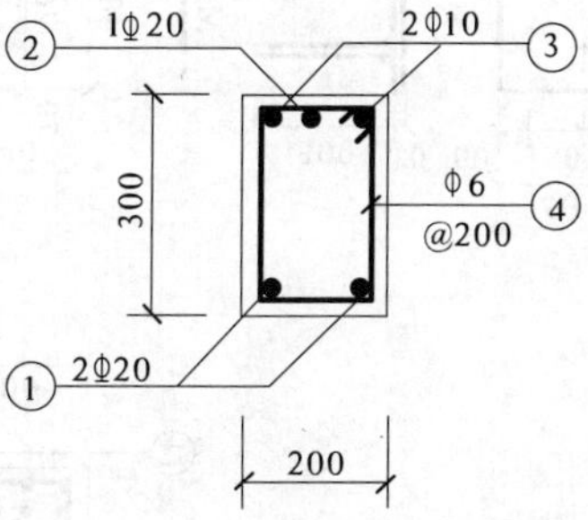

2—2 1: 20

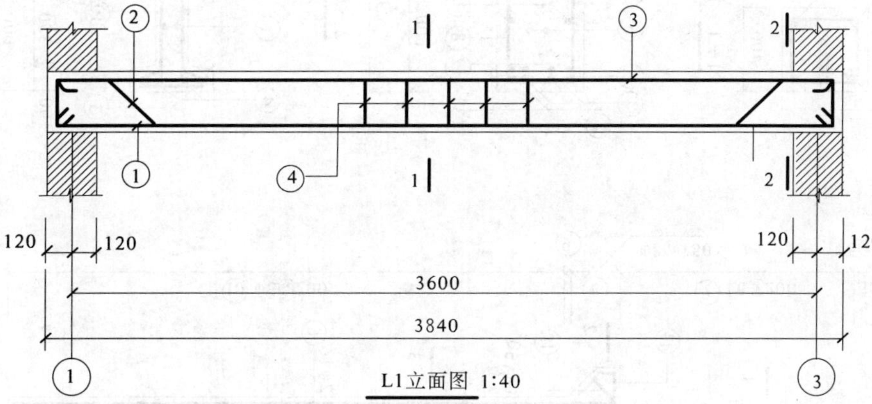

L1立面图 1:40

钢筋表

编号	简　图	直径	长度	根数	备注
①	3790	Φ20	3790	2	
②	215 282 2960 250	Φ20	4454	1	
③	3790 63 63 63	Φ10	3916	2	
④	200 250 300 150	Φ6	900	20	

图 10-15　钢筋混凝土梁

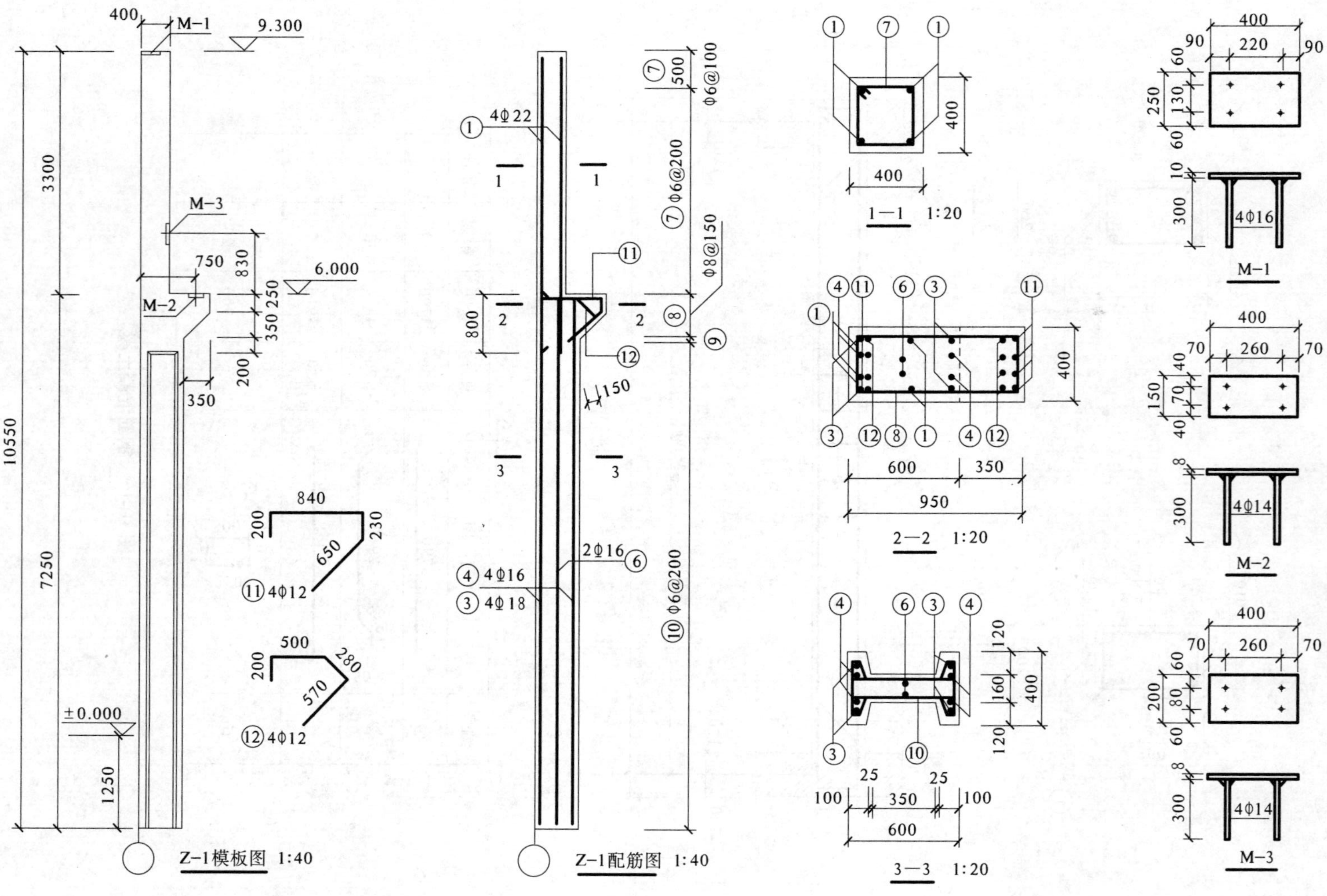

图 10-16 牛腿柱结构详图

ϕ6@100，牛腿部分是⑧号箍筋中ϕ8@150。

注意，牛腿变断面部分的箍筋，其周长要随牛腿断面的变化逐个计算。

M－1、M－2 及 M－3 详图分别表示预埋钢板的形状和尺寸，图 10-16 中还表示了各预埋件的锚固钢筋的位置、数量、规格以及锚固长度等。

第四节　基础平面图和基础详图

一、基础平面图

（一）基础平面图的产生和画法

基础平面图是表示基坑在未回填土时基础平面布置的图样，它是假想用一个水平面沿基础墙顶部剖切后所作出的水平投影图。基础平面图通常只画出基础墙、柱的截面及基础底面的轮廓线，基础的大放脚等细部的可见轮廓线都省略不画，这些细部的形状和尺寸用基础详图表示。

基础平面图的比例、轴线及轴线尺寸与建筑平面图一致。其图线要求是：剖切到的基础墙轮廓线画成粗实线，基础底面的轮廓线画成中粗实线，可见的梁画成粗实线（单线），不可见的梁画成粗点画线（单线）；剖切到的钢筋混凝土柱断面，由于绘图比例较小，要涂黑表示。

在基础平面图中，应注明基础的大小尺寸和定位尺寸。大小尺寸是指基础墙断面尺寸、柱断面尺寸以及基础底面宽度尺寸；定位尺寸是指基础墙、柱以及基础底面与轴线的联系尺寸。图中还应注明剖切符号。基础的断面形状与埋置深度要根据上部的荷载以及地基承载力而定，同一幢房屋由于各处有不同的荷载和不同的地基承载力，下面就有不同的基础。对每一种不同的基础，都要画出它的断面图，并在基础平面图上用 1—1、2—2 等剖切符号表明该断面的位置。

（二）基础平面图图示实例

图 10-17 是第九章所述教师公寓的基础平面图，下面以此图为例来说明基础平面图的内容和读图。

本例中有条形基础和独立基础两种基础形式。

粗实线表示的是水平剖切到的条形基础的基础墙，粗线两侧的细实线是条形基础下方的基槽宽度，条形基础的断面形式见 1—1 断面详图。

涂黑的柱子有两种，一种为构造柱 GZ1，因为不承重，所以柱下不需做基础；另一种是承重柱 Z1 和 Z2，柱下需要做独立基础，基础的基坑线用细实线表示。

由于基础的断面形状与埋置深度要根据上部的荷载以及地基承载力而定，同一幢房屋由于各处有不同的荷载和不同的地基承载力，下面就有不同的基础。对于条形基础，图中共有 1—1 和 2—2 两种断面形式；对于柱下的独立基础，则分别有 J－1、J－2、J－3 三种结构形式。它们的尺寸及结构要求都有详图表达，详见图 10-18 和图 10-19 绘出的基础详图。

（三）基础平面图的绘图步骤

（1）按比例画出与房屋建筑平面图相同的轴线及编号。

（2）画基础墙（柱）的断面轮廓线、基础底面轮廓线以及基础梁（或地圈梁）等。

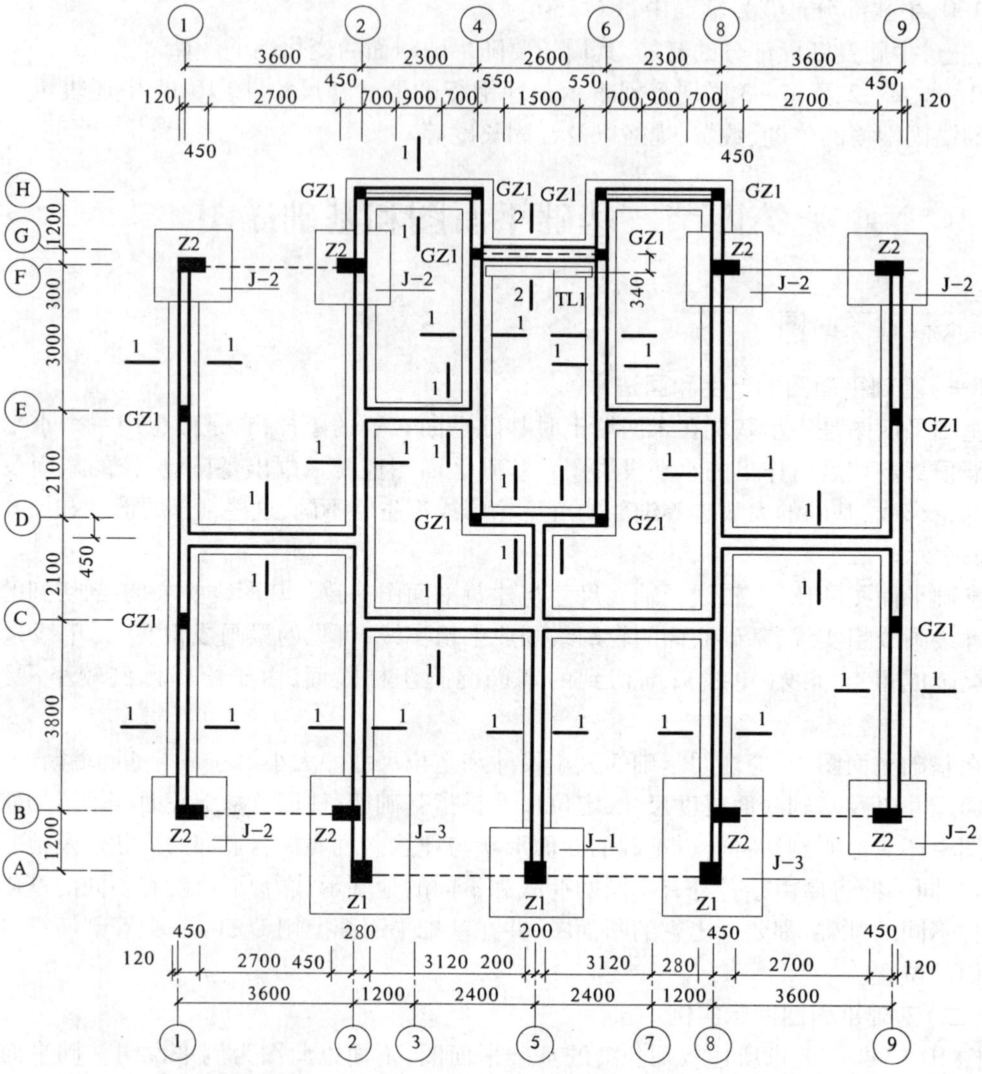

基础平面图 1:100

图 10-17 某校教师公寓基础平面图

(3)画出不同断面的剖切符号,并分别编号。

(4)标注尺寸。主要标注轴线距离、轴线到基础底边和墙边的距离以及基础墙厚等尺寸。

(5)注写必要的文字说明、图名、比例。

(6)设备较复杂的房屋,在基础平面图上还要配合采暖通风图、给水排水管道图、电源设备图等,用虚线画出管沟、设备孔洞等位置,并注明其内径、宽、深尺寸和洞底标高。

二、基础详图

在基础平面图中只表明了基础的平面布置,而基础的形状、大小、构造、材料及埋置深度均未表明,所以在结构施工图中还需要画出基础详图。基础详图是垂直剖切的断面图。

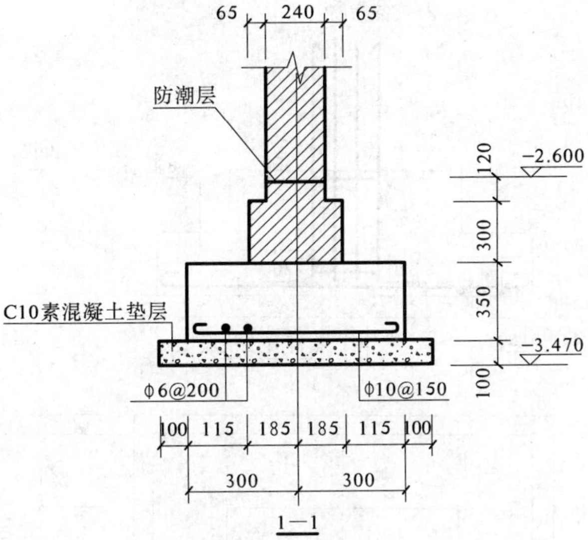

图 10-18　条形基础断面图

从图 10-18 可以看出，1—1 断面图中基础的底面宽度为 600 mm，基础的下面有 100 mm 厚的 C10 素混凝土垫层；基础的主体为 350 mm 高的钢筋混凝土，其内配置双向钢筋，分别是φ6@200 和φ10@150；基础的大放脚材料为砖，高度≥120 mm，宽度为 65 mm；基础墙厚为 240 mm，内有一防潮层。

图 10-19 所示是该住宅的柱下独立基础中 J-1 的基础详图，下方是带局部剖面的平面图，上方是基础的纵向全剖面图。

平面图中表示了基础和柱子的长宽尺寸。画出了现浇柱子里的配筋情况，柱中共有 12 根竖向的受力筋，均为直径 18 mm 的 HRB335 级钢筋，另有箍筋固定竖向受力筋的位置。在平面图的左下角用局部剖面图的形式表示了基础底部钢筋的配置情况，可知受力筋是直径 10 mm 的 HPB235 级钢筋，中心间距 150 mm，为双向受力的网状配筋。

纵向剖面图中表示了独立基础的埋置深度和各部分的高度尺寸，基础的底面标高是 -3.400 m，顶面标高是 -2.600 m，由上一章得知该住宅的室外地面标高为 -2.500 m，因此基础的顶面距室外地面 100 mm。

剖面图主要画出了纵向剖切到的基础和柱的钢筋配置，，从图中可知，基础底部配有双向受力钢筋，与平面图中标注的钢筋一致；基础底部设有 100 mm 高垫层，材料是没有钢筋的素混凝土。

在柱基础中预留了插筋，是为了与柱的钢筋进行搭接，在基础范围内配置了三道φ8 箍筋。

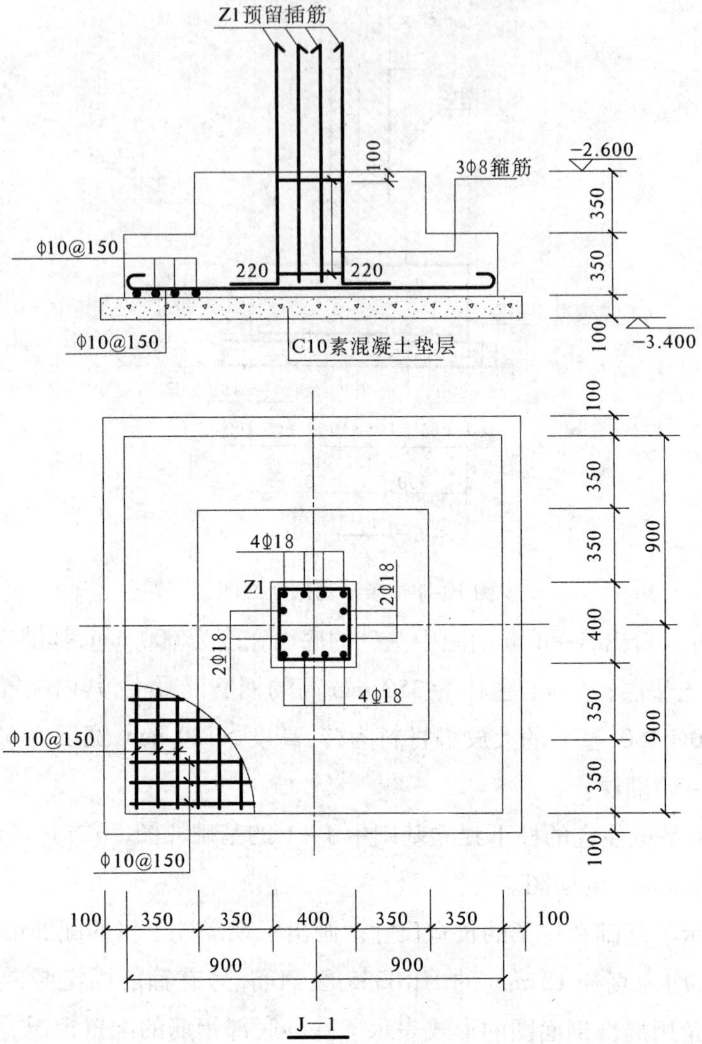

图 10-19　独立基础详图

第十一章　给水排水和采暖施工图

第一节　给水排水工程概述

一、给水排水工程简介

给水排水工程是城市建设的基础设施之一，主要分为给水工程和排水工程。

给水工程是为满足城镇居民生活和工业生产等需要，从水源取水，将水净化处理后，经输配水系统送往用户，直至到达每一个用水点的一系列构筑物、设备、管道及其附件所组成的工程设施。给水工程可分为室外给水工程和室内给水工程。

排水工程是与给水工程相配套的，用来汇集、输送、处理和排放生活污水、生产污水和雨水、雪水的工程设施。排水工程也可分为室外排水工程和室内排水工程。

二、给水排水施工图的分类

给水排水施工图一般分为室内给水排水施工图和室外给水排水施工图。

室内给水排水施工图是表示一幢建筑物内部的用水设备、给水排水管道及其附件在房屋中的位置和安装方式的施工图。主要包括室内给水排水平面图、系统轴测图、安装详图和施工说明等。

室外给水排水施工图表示的范围比较广，可表示一幢建筑物外部的给水排水工程，也可表示一个厂区（建筑小区）或一个城市的给水排水工程。主要内容有以下几方面。

（一）室外给水排水管道施工图

室外给水排水管道施工图是指城市或村镇的居住区和工矿企业厂区的给水排水管道施工图。主要包括给水排水管道平面图、纵断面图和有关的安装详图。

（二）水处理工艺设备图

水处理工艺设备图是指给水厂、污水厂的平面布置图，水处理设备图（如沉淀池、过滤池、曝气池、消化池等全套设计图）及流程图等。

三、绘制给水排水施工图的一般规定

（一）图线

（1）在给水排水施工图中一般新建给水管道采用粗实线，排水管道采用粗虚线，雨水管道采用粗点画线。

（2）给排水设备、原有给水、排水管线采用中实线（可见）、中虚线（不可见）。

（3）建筑物、构筑物的轮廓线，被剖切的建筑构造轮廓线采用细实线（可见）、细虚线（不

可见)。

(4)尺寸、图例、标高、设计地面线等采用细实线。

(5)细点画线、折断线、波浪线的使用与建筑图相同。

(二)比例

给水排水工程图的比例是根据管道和卫生器具布置的复杂程度和画图需要进行选择。常见的比例见表 11-1。

表 11-1　给水排水施工图常用的比例

名称	比例
厂区(小区)总平面图	1:2000、1:1000、1:500、1:200
管道纵剖面图	横向 1:1000、1:500;纵向 1:200、1:100、1:50
室内管道平、剖面图	1:300、1:200、1:100、1:50
管道系统轴测图	1:200、1:100、1:50 或不按比例
流程图或原理图	无比例
设备加工图	1:100、1:50、1:40、1:30、1:20、1:10、1:2、1:1
详图	1:50、1:40、1:30、1:20、1:10、1:5、1:3、1:2、1:1、2:1

(三)标高

(1)单位:m。一般标注至小数点后第三位。在总图中可标注至小数点后两位。

(2)标注位置:应在管道的起讫点、转角点、连接点、变坡点、交叉点等处标注标高。压力管道宜标注管中心标高,室内外重力管道宜标注管内底标高;必要时,室内架空重力管道可标注管中心标高,例如室内排水管道可标注管中心标高,但图中应加以说明。

(3)标高种类:室内管道应标注相对标高;室外管道宜标注绝对标高,无资料时可标注相对标高,但应与总建筑图一致。

(4)标注方法:平面图、剖面图、系统图分别按图 11-1、图 11-2、图 11-3 的方式标注。

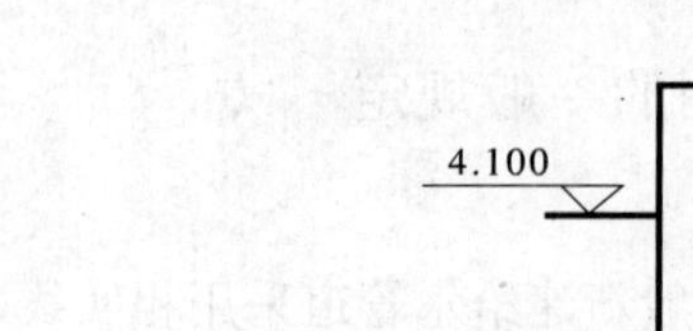

图 11-1　平面图中管道标注法

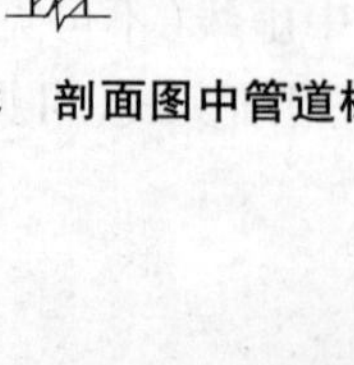

图 11-2　剖面图中管道标注法

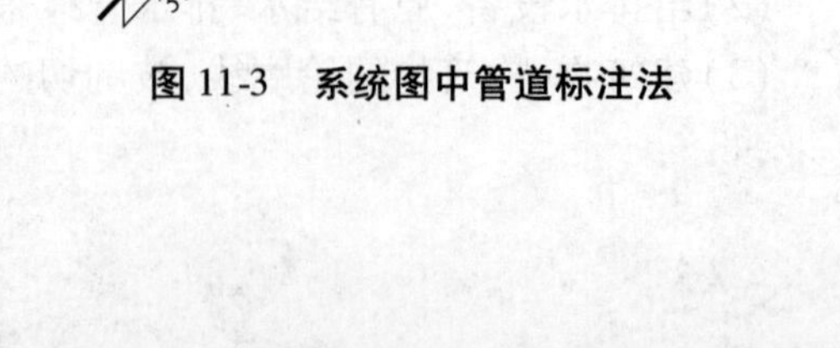

图 11-3　系统图中管道标注法

（四）管径

（1）单位：mm。

（2）表示方法：

①水煤气输送钢管（镀锌、非镀锌）、铸铁管等管材，管径宜以公称直径 *DN* 表示（如 *DN*15、*DN*50 等）；耐陶瓷管、混凝土管、钢筋混凝土管、陶土管等，管径应以内径 *d* 表示（如 *d*230、*d*380 等）。

②焊接钢管、无缝钢管等，管径应以外径×壁厚表示（如 *D*108×4、*D*159×4.5 等）。

（3）标注位置：管径在图纸上一般标注在以下位置。

①管径变径处。

②水平管道标注在管道的上方，斜管道标注在管道的斜上方，竖直管道标注在管道的左侧，如图 11-4 所示。当管径无法按上述位置标注时，可另找适当位置标注。多根管线的管径可用引出线进行标注，如图 11-5 所示。

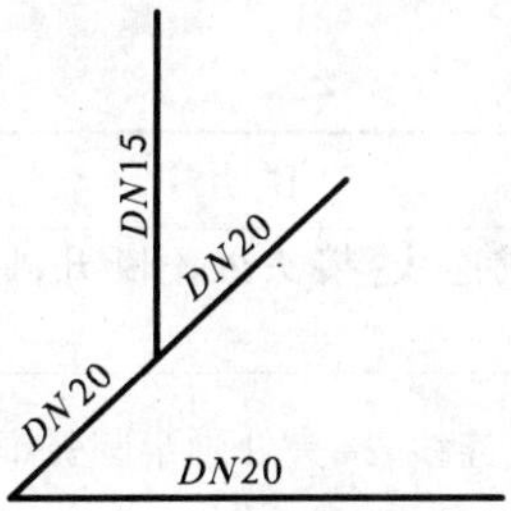

图 11-4　管径标注位置

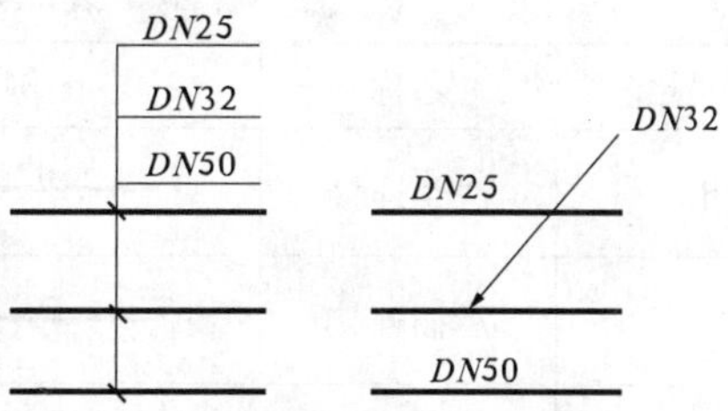

图 11-5　多根管线管径标注位置

（五）管道坡度及坡向的表示方法

管道的坡度及坡向表示管道的倾斜程度和坡度方向。标注坡度时，在坡度数字下，应加注坡度的符号。坡度符号的箭头一般指向下坡方向，如图 11-6 所示。

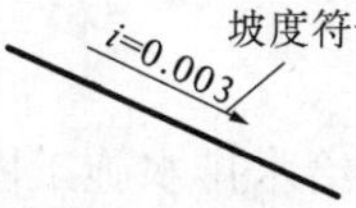

图 11-6　管道坡度及坡向表示方法

（六）管道编号

（1）一般给水管道用字母“J”表示；污水管及排水管用字母“W”、“P”表示；雨水管道用字母“Y”表示。

（2）在底层给水排水平面图中，当建筑物的给水引入管和污水排出管的数量多于一个时，应对每一个给水引入管和污水排出管进行编号。系统的划分，一般给水系统以每一个引入管为一个给水系统，排水系统以每一排出管为一排水系统。给水系统和排水系统的编号见图 11-7，在直径约为 12 mm 的圆圈内，圆圈内过圆心画一水平线，线上面标注管道种类，如给水系统写“给”或汉语拼音字母“J”，线下面标注编号，用阿拉伯数字书写。

（3）建筑物内垂直楼层的立管，其数量多于一个时，也用拼音字母和阿拉伯数字为管道进出口编号，如图 11-8 所示。“WL－1”为 1 号污水立管。

（4）给水排水附属构筑物（阀门井、检查井、水表井、化粪池等）多于一个时应编号。给水阀门井的编号顺序应从水源到用户，从干管到支管再到用户。排水检查井的编号顺序应从上游到下游，先支管后干管。

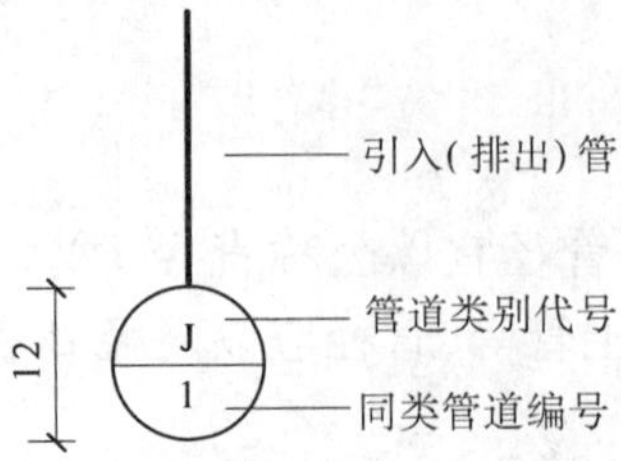

图 11-7　给水引入管(排水排出管)编号表示法

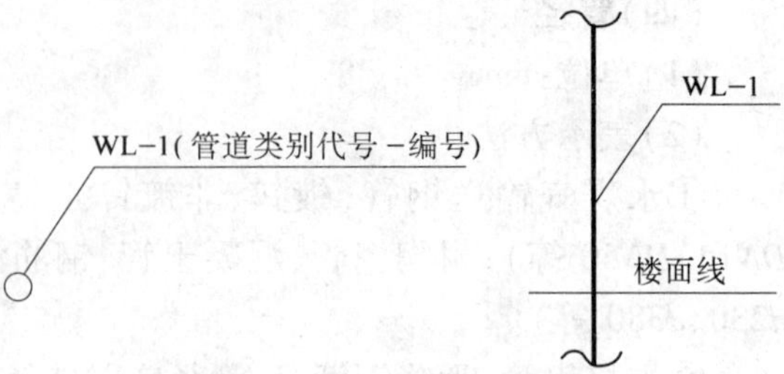

图 11-8　立管编号表示法

(七)管道连接方式

常用的管道连接方式有法兰连接、承插连接、螺纹连接和焊接等方式,其连接符号见表 11-2。

表 11-2　管道连接符号

序号	名称	图例	说明
1	法兰连接		管道画成连线,接头处不断开,画二条平行细线
2	承插连接		管道画成连线,接头处画半圆弧细线
3	螺纹连接	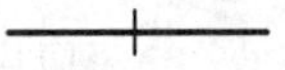	接头处画一条细线
4	焊　接		接头处画一个点

第二节　室内给水排水工程施工图

室内给水排水施工图表示一幢建筑物内的给水工程和排水工程,它主要显示建筑物内卫生器具的安装位置及其管道的布置情况。包括室内给水施工图和室内排水施工图。

一、室内给水施工图

(一)室内给水系统的组成与分类

室内给水系统根据供水对象的不同,可分为生产、生活和消防三种给水系统。在一幢建筑物内并不一定单独设置三个独立的给水系统,往往设置生产与生活、生产与消防、生活与消防或三者并用的给水系统。

室内给水系统有以下几个基本部分组成。

(1)引入管。穿过建筑物外墙或基础,自室外给水管将水引入室内给水管道的水平管,引入管应有不小于 0.003 的坡度,坡向室外管网。

(2)水表节点。需要单独计算用水量的建筑物,应在引入管上装设水表,有时根据需要在配水管上装设水表。水表一般设置在易于观察的室内或室外水表井内,水表井内设有闸阀、水表及泄水阀门等。

(3)配水管网。由水平干管、立管、支管等组成的管道系统。

(4)用水设备与附件。

(5)升压设备。当室外管网压力不足时,所设置的水箱和水泵等设备。

室内给水排水系统的组成如图 11-9 所示。

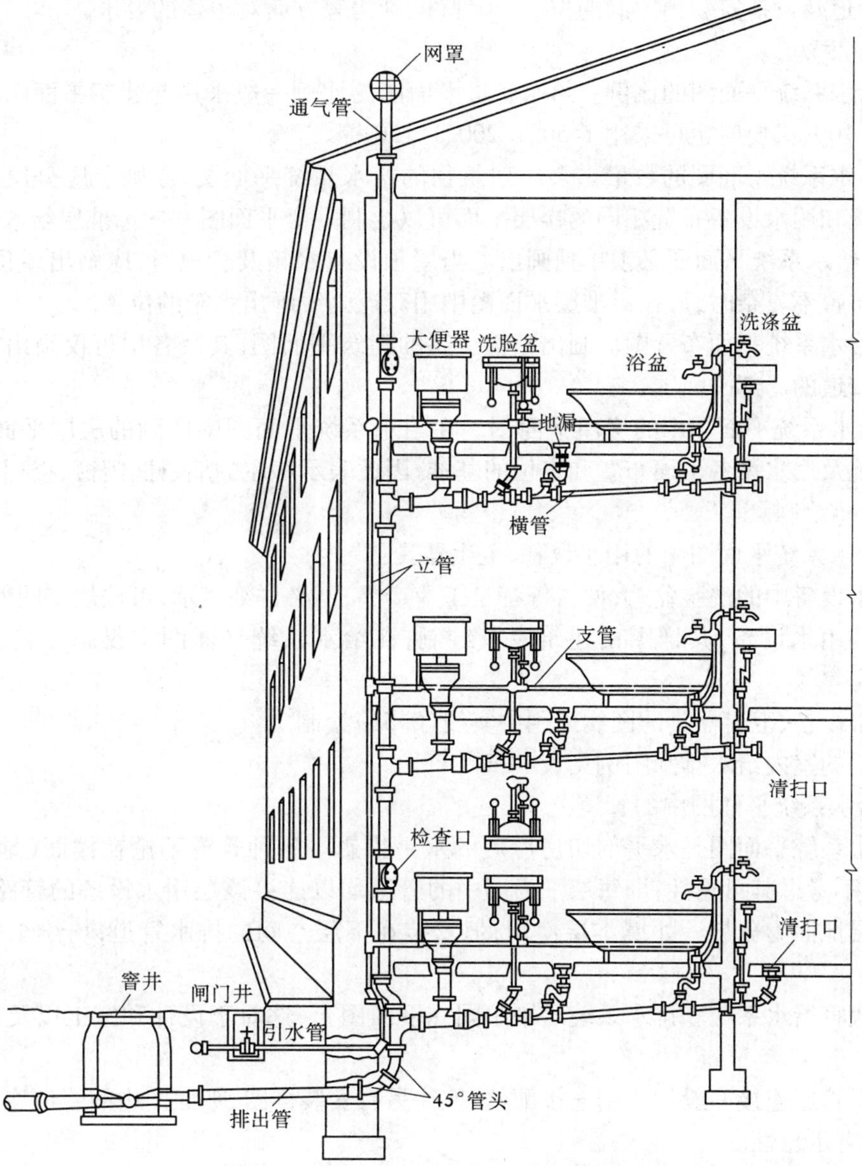

图 11-9　室内给水排水系统的组成

(二)室内给水系统平面图的图示内容和图示方法

1. 图示内容

室内给水系统平面图主要表明建筑物内给水管道及用水设备的平面布置情况,主要有以下几方面。

(1)室内用水设备的类型、数量及平面位置。

(2)室内给水系统中各个干管、立管、支管的平面位置、走向、立管编号和管道的安装方式(明装或暗装)。

(3)管道器材设备如阀门、消火栓等的平面位置。

(4)给水引入管、水表节点的平面位置、走向及与室外给水管网的连接(底层平面图)。

(5)管道及设备安装预留洞的位置、预埋件、管沟等方面对土建的要求。

2. 图示方法

(1)给水系统平面图的比例。给水管道平面图的比例一般采用与建筑平面图相同的比例,常用1:100,必要时也可采用1:50、1:200、1:150等。

(2)给水系统平面图的数量。多层建筑物的给水系统平面图,原则上应分层绘制。对于管道系统和用水设备布置相同的楼层平面可以绘制一个平面图——标准层给水系统平面图,但底层给水系统平面图必须单独画出。当屋顶设有水箱及管道时,应画出屋顶平面图,如果管道布置不复杂时,可在标准层平面图中用双点画线画出水箱的位置。

底层给水系统平面布置图应画出整幢房屋的建筑平面图,其余各层可仅画出布置有用水设备及管道的局部平面图。

(3)给水系统平面图中的房屋平面图。在给水系统平面图中所画的房屋平面图,仅作为管道系统及用水设备平面布置和定位的基准,因此表示房屋的墙、柱、门窗、楼梯等均用细实线(0.35*b*)绘制。

(4)给水系统平面图中的用水设备、卫生器具:

①用水设备中的洗脸盆、大便器等都是工业产品,不必详细表示,可按规定图例画出;而现场浇筑的用水设备,其详图由建筑专业绘制,在给水系统平面图中仅画出其主要轮廓即可。

②用水设备、卫生器具的图线采用中实线(0.5*b*)绘制。

③常用的室内给水排水图例见表11-3。

(5)给水系统平面图中的管道:

①给水系统平面图是水平剖切房屋后的水平投影。各种管道不论在楼面(地面)之上或之下,都不考虑其可见性,即每层平面图中的管道均以连接该层用水设备的管路为准,而不是以楼层地面为分界。如属本层使用,但安装在下层空间的排水管道,均绘于本层平面图上。

②一般将给水系统和排水系统绘制于同一平面图上,这对于设计和施工以及识读都比较方便。

③由于管道连接一般均采用连接配件,往往另有安装详图,平面图中的管道连接均为简略表示,具有示意性。

(6)给水排水系统平面图中系统的编号。在底层管道平面图中,各种管道要按系统进行编号。系统的划分一般给水管道以每一个引入管为一个系统,排水管道以每一排出管为一排水系统。系统的编号见图11-7。

(7)尺寸标注:

①在给水排水管道平面图中应标注墙或柱的轴线尺寸,以及室内外地面和各层楼面的标高。

表 11-3　室内给水排水常用图例

名称	图例	说明	名称	图例	说明
管道		用于一张图上，只有一种管道	放水龙头		
	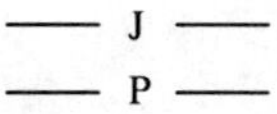	用汉语拼音字头表示管道类别	室内单出口消火栓		左为平面 右为系统
	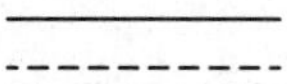	用线型区分管道类别	室内双出口消火栓	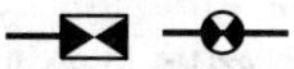	左为平面 右为系统
交叉管	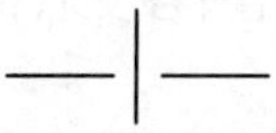	管道交叉不连接，在下方和后方的管道应断开	自动喷淋头	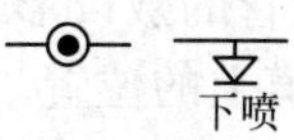	左为平面 右为系统
管道连接	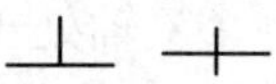	左为三通 右为四通	淋浴喷头	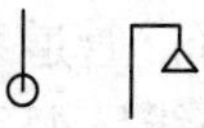	
管道立管	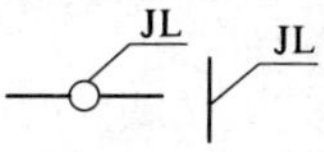	J:管道类别 L:立管	水表		
管道固定支架			立式洗脸盆		
多孔管			浴盆	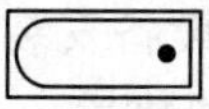	
存水管	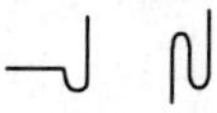		污水池		
检查口	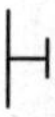		盥洗槽	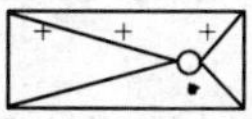	
清扫口	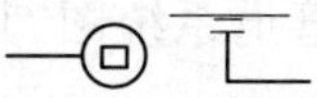	左为平面 右为系统	小便槽	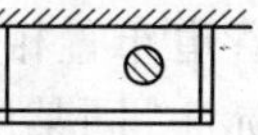	
通气帽	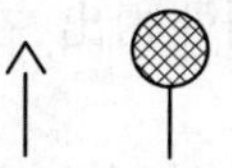	左为成品 右为铅丝球	小便器		
圆形地漏	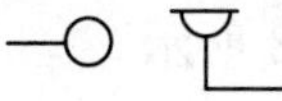	左为平面 右为系统	大便器		左为蹲式 右为坐式
截止阀		左为 $DN \geqslant 50$ 右为 $DN < 50$	延时自闭阀		
闸　阀			柔性防水套管	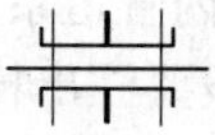	
止回阀	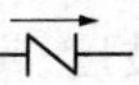		可曲挠接头		

②卫生器具和管道一般都是沿墙或靠柱设置的，不必标注定位尺寸（一般在说明中写出），必要时，可以以墙面或柱面为基准标注尺寸。卫生器具的规格可注在引出线上，或在施工说明中说明。

③管道的管径、坡度和标高均标注在管道的系统图中，在管道的平面图中不必标出。

④管道长度尺寸用比例尺从图中量出近似尺寸，在安装时则以实测尺寸为准，所以在管道平面图中也不标注管道的长度尺寸。

（三）室内给水系统图的图示内容和图示方法

1. 图示内容

室内给水系统图是给水排水工程施工图中的主要图纸，主要表示给水管道系统在室内的具体走向，干管的敷设形式，各管段的管径及变化情况，引入管、干管、各支管的标高，以及各种附件在管道上的位置。

2. 图示方法

（1）轴向选择。管道系统轴测图一般采用正面斜等轴测图绘制。*OX* 轴处于水平方向，*OY* 轴一般与水平线呈 45°（也可以呈 30°或 60°），*OZ* 轴处于铅垂方向。三个轴向伸缩系数均为 1。

（2）比例：

①管道系统图比例一般采用与管道平面图相同的比例，当管道系统比较复杂时也可以放大比例。

②当采用与平面图相同的比例时，*OX*、*OY* 轴向尺寸可直接从平面图上量取，*OZ* 轴向的尺寸可依层高和设备安装高度量取。

（3）系统图的数量。系统图的数量是按给水引入管和污水排出管的数量而定，每一管道系统图的编号都应与管道平面图中的系统编号相一致。

（4）系统图中的管道：

①给水管道用粗实线表示，给水管道上的附件（如闸阀、水龙头等）用图例表示。用水设备可不画。

②当空间交叉管道在图中相交时，在相交处将被挡在后面或下面的管线断开。

③当各层管道布置相同时，不必层层重复画出，只需画出一层管道系统图，其余各层只画出接管处并标注“同某层”即可。各管道连接的画法具有示意性。

④当管道过于集中，无法表达清楚时，可将某些管段断开，移至别处画出，在断开处给以明确标记。

（5）在系统图中墙和楼板、地面的画法。在系统图中还应画出被管道穿过的墙、柱、地面、楼面和屋面的位置，他们一般用细实线画出，其表示方法如图 11-8 所示。

（6）尺寸标注：

①管径。系统图中所有管段均需标注管径，当连续几段管段的管径相同时，可仅标注两端管段的管径，中间管段管径可省略不用标注。直径用公称直径“*DN*”表示。

②标高。室内管道系统图中标注的标高是相对标高。给水管道系统图中标注的标高是管中心标高，一般要注出横管、阀门、水龙头和水箱各部位的标高。此外，还要标注室内地面、室外地面、各层楼面和屋面的标高。

③凡有坡度的横管都要标注出其坡度。一般室内给水横管没有坡度，室内排水横管有坡度。

(7)图例。平面图和系统图应列出统一的图例,其大小要与平面图中的图例大小相同。

二、室内排水施工图

(一)室内排水系统的组成与分类

室内排水系统,根据排水性质的不同可分为生活污水系统、工业废水系统和雨水管道系统。室内排水体制分为分流制和合流制:分流制是分别单独设置生活污水、工业废水和雨水管道系统;合流制是将其中任意两种或三种管道系统组合在一起。

室内排水系统一般由以下几个基本部分组成。

(1)污(废)水收集器:各种卫生器具、排放生产废水的设备、雨水斗及地漏等。

(2)器具排水管:卫生器具和排水横管之间的短管,除坐式大便器外,一般都有P式或S式存水弯。

(3)排水横支管:连接器具排水管和立管之间的水平管段。横支管应有一定的坡度,坡向排水立管。

(4)排水立管:接受各横支管排放的污水,然后送往排出管。排水立管通常在墙角明装,一般靠近杂质最多、最脏及排水量最大的排水点处。有特殊要求时,也可以在管槽或管井中暗装。

(5)排出管:是室内排水立管与室外检查井之间的连接管段。通常为埋地敷设,有一定的坡度,坡向室外检查井。

(6)通气管:是排水立管上端延伸出屋面的一段立管。当排水横管上连接的卫生设备较多、卫生条件要求较高的建筑及高层建筑应设辅助通气管。

(7)清扫设备:为疏通排水管道而设置的检查口和清扫口。检查口在立管上应每隔两层设置,一个设置高度距地面1.0 m;清扫口设置在具有两个及两个以上大便器或三个及三个以上卫生器具的排水横管上。

(二)室内排水系统平面图的图示内容和图示方法

1. 图示内容

与室内给水平面图相同,室内排水系统平面图也是主要表明建筑物内排水管道及卫生器具的平面布置情况。主要内容有以下几方面:

(1)室内卫生设备的类型、数量及平面位置。

(2)室内排水系统中各个干管、立管、支管的平面位置、走向、立管编号和管道的安装方式(明装或暗装)。

(3)管道器材设备如地漏、清扫口等的平面位置。

(4)污水排出管、化粪池的平面位置、走向及与室外排水管网的连接(底层平面图)。

(5)管道及设备安装预留洞的位置、预埋件、管沟等方面对土建的要求等。

2. 图示方法

排水系统平面图的图示方法与给水系统平面图图示方法相同,这里不再详述。只是在绘制排水管道时用粗虚线表示。

(三)室内排水系统图的图示内容和图示方法

1. 图示内容

室内排水系统图也是给水排水工程施工图中的主要图纸,它表示排水管道系统在室内的具体走向，管路的分支情况、管径尺寸与横管坡度、管道各部标高、存水弯形式、清通设备设置情况等。

2. 图示方法

排水管道系统图的图示方法与给水管道系统图示方法相同，这里不再详述。只是在标注标高时，排水管道系统图中，横管的标高一般由卫生器具的安装高度和管件尺寸所决定，不必标注。必要时，室内架空排水管道可标注管中心标高，但图中应加以说明。对于检查口和排出管起点（管内底）的标高，均须标出。

三、室内给水排水详图

以上所介绍的室内给水排水系统平面图、系统图中，都只是显示了管道系统的布置情况，至于卫生器具的安装、管道连接等，需要绘制能提供施工依据的安装详图。

详图要求详尽、具体、明确、视图完整、尺寸齐全、材料规格注写清楚，并附必要说明。

一般常用的卫生器具及设备安装详图，可直接套用给水排水国家标准图集或有关详图图集，无需自行绘制。选用标准图时只需在图例或说明中注明所采用图集编号即可。现对大便器作简单的介绍，其余卫生器具的安装详图可查阅《给水排水标准图集》（S 342）。

图 11-10 是低水箱坐式大便器安装详图，表明了安装尺寸的要求，如水箱的高度是 910 mm，坐便器离地面的高度是 390 mm 等。

四、室内给水排水施工图的识读

（1）熟悉图纸目录，了解设计说明，在此基础上将平面图与系统图联系起来对照阅读。

（2）应按给水系统和排水系统分系统分别识读；在同系统中应按编号依次识读。

①给水系统。识读室内给水系统时根据给水管道系统的编号，从给水引入管开始按照水的流向，顺序进行。即从给水引入管经水表节点、水平干管、立管、横支管直至用水设备。

②排水系统。识读室内排水系统是根据排水管道系统的编号，从卫生器具开始按照水的流向，顺序进行。即从卫生器具开始经存水弯、水平横支管、立管、排出管直至检查井。

（3）在施工图中，对于某些常见的管道器材、设备等细部的位置、尺寸和构造要求，往往是不加说明的，而是遵循专业设计规范、施工操作规程等标准进行施工，读图时欲了解其详细做法，需参照有关标准图和安装详图。

五、室内给水排水施工图识读举例

室内给水排水施工图中的管道平面图和管道系统图相辅相依，互相补充，共同表达房屋内各种卫生器具和各种管道以及管道上各种附件的空间位置。在读图时要按照给水和排水的各个系统把这两种图纸联系起来互相对照，反复阅读，才能看懂图纸所表达的内容。

图 11-11 和图 11-12 分别是某住宅底层给水排水平面图和楼层给水排水平面图，图 11-13是给水系统图，图 11-14 是排水系统图。下面介绍识读室内给水排水施工图的一般方法。

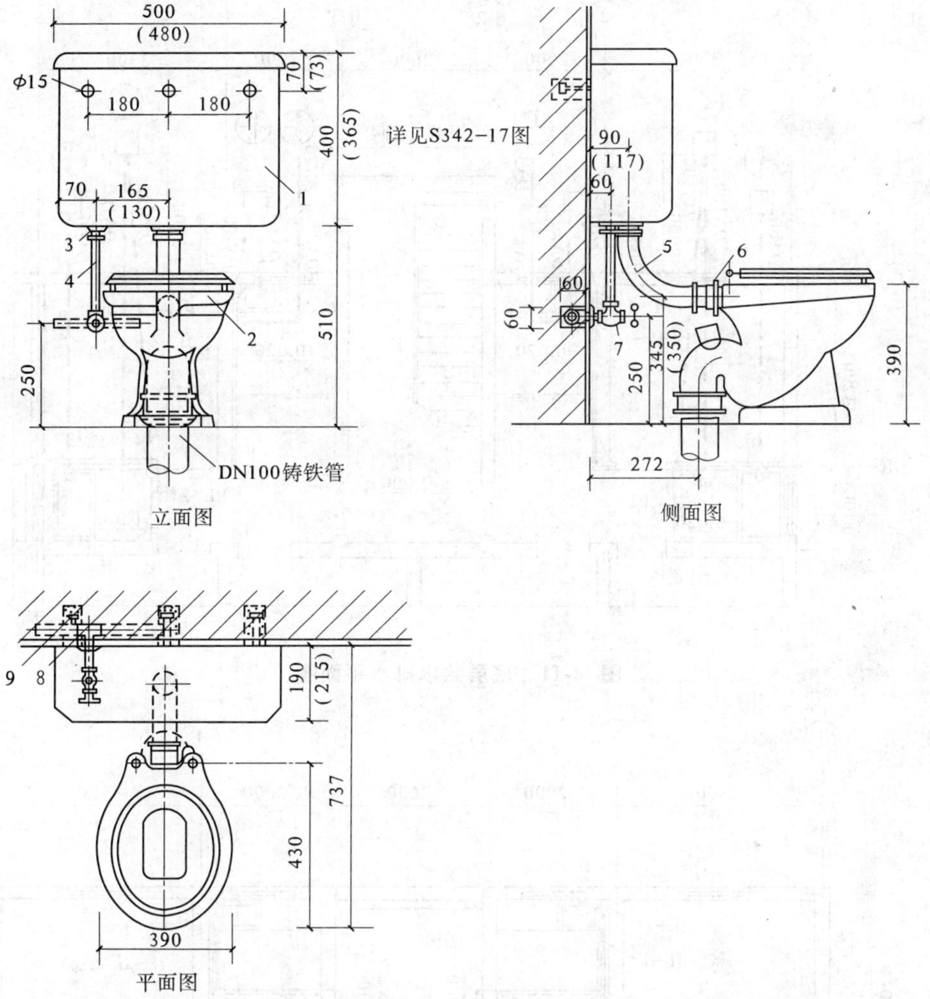

1—低水箱;2—14 号坐式大便器;3—*DN*15 浮球阀配件;4—水箱进水管(*DN*15);5—*DN*50 冲洗管及配件;6—胶皮弯;7—*DN*15 角式截止阀;8—三通;9 一给水管

图 11-10　坐式大便器安装详图

(一)识读各层平面图

(1)搞清各层平面图中哪些房间布置有卫生器具,布置的具体位置,地面和各层楼面的标高。

各种卫生设备通常是用图例画出来的,它只能说明设备的类型,而不能具体表示各部分尺寸及构造。因此识读时必须结合详图或技术资料,搞清楚这些设备的构造接管方式和尺寸。

例如在图 11-11 底层给水排水平面图中,各户厨房内有水池设在墙的转角处,厕所内有浴缸和坐式大便池。所有卫生器具均有给水管道和排水管道与之相连。各层厨房和厕所地面的标高均比同层楼地面的标高低 0.020 m。

(2)弄清有几个给水系统和几个排水系统。从图 11-11 底层平面图中的管道系统编号,对照图 11-13 发现给水系统有:$\frac{J}{1}$; $\frac{J}{2}$;对照图 11-14 发现排水系统有:$\frac{P}{1}$、$\frac{P}{2}$、$\frac{P}{3}$。

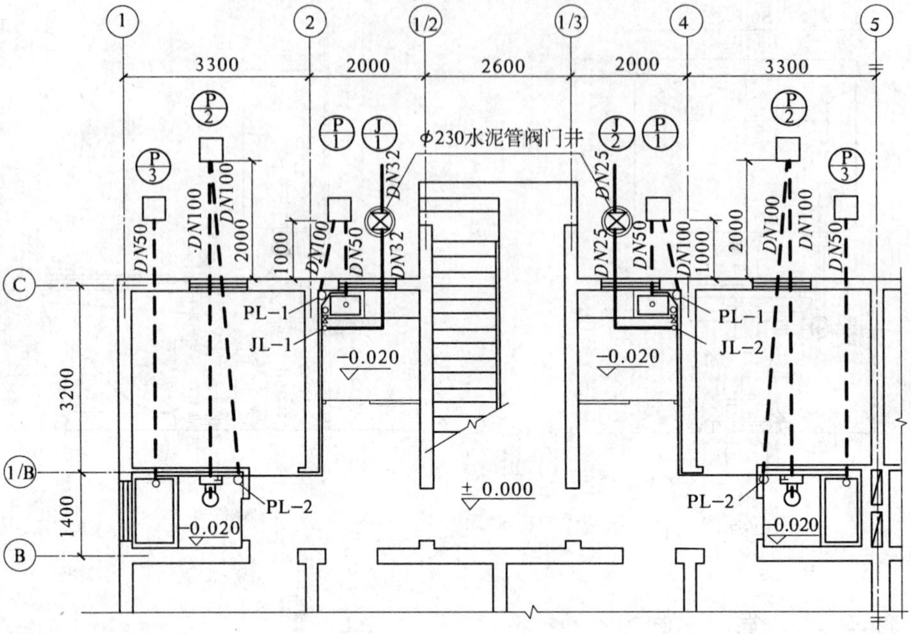

图 11-11　底层给水排水平面图

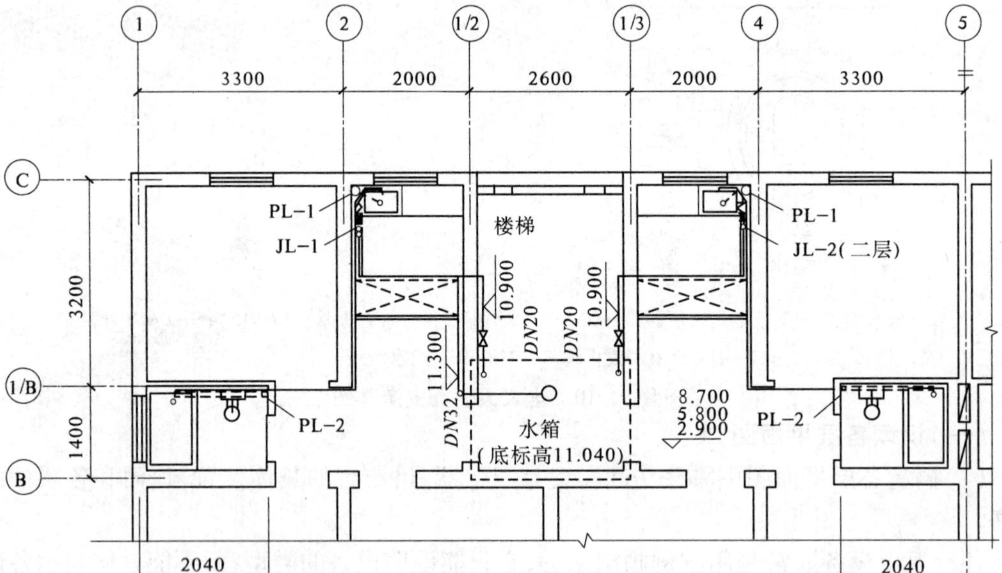

图 11-12　楼层给水排水平面图

(二)识读管道系统图

识读管道系统图时,首先在底层管道平面图中,按所标注的管道系统编号找到相应的管道系统图,再对照各层管道平面图找到该系统的立管和与之相连的横管和卫生器具,以及管道上的附件,再进一步识读各管段的公称直径和标高等。

现以给水系统 $\frac{J}{1}$ 为例,介绍识读给水系统图的一般方法。先从底层平面图(见

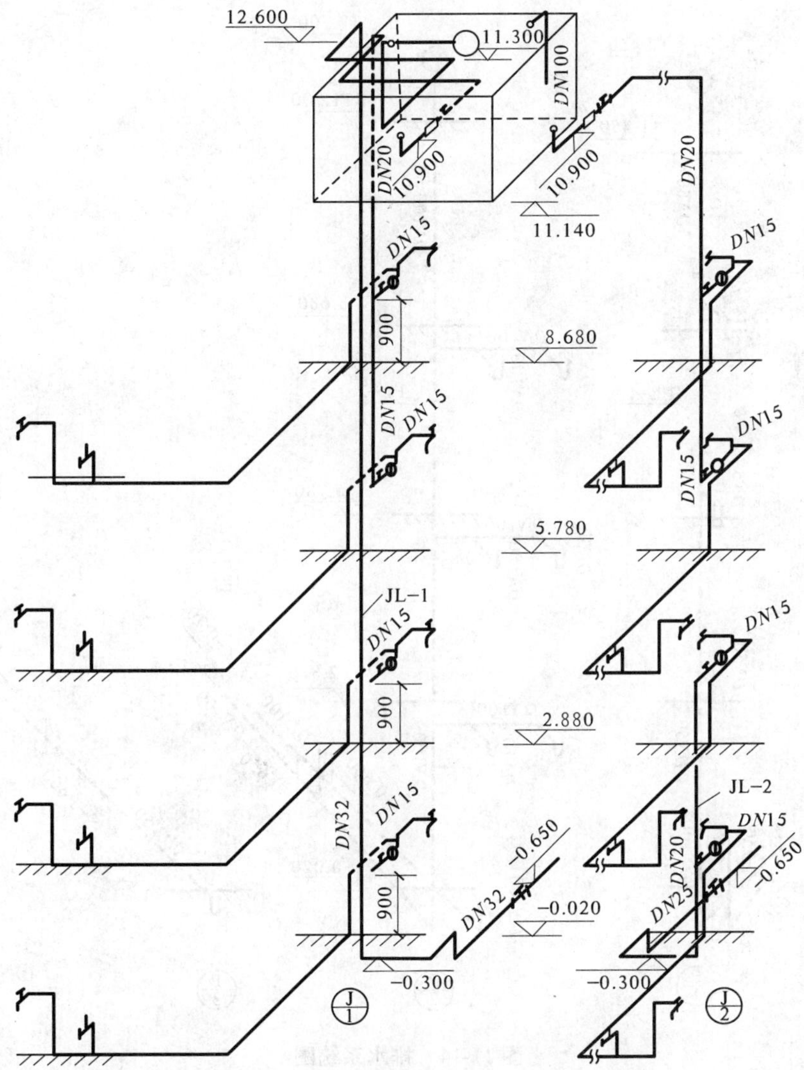

图 11-13　给水系统图

图 11-11)中找到$\frac{J}{1}$,再以$\frac{J}{1}$管道系统图(见图 11-13),对照两图可见:给水引入管 *DN*32,管中心的标高为 −0.650 m,其上装有阀门,穿过 C 轴线墙进入室内后,在水池前升高至标高 −0.300 m处用90°弯头接横管至②轴线墙,沿墙穿出地面向上直通屋顶水箱的立管即JL−1,其管径为 *DN*32。再对照图 11-13 在底层和二层距地面以上 900 mm 处用三通接出进户横支管,上面安装上阀门和水表后,用 *DN*15 的横只管连接厨房水池的放水龙头以及厕所浴缸的放水龙头和坐式大便器的水箱。楼梯间两侧三、四层用户均由屋顶水箱供水,各户的室内的供水情况与一、二层相同。楼梯间右侧一、二层用户由$\frac{J}{2}$给水系统供水,读者可以照以上方法自行识读。

对于排水系统以$\frac{P}{2}$为例,先从底层平面图中找出$\frac{P}{2}$及$\frac{P}{2}$的排水系统图,再与图 11-12相对照,可见$\frac{P}{2}$为住宅各层厕所的排水系统。各层厕所均设有浴缸和坐式大便

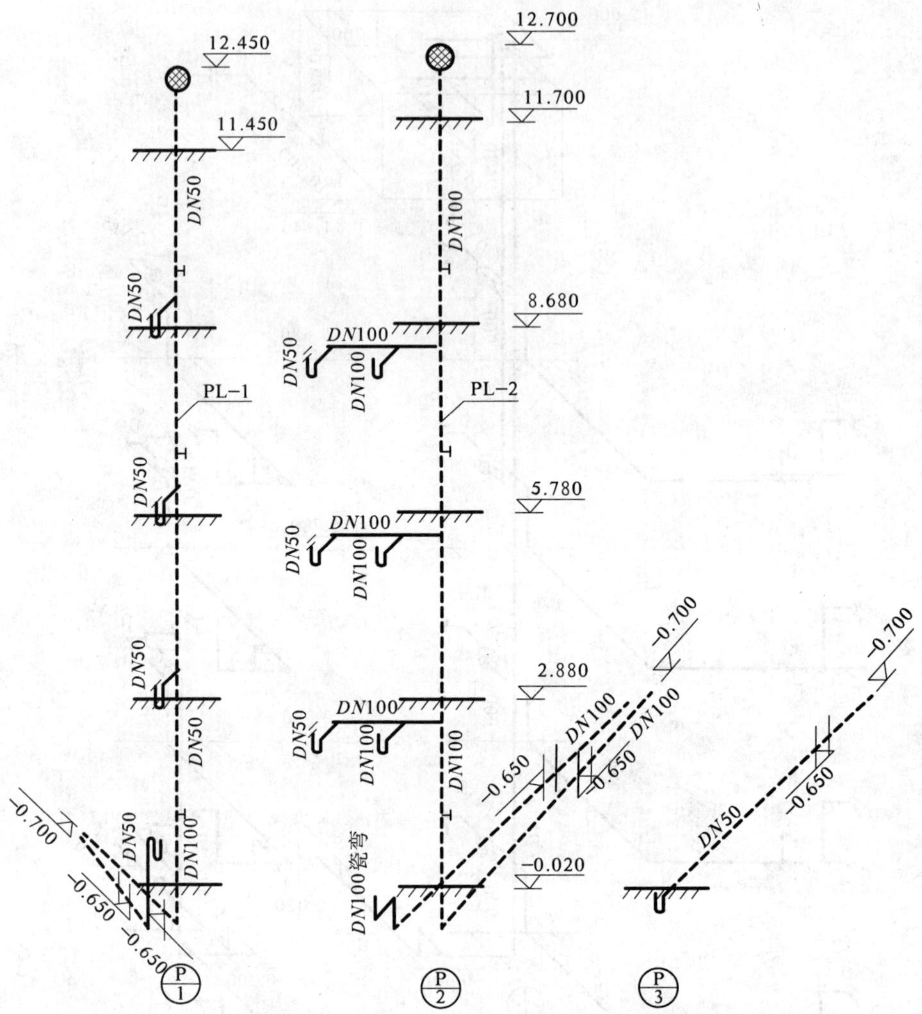

图 11-14　排水系统图

器，其排水管道均在各层的楼层地面以下。大便器的排水管管径均为 *DN*100，浴缸的排水管管径为 *DN*50。二、三、四层浴缸大便器下面均用相应的 P 型存水弯与 *DN*100 的横支管连接，各层的横支管与 *DN*100 的立管 PL－2 连接，在标高 －0.650 处与 *DN*100 的排出管连接后排入 $\frac{P}{2}$ 检查井。在底层、三层和四层的立管 PL－2 上均装有检查口，在立管 PL－2 出屋面后的顶部装有通气帽。在底层大便器单独设 *DN*100 的排出管排入 $\frac{P}{2}$ 检查井。底层浴缸单设 $\frac{P}{3}$ 排出管排入检查井。

第三节　采暖施工图

采暖与空调系统是为了改善建筑物内人们的生活和工作条件及满足某些生产工艺、科学试验的环境要求而设置的。暖通设备施工图实际上包括三个方面的内容：采暖、通风和空气调节。为了满足人们生活和工作的正常需要，在冬季将热能从热源输送到室内称为采暖。

通风是把室内浊气直接或经处理后排至室外，把新鲜空气输入室内，前者称排风，后者称送风。空调即空气调节，是更高一级的通风。这三种系统的组成和工作原理各不相同，但是对于施工图的识图来说，它们是类似的。这里只介绍采暖系统组成及图样表达方法。

一、采暖系统的组成与分类

采暖系统主要由热源、输热管网和散热设备三部分组成。热源是指能产生热能的部分(如锅炉房、热电站等)。输热管网通过输送某种热媒(如水、蒸汽等媒介物)将热能从热源输送到散热设备。散热器以对流或辐射方式将输热管道输送来的热量传递到室内空气中，一般布置在各个房间的窗台下或沿内墙布置，以明装为多。

根据热源与散热器的位置关系，采暖系统可以分为局部采暖系统和集中采暖系统两种形式。局部采暖系统是指热源和散热器在同一个房间内，为使室内局部区域或局部工作地点保持一定温度而设置的采暖系统(如火炉采暖、煤气采暖、电热采暖等)。集中采暖系统是指热源和散热设备分别设置，利用一个热源产生的热通过管道向各个房间或各个建筑物供给热量的采暖方式。

在集中采暖系统中，根据热源被输送到散热设备使用的介质(或热媒)的不同又分为热水采暖系统、蒸汽采暖系统和热风采暖系统。其中最常采用的是热水采暖系统。

热水采暖系统采用的热媒是水。在热水采暖循环系统中主要依靠供给热水和回流冷水的容重差所形成的压力使水进行循环的称为自然循环热水采暖系统；而必须依靠水泵使水进行循环的称为机械循环热水采暖系统。

二、采暖平面图

采暖施工图一般由设计说明、采暖平面图、系统图、详图、设备及主要材料表等组成。采暖施工图中常用图例见表 11-4。

室内采暖平面图主要表示管道、附件及散热器的布置情况，是采暖施工图的重要图样。采暖平面图一般采用 1∶100、1∶50 的比例绘制。为了突出管道系统，用细实线绘制建筑平面图中的墙身、门窗洞、楼梯等主要构件的轮廓；用中实线以图例形式画出散热器、阀门等附件的安装位置；用粗实线绘制采暖干管；用粗虚线绘制回水干管。在底层平面图中应画出供热引入管、回水管，并注明管径、立管编号、散热器片数等。

图 11-15、图 11-16 分别为教师公寓负一层采暖平面图、一层采暖平面图。整个建筑物户内采用下供下回的单管循环采暖系统。从负一层采暖平面图中可以看出整个热水采暖的供水干管由北侧楼梯间墙体进入建筑物内部，然后接到两根立管分别向两个用户供热，两个用户采暖系统入口的编号分别为 R1 和 R2。由于车库和储藏室没有采暖要求，立管直接穿过一层楼面向上向每层用户供热。每根立管都有水平横管连接每层用户的所有散热器，热水经过所有的散热器后，回流至回水立管，最后经回水干管流回热源。引入管和回水干管的管径为 50 mm，且设有 $i=0.003$ 坡向热源的坡度。

表 11-4　采暖施工图中常用图例

名称	图例	附注
阀门（通用）截止阀	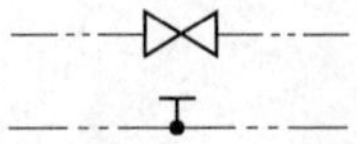	(1)没有说明时，表示螺纹连接 法兰连接时 焊接时 (2)轴测画法 阀杆垂直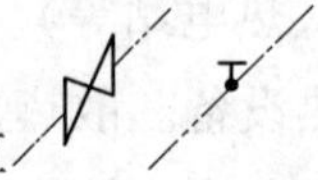 阀杆水平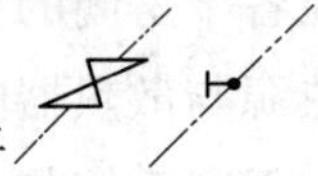
闸阀		
手动调节阀	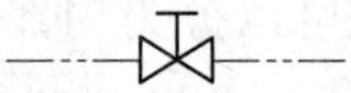	
止回阀	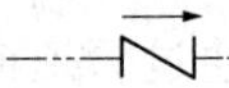 或 	左图为通用，右图为升降止回阀，流向同左。其余同阀门类推
集气罐排气装置	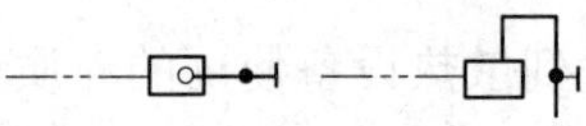	左图为平面图，右图为系统图
矩形补偿器	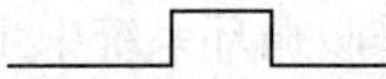	
固定支架	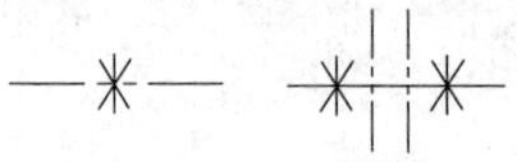	
坡度及坡向	i=0.003 → 或 → i=0.003	坡度数值不宜与管道起止点标高同时标注。标注位置同管径标注位置
散热器及手动放气阀	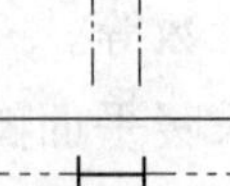	左图为平面图画法，中图为剖面图画法，右图为系统图，Y 轴测方向画法
百叶窗	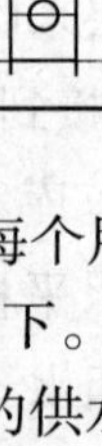	
防火阀	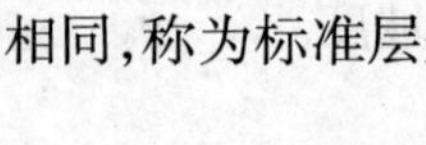	

从一层采暖平面图中可以看出每个用户共设置六组散热器，除卫生间和客厅的两组散热器沿横墙布置外，其余均设置在窗下。每组散热器的旁边标注出散热器的片数，如卫生间为 6 片，厨房为 15 片。连接散热器的供水管道的管径均为 20 mm。

二层、三层的采暖平面图相同，称为标准层采暖平面图；四层的称为顶层采暖平面图，它

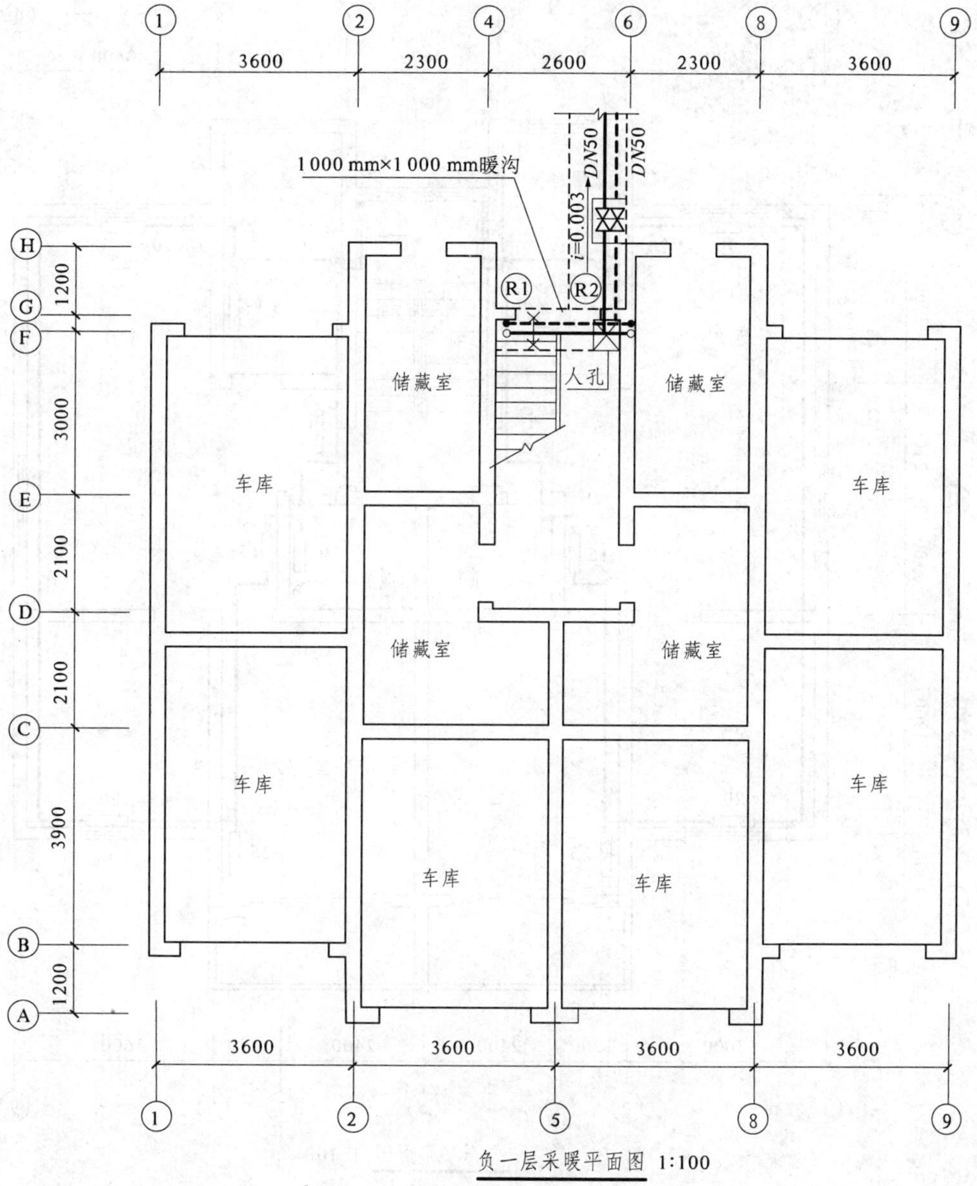

图 11-15　某校教师公寓采暖平面图

们的布置情况与一层采暖平面图大致相同，只是暖气的片数不一样。因此，在此就不再给出标准层和顶层的采暖平面布置图。

三、采暖系统图

采暖系统图表示从采暖入口到出口的采暖管道、散热器、主要附件的空间位置和相互关系。采暖系统图一般采用45°的正面斜等轴测图绘制。通常将 *OZ* 轴竖放表达管道高度方向尺寸；*OX* 轴与房屋横向一致，*OY* 作为房屋纵向。

采暖系统图通常采用与采暖平面图相同的比例绘制，特殊情况下可以放大比例或不按比例绘制。当局部管道被遮挡、管线重叠，可采用断开画法。断开的两部分可以采用双点画

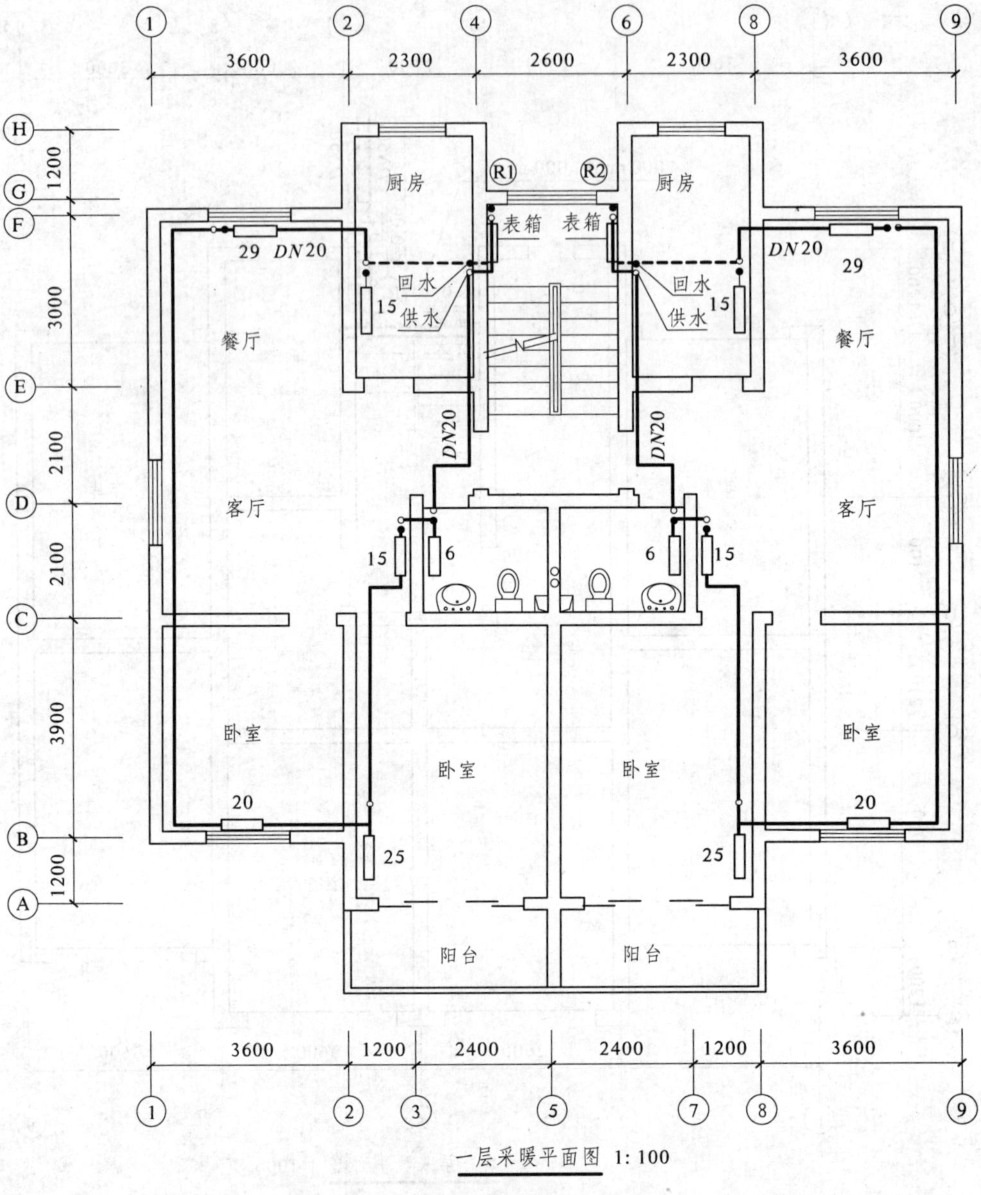

图 11-16 某校教师公寓一层采暖平面图

线连接,也可以采用波浪线断开,并标上相应的字母。

系统图中供热管用粗实线绘制;回水管用粗虚线绘制;散热设备、管道阀门等以图例形式用中实线绘制,并应在管道或设备附近标注管道直径、标高、坡度、散热器片数及立管编号;标注各楼层地面标高及有关附件的高度尺寸等。

图 11-17 为教师公寓的采暖系统图。由于两个用户的采暖系统除部分散热器的片数不同外,管道布局和散热器的位置均是对称的,所有系统图中只绘制了 R1 采暖系统的系统图。

从系统图中可以看出,室外引管由北向南进入室内,管径为 50 mm,标高为 -3.200 m,坡度为 0.003,引入管分接两个立管形成两个用户的采暖入口,立管管径分别为 40 mm、

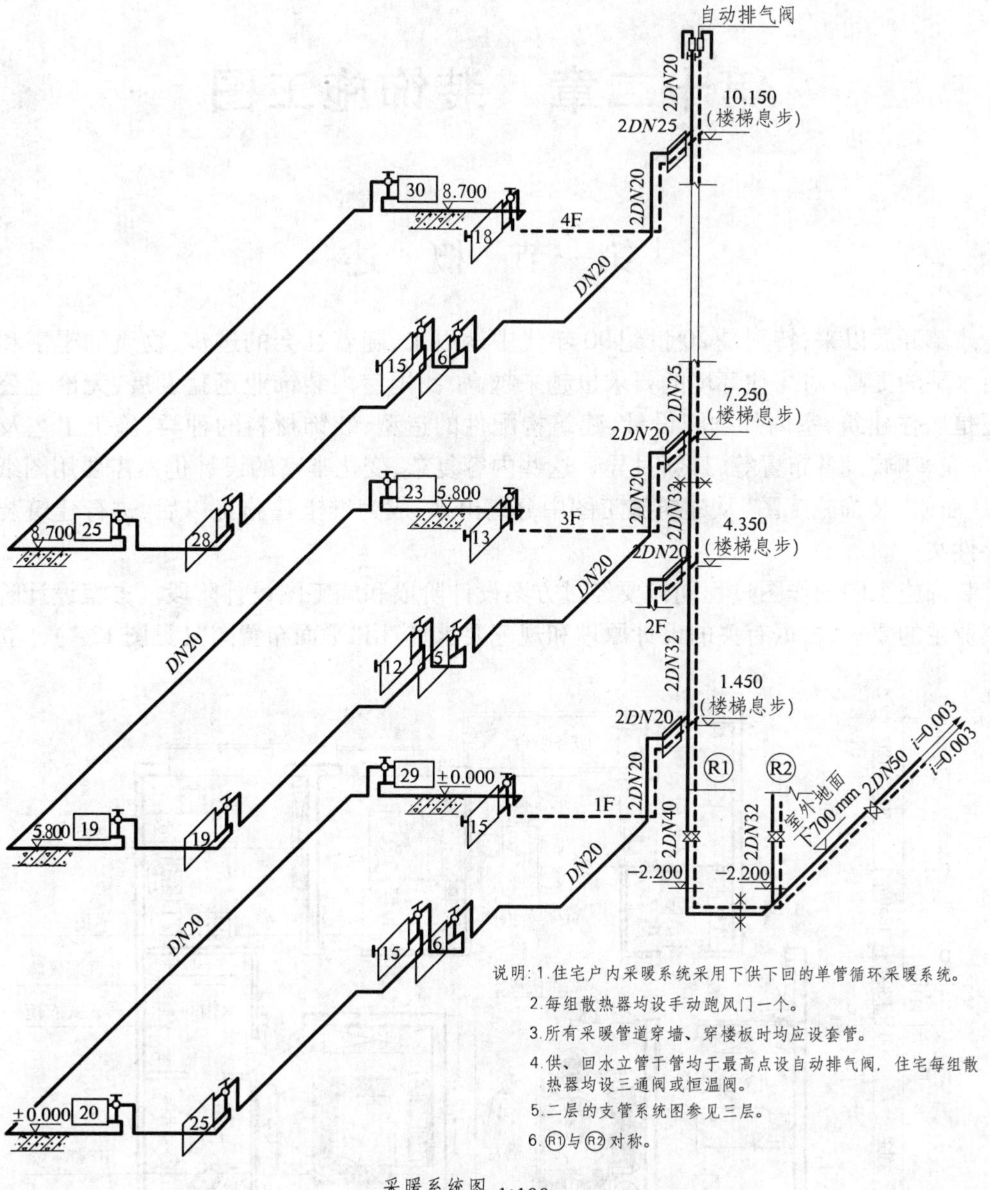

图 11-17　某校教师公寓采暖系统图

32 mm。立管到达一层楼梯休息平台时，在标高为 1.45 m 处连接管径为 20 mm 的供水横管，横管上安装一个表箱。再由横管进入每个用户，依次连接卫生间、客厅、主卧室、次卧室、餐厅、厨房的散热器，热水经过厨房的散热器后经与之相连的回水横管流入回水立管，回水横管的管径为 20 mm。每层供水横管均沿楼层地面敷设，每组散热器上均设一个手动跑风门。供水立管与回水立管平行设置，且在供、回水立管的最高点安装自动排气阀。供回水立管从底层到顶层管径逐渐减小。所有的采暖管道在穿过墙体或楼板时均设有套管。

第十二章　装饰施工图

第一节　概　述

改革开放以来，特别是20世纪90年代中期以来，随着社会的进步、物质的丰富和人们生活水平的提高，对居住环境的要求也越来越高，我国室内装饰业迅猛发展，无论是公共建筑还是居住建筑，室内外空间设计、建筑构配件的造型、装饰材料的种类、施工工艺及其做法、灯光音响、设备布置等，日新月异。这些内容复杂、变化丰富的设计仍然需要用图纸来表达，从而使“装饰施工图”从建筑施工图中分离出来，成为继土建施工以后，进行建筑装修的指导性文件。

装饰施工图的作图过程同样要经过方案设计阶段和施工图设计阶段。方案设计阶段是按照业主的要求，根据有关的设计原理和规范要求，应用“平面布置图”（见图12-1）、“立面布

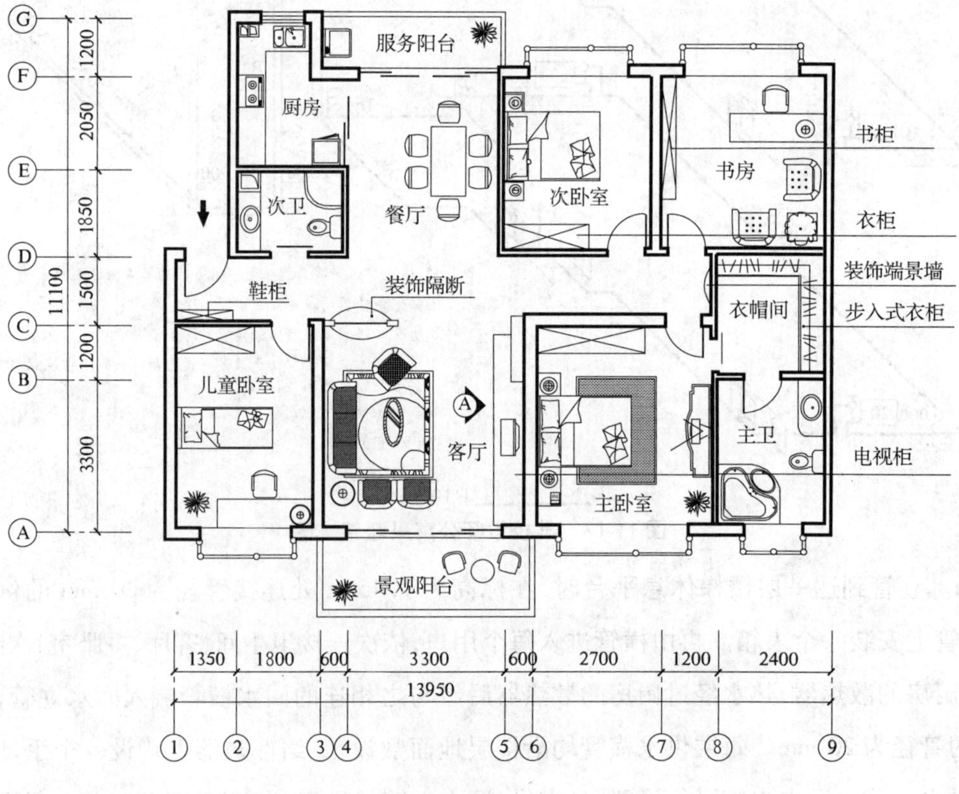

图12-1　某装饰工程平面布置图

置图”、“透视效果图”等形式将设计构思表达出来;装饰施工图设计阶段是将已通过的设计方案准确、详尽地表达出来(即各装修部位的结构构造,几何造型,尺寸标注,材料的名称、规格、颜色、工艺做法等)。

装饰施工图的作图方法与建筑施工图的作图方法基本相同,制图标准也按国家建筑制图标准,差别在于装饰施工图所表达的内容更为细腻、材料种类更多,因此图样比例一般都较大,若为公寓建筑,一般都是一户一套图纸。

本章主要介绍室内装饰施工图的画法。为叙述方便,本书将装饰施工图简称为装修图。

第二节　地面装修图

地面装修图主要用于表达地面铺装材料的工艺要求,一般只画平面图,常用比例1:50~1:100,如图12-2所示。如有台阶、造型、架空、沟坑等可增加剖面详图,表示其饰面材料及工艺做法,常用比例1:1~1:30。被剖到的主体结构用粗实线绘制,看到的主体结构、次要结构用中粗线绘制,地面分格线用细实线绘制。

地面装修平面图所表达的内容有:

(1)建筑施工图中的平面图的主体结构(如墙、柱、台阶、楼梯、门窗、设备等);

(2)对于拼花造型的地面,应标注饰面材料的名称、规格、尺寸、位置;

(3)对于块状地面材料的地面,应用细实线画出块材的分格线,以表示其施工方向(即收口位置——非整砖应安排在较隐蔽的位置);

(4)轴号、尺寸标注:主体结构的主要轴线、轴号、室内尺寸、拼花形状及定位尺寸等;

(5)详图索引等;

(6)文字说明:饰面材料的铺设要求等。

地面在整个装修中占了相当大的比例。家居地面装修材料主要有:瓷砖、实木地板、复合地板和石材(大理石及花岗岩石)。地毯、地板革等近年来使用较少。

瓷砖质地坚实、耐热、耐磨、耐酸碱、不渗水、易清洗、吸水率小、色彩图案多、装饰效果好。在选择地砖的时候,可根据个人的爱好和居室的功能要求,根据实地布局,从地砖的规格、色调、质地等方面选择。本例中,客厅、餐厅及过道选用了800 mm×800 mm的米黄抛光地砖,为增加装饰效果在过道中加入黑色花岗岩对拼三角形进行装饰。厨房、卫生间选用300 mm×300 mm防滑地砖,阳台选用200 mm×200 mm防滑地砖。

实木地板是木材经烘干、加工后形成的地面装饰材料。它具有花纹自然,脚感舒适,使用安全的特点,实木的装饰风格返璞归真,质感自然。目前,市场上销售的主要有柚木、柞木、红榉木、花梨木、樱桃木、金象牙、枫木等。木地板是以密度来确定其硬度的。越硬当然越耐磨,一般来说颜色越深其硬度越高。木地板目前市面上的品种也很多。长度一般有300 mm、450 mm、600 mm、750 mm、900 mm等规格。本例书房选用90 mm×600 mm柚木实木地板,色泽沉稳,装饰效果凝重。

复合木地板是近几年才从外国引进的品种,其主材是由工业余料和废料制成的,经济实用。它由多个不同用途的层面组成,最主要的是表面的一层:耐磨层。耐磨层约为0.8 mm。另几层分别有减震、防潮等作用。本例卧室、衣帽间采用复合木地板。

石材主要为天然大理石和花岗岩石。大理石:变质或沉积的碳酸盐类的岩石,质地坚实、

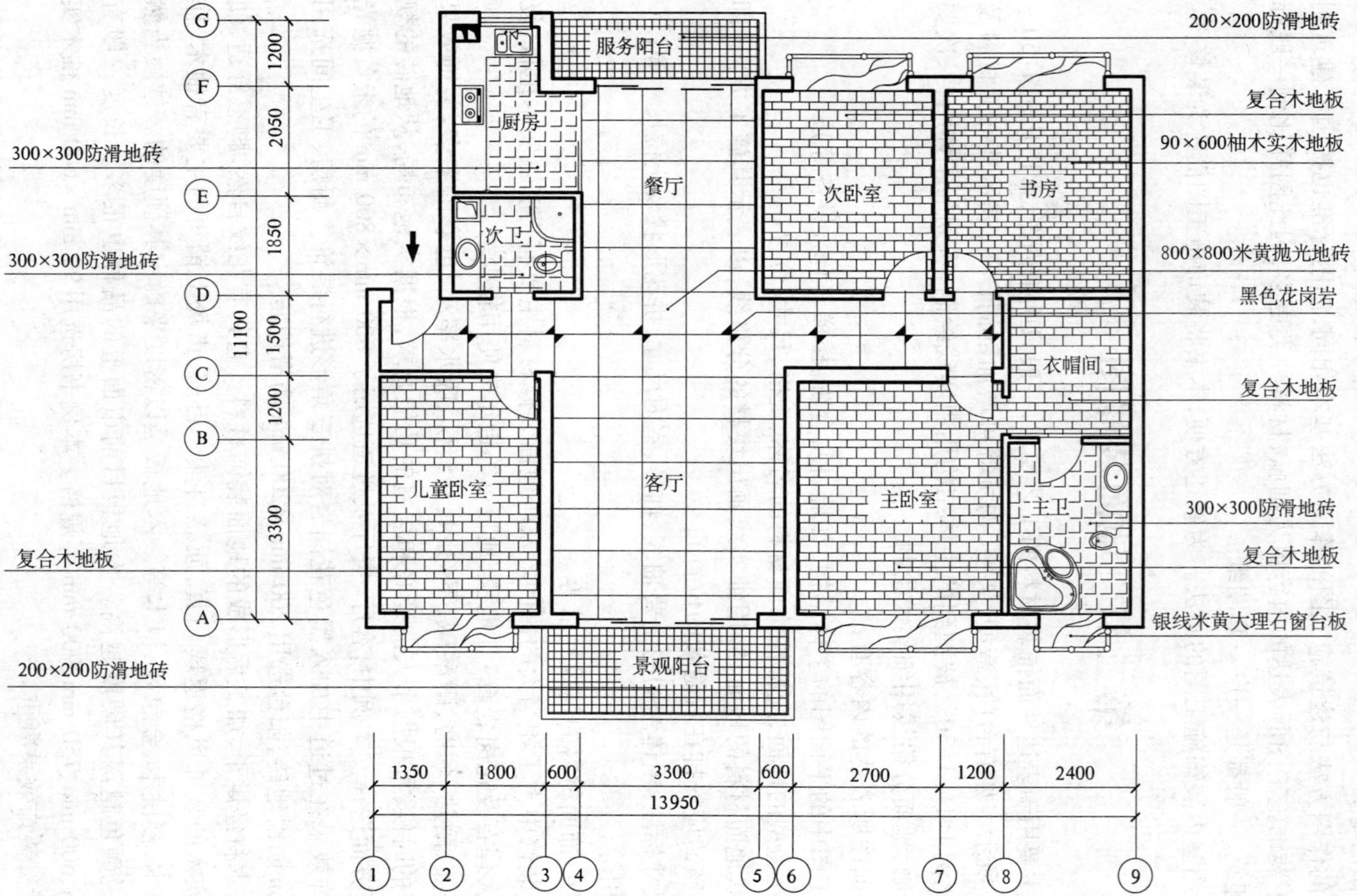

地面装修图 1:100

图 12-2 某公寓楼地面装修平面图

颜色变化多端、深浅不一,有多种光泽,故形成独特的天然美。由于不耐风化,较少用于室外,其普通耐用年限为150年。花岗岩:属岩浆岩。其主要成分为长石、石英、云母等。其特点为构造致密、硬度大、耐磨、耐压、耐火及耐侵蚀。花纹为均粒斑纹及发光云母微粒,其普通耐用年限为200年。本例为外挑窗台,选用银线米黄大理石饰面,色彩和谐、美观。

第三节　吊顶(天花)装修图

吊顶除起装饰造型的作用外,还兼有照明、空调、防火、空间分隔等功能,是室内装饰处理的重要部分。吊顶装修图是楼板底装修施工的依据,通常包括吊顶平面图、节点详图、特殊装饰件详图等。

其中平面图常用“镜像”投影法画出,比例一般为1∶50～1∶100;节点详图一般为剖面详图,用来表示一些较为特殊、复杂的部位(如藻井、灯槽等部位),比例一般为1∶1～1∶20。主要装饰的轮廓线用中实线,次要装饰轮廓线为细实线。各类设施、装饰件的镜像投影用图例表示。

吊顶平面图所表达的内容有:

(1)主体结构的墙体(门窗洞一般可不表示)、天花造型、藻井、跌级、灯具、饰物、空调风口、消防设施(如烟感器、喷淋头等)、窗饰槽、装饰线等;

(2)藻井、跌级、装饰线等造型的定形、定位尺寸,室内净空尺寸,天花标高;

(3)各种设施(空调、消防等)外露件的规格、定位尺寸;

(4)主体结构的主要轴线、轴号;

(5)灯饰类型、规格说明、定位尺寸;

(6)节点详图标注,如剖面符号、详图索引等;

(7)文字说明,如饰面涂料的名称、做法等。

图12-3为本公寓的吊顶装修平面图。该吊顶的主要特点是:

为丰富空间的变化,在吊顶设计中变换不同的造型处理:客厅采用简洁的直线造型,配射灯、吊灯加以变化;餐厅使用灯槽、暗藏灯带的处理方式营造就餐氛围;书房吊顶装饰胡桃木线条强调空间的厚重感;儿童房则采用弧线造型使空间变得活跃起来。在材料选用上:考虑到方便造型以木龙骨、石膏板吊顶为主;厨房、卫生间则使用铝扣板吊顶,便于防水及清洗。

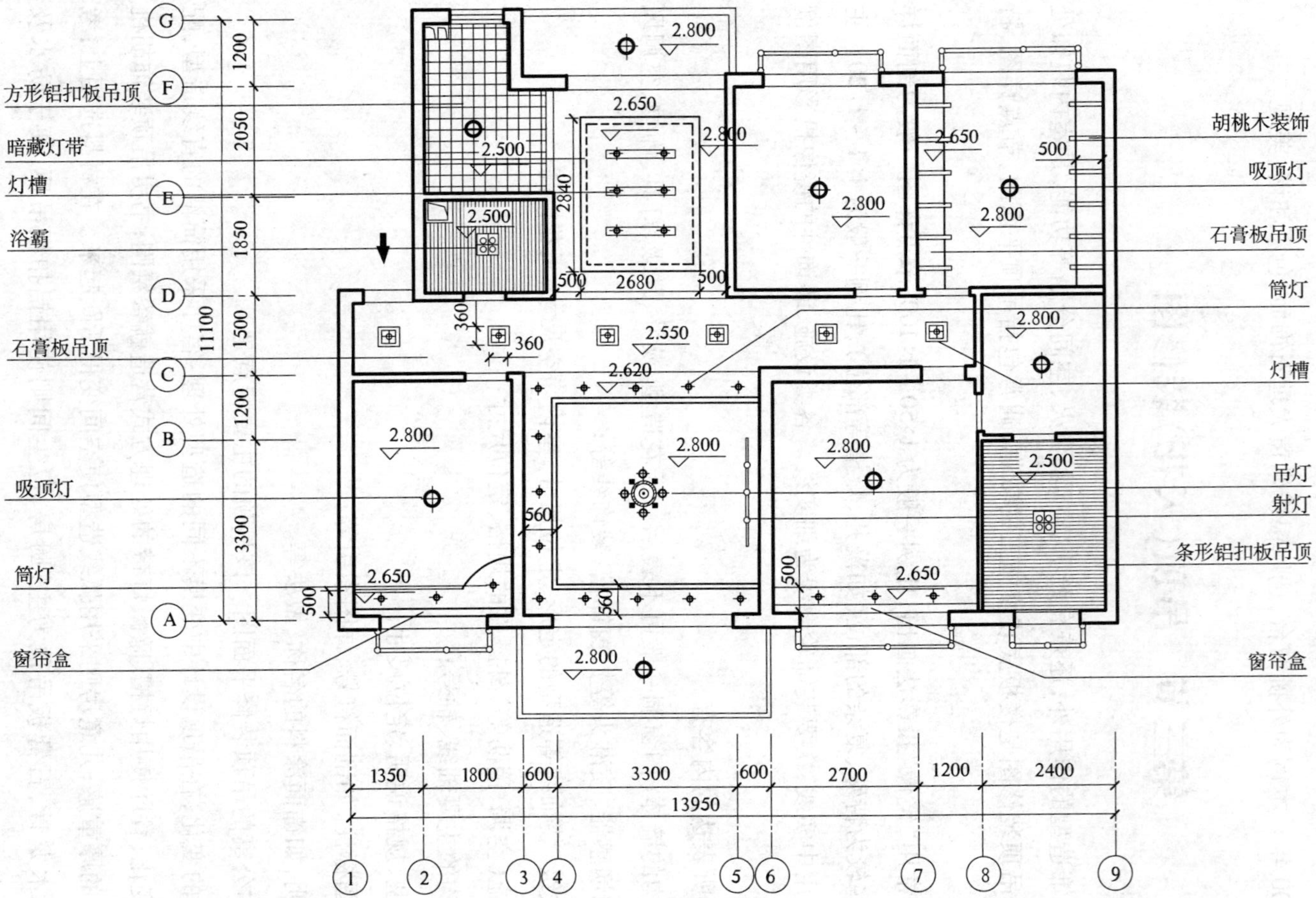

顶面布置图 1:100

图 12-3　某公寓吊顶装修平面图

第四节　墙柱面装修图

墙柱面装修图主要表达室内铅垂立面的造型及用料做法。通常包括墙柱面立面图、剖面图、装饰件详图等。

立面图的比例一般为1∶30～1∶50，剖面图和详图为1∶1～1∶30。线型粗细参照建筑立面图、剖面图画法。

墙柱面装修图所表达的内容有：

(1)墙柱面立面图：墙柱面的造型轮廓线、门窗、墙裙、踢脚线、窗帘盒、窗帘、壁挂饰物、壁灯等；

(2)吊顶天花位置，吊顶以上的主体结构(如梁、楼板)等；

(3)墙柱面饰面材料的名称、规格、颜色、工艺做法等；

(4)尺寸标注：主体结构的定位轴线、定位尺寸；立面造型、装饰件的定型、定位尺寸；各种饰物(如壁灯、壁柱等)的定位尺寸；楼地面标高、吊顶标高等；

(5)详图索引符号，文字说明等。

图12-4为某公寓客厅电视背景墙面装修立面图。

如今，多数的客厅除了其主要功能会客之外还兼具休闲和看电视听音乐等娱乐功能，在许多人眼里，电视如何摆放才能既观看方便又美化居室，已经变得越来越重要，具有创意和个性的背景墙设计仍可给空间带来意想不到的装饰和点缀效果。所以，人们在居室装饰中比较注重电视背景墙面的处理。本例装饰风格以简约为主。材料选用不锈钢、玻璃、花岗岩等现代感较强烈的材料，强调材质的自身美感。同时注重光影效果，运用局部照明来处理光影变幻的效果，塑造环境气氛、提供多重空间、调节情绪。

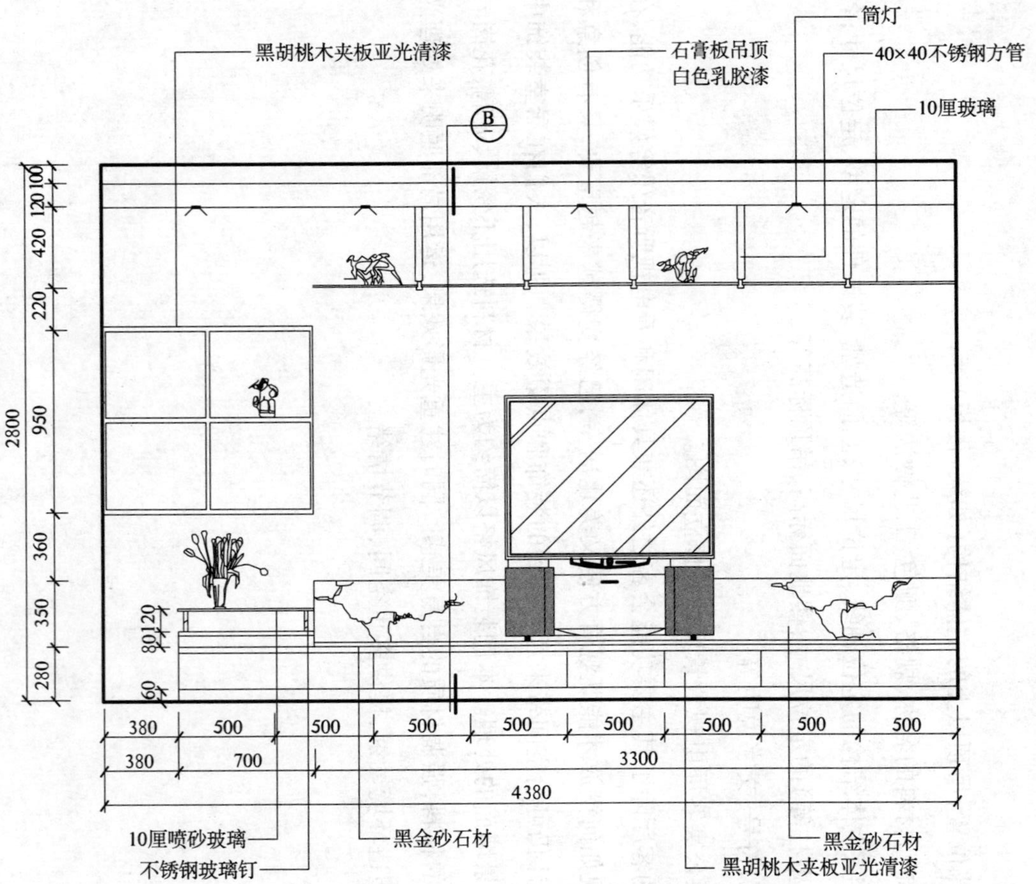

客厅A立面图 1:20

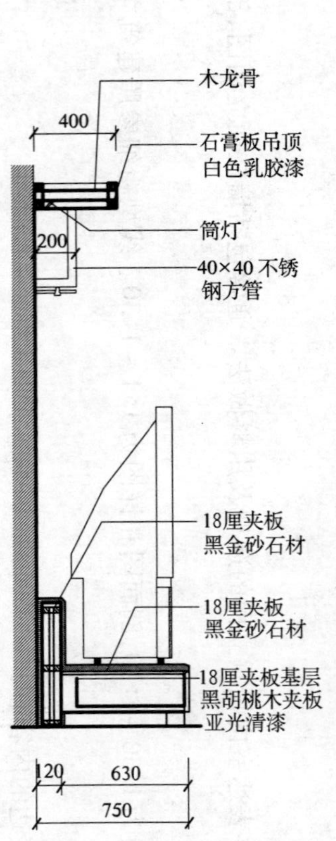

B剖面图 1:20

图 12-4 某公寓客厅电视背景墙面装修立面图

第五节　节点和装饰构件详图

由于装饰施工的工艺要求较细较精，部分节点和装饰构件需要用局部放大图、剖面图、断面图等详图来表现。

常用的装修做法可以在标准图集中套用，但由于装修的特殊性，再加上装修材料及工艺做法不断推陈出新，尤其是设计者的新构思，能套用标准图的往往不多，因此节点详图在整套装修图中占有相当的分量。

详图的比例一般都较大，如1:1～1:10。主体结构（钢筋混凝土梁、楼板等）轮廓用粗实线表示；主要的装修轮廓线用中粗线，次要轮廓线用细实线表示。

节点和装饰构件详图所需表达的内容有：

(1)吊顶、墙柱面、地面、门面、橱窗等造型较为复杂部位的形状尺寸、材料名称、材料规格、工艺做法等；

(2)现场制作的家具、装饰构件等；

(3)特殊的工艺处理方式（收口做法）；

(4)详细的尺寸标注；

(5)其他文字说明。

图12-5为装饰隔断详图，图12-6为平面布置图。

附：设计说明

本案例是某房地产公司样板房室内装饰设计。户型建筑面积140 m^2。

样板房设计，既要符合通常家装设计的普遍规律，还要达到展示、引导的商业作用，提高消费者的购房欲望，为销售服务。

（一）明确设计定位

为明确使用功能，使设计任务不落于空泛，设计前进行合理的设计定位。初步设想为——虚拟家庭设计，即把本样板房的使用者虚拟为：收入稳定、工薪阶层的三口之家。家庭特点：家庭成员活泼开朗，生活多姿多彩，重视自己对家的感受，注重生活品质且生活极具品位和内涵。生活方式有规律有节奏，待人接物热情认真。生活态度严谨细腻中不乏情趣，知识渊博，事业成功，在乎邻里同事对自己家居的看法。

本案例进一步明确：主要针对中年夫妇的三口之家而设计。构筑一个实用之家，成为多数中年人的选择，设计中要努力营造温馨、宁静、成熟的居室环境，试图在既有建筑格局中找寻空间的潜在特质，且探索隐藏其中的内在秩序，追求一种诗性情境的表达。通过对客、餐厅墙面的简单块面切割处理及简约、现代的修饰手法赋予空间明快的效果及鲜明的文化气息，让居住者得到心灵层面的满足和视觉享受的居住美景。户主需要的是温馨、舒适的居家环境，墙面色调适当加入明快的暖色调，使主人在居家的生活中时刻体会着温暖、舒适。卧房：温雅恬适的休眠氛围，温雅质感，酝酿一股沉静的芬芳气息，使忙碌一天归家的人得以彻底轻松，享受家庭独有的一片安宁与馨香，创造温适的休眠氛围。客厅与餐厅之间设置装饰隔断，自然而又明晰的承接转折，使空间更具条理性，置身其中会使人更感受到空间的流动。

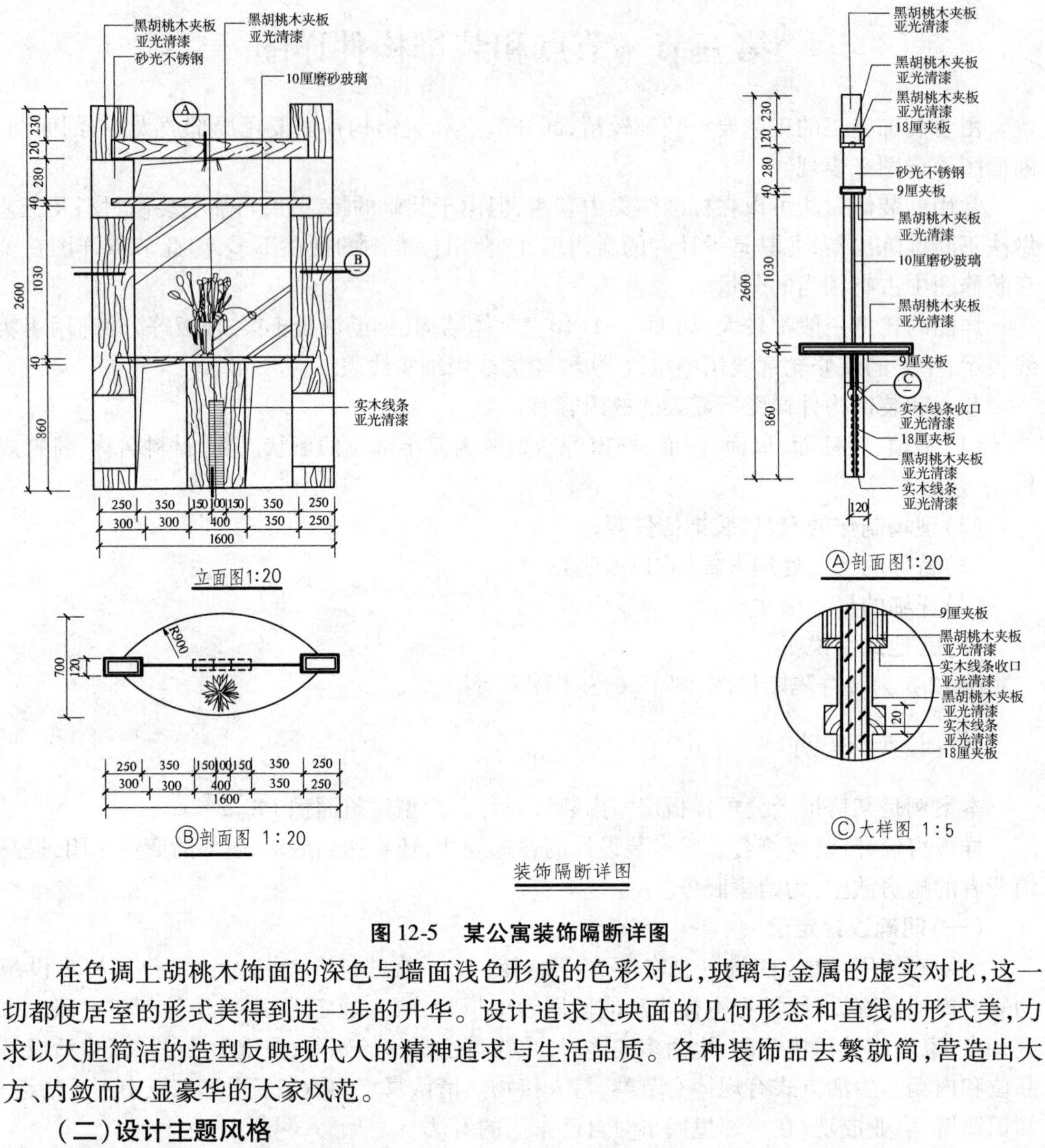

图 12-5　某公寓装饰隔断详图

在色调上胡桃木饰面的深色与墙面浅色形成的色彩对比，玻璃与金属的虚实对比，这一切都使居室的形式美得到进一步的升华。设计追求大块面的几何形态和直线的形式美，力求以大胆简洁的造型反映现代人的精神追求与生活品质。各种装饰品去繁就简，营造出大方、内敛而又显豪华的大家风范。

（二）设计主题风格

设计主题风格：简约、舒适。随着人们观念的更新，生活水平的进一步提高，奢侈、享受、豪华的家居环境将逐渐被摒弃，而对宽松、简洁、闲适的居家氛围更加向往，本案推崇“简约就是美”的设计理念。简约主义又称极限艺术、最小主义和极少主义，源于非写实绘画、雕塑。其理念在于：降低艺术家自身的情感表现，而朝单纯、逻辑的选择发展。简约主义外在形式表现简洁、视觉形象个性突出，利用有限的信息传达耐人寻味的意味，可以于纷乱之中保持清晰的脉络，更能在观者的记忆里提供精练的索引信号，给人留下深刻整体的印象。

主线以简约主义作为处理方法。实际上，主张简约不是主张简单化，而是包容复杂生活内容于一种更纯粹的形式之下。因此，在简约风格中强调视觉的单纯和使用的舒适感受，家的感觉异常重要，使人一走进样板房就有回家的感觉。舒适是生活的首要目标；价值感则是人们的心理需求。在样板房的设计中，我们将努力达到两全其美。

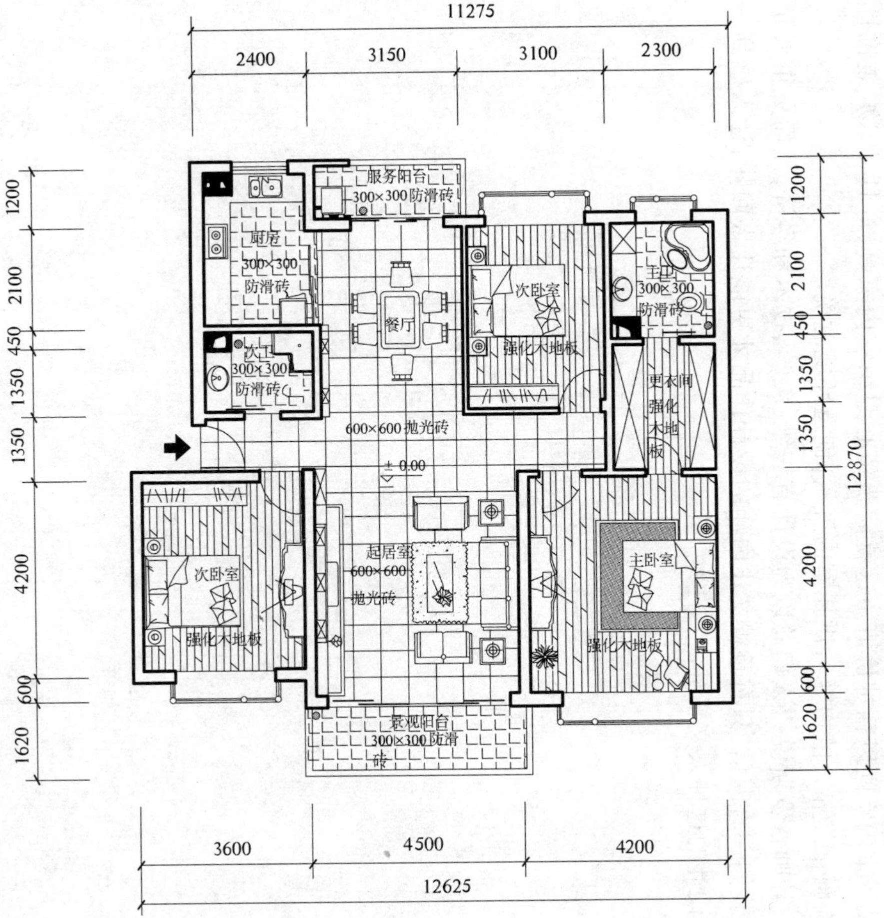

平面布置图 1:100

图 12-6 某公寓平面布置图

说明:

1.客厅、餐厅为600 mm×600 mm米黄色抛光砖，厨房、卫生间为300 mm×300 mm防滑地砖，卧室为强化木地板。

2.客厅、餐厅、卧室墙面为双飞粉面刷白色乳漆。厨房、主卫、次卫墙面贴瓷砖。

（三）强调展示性与煽动性

当前样板房的设计，展示性往往强于实用性。样板房的首要功能是配合销售，强调感观效果。因此，设计要有示范性、适当的超前性和时尚性，用材和工艺要新颖、先进和适度的反常规。样板房为了推动销售，可做得夸张一些，产生一定的诱导作用和煽动效应：效果上有较强的视觉冲击力，在短短的几分钟里感染参观者，打动参观者，使之留下强烈印象，并将理性的购房行为变为感性的冲动。

（四）注重文化品位，树立品牌形象

坚持以"以人为本"的核心价值观，树立企业形象。样板房亦应结合企业文化精心组织设计。样板房装修是文化品位的体现，它在无言中传递着企业特有的文化信息，忌讳千篇一律。整个设计运用以人为本的设计原则，舍去多余的装饰，摒弃豪华气派的堆砌，远离金雕玉琢的粉饰。住宅是人寄寓的处所，也是人精神寄托的载体，在此基础上体现较高的文化品位。具体落实于——轻装修重装饰，最大限度地发挥陈设艺术在室内设计中的地位和作用。格调高雅、造型优美，具有一定文化内涵的陈设品使人怡情悦目，这时陈设品已超越其本身的美学界限而赋予室内空间以精神价值。这就需要精心组织室内家具、灯具、织物、装饰性陈设（雕塑、装饰画、工艺品、植物等），烘托室内气氛，创造环境意境。

美国著名设计师普罗斯说："人们总以为设计有三维：美学、技术和经济，然而更重要是第四维：人性。"我们一直深信，只有重视文化内涵的设计作品才更能让人回味，让人感到一种深度，感觉到设计的这种人文精神。

第十三章　路桥工程图

道路是一种主要承受移动荷载（车辆、行人）反复作用的带状工程结构物，其基本组成部分包括路基、路面，以及桥梁、涵洞、隧道、防护工程、排水设施等附属构造物。因此，道路工程图是由表达线路整体状况的道路路线工程图和表达各工程实体构造的桥梁、隧道和涵洞等工程图组合而成。

桥梁是修筑道路时保证车辆通过江河、山谷、低洼地带的构造物。对于道路路线工程图和桥梁、涵洞、隧道等构造物的工程图，其表达设计思想、绘制工程图样的基本原理，都是采用前面所述的正投影理论和方法。本章主要介绍道路路线工程图和桥梁工程图的表达方法。

需要特别提醒的是：如果不加特别说明，道路和桥梁工程图中的尺寸是以厘米（cm）为单位的，这一点与房屋建筑施工图以毫米（mm）为单位有所不同。

第一节　道路工程图

道路是车辆通行和行人步行的带状结构，是人们生产、生活所必需的工程结构物。根据性质、组成和作用的不同，道路可分为公路、城市道路、厂矿道路和农村道路。本节介绍公路和城市道路的表达方法。

道路路线中心线方向狭长，其竖向高差和平面的弯曲变化与地面起伏情况有关，因此道路路线工程图的图示方法与其他工程图不同。道路路线工程图是以地形图作为平面图，称为路线平面图；以纵向断面展开图作为立面图，称为路线纵断面图；以横向断面图作为侧面图，称为路基横断面图。三种图分别画在单独的图纸上。道路路线工程图就是以这三种图样来表示路线的线型、空间位置、路基、路面状况和尺寸。

一、公路路线工程图

公路是主要承受机动车辆行驶及其荷载反复作用的带状结构物。

公路的中心线由于受自然条件的限制，在平面上有转折，纵断面上有起伏，为了满足车辆行驶的要求，必须用一定半径的曲线连接起来，因此路线在平面和在纵断面上都是由直线和曲线组合而成的。平面上的曲线称为平曲线，纵断面上的曲线称为竖曲线。

公路路线工程图包括路线平面图、路线纵断面图和路基横断面图。

（一）路线平面图

公路路线平面图的作用是表达路线的方向和水平线型（直线和转弯方向）以及路线两侧一定范围内的地形、地物情况。

道路路线具有狭而长的特点，一般无法把整条路线画在一张图纸内。通常分段画在多张图纸上，每张图样上注明序号、张数、指北针和拼接标记。

如图 13-1 所示为某公路 K1 +000 至 K1 +220 段的路线平面图。其内容包括地形、路线两部分。

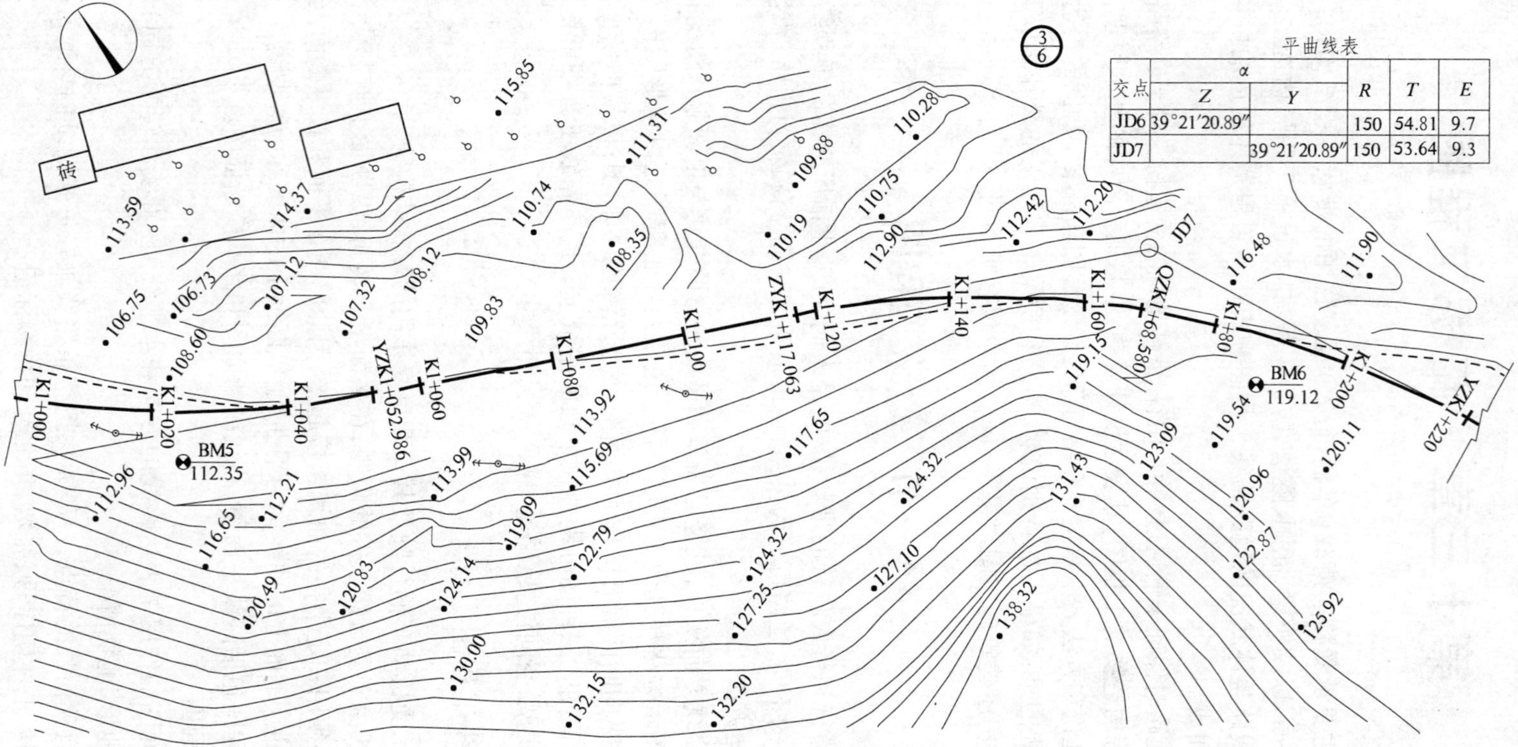

平曲线表

交点	α Z	α Y	R	T	E
JD6	39°21′20.89″		150	54.81	9.7
JD7		39°21′20.89″	150	53.64	9.3

图 13-1　公路路线平面图

1. 地形部分

路线平面图的比例一般为1∶2 000～1∶5 000。地形是用等高线和地物图例表示的，表示地物常用的平面图图例见表13-1。

表13-1 道路平面图图例

名称	符号	名称	符号	名称	符号
房屋	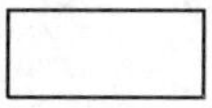	涵洞		水稻田	
学校		桥梁	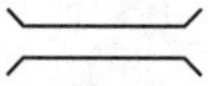	草地	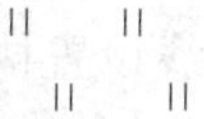
医院		菜地	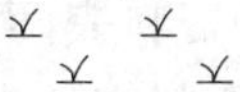	河流	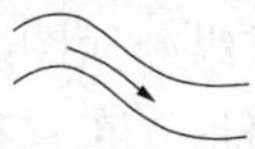
大车路	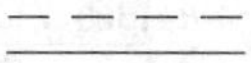	旱田	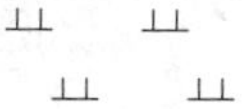	高压线 低压线	 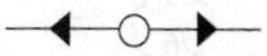
小路		果树	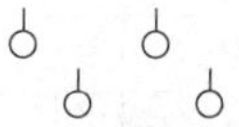	水准点	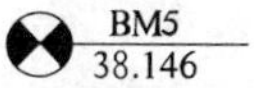

在地形图中，等高线愈密表示地势愈陡峭，反之则地势愈平坦。图中标注了若干点的地面高程数值。沿线有两个水准点符号，用来作为地面高程测量的参照。

图形左侧有一片房屋，山坡上种植了一些果树。沿线还有一些高压线。

为了确定方位和路线的走向，地形图上需画出指北针或坐标网。

2. 路线部分

在《道路工程制图标准》(GB 50162—1992)中规定，道路中心线应采用细点画线表示，路基边缘线应该采用粗实线表示。由于公路路线平面图所采用的比例太小，公路的宽度无法按实际尺寸画出，所以路线是用粗实线沿着路线中心表示的。

路线的长度是用里程表示的。里程桩号应标注在道路中心线上，从路线起点至终点，按从小到大，从左到右的顺序排列。公里桩宜标注在路线前进方向的左侧，用符号"◑"表示，百米桩宜标注在路线前进方向的右侧，用垂直于路线的短线表示；也可在路线的同一侧，均采用垂直于路线的短线表示公里桩和百米桩。如图13-1所示的设计路线用粗实线表示，里程由K1＋000到K1＋220，每隔20 m标注一个里程桩号。图中由西向东方向还有一条大车路(一虚一实表示)。

路线的平面线型有直线型和曲线型。对于路线转弯处的平面曲线(简称平曲线)，在平面图中要标出交点(也称交角点)的位置，并列出平曲线要素表。图13-1中有一个7号交点JD7，此段曲线的起点在路线上用ZY(直圆)表示，曲线的终点用YZ(圆直)表示，曲线的中点用QZ(曲中)表示。图中分别标注出了这三个点的位置和里程桩号。在K1＋052.986处还有YZ(圆直)表示前一个交点(JD6)的曲线终点。图的右上角列出了两个交点的平曲线要素表。其中α为偏角(Z为左偏角，Y为右偏角)，表示沿路线前进方向，向左或向右偏转的角度。R 为曲线半径，T 为切线长，E 为外距。图 13-2 是平曲线要素的示意图。

（二）路线纵断面图

路线纵断面图是沿路线中心线的竖向断面图。由于公路是由直线和曲线组成的，因此剖切平面由平面和柱面组成。为了清晰地表达路线纵断面情况，特采用展开的方法将断面展平成一平面，然后进行投影。

路线纵断面图的作用是表达路中心线地面高低起伏的情况，设计路线的坡度、地质情况，以及沿线设置构造物的情况。

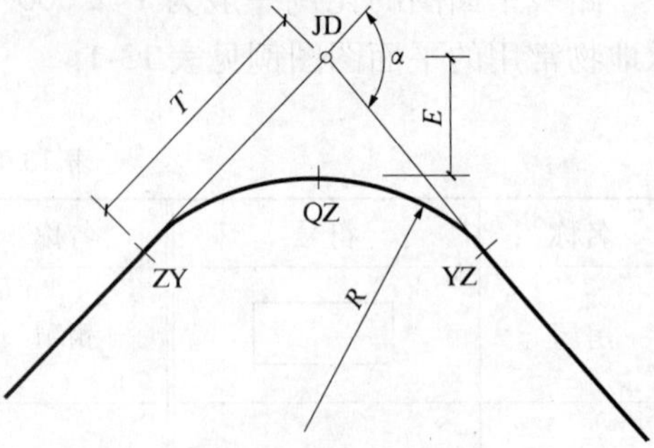

图 13-2　平曲线要素

如图 13-3 所示为 K1 + 000 至 K1 + 220 段的路线纵断面图。其内容包括图样和资料表两大部分，图样应布置在图幅上部，资料表应采用表格形式布置在图幅下部，图样与资料表的内容要对应。

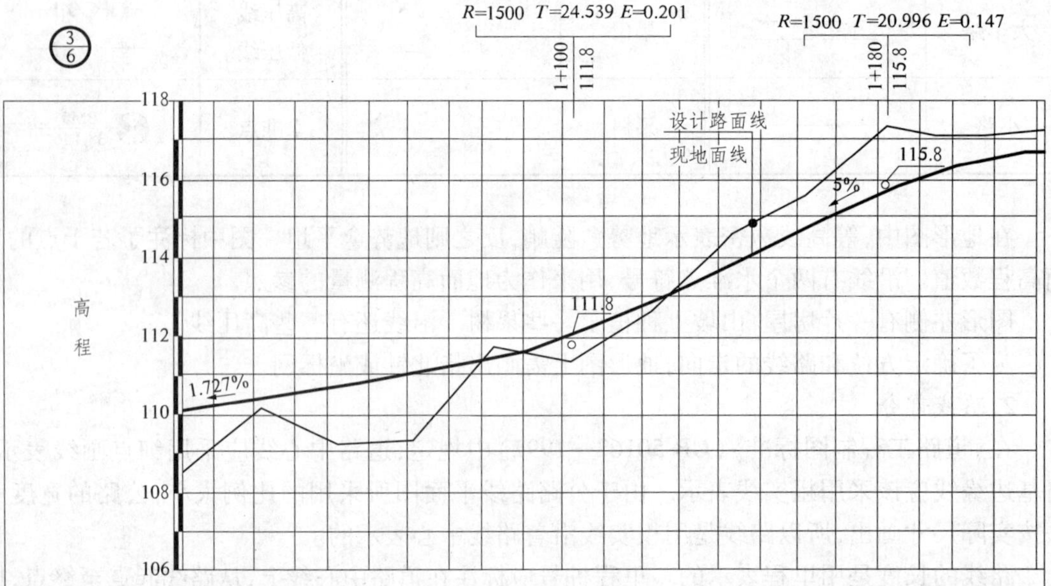

设计坡度与距离：1.727%，220；5.000%，80；2.200%

平曲线：α=40°8′ R=150 E=9.7 T=54.8；直线；α=39°21′ R=150 E=9.3 T=53.6

桩号	设计高程	地面高程	路中填挖高
K1+000	110.080	108.436	1.224
K1+020	110.418	110.060	−0.062
K1+040	110.764	109.210	1.134
K1+052.986	110.988	109.275	1.293
K1+060	111.109	109.310	1.379
K1+075.462	111.376	111.165	−0.209
K1+080	111.461	111.710	−0.669
K1+090	111.698	111.525	−0.247
K1+100	112.001	111.340	0.241
K1+110	112.370	111.920	0.030
K1+117.063	112.672	112.330	−0.078
K1+120	112.807	112.500	−0.113
K1+124.538	113.027	112.954	−0.347
K1+140	113.800	114.500	−1.120
K1+159.005	114.750	115.526	−1.196
K1+160	114.800	115.580	−1.200
K1+168.580	115.198	116.322	−1.544
K1+180	115.653	117.310	−2.077
K1+190	115.980	117.155	−1.595
K1+200	116.240	117.000	−1.180
K1+200.995	116.262	117.011	−1.170
K1+220.097	116.682	117.230	−0.968

图 13-3　路线纵断面图

1.图样部分

图样中由左至石表示路线的前进方向，由于路线纵断面图是用展开剖切方法获得的，因此它的长度就表示了路线的长度。在图样中，水平方向表示长度，垂直方向表示高程。

由于路线的高差与其长度相比小很多，为了清晰显示垂直方向路线高度的变化，规定断面图中的水平距离与垂直高程宜按不同的比例绘制，水平比例尺与平面图一致，采用1:2000～1:5000，垂直比例尺相应用1:200～1:500，即垂直方向的比例按水平方向的比例放大10倍。

图中不规则的细折线表示设计中心线处的纵向地面线，它是沿中心线的原地面各点高程的连线。粗实线表示公路路线纵向设计线。比较设计线和地面线的相对高度，可以决定填挖方地段和填挖高度。

当路线纵向坡度发生变化时，为保证车辆顺利行驶，应设置竖向曲线（简称竖曲线）。竖曲线分为凸曲线和凹曲线两种，分别用“┌┬┐”和“└┴┘”符号表示，并在其上标注竖曲线的半径（R）、切线长（T）和外距（E）。竖曲线符号一般画在图样的上方，切线应用细虚线表示，变坡点用直径为2 mm的中粗线圆圈表示。本图在K1＋100和K1＋180处分别设置一个凹曲线和一个凸曲线。

根据需要，图样中还应在所在里程处标出桥梁、涵洞、立体交叉和通道等人工构造物的名称、规格和中心里程。

2. 资料表部分

为了便于对照查阅，资料表与图样应上下对应布置。资料表中一般列有里程桩号、设计坡度与距离、设计高程、地面高程、填挖高度、平曲线等内容。注意资料表中里程桩号的位置要按照水平方向的比例确定，桩号数值的字底应与所表示桩号位置对齐。设计高程、地面高程的数据应对准其桩号，单位以米计。

表中“平曲线”一栏表示路线的平面线型，“─┐__┌─”表示为左偏角的圆曲线，“__┌─┐__”表示为右偏角的圆曲线。这样，利用资料表中的平曲线结合图样中的竖曲线，可以想象出该路段的空间情况。

每张图上应注明该图纸的序号及纵断面图的总张数。

（三）路基横断面图

路基横断面图是在垂直于道路中心线的方向上所作的断面图。路基横断面图的作用是表达各中心桩处地面横向起伏状况以及设计路基的形状和尺寸。它主要用来计算公路的土石方工程量，并为路基施工提供资料数据。比例一般采用1:100～1:200。

1. 路基横断面图的基本形式

一般情况下，路基横断面的基本形式有三种：

（1）填方路基（路堤）。如图13-4（a）所

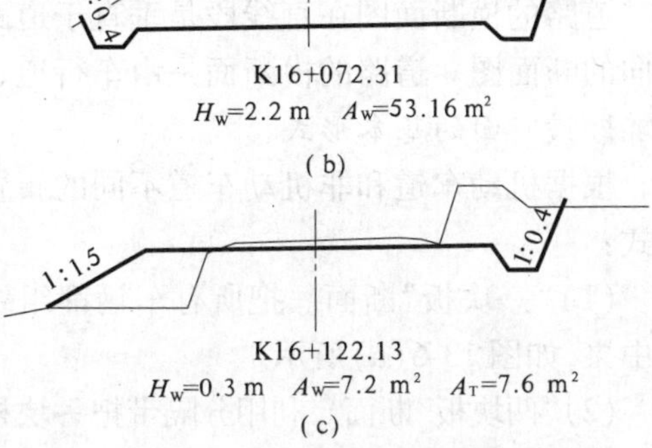

图13-4　路基横断面图

示，在图样的下方应注明该断面图的里程桩号，中心线处的填方高度 H_T(m)以及该断面处的填方面积 A_T(m^2)。

(2)挖方路基(路堑)。如图 13-4(b)所示，在图样的下方应注明该断面图的里程桩号，中心线处的挖方高度 H_W(m)以及该断面处的挖方面积 A_W(m^2)。

(3)半填半挖路基。如图 13-4(c)所示，在图样的下方应注明该断面图的路程桩号，中心线处的填(挖)方高度 H_W(m)以及该断面处的填方面积 A_T(m^2)和挖方面积 A_W(m^2)。

2. 画路基横断面图时应注意

路基横断面图应按桩号的顺序排列，并从图纸的左下方开始画，先由下向上，再由左向右排列，如图 13-5 所示。地面线应用细实线表示，设计线应用粗实线表示，路中心线应用细点画线表示。每张路基横断面图的右上角，应注明该张图纸的编号及横断面图的总张数。

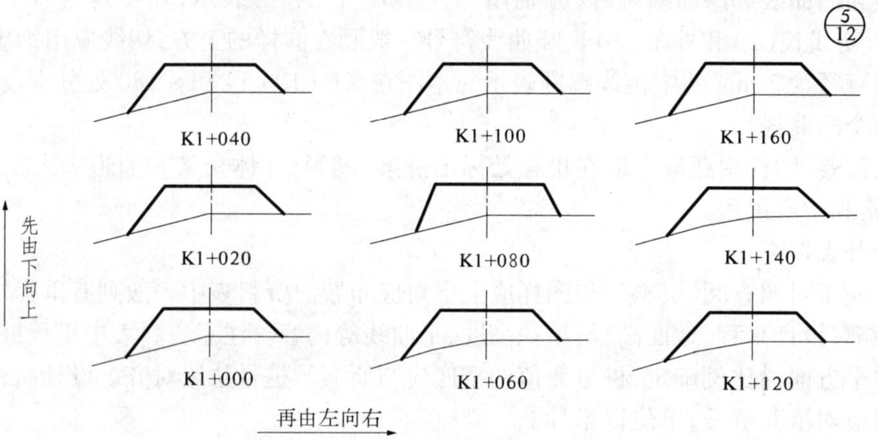

图 13-5　路基横断面布置示意图

二、城市道路路线工程图

凡位于城市范围以内，供车辆及行人通行的具备一定技术条件和设施的道路，称为城市道路。与公路相比，它具有组成复杂、功能多样、行人和车辆交通量大、交叉点多等特点，因此首先需要在横断面的布置设计中综合解决技术问题。所以，城市道路工程图先做横断面图，再做平面图和纵断面图。

(一)横断面图

道路的横断面图在直线段是垂直于道路中心线方向的断面图，而在平曲线上则是法线方向的断面图。道路的横断面是由车行道、人行道、绿化带和分车带等几部分组成。

1. 横断面的基本形式

根据机动车道和非机动车道不同的布置形式，城市道路横断面的布置有以下四种基本形式：

(1)"一块板"断面。把所有车辆都组织在同一个车行道上混合行驶，车行道布置在道路中央，如图 13-6(a)所示。

(2)"两块板"断面。利用分隔带把一块板形式的车行道一分为二，分向行驶，如图 13-6(b)所示。

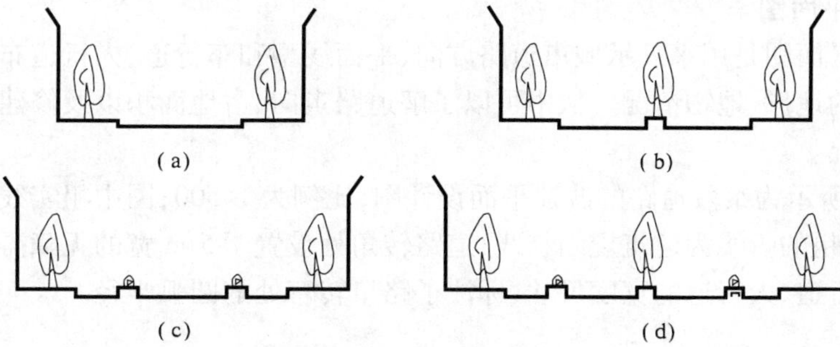

图 13-6　城市道路横断面示意图

(3)“三块板”断面。利用分隔带把车行道分隔为三块，中间的为双向行驶的机动车车行道，两侧的为单向行驶的非机动车车行道，如图 13-6(c)所示。

(4)“四块板”断面。在三块板断面形式的基础上，再用分隔带把中间的机动车车行道分隔为二，分向行驶，如图 13-6(d)所示。

2. 横断面图的内容

当道路分期修建、改建时，应在同一张图纸中表示出规划、设计和原有道路横断面，并注明各道路中心线之间的位置关系。规划道路中心线应采用双点画线表示，在图中还应绘出车行道、人行道、绿带、照明、新建或改建的地下管道等各组成部分的位置和宽度，以及排水方向、横坡等。

如图 13-7 所示为某路段的横断面形式，道路宽 18 m，其中车行道宽 10 m，两侧人行道各宽 4 m。路面排水坡度为 1.5%，箭头表示流水方向。路面结构图采用 1∶10 的详图表示方向，图 13-7 中表示了车行道和人行道的具体做法。

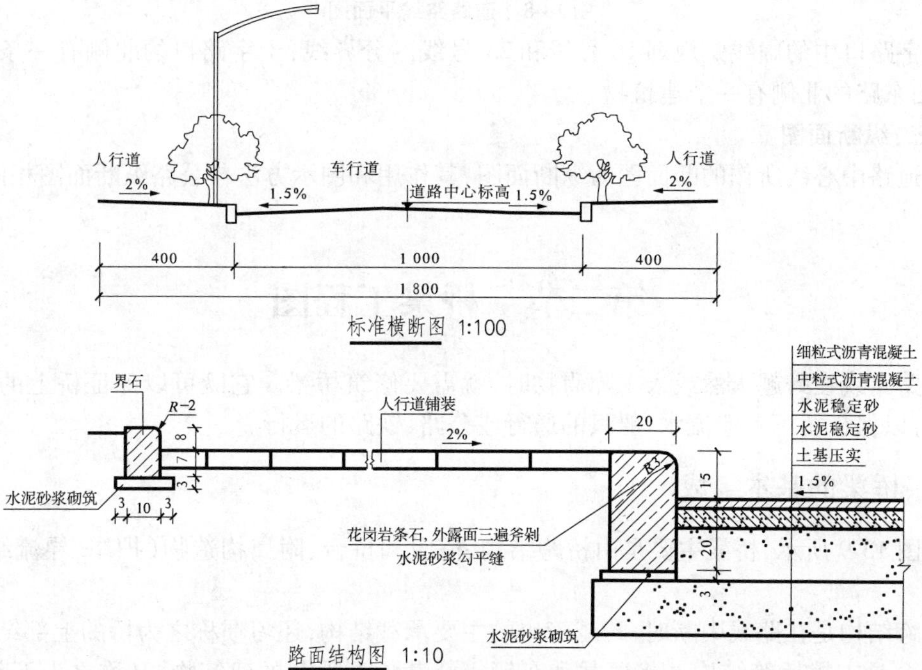

图 13-7　道路横断面图

（二）路线平面图

城市道路平面图是用来表示城市道路方向、平面线型和车行道、人行道布置以及沿路两侧一定范围内的地形、地物情况。从中可以了解道路走向、占地面积以及修建该路段应拆除的原有地物情况。

如图 13-8 所示为某段道路的改建平面设计图，比例为 1∶500；图中粗实线表示为该段道路的设计线，加粗的折线为建筑规划红线；道路转角处设置了 5 m 宽的无障碍人行道。图中标注了各条车行道、人行道的宽度尺寸，标注了路口转弯处的圆弧半径。

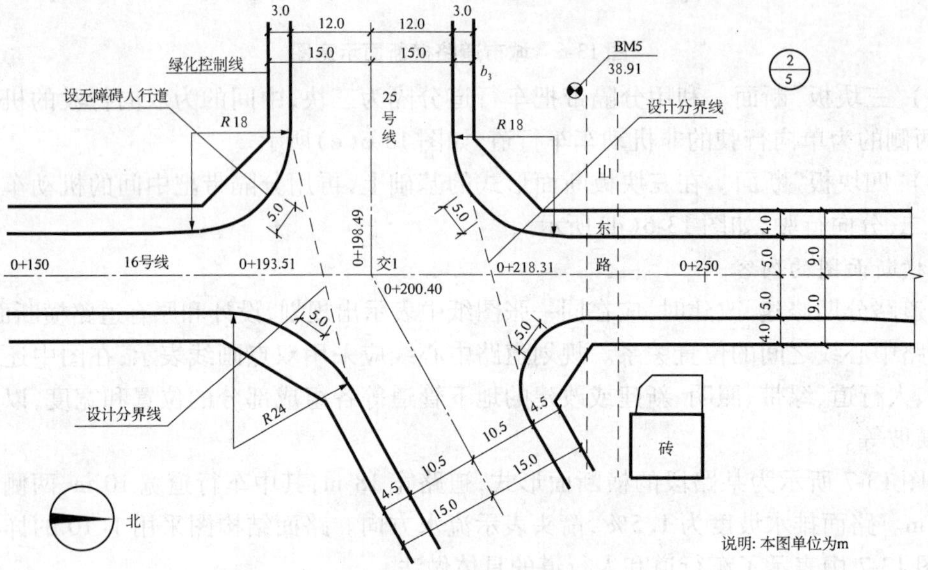

图 13-8　道路路线平面图

十字路口中的虚线是规划 16 号线和 25 号线的分界线；十字路口的北侧有一条原有山东路，山东路的北侧有一个建筑物。

（三）纵断面图

沿道路中心线所作的断面图为纵断面图，其作用和图示方法与公路纵断面图相同，不再赘述。

第二节　桥梁工程图

道路路线在跨越天然或人工障碍物时，就需要修筑桥梁。它既可以保证桥上的交通运行，又可以保证桥下宣泄流水、船只的通行或公路、铁路的运行。

一、桥梁的基本组成

如图 13-9 所示，桥梁主要是由桥跨结构、桥墩和桥台、附属构造物（护岸、导流结构物）等组成。

桥跨结构是在路线中断时，跨越障碍的主要承载结构，还习惯称之为桥的上部结构。桥墩和桥台是支撑桥跨结构并将恒载和车辆等活载传至地基的建筑物，又称之为下部结构。支座是在桥跨结构与桥墩和桥台的支撑处之间所设置的传力装置。

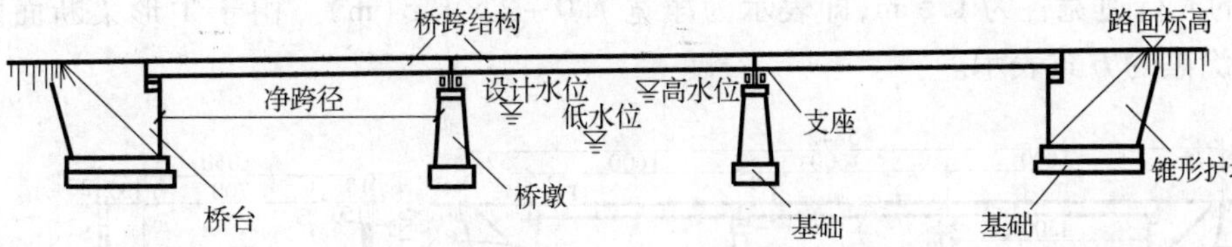

图 13-9　桥梁示意图

在路堤与桥台衔接处，一般还在桥台两侧设置石砌的锥形护坡，以保证迎水部分路堤边坡的稳定。

河流中的水位是变动的，在枯水季节的最低水位称为低水位，洪峰季节河流中的最高水位称为高水位，桥梁设计中按规定的设计洪水频率计算所得的高水位称为设计洪水位，简称设计水位。

净跨径是设计洪水位上相邻两个桥墩（台）之间的净距。

总跨径是多孔桥梁中各孔净跨径的总和，它反映了桥下宣泄洪水的能力。

桥梁全长是桥梁两端两个桥台的侧墙或八字墙后端点之间的长度。对于无桥台的桥梁为桥面系行车道的全长。

二、钢筋混凝土梁桥工程图

修建一座桥，不但要满足其使用上的要求，还要满足经济、美观、施工等方面的要求。修建前，首先要进行桥位附近的地形、地质、水文、建材来源等的调查，绘制出地形图和地质断面图，供设计和施工使用。

桥梁设计一般分两个阶段设计，第一阶段（初步设计）着重解决桥梁总体规划问题，第二阶段是编制施工图。在这一节中主要介绍第二阶段：编制施工图。

（一）桥梁总体布置图

桥梁总体布置图主要表明桥梁的形式、总跨径、孔数、桥道标高、桥面宽度、桥跨结构横断面布置和桥梁平面线型。

以图 13-10 所示的梁式桥为例，介绍桥梁总体布置图的内容和表达方法。

1. 立面图

在立面图中，反映出该桥全长为 58.42 m，净跨径为 15 m，总跨径为 45 m，共 3 孔的梁式桥。桥台为重力式桥台，桥墩为桩柱式轻型桥墩。由于桩基础较长，采用折断画法。由于立面图的比例较小，因此桥面铺垫层、人行道和栏杆均未表示出。

在工程图中，习惯假设没有填土或填土为透明体，因此埋在土里的基础和桥台部分，仍用实线表示，并且只画出结构物可以看见的部分，不可见的部分省略不画。

2. 平面图

此图也只画出可见部分，由于比例较小，桥栏杆也未表示，只表示出车行道和人行道的宽度，以及锥形护坡的一部分投影。

3. 侧面图

此图是由 1/2 1—1 剖面和 1/2 2—2 剖面拼成的一个侧面图，在工程图中常常采用这种表示法，并且为了表达清楚，该图的比例比平面图和立面图的比例放大一倍。

由图中可以看出桥梁的上部结构为 6 片 T 形梁组成，桥面宽为 10.50 m，车行道宽为 7

m,两侧的人行道宽各为1.5 m,即表示为净宽7.0+2×1.5(m)。由于T形梁断面面积较小,采用涂黑的方式表示。

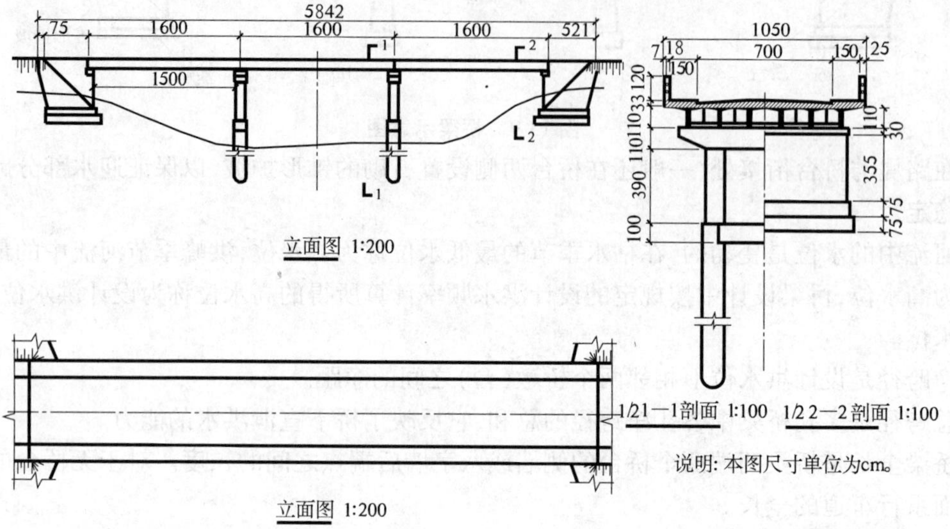

图 13-10　梁桥总体布置图

下部构造一半为桥台,一半为桥墩,且只画出可见部分,详细尺寸及构造均在构造详图中介绍。

(二)施工图

施工图是对桥梁各部分构件进行详细的设计、计算,绘制的施工详图。

1. 桥台图

如图13-11所示为桥台施工图,桥台由基础、前墙、侧墙和台帽组成。由于它的平面形式像"U"字形,所以称之为U形桥台;又因它的自重较大,又称之为重力式桥台。它的主要作用是支撑桥跨结构的主梁,并且靠它的自重和土压力来平衡由主梁传下来的压力,以防止倾覆。

侧面图是由1/2台前和1/2台后合成表示的。所谓台前,是指人站在桥下观看桥台,所得到的投影。所谓台后,是指人站在路堤上观看桥台,得到的投影,此图只画可以看到的部分。

桥台图是考虑没有填土情况下画出的。

2. 桥墩图

如图13-12所示为钻孔桩双柱式桥墩的一般构造图,它由墩帽(上盖梁)、双柱、联系梁和桩基础组成。由于构造简单,它只用立面图和侧面图表示,上盖梁长900 cm,高110 cm,宽120 cm;立柱直径为100 cm,轴间距520 cm;联系梁高100 cm,宽70 cm;钻孔桩直径为120 cm。

3. 主梁图(T形梁梁肋钢筋布置图)

如图13-13所示为主梁的断面图,T形主梁是由梁肋、横隔板和翼板组成的。因为T形梁每根宽度较小,因此在使用中常常是几根并在一起,所以人们习惯上称两侧的T形梁为边主梁,中间的T形梁为中主梁。T形梁之间主要是靠横隔板联系在一起,所以中主梁两侧均有横隔板,边主梁一侧有横隔板。

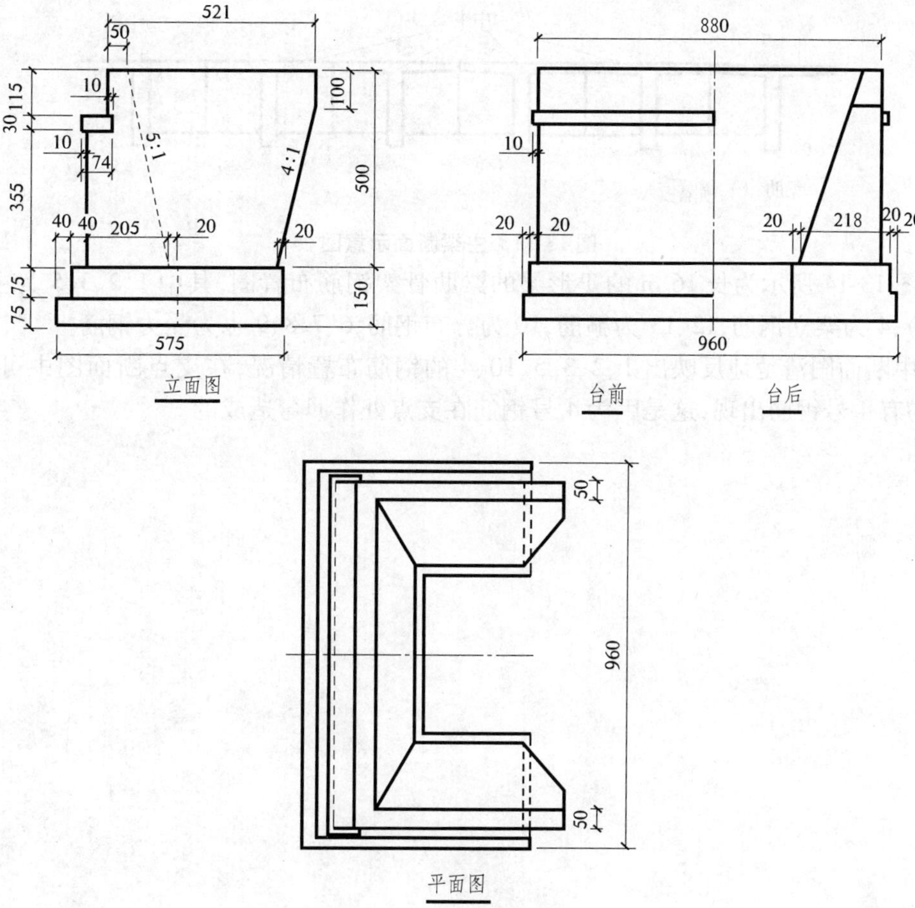

说明: 本图尺寸单位为cm。

图 13-11　桥台施工图

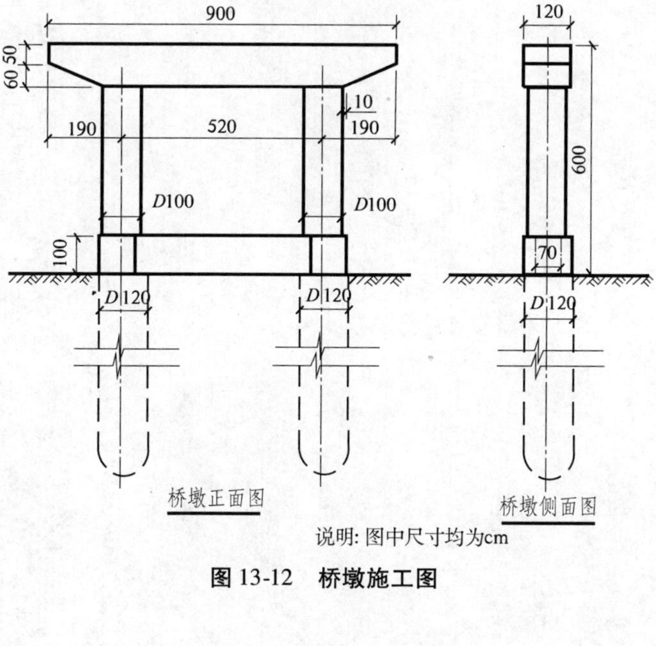

说明: 图中尺寸均为cm

图 13-12　桥墩施工图

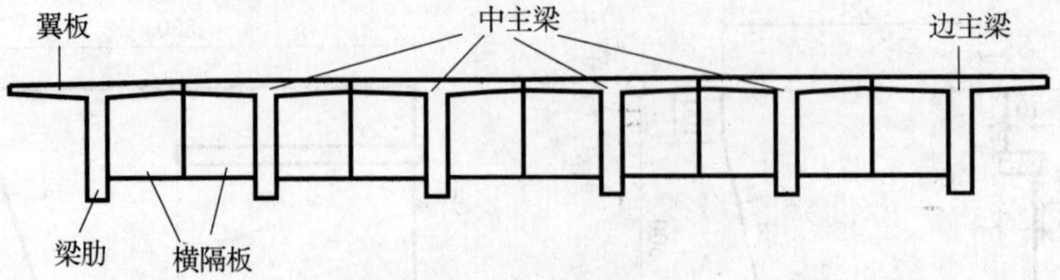

图 13-13　主梁断面示意图

如图 13-14 所示为长 16 m 的 T 形梁的梁肋骨架钢筋布置图，其中 1、2、3、5 为主筋（受力主筋），4 为架立钢筋，12、13 为箍筋，10 为分布钢筋，6、7、8、9 也为受力钢筋。

跨中断面图清楚地反映出 1、2、3、5、10、4 的钢筋布置情况，在支点断面图中可以看到上、下均有 4 号钢筋出现，这是因为 4 号钢筋在支点处作回弯造成的。

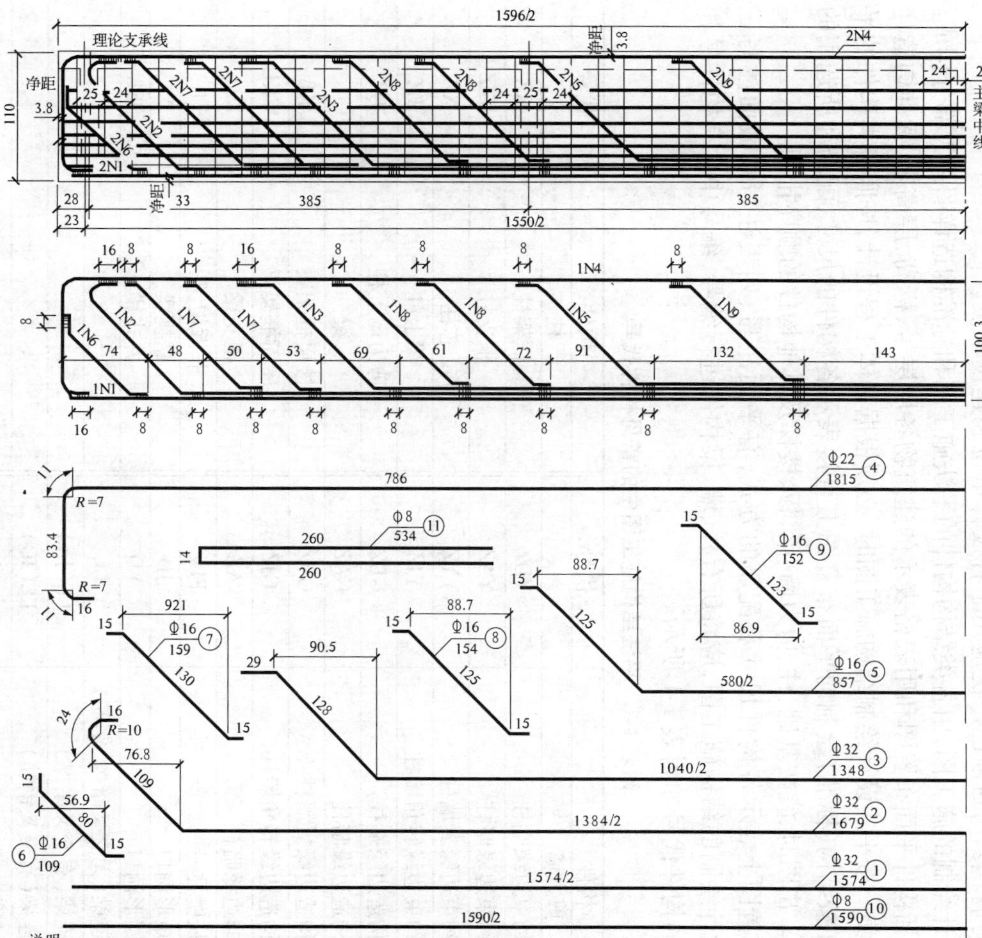

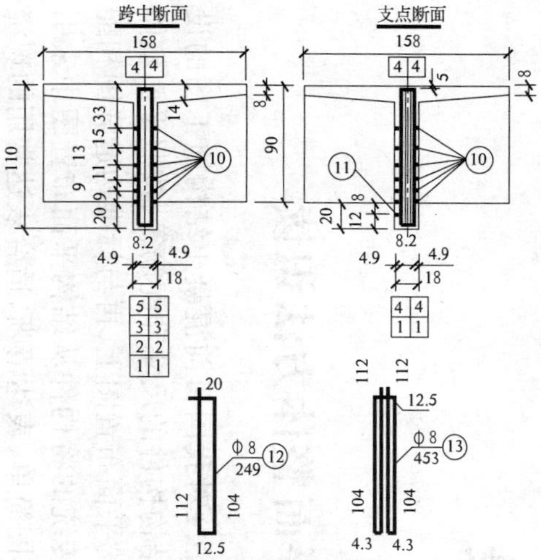

一片主梁钢筋明细表

编号	直径(mm)	每根长度(cm)	数量(根)	共长(m)
1	Φ32	1574	2	31.48
2	Φ32	1679	2	33.58
3	Φ32	1348	2	26.96
4	Φ22	1815	2	36.30
5	Φ16	857	2	17.14
6	Φ16	109	4	4.36
7	Φ16	159	8	12.72
8	Φ16	154	8	12.32
9	Φ16	152	4	6.08
10	Φ8	1590	12	19.08
11	Φ8	534	2	10.68
12	Φ8	249	60	149.40
13	Φ8	453	6	27.18

一片主梁钢筋总表

直径(mm)	总长(m)	单位重量(kg/m)	共重(kg)	钢筋等级
Φ32	92.02	6 313	580.9	Ⅱ级
Φ22	36.30	2.984	108.3	Ⅱ级
Φ16	52.62	1.578	83.0	Ⅱ级
Φ8	378.06	0.395	149.3	Ⅰ级
Φ32，Φ22，Φ12	小　计		772.2	Ⅱ级
Φ8	小　计		149.3	Ⅰ级
总　计			9215	

说明：

1.本图尺寸除钢筋直径以mm计外，其余均以cm为单位。

2.本图钢筋焊缝均为双面焊，一片主梁的焊缝总长度为21.8 m。

3.一片平面骨架的重量为0.39 t。

图 13-14　梁肋钢筋布置图

附　录

附录一　结构施工图的平面整体方法识读

混凝土结构施工图平面整体表示方法(简称平法)对我国目前混凝土结构施工图的设计表示方法作了重大改革。平法的表达形式,是把结构构件的尺寸和配筋等,按照平面整体表示方法制图规则,整体直接表达在各类构件的结构平面布置图上,再与标准构造详图相配合,即构成一套新型完整的结构设计。平法改变了传统的将构件从结构平面布置图中索引出来,再逐个绘制配筋详图的繁琐方法,由于平法作图简单、表达清晰,适合表达常用的现浇混凝土柱、剪力墙、梁等,目前已广泛应用于各设计单位和建设单位。

按平法设计绘制的施工图,由各类结构构件的平法施工图和标准构造详图两大部分构成。平法施工图包括构件平面布置图和用表格表示的建筑物各层层号、标高、层高表,标准构造详图一般采用图集。按平法设计绘制结构施工图时,必须根据具体工程设计,按照各类构件的平法制图原则,在按结构(标准)绘制的平面布置图上直接表示各构件的尺寸、配筋和所选用的标准构造详图。出图时,宜按基础、柱、剪力墙、梁、板、楼梯及其他构件的顺序排列。

在平面布置图上表示各构件尺寸和配筋的方式,有平面注写、列表注写和截面注写三种。按平法设计绘制的结构施工图,应将所有柱、墙、梁构件进行编号,编号中含有构件号和序号等,常见的构件代号如附表 1-1 所示。

附表 1-1　平法结构施工图中的常见构件代号

构件		代号	构件	代号
剪力墙			柱	
墙柱	约束边缘端柱	YDZ	框架柱	KZ
	约束边缘暗柱	YAZ	框支柱	KZZ
	约束边缘翼墙柱	YYZ	芯柱	XZ
	约束边缘转角墙柱	YJZ	梁上柱	LZ
	构造边缘端柱	GDZ	剪力墙上柱	QZ
	构造边缘暗柱	GAZ	梁	
	构造边缘翼墙柱	GYZ	楼层框架梁	KL
	构造边缘转角墙柱	GJZ	屋面框架梁	WKL
	非边缘暗柱	AZ	框支梁	KZL
	扶壁柱	FBZ	非框架梁	L
墙洞	矩形洞口	JD	悬挑梁	XL
	圆形洞口	YD	井式梁	JSL
墙梁	连梁(无交叉暗撑、钢筋)	LL		
	连梁(有交叉暗撑)	LL(JA)		
	连梁(有交叉钢筋)	LL(JG)		
	暗梁	AL		
	边框梁	BKL		
墙身	剪力墙墙身	Q		

本附录主要介绍柱、剪力墙和梁的平面整体表示方法。

一、柱平法施工图的表示方法

柱平法施工图是在绘出柱的平面布置图的基础上，采用列表注写方式或截面注写方式来表示柱的截面尺寸和钢筋配置的结构工程图。

(一)列表注写方式

在以适当比例绘制出的柱平面布置图（包括框架柱、框支柱、梁上柱和剪力墙上柱）上，标注出柱的轴线编号、轴线间尺寸，并将所有柱进行编号（由类型代号和序号组成），分别在同一编号的柱中选择一个或几个柱的截面，以轴线为界标注柱的相关尺寸，并列出柱表。在柱表中注写柱号、柱段起止标高、几何尺寸（含柱截面对轴线的偏心情况）与配筋的具体数值，并配以各种柱截面形状及其箍筋类型图。

各段柱的起止标高，是自柱根部往上以变截面位置或截面未变但配筋改变处为界分段注写的。其中，框架柱和框支柱的根部标高是指基础顶面标高；芯柱的根部标高是指根据结构实际需要而定的起始位置标高；梁上柱的根部标高是指梁顶面标高；剪力墙上柱的根部标高分两种：当柱与剪力墙重叠一层时，其根部标高为墙顶面往下一层的结构层楼面标高；当柱纵筋锚固在墙顶部时，其根部标高为墙顶面标高。

现以附图 1-1 为例进行说明。对于矩形柱，在平面图中应注写截面尺寸 $b \times h$ 及轴线关系的几何参数代号。b_1、b_2 和 h_1、h_2 的具体数值，须对应于各段柱分别注写，其中 $b = b_1 + b_2$，$h = h_1 + h_2$。当截面的某一边收缩变化至与轴线重合或偏到轴线的另一侧时，b_1、b_2、h_1、h_2 中的某项为零或负值。

附图 1-1 中有 KZ1（框架柱）、XZ1（芯柱）、LZ1（梁上柱）三种柱，附图 1-1(c)中的柱表为框架柱 KZ1 和芯柱 XZ1 的配筋情况，它分别注写了 KZ1 和 XZ1 不同标高部分的截面尺寸和配筋，如在标高 19.470 ~ 37.470 m 段，KZ1 的截面尺寸为 650 mm × 600 mm，柱边离垂直轴线距离左右相等，均为 325 mm，柱边离水平轴线距离一边为 150 mm，另一边为 450 mm。配置的角筋为直径 22 mm 的 HRB335 级钢筋，b 边一侧中部配置了 5 根直径为 22 mm 的 HRB335 级钢筋，h 边一侧中部配置了 4 根直径为 20 mm 的 HRB335 级钢筋，箍筋为直径 10 mm 的 HPB235 级钢筋，其中的斜线“/”区分柱端箍筋加密区与柱身非加密区长度范围内箍筋的不同间距(100/200)，当圆柱采用螺旋箍筋时，需要在箍筋前加“L”。

具体工程所设计的各种箍筋类型，要在图中的适当位置画出箍筋类型图，并注写类型号。如附图 1-1(b)中共有 7 种类型的箍筋，其中类型 1 又有多种组合，如 4 ×3、4 ×4、5 ×4 等，柱表中“箍筋类型号”一栏的 1(5 ×4)、1(4 ×4)表示箍筋为类型 1 的 5(列) ×(4 行)或 4(列) ×(4 行)组合箍筋。

对于圆柱，柱表中 $b \times h$ 一栏须改用在圆柱直径数字前加 d 表示。为了表达简单，圆柱截面与轴线的关系也用 b_1、b_2 和 h_1、h_2 表示，并使 $d = b_1 + b_2 = h_1 + h_2$。

图中出现的芯柱（只在③ ~ Ⓑ轴线 KZ1 中设置），其截面尺寸按构造确定，并按标准构造图施工，可不用注明；当设计者采用与本构造详图不同的做法时，应进行注明。芯柱定位随框架柱，不需要注写其与轴线的几何关系。

当柱纵筋直径相同，各边根数也相同时，将纵筋注写在“全部纵筋”一栏中。此外，柱纵筋分角筋、截面 b 边中部筋和截面 h 边中部筋三项，应分别注写在柱表中的对应位置，对于采用对称配筋的矩形截面柱，可以仅注写一侧中部筋，对称边省略不注。

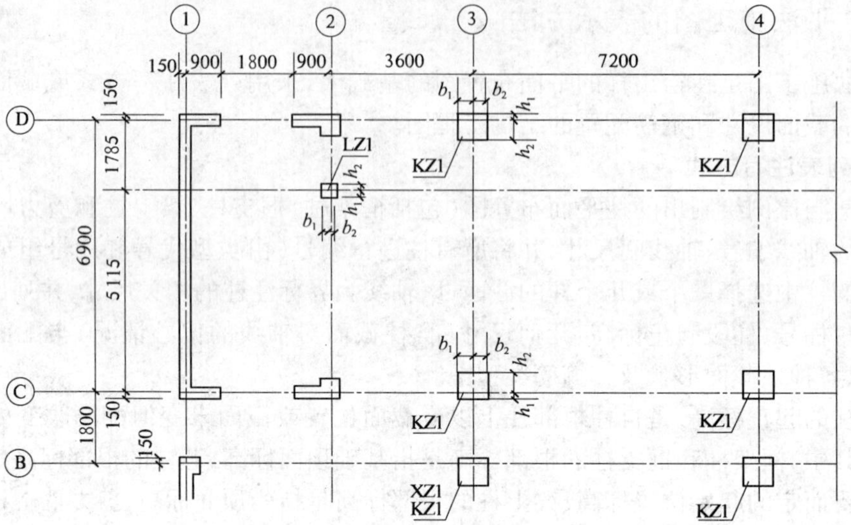

(a) 柱平面布置图

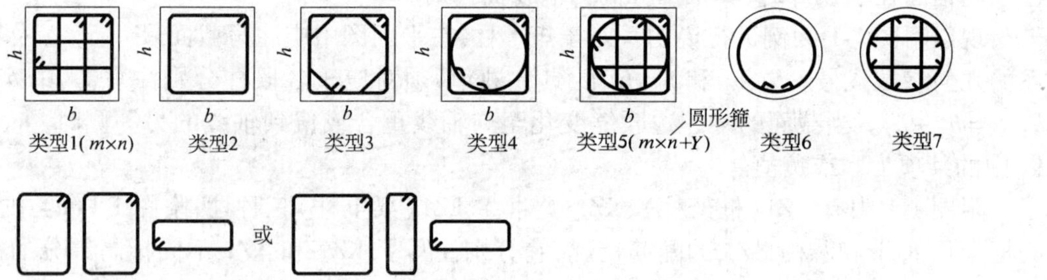

(b) 箍筋类型图

柱号	标高 (m)	(b×h) (mm×mm) 或圆柱直径 d (mm)	b_1 (mm)	b_2 (mm)	h_1 (mm)	h_2 (mm)	全部 纵筋	角筋	b 边一侧 中部筋	h 边一侧 中部筋	箍筋 类型号	箍筋	备注
KZ1	-0.030～19.470	750×700	375	375	150	550	24Φ25				1(5×4)	Φ10@100/200	
	19.470～37.470	650×600	325	325	150	450		4Φ22	5Φ22	4Φ20	1(4×4)	Φ10@100/200	
	37.470～59.070	550×500	275	275	150	350		4Φ22	5Φ22	4Φ20	1(4×4)	Φ8@100/200	
XZ1	-0.030～8.670						8Φ25				按标准构造详图	Φ10@200	③×Ⓑ轴 KZ1 中设置
…													

(c)柱表

附图 1-1　柱平法施工图列表注写方式

(二)截面注写方式

截面注写方式，是在分标准层绘制的柱平面布置图的柱截面上，分别在同一编号的柱中选择一个截面，以直接注写截面尺寸和配筋具体数值的方式来表达柱平法施工图。

截面注写方式，要求从相同编号的柱中选择一个截面，按另一种比例原位放大绘制柱截面配筋图,并在各配筋图上的编号后继续注写截面尺寸 $b \times h$、角筋或全部纵筋(当纵筋采用一种直径并且能够图示清楚时)、箍筋的具体数值以及在柱截面配筋图上标注柱截面与轴线关系 b_1、b_2、h_1、h_2 的具体数值。

当纵筋采用两种直径时,须再注写截面各边中部筋的具体数值,对于采用对称配筋的矩形截面柱,可仅在一侧注写中部筋,对称边省略不注。

在某些框架柱的一定高度范围内,在其内部的中心位置设置芯柱时,应编号,并在其编号后注写芯柱的起止标高,全部纵筋及箍筋的具体数值。对于芯柱的其他要求,同“列表注写方式”。

应注意,在截面注写方式中,如果柱的分段截面尺寸和配筋均相同,仅分段截面与轴线的关系不同时,可以将它们编为同一柱号,但此时应在没有画出配筋的截面上注写该柱截面与轴线关系的具体尺寸。

附图 1-2 分别表示了框架柱、梁上柱的截面尺寸和配筋。图中编号 KZ1 柱的截面图旁所标注的“650×600”表示柱的截面尺寸,“4Φ22”表示角筋为 4 根直径为 22 mm 的 HRB335 级钢筋,“Φ10@100/200”表示所配置的箍筋;截面上方标注的“5Φ22”,表示 b 边一侧配置的中部筋,截面左侧标注的“4Φ20”,表示 h 边一侧配置的中部筋,由于柱截面配筋对称,所以在柱截面图的下方和右侧的标注省略。编号 LZ1 柱的截面图旁所标注的“250×300”表示该柱的截面尺寸,纵筋为 6 根直径为 16 mm 的 HRB335 级钢筋,箍筋为直径 8 mm 的 HPB235 级钢筋,间距为 200 mm。

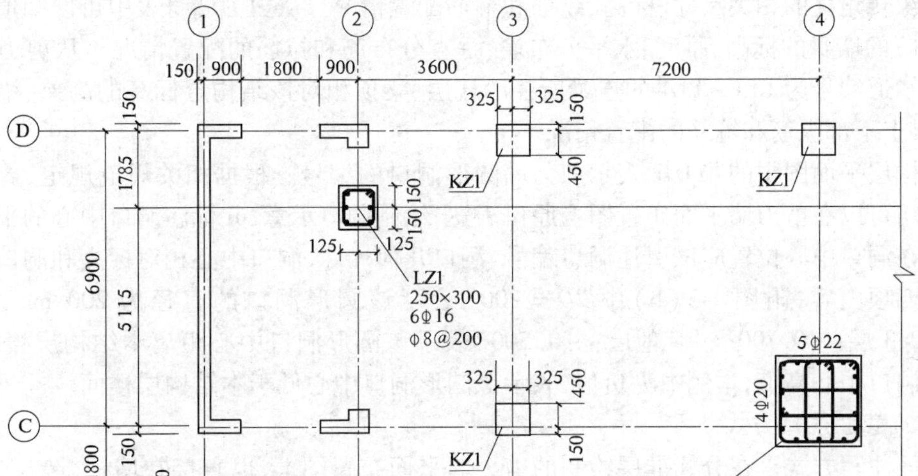

附图 1-2　柱平法施工图截面注写方式

二、剪力墙平法施工图的表示方法

剪力墙平法施工图是在绘出剪力墙的平面布置图的基础上,采用列表注写方式或截面注写方式来表示剪力墙的截面尺寸和钢筋配置的结构工程图。

剪力墙平面布置图可以采用适当比例单独绘制,也可与柱或梁平面布置图合并绘制。当剪力墙较复杂或采用截面注写方式时,应按标准层分别绘制剪力墙平面布置图。

(一)列表注写方式

为表达清楚、简便,剪力墙可看成由剪力墙柱、剪力墙身、剪力墙梁(简称墙柱、墙身、墙梁)三类构件组成。因此,在剪力墙平面布置图上需要对它们分别按表10-5进行编号,再分别列出墙柱、墙身、墙梁表。

注意,墙身编号是由墙身代号、序号以及墙身所配置的水平与竖向分布钢筋的排数组成,其中排数应注写在括号内。在编号中,如果若干墙柱的截面尺寸与配筋均相同,仅截面与轴线的关系不同时,可以将其编为同一墙柱号;如果若干墙身的厚度尺寸和配筋均相同,仅墙厚与轴线的关系不同或墙身长度不同时,也可将其编为同一墙柱号。

剪力墙柱表中表达的内容主要有:编号、墙柱的起止标高、墙柱的截面配筋图、各段墙柱的纵向钢筋和箍筋的规格与间距。

剪力墙梁表中表达的内容主要有:编号、墙梁所在的楼层号、墙梁的顶面标高与结构层标高之差、墙梁的截面尺寸、墙梁上部和下部纵筋及箍筋的规格与间距。

剪力墙身表中表达的内容主要有:编号、各段墙身起止标高、墙的厚度、一排水平和竖向分布钢筋及拉筋的规格与间距。

附图1-3所示的是剪力墙平法施工图列表注写方式示例。从剪力墙柱表中可以知道编号为GDZ1和GDZ2的构造边缘端柱、编号为GYZ2的构造边缘翼墙(柱)、编号为CJZ3的构造边缘转角柱的相关尺寸、标高、纵筋和箍筋配置情况。从剪力墙身表中可以知道编号为Q1(2排)的墙身的标高、厚度、水平分布筋、垂直分布筋和拉筋的配置情况。从剪力墙梁表中可以知道编号为LL1~LL4的连梁所在的楼层、梁顶相对该结构层标高的高差、梁的截面尺寸、梁上下部纵筋和箍筋的配置情况。

结构层平面图中的"YD1"表示剪力墙圆形洞口的编号。根据相关规范规定,剪力墙上的洞口均可以在剪力墙平面布置图上原位表达,绘制洞口示意,并标注洞口中心的平面定位尺寸。在洞口中心位置应该引注洞口编号、洞口几何尺寸、洞口中心相对标高和洞口每边补强钢筋四项内容,附图1-3(b)中"$D=200$"表示该圆形洞口的直径为200 mm,"2层:-0.800,3层:-0.700"、"其他层:-0.500"表示该圆形洞口中心距离本结构层楼(地)面标高的洞口中心高度,本例中为负值,表示该圆形洞口中心低于本结构层楼面。

(二)截面注写方式

截面注写方式是在分标准层绘制的剪力墙平面布置图上,以直接在墙柱、墙身、墙梁上注写截面尺寸和配筋具体数值的方式,来表达剪力墙平法施工图。

截面注写方式有两种表示方法。一种是原位注写方式,可以直接在墙柱、墙身、墙梁图上注写;另一种方式,选用适当比例将平面布置图放大后,对墙柱绘制出配筋截面图,再进行注写。不管采用哪一种方法,均应对所有墙柱、墙身和墙梁进行编号,然后分别在相同编号的墙柱、墙身和墙梁中选择一根墙柱、一道墙身、一根墙梁进行注写。注写的内容有:

墙柱:编号、截面尺寸及相关几何尺寸、全部纵筋及箍筋;

墙身:编号、墙厚尺寸、水平和竖向分布钢筋及拉筋;

墙梁:编号、截面尺寸、箍筋、上部和下部纵筋、顶面高差。

附图1-4所示是采用截面注写方式完成的剪力墙平法施工图。

屋面2	65.670	3.30
塔层2	62.370	3.30
屋面1 (塔层1)	59.070	3.30
16	55.470	3.60
15	51.870	3.60
14	48.270	3.60
13	44.670	3.60
12	41.070	3.60
11	37.470	3.60
10	33.870	3.60
9	30.270	3.60
8	26.670	3.60
7	23.070	3.60
6	19.470	3.60
5	15.870	3.60
4	12.270	3.60
3	8.670	3.60
2	4.470	4.20
1	−0.030	4.50
−1	−4.530	4.50
−2	−9.030	4.50
层号	标高(m)	层高(m)

结构层楼面标高
结构层高

(a)结构层楼面标高、层高表

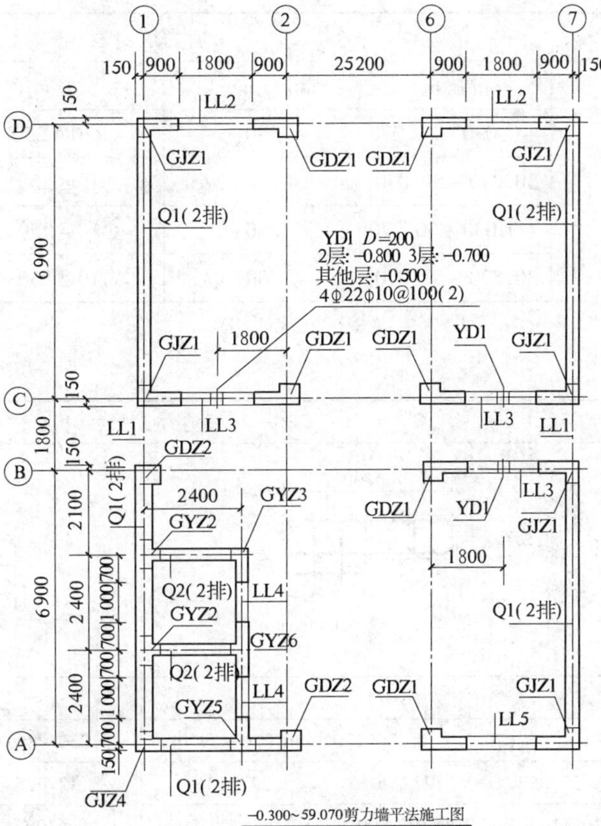

−0.300~59.070剪力墙平法施工图

(b)结构层平面图

剪力墙梁表							
编号	所在楼层号	梁顶相对标高高差(m)	梁截面($b\times h$)(mm×mm)	上部纵筋	下部纵筋	侧面纵筋	箍筋
LL1	2~9	0.800	300×2000	4Φ22	4Φ22	同Q1水平分布筋	Φ10@100(2)
	10~16	0.800	250×2000	4Φ20	4Φ20		Φ10@100(2)
	屋面		250×1200	4Φ20	4Φ20		Φ10@100(2)
LL2	3	−1.200	300×2520	4Φ22	4Φ22	同Q1水平分布筋	Φ10@150(2)
	4	−0.900	300×2070	4Φ22	4Φ22		Φ10@150(2)
	5~9	−0.900	300×1770	4Φ22	4Φ22		Φ10@150(2)
	10~屋面1	−0.900	250×1770	3Φ22	3Φ22		Φ10@150(2)
LL3	2		300×2070	4Φ22	4Φ22	同Q1水平分布筋	Φ10@100(2)
	3		300×1770	4Φ22	4Φ22		Φ10@100(2)
	4~9		300×1170	4Φ22	4Φ22		Φ10@100(2)
	10~屋面1		250×1170	3Φ22	3Φ22		Φ10@100(2)
LL4	2		250×2070	3Φ20	3Φ20	同Q2水平分布筋	Φ10@120(2)
	3		250×1770	3Φ20	3Φ20		Φ10@120(2)
	4~屋面1		250×1170	3Φ20	3Φ20		Φ10@120(2)

(c)剪力墙梁表

附图1-3 剪力墙平法施工图列表注写方式

剪力墙身表					
编号	标高(m)	墙厚(mm)	水平分布筋	垂直分布筋	拉筋
Q1(2 排)	-0.030~30.270	300	Φ120@250	Φ12@250	Φ6@500
	30.270~59.070	250	Φ10@250	Φ10@250	Φ6@500
Q2(2 排)	-0.030~30.270	250	Φ10@250	Φ10@250	Φ6@500
	30.270~59.070	200	Φ10@250	Φ10@250	Φ6@500

(d)剪力墙身表

剪力墙柱表						
截面	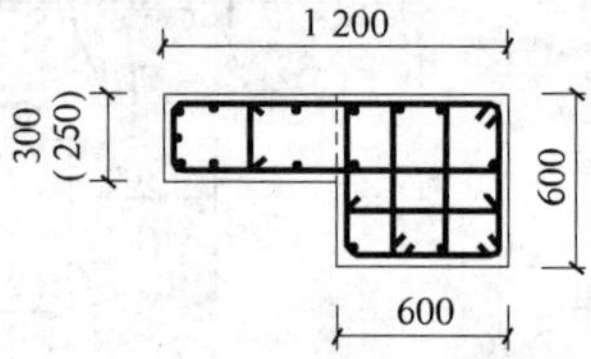			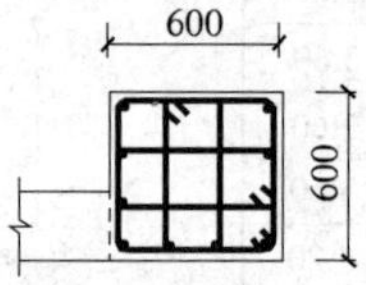		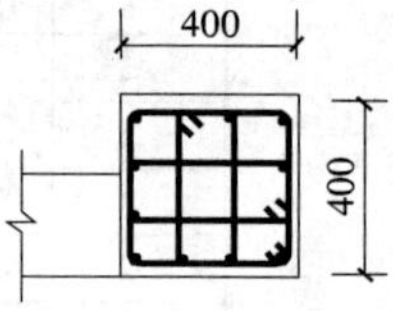
编号	GDZ1			GDZ2		
标高	-0.030~8.670	8.670~30.270	(30.270~59.070)	-0.030~8.670	8.670~59.070	59.070~65.670
纵筋	22Φ22	22Φ20	(22Φ18)	12Φ25	12Φ22	12Φ20
箍筋	Φ10@100	Φ10@100/200	(Φ10@100/200)	Φ10@100	Φ10@100/200	Φ10@100/200
截面	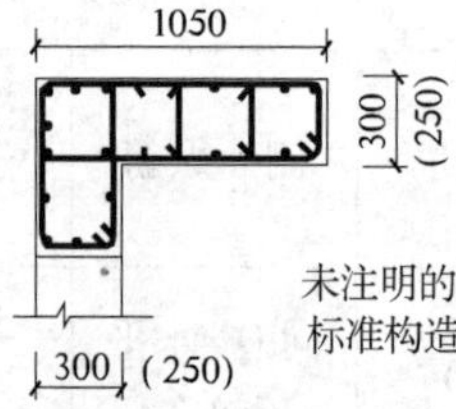未注明的尺寸按标准构造详图			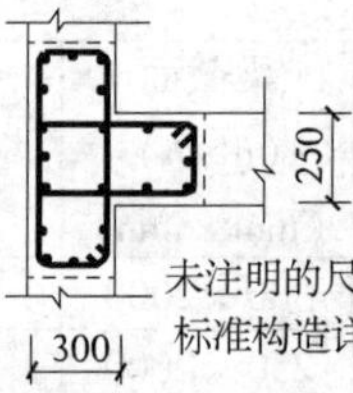未注明的尺寸按标准构造详图		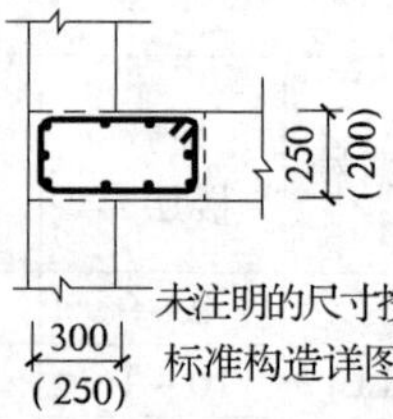未注明的尺寸按标准构造详图
编号	GJZ1			GYZ2		GJZ3
标高	-0.030~8.670	8.670~30.270	(30.270~59.070)	-0.030~8.670		8.670~30.270 (30.270~59.070)
纵筋	24Φ20	24Φ18	(24Φ16)	20Φ20		10Φ18 (10Φ18)
箍筋	Φ10@100	Φ10@150	(Φ10@150)	Φ10@100		Φ10@150 (Φ10@150)
…						

(e)剪力墙柱表

续附图 1-3

层号	标高 (m)	层高 (m)
屋面2	65.670	3.30
塔层2	62.370	3.30
屋面1 (塔层1)	59.070	3.30
16	55.470	3.60
15	51.870	3.60
14	48.270	3.60
13	44.670	3.60
12	41.070	3.60
11	37.470	3.60
10	33.870	3.60
9	30.270	3.60
8	26.670	3.60
7	23.070	3.60
6	19.470	3.60
5	15.870	3.60
4	12.270	3.60
3	8.670	3.60
2	4.470	4.20
1	−0.030	4.50
−1	−4.530	4.50
−2	−9.030	4.50

结构层楼面标高
结构层高

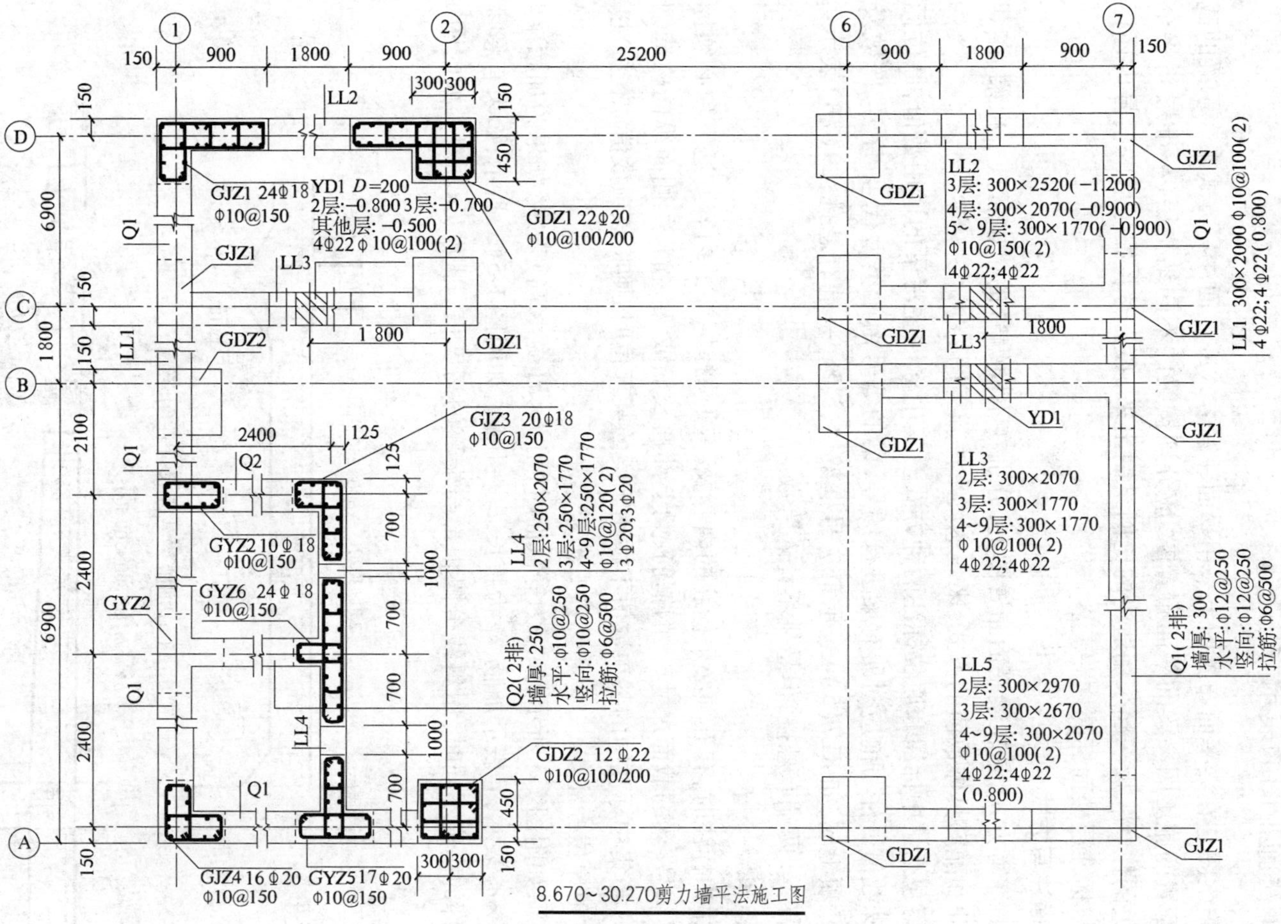

附图 1-4 剪力墙平法施工图截面注写方式

三、梁平法施工图的表示方法

梁平法施工图是在梁平面布置图上采用平面注写方式或截面注写方式来表示梁的截面尺寸和钢筋配置的施工图。梁的平面布置图，应分别按梁的不同结构层（标准层），将全部梁和与其相关的柱、墙、板一起采用适当的比例绘制出来，必要时在编号后的括号内还标注梁顶面标高与标准层楼面标高之差。

（一）平面注写方式

梁的平面注写方式，是在梁平面布置图上，分别在不同编号的梁中各选一根梁，在其上注写截面尺寸和配筋具体数值的方式，来表达梁平法施工图。

平面注写包括集中标注和原位标注两种方式。集中标注注写梁的通用数值，原位标注注写梁的特殊数值。注写前应对所有梁进行编号，梁的编号由梁类型代号、序号、跨数及有无悬挑代号几项组成，如 KL7(5A)表示第 7 号框架梁，5 跨，一端有悬挑；L9(7B)表示第 9 号非框架梁，7 跨，两端有悬挑，但悬挑不计入跨数。

1. 集中标注

当采用集中标注时，有五项必须标注的内容及一项选择标注的内容。这五项必须标注的内容是：梁编号、梁的截面尺寸、梁的箍筋、梁上部通长筋或架立筋、梁侧面纵向构造钢筋或受扭钢筋。当集中标注中的某项数值不适用于梁的某部位时，则将该项数值原位标注，施工时，优先取值原位标注。

梁的截面，如附图 1-5 所示，如果为等截面时，用 $b \times h$（宽 × 高）表示；如果为加腋梁时，用 $b \times h$，$Yc_1 \times c_2$ 表示，Y 表示加腋，c_1 为腋长，c_2 为腋高，如附图 1-5(a)所示；如果有悬挑梁且根部和端部的高度不同时，用斜线分隔根部与端部的高度值，即为 $b \times h_1/h_2$，如附图 1-5(b)所示。

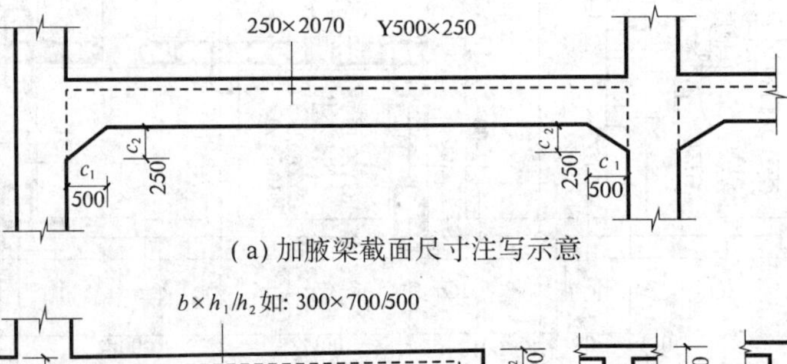

(a) 加腋梁截面尺寸注写示意

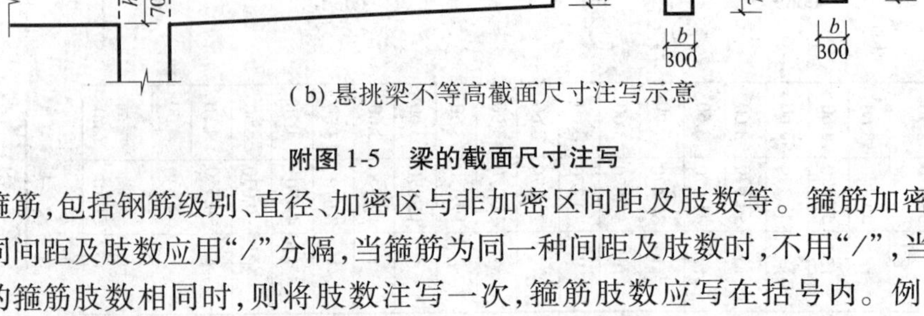

(b) 悬挑梁不等高截面尺寸注写示意

附图 1-5　梁的截面尺寸注写

梁的箍筋，包括钢筋级别、直径、加密区与非加密区间距及肢数等。箍筋加密区与非加密区的不同间距及肢数应用“/”分隔，当箍筋为同一种间距及肢数时，不用“/”，当加密区与非加密区的箍筋肢数相同时，则将肢数注写一次，箍筋肢数应写在括号内。例如：ϕ10@100/200(4)表示箍筋为 HPB235 级钢筋，直径为 10 mm，加密区间距为 100 mm，非加密区间距为 200 mm，均为四肢箍；又如，ϕ8@100(4)/150(2)表示箍筋为 HPB235 级钢筋，直径为 8

mm，加密区间距为 100 mm，四肢箍，非加密区间距为 150 mm，两肢箍。当抗震结构中的非框架梁、悬挑梁、井字梁，及非抗震结构中的各类梁采用不同的箍筋间距及肢数时，也用“/”进行分隔，注写时先注写梁支座端部的箍筋，在“/”后注写梁跨中部分的箍筋间距及肢数。例如：13 ϕ10@150/200(4)表示箍筋为 HPB235 级钢筋，直径为 10 mm，梁的两端各有 13 个四肢箍，间距为 150 mm，梁跨中部分间距为 200 mm，四肢箍；又如，18 ϕ12@150(4)/200(2)表示箍筋为 HPB235 级钢筋，直径为 12 mm，梁的两端各有 18 个四肢箍，间距为 150 mm，梁跨中部分间距为 200 mm，两肢箍。

梁上部的通长筋及架立筋，当他们在同一排时，应用加号“+”将通长筋与架立筋联结，注写时应将角部纵筋写在加号的前面，架立筋写在加号后面。当梁的上部纵筋和下部纵筋为全跨相同，且多数跨配筋相同时，该项可以加注下部纵筋的配筋值，用分号“;”将上部与下部纵筋的配筋值分隔开。例如：“2 ϕ25 +2 ϕ22”表示梁的上部配置了 2 ϕ25 的通长钢筋，同时配置了 2 ϕ22 的架立筋。“3 ϕ22;3 ϕ20”表示梁的上部配置了 3 ϕ22 的通长钢筋，下部配置了 3 ϕ20 的通长钢筋。

梁侧面纵向构造钢筋或受扭钢筋配置的注写，应按以下要求进行：当梁腹板高度 $h_w \geq$ 450 mm 时，须配置纵向构造钢筋，在配筋数量前加“G”，注写的钢筋数量为梁两个侧面的总配筋值，为对称配置，如 G4 ϕ12 表示梁的两个侧面共配置了 4 根直径为 12 mm 的 HPB235 级钢筋，每侧各配置 2 根；当梁侧面配置受扭纵向钢筋时，在配筋数量前加“N”，注写的钢筋数量为梁两个侧面的总配筋值，为对称配置。

梁顶面标高高差，是指相对于结构层楼面标高的高差值，对于位于结构夹层的梁，则指相对于结构夹层楼面标高的高差。若有高差，须将其写入括号内，无高差时则不注。当某梁的顶面高于所在结构层的楼面标高时，其标高高差为正值，反之为负值。

2. 原位标注

原位标注通常主要标注梁支座上部纵筋(指该部位含通长筋在内的所有纵筋)及梁下部纵筋，或当梁的集中标注内容不适用于等跨梁或某悬挑部分时，则以不同数值标注在其附近。

对于梁支座上部的纵筋，当多于一排时，用斜线“/”将各排纵筋自上而下分开，如附图 1-6所示；当同排钢筋有两种直径时，用加号“+”将两种直径的纵筋相连，注写时将角部纵筋写在前面；当梁中间支座两边的上部纵筋不同时，须在支座两边分别标注，当梁中间支座两边的上部纵筋相同时，可仅在支座一边标注配筋值，另一边省略不注。

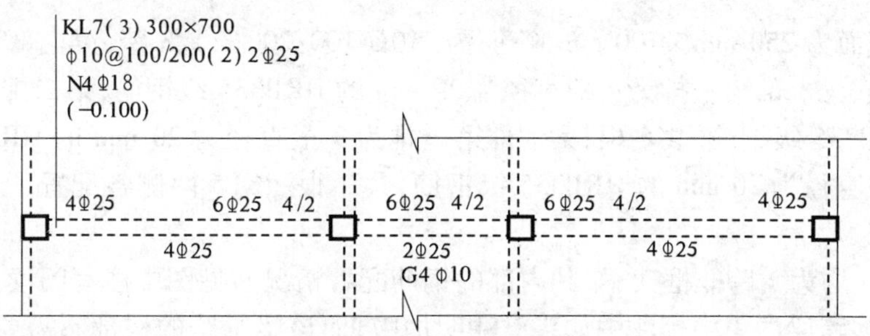

附图 1-6 梁的原位标注

对于梁下部纵筋，当多于一排时，用斜线“/”将各排纵筋自上而下分开；当同排钢筋有两种直径时，用加号“+”将两种直径的纵筋相连，注写时将角部纵筋写在前面；当梁下部纵筋不全伸入支座时，将梁支座下部纵筋减少的数量写在括号内。例如：“6⌀25 2(-2)/4”表示上排纵筋为2⌀25，且不伸入支座；下排纵筋为4⌀25，全部伸入支座。“2⌀25+3⌀22(-3)/5⌀25”表示上排纵筋为2⌀25和3⌀22，其中3⌀22不伸入支座；下排纵筋为5⌀25，全部伸入支座。

对于梁中的附加箍筋或吊筋，应将其画在平面图中的主梁上，用线引注总配筋值（附加箍筋的肢数注在括号内），如附图1-7所示。当多数附加箍筋或吊筋相同时，可以在梁平法施工图上统一注明，少数与统一注明值不同时，再原位引注。

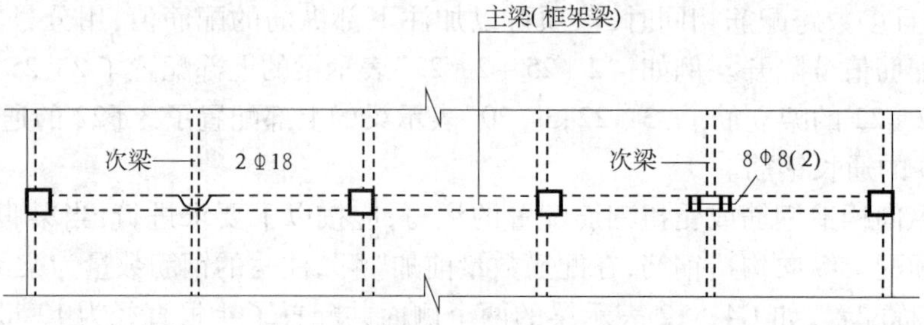

附图1-7 附加箍筋和吊筋的画法

附图1-8所示是采用平面注写方式画出的某建筑结构的一部分梁平法施工图。从图中可知，该图中共有KL1、KL2、KL5三种楼层框架梁，有L1、L3、L5三种非框架梁。

KL1的截面为300 mm×700 mm，箍筋为⌀10@100/200(2)，4跨，梁上部和下部均有两排纵向钢筋，梁上部第一排为4根直径为25 mm的HRB335级钢筋，第二排也为4根直径为25 mm的HRB335级钢筋，共8根；梁下部第一排为2根直径为25 mm的HRB335级钢筋，第二排为5根直径为25 mm的HRB335级钢筋，共7根。KL1两侧各配置了2⌀10的构造钢筋，在KL1与L5的连接处，KL1两侧还分别配置了2根直径为16 mm的受扭钢筋。

KL2的截面为300 mm×700 mm，箍筋为⌀10@100/200(2)，4跨，梁上部和下部均有两排纵向钢筋，梁上部第一排为4根直径为25 mm的HRB335级钢筋，第二排为4根直径为25 mm的HRB335级钢筋，共8根；梁下部第一排为2根直径为25 mm的HRB335极钢筋，第二排为5根直径为25 mm的HRB335级钢筋，共7根。KL2两侧各配置了2⌀10的构造钢筋。

KL5的截面为250 mm×700 mm，箍筋为⌀10@100/200(2)，3跨，梁上部和下部也均有两排纵向钢筋，梁上部第一排为4根直径为22 mm的HRB335级钢筋，第二排为2根直径为22 mm的HRB335级钢筋，共6根；梁下部第一排为3根直径为20 mm的HRB335级钢筋，第二排为4根直径为20 mm的HRB335级钢筋，共7根。KL5两侧各配置了2⌀10的构造钢筋。

L1、L3、L5均为1跨非框架梁，其内部的钢筋配置情况参见图中注写阅读。

注意，在多跨梁的集中标注中如果已注明加腋，而该梁某跨的根部不需要加腋时，应该在该跨原位标注等截面的$b\times h$，以修正集中标注中的加腋信息，如附图1-9所示。

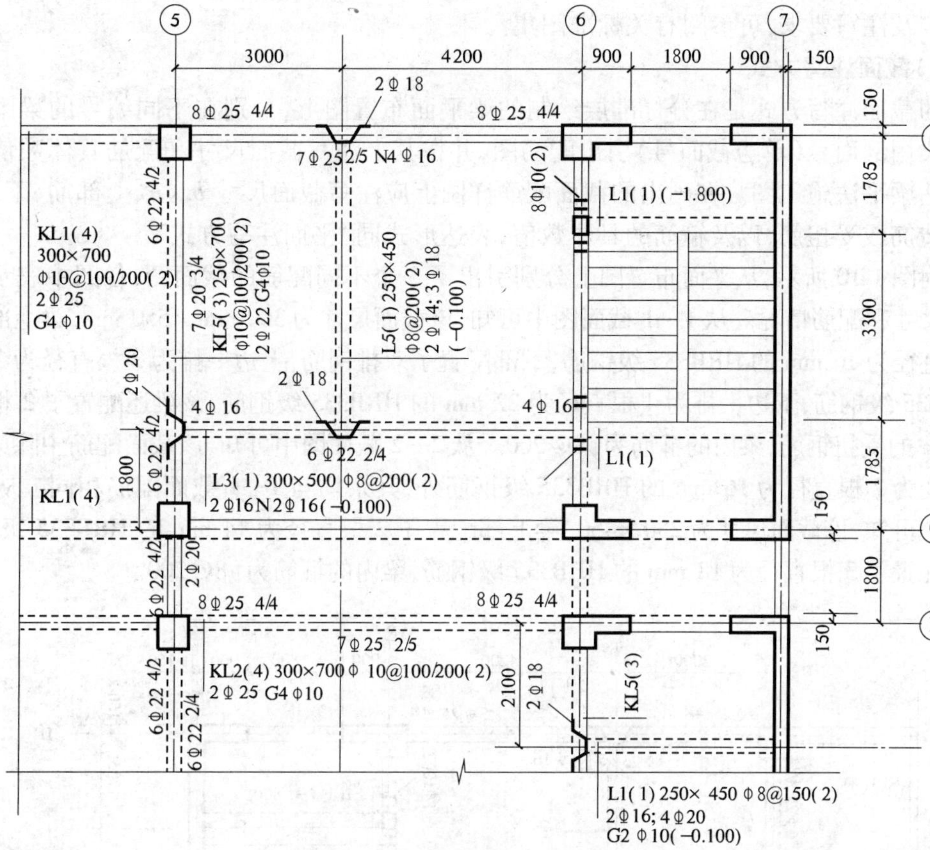

附图 1-8　梁的平面注写方式示例

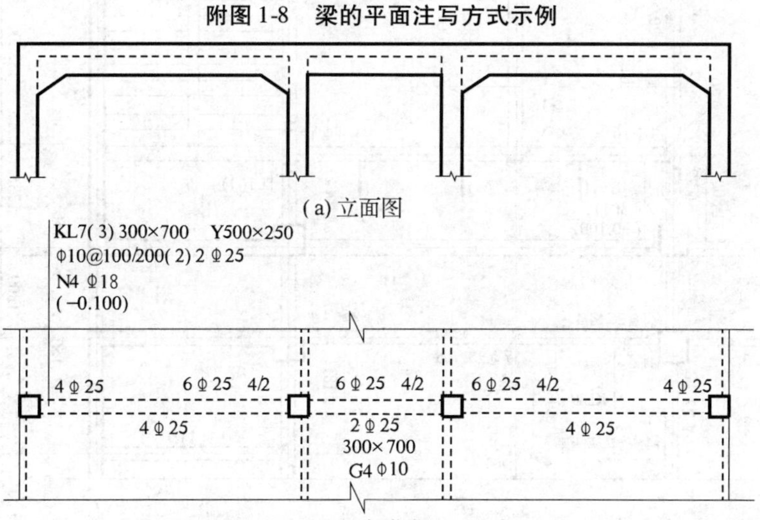

(a) 立面图

(b) 平面图

附图 1-9　梁加腋平面注写方式表达示例

井字梁通常由非框架梁构成，并以框架梁为支座（特殊情况下以专门设置的非框架大梁为支座）。在此情况下，为明确区分井字梁与框架梁或作为井字梁支座的其他类型梁，井字梁用单粗虚线表示（当井字梁顶面高出板面时用单粗实线表示），框架梁或作为井字梁支座的其他类型梁用双细虚线表示（当梁顶面高出板面时用双实细线表示）。有关井字梁的其他规定及注写要求，可参阅有关标准图集。

（二）截面注写方式

梁的截面注写方式是在分标准层绘制的梁平面布置图上，分别在不同编号的梁中各选择一根梁用剖面号（单边截面号）引出配筋图，并在其上注写截面尺寸和配筋具体数值的方式来表达梁平法施工图。在画出的截面配筋详图上应注写截面尺寸 $b \times h$、上部筋、下部筋、侧面构造筋或受扭筋，以及箍筋的具体数值，表达形式同“平面注写方式”。

如附图 1-10 所示，从平面布置图上分别引出了 3 个不同配筋的截面图，各图中表示了梁的截面尺寸和配筋情况。从 1—1 截面图中可知，该截面尺寸为 300 mm × 550 mm，梁上部配置了 4 根直径为 16 mm 的 HRB335 级钢筋，下部配置了双排钢筋，上边一排为 2 根直径为 22 mm 的 HRB335 级钢筋，下边一排为 4 根直径为 22 mm 的 HRB335 级钢筋，该梁还配置了 2 根直径为 16 mm 的受扭钢筋，梁内的箍筋为ф8@200。从 2—2 截面图中可知，该截面配筋中除梁上部的配筋变为 2 根直径为 16 mm 的 HRB335 级钢筋外，其余均与 1—1 截面配筋相同。从 3—3 截面图中可知，该截面尺寸为 250 × 450，梁上部配置了 2 根直径为 14 mm 的 HRB335 级钢筋，梁下部配置了 3 根直径为 18 mm 的 HRB335 级钢筋，梁内的箍筋为ф8@200。

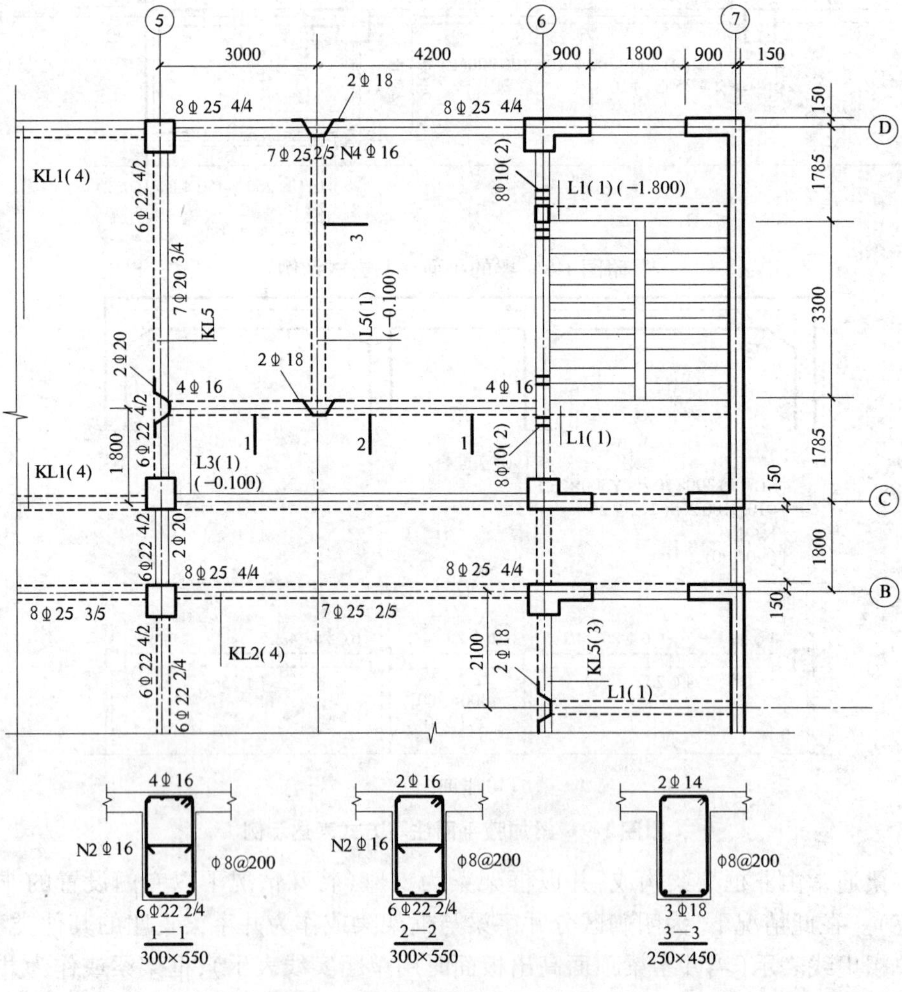

附图 1-10　梁的截面注写方式示例

梁的截面注写方式可以单独使用,也可以与平面注写方式结合使用。

在梁平法施工图的平面图中,当局部区域的梁布置过密时,除采用截面注写方式表达外,也可以将过密区用虚线框出,适当放大比例后再用平面注写方式表示。

当表达异型截面梁的尺寸与配筋时,用截面注写方式相对比较方便。

附录二　建筑施工图的画法

一、绘制建筑施工图的步骤

在绘图过程中,要始终保持高度的责任感和严谨细致的作风。绘图要投影正确、技术合理、尺寸齐全、表达清楚、字体工整,并应做到图样布置紧凑、图面整洁等。

(1)选定比例和图幅。根据房屋的外形、平面布置和构造的复杂程度,以及施工的具体要求,选定比例,进而由房屋的大小以及选定的比例,估计图形大小及注写尺寸、符号、说明所需的图纸,选定标准图幅。

(2)进行合理的图面布置。图面布置(包括图样、图名、尺寸、文字说明及表格等)要主次分明、排列均匀紧凑、表达清晰。尽量保持各图之间的投影关系,或将同类型的、内容关系密切的图样,集中在一张或顺序连续的几张图纸上,以便对照查阅。若画在同一张图纸上,应注意平面图、立面图、剖面图三者之间的关系,做到平面图与立面图(或剖面图)长对正,平面图与剖面图(或立面图)宽相等,立面图(或剖面图)与剖面图(或立面图)高平齐。

(3)用较硬的铅笔画底稿。先画图框和标题栏,均匀布置图面;再按平→立→剖→详图的顺序画出各图样的底稿。

(4)加深(或上墨)。底稿经检查无误后,按《建筑制图标准》(GB/T 50104—2001)规定选用不同线型,进行加深(或上墨)。画线时,要注意粗细分明,以增强图面的效果。加深(或上墨)的顺序一般是:先从上到下画水平线,后从左到右面铅直线或斜线;先画直线,后画曲线;先画图,后注写尺寸及说明。

二、建筑平面图的画法举例

现以附图 2-1 所示的标准层平面图为例,说明建筑平面图的画法。

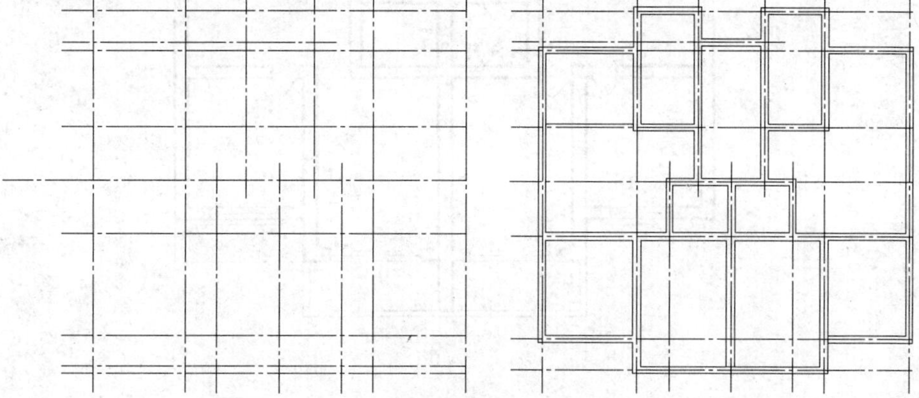

(a)　　(b)

附图 2-1　建筑平面图的画法

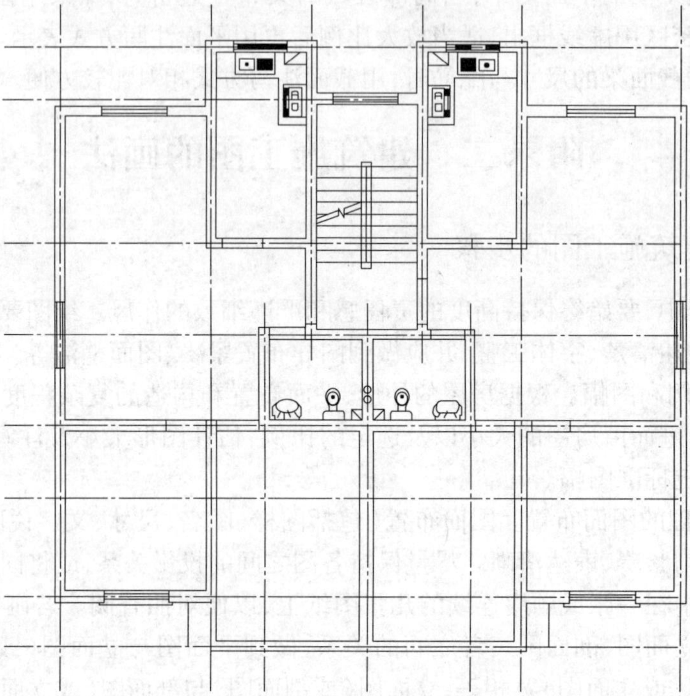

(c)

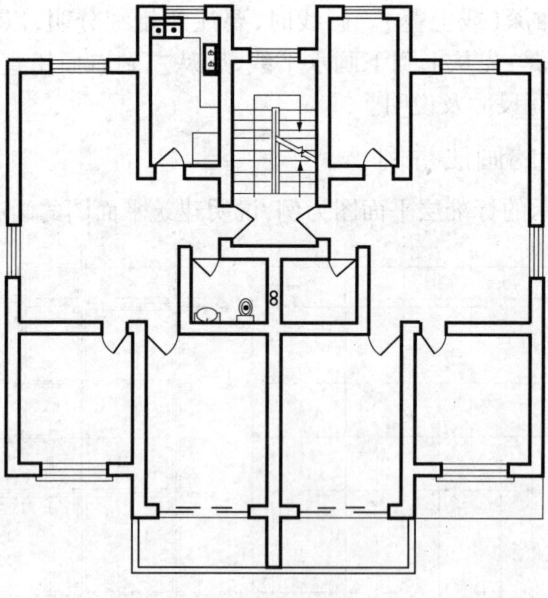

(d)

续附图 2-1

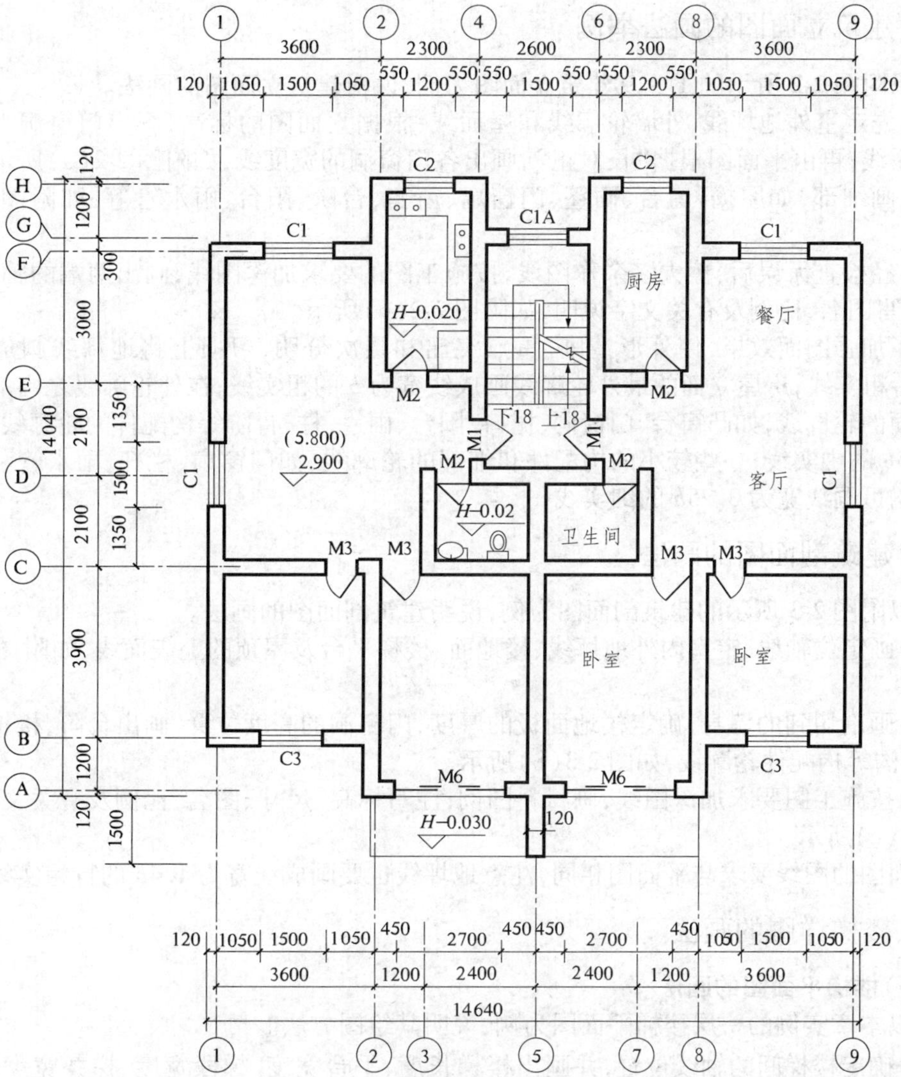

标准层平面图 1:100

(e)

续附图 2-1

(1)根据轴线尺寸画出定位轴线，形成轴线网格。如附图 2-1(a)所示。

(2)根据轴线到墙边的距离画出墙身，如附图 2-1(b)所示。

(3)画细部，如门窗洞、楼梯、台阶、卫生间、散水等，如附图 2-1(c)所示。

(4)检查无误后，擦去多余的作图线，按平面图的线型要求加深图线，如附图 2-1(d)所示。

建筑平面图中被剖切到的墙柱断面的轮廓线，用线宽为 b 的粗实线；被剖切到的门扇，用线宽为 $0.5b$ 的中实线；看到的构配件轮廓线及剖到的窗扇均用线宽为 $0.25b$ 的细实线；不可见构配件的轮廓用线宽为 $0.5b$ 或 $0.25b$ 的虚线；其他内容，如定位轴线、尺寸线、尺寸界线、标高符号、引出线等仍符合前面所述的各项规定。

(5)标注轴线、尺寸、门窗编号、剖切符号、图名、比例及其他文字说明，如附图 2-1(e)所示。

三、建筑立面图的画法举例

现以附图 2-2 所示的①~⑨建筑立面图为例,说明建筑立面图的画法。

(1)先定室外地坪线、外墙轮廓线和屋面线;根据立面图的标高,画出门窗洞上下坪的高度水平线;再由平面图根据“长对正”,画出各门窗洞的宽度线,如附图 2-2(a)所示。

(2)画细部,如屋檐、窗台、雨篷、门窗扇、窗套、台阶、阳台、雨水管等,如附图 2-2(b)所示。

(3)经检查无误后,擦去多余作图线,按施工图的要求加深图线,画出两端的轴线,并标注标高,写图名、比例及有关文字说明,如附图 2-2(c)所示。

为了加强图面效果,使外形清晰、重点突出和层次分明,习惯上将地坪线画成线宽为 $1.4b$ 的特粗实线;房屋立面的最外轮廓线画成线宽为 b 的粗实线;在外轮廓线之内的凹进或凸出墙面的轮廓线,如凸窗台、门窗洞、檐口、阳台、雨篷、柱、台阶等构配件的轮廓线,画成线宽为 $0.5b$ 的中实线;一些较小的构配件和细部的轮廓线,如门窗扇、栏杆、雨水管和墙面分格线等均可画线宽为 $0.25b$ 的细实线。

四、建筑剖面图的画法

现以附图 2-3 所示的建筑剖面图为例,说明建筑剖面图的画法。

(1)画定位轴线,定室内外地坪线、楼地面、楼梯平台及屋顶的上表面线,如附图 2-3(a)所示。

(2)画剖切到的墙身,确定楼地面板的厚度,门窗洞的高度位置,画出台阶、楼梯、过梁、圈梁、天沟等构配件轮廓线,如图 2-3(b)所示。

(3)按施工图要求加深图线,画材料图例,注写标高、尺寸、图名、比例及有关文字说明,如图 2-3(c)所示。

剖面图的图线要求与平面图相同,注意地坪线也要画成线宽为 $1.4b$ 的特粗实线。

五、楼梯详图的画法

(一)楼梯平面图的画法

现以本章实例的一层楼梯平面图为例,说明其绘图方法。

(1)确定楼梯间的轴线位置,并画出楼梯长度、平台宽度、梯段宽度、梯井宽度等,如附图 2-4(a)所示。

(2)画栏杆、墙身厚度,根据踏面数和宽度,用几何作图中等分平行线的方法等分梯段长度,画出踏步以及雨篷、门窗洞口等,如附图 2-4(b)所示。

(3)画箭头,加深图线,标注标高、尺寸、轴线、图名、比例等,如附图 2-4(c)所示。

(二)楼梯剖面图的画法

绘制楼梯剖面图时,注意图形比例应与楼梯平面图一致;画栏杆(或栏板)时,其坡度应与梯段一致。

(1)确定楼梯间的轴线位置,画出楼地面、平台面高度线,确定各梯段的起止点位置,如附图 2-5(a)所示。

(2)确定墙身并画出踏步,踏步的画法可应用斜线法和方格网法,见附图 2-6 所示。一般手工绘图常用斜线法,计算机绘图可用方格网法。

(3)画细部,如窗、梁、栏杆、散水等,如附图 2-5(b)所示。

(4)加深图线,标注轴线、尺寸、标高、索引符号、图名、比例等,如附图 2-5(c)所示。

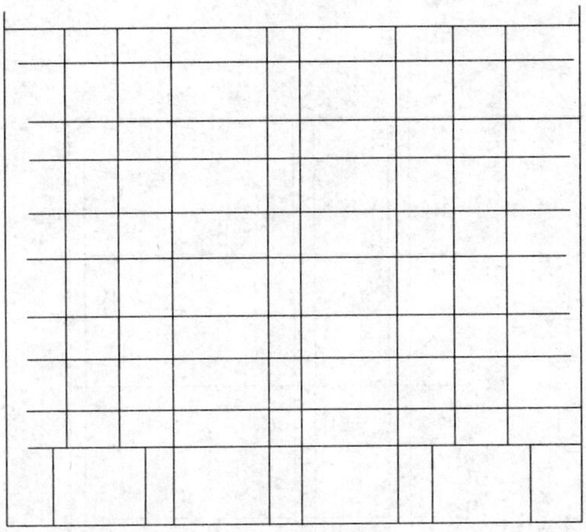

(a)

(b)

(c)

附图 2-2　建筑立面图的画法

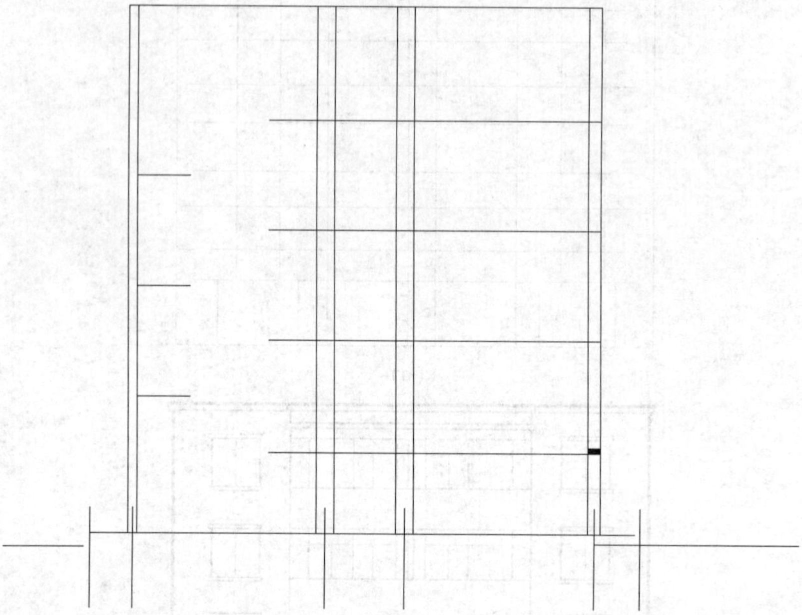

(a)

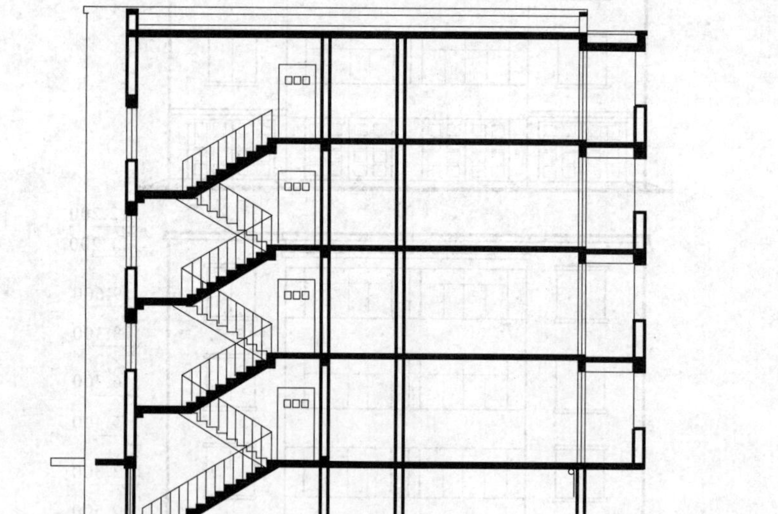

(b)

附图 2-3　建筑剖面图的画法

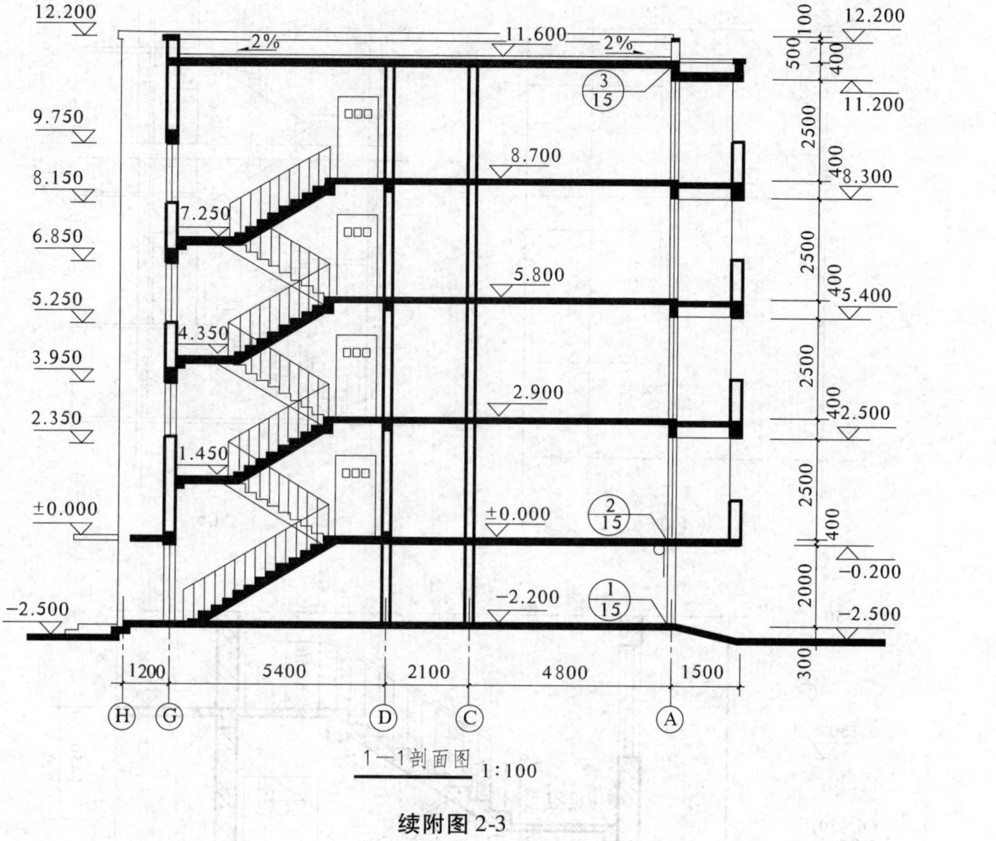

1—1剖面图 1:100

续附图 2-3

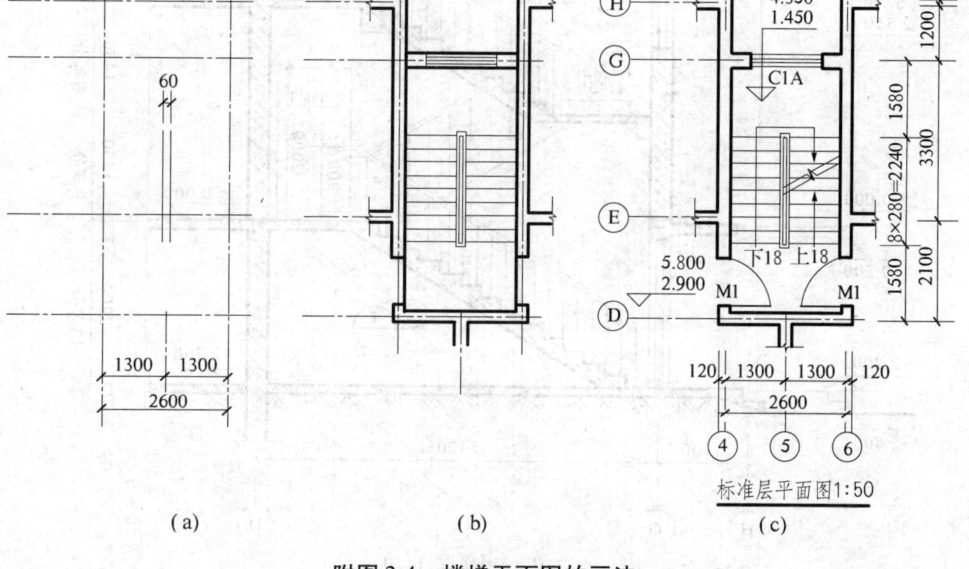

标准层平面图1:50

(a) (b) (c)

附图 2-4 楼梯平面图的画法

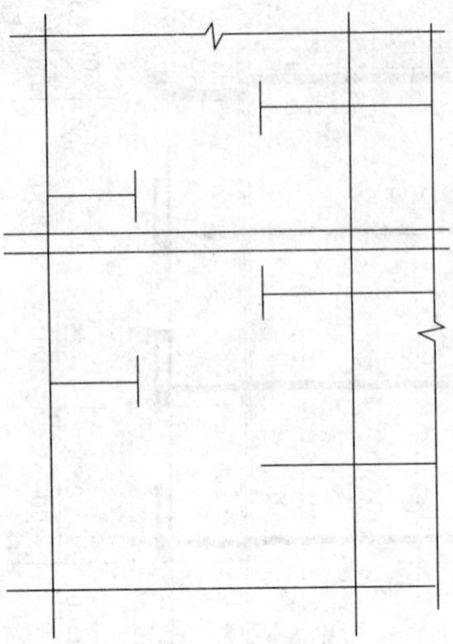

(a)

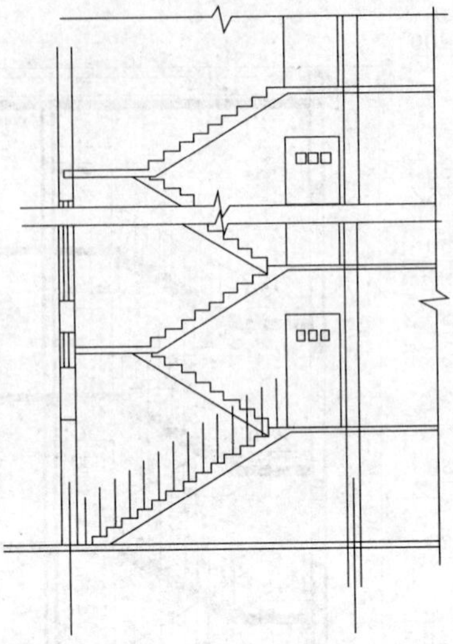

(b)

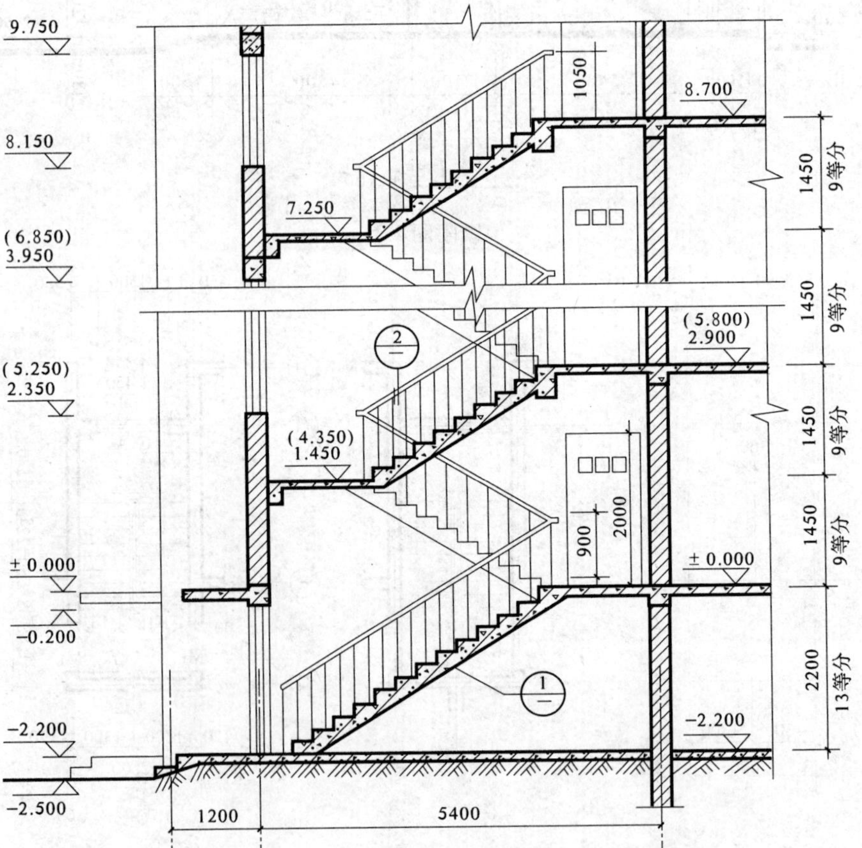

2—2剖面图 1:50

(c)

附图 2-5 楼梯剖面图的画法

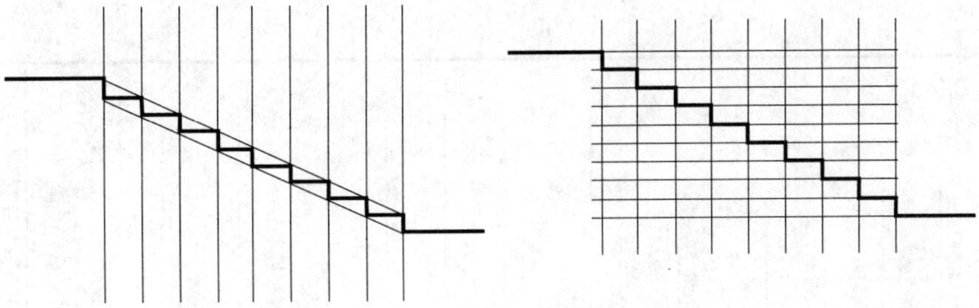

(a) 斜线法　　　　(b)方格网法

附图 2-6　楼梯踏步的画法

附录三　某小区住宅建筑、结构施工图

附图说明

(1)为使读者更好地识读房屋施工图,特选编某小区住宅的建筑和结构施工图作为本书附图,供读者练习识读。

(2)附图是一幢三层砖混结构的住宅,建筑面积为 234.49 m^2。

(3)附图中包括建筑施工图、结构施工图。由于制版原因,附图的图幅大小比原图有所缩小,图中比例已不再是原图所标注的比例。

(4)部分构造做法及表示法具有地区性,仅供参考。

(5)在识读本图过程中,不可避免地会遇到各种专业技术方面的问题,有待于在今后的继续学习中逐步加以解决。

建筑设计说明

1 设计依据：

1.1 建设单位同意的本项目方案设计及其修改意见。

1.2 与建设单位签订的设计合同。

1.3 现行的国家有关建筑设计主要规范及规程：

1）《民用建筑设计通则》	GB 50352—2005
2）《建筑设计防火规范》	GB 50016—2006
3）《住宅设计规范》	GB 50096—1999（2003版）
4）《住宅建筑规范》	GB 50368—2005
5）《河南省居住建筑节能设计标准（寒冷地区）》	DB J41/062—2005
6）《屋面工程技术规范》	GB 50345—2004
7）《建筑玻璃应用技术规程》	JGJ113

2 项目概况：

2.1 项目名称：××××一期 A6楼。

2.2 建设地点：××××××。

2.3 建筑面积：本工程建筑面积 1406.93平方米。LP-1户型建筑面积 234.49平方米。

2.4 建筑层数、层高、高度：本工程地上 3层，建筑层高3.00米，建筑高度 9.45米。

2.5 建筑耐火等级及抗震设防烈度： 建筑耐火等级为二级， 抗震设防烈度为七度。

2.6 结构类型：砖混结构；

2.7 建筑物设计使用年限为五十年。 屋面防水等级为Ⅱ级。

3 设计标高及单位

3.1 室内外高差为 0.450米，室内地坪±0.000标高相对应的绝对高程为74.35米。

3.2 所注各种标高，除注明者外，均为建筑完成面标高；总平面图尺寸单位及标高单位为米，其余图纸尺寸单位为毫米。

4 墙体工程：

4.1 墙体基础部分详见结施。构造柱位置及做法详见结施，除注明外轴线均居墙中。

4.2 材料与厚度：除卫生间隔墙采用120厚蒸压粉煤灰砖墙外，其余墙体为240厚蒸压粉煤灰砖墙体。

有地漏房间，隔墙根部应先做180高C20素混凝土条带，遇门断开。

4.4 墙体留洞：

1） 空调管留洞：留洞预埋Ø80UPVC管，做法详05YJ3-1第 H4页节点1和2，位置详见各层平面图， 客厅留洞，洞中心距地150。

其他留洞，洞中心距地2000。

2） 配电箱和消火栓留洞：留洞大小和位置详见建施和设施，过梁详见结施。

3） 预留洞的封堵：砌筑墙留洞待管道设备安装完毕后用C20细石混凝土填实。

5 屋面及地下室防水工程：

5.1 屋面防水等级为Ⅱ级，防水层合理使用年限为15年；

屋1：05YJ1屋23（水泥瓦屋面）（B1-80-F14）用于坡屋面。

屋2：05YJ1屋4（上人屋面）（B1-80-F2）露台屋面。

5.2 屋面排水组织见屋顶平面图，雨水管选用DN100硬质UPVC管材，雨篷 排水雨水管选用直径80UPVC塑料管，外伸80。

5.3 管道出屋面防水做法参见05YJ5-2第28页详图2，出屋面通风道做法参见05YJ5-2第29页详图2，屋面檐口做法参见05YJ5-2第2页节点2A和本施工图檐口详图。屋面正脊，斜脊，斜天沟做法详见 05YJ5-2第8页详图1，2，3，山墙封檐详05YJ5-2第12页详图2，屋面变形缝参05YJ5-2第18页详图1，2，详图1用于屋脊正接时，详图2用于屋脊错动时。块瓦屋面反水详05YJ5-2第13页详图2，用于屋脊错动时。避雷带支架安装详05YJ5-2第31页 ①③④

5.4 所有平屋面排水坡度为2%，空调搁板排水坡度为1%。

5.5 屋面做法未详尽之处按照《屋面工程技术规范》（GB 50345—2004）、05YJ5-1《平屋面》及05YJ5-2《坡屋面》进行施工。

6 门窗工程：

6.1 所有外门窗除注明外均采用灰蓝色断桥铝合金框料，开启扇均加纱扇。外门窗为中空玻璃门窗（厚度6+12+6），具体详见门窗表和门窗立

所有门窗的气密性等级不低于4级。

6.2 门窗立面均表示洞口尺寸，门窗加工尺寸应按照装修面厚度予以调整，门窗制作安装应实测核对各洞口尺寸及各门窗编号与个数，

以防止由于设计及构造误差造成安装困难 。

6.3 门窗立樘：外门窗立樘除墙身节点图注明者外，其余立樘均居墙中，内门窗立樘除图中另有注明者外，单向平开门立樘与开启方向平。

6.4 建筑物的单块面积大于1.5m²的玻璃及建筑物的出入口、门厅等部位均采用安全玻璃，并应遵照《建筑玻璃应用技术规程》JGJ113和《建筑安全玻 璃管理规定》发改运行[2003]2116号及地方主管部门的有关规定。

7 外装修工程：

7.1 外装修用材及色彩详见立面图，外墙及构件的构造做法详见室内外装修表及外墙节点详图。

7.2 所有外墙水平凸出线角及外窗口上沿均做滴水线， 无保温处做法详见05YJ6 (B/27)(C/27)；

保温处滴水做法选用05YJ3-1 (A/A8)(A/A9)。

7.3 外墙变形缝详05YJ3-1D13页 ①③(涂料饰面）和05YJ3-1D25页 ①③(面砖饰面）

7.4 外装修选用的各项材料，均由施工单位提供样板和选样，由建设和设计单位确认后封样，并据此进行验收。

7.5 本工程外墙装修包括的内容：铝合金门窗 外墙外保温涂料做法，外墙外保温面砖做法，均详05YJ3-1 D中相应做法

7.6 室外台阶做法详05YJ1台1，构造详图详05YJ9-1 (1/-)

7.7 散水宽度600，做法详05YJ1散1。

7.8 排烟气道连接及穿屋面详05YJ11-3第9至11页。

8 内装修工程：

8.1 内装修工程应满足《建筑内部装修设计防火规范》GB50222—95及1999年修订条文要求，楼地面部分满足《建筑地面设计规范》GB50037—96要求，室内一般装修做法详见室内外装修表。

8.2 楼地面构造交接处和地坪高度变化处，除图中另有注明者外均平齐门扇开启面处。

卫生间楼地面均做防水层，并做0.5%坡度坡向地漏，地漏周围1米范围内坡度为1%，卫生间楼地面面层标高低于同层楼地面标高20，防水层上翻150。

8.4 室内墙面阳角护角高2000，做法见05YJ7第14页详图1。

8.5 室内楼梯栏杆扶手参05YJ8 B类建筑第21页详图16、第74页详图9、第78页详图3、第79页详图3，

护窗栏杆详05YJ8第73页详图2。楼梯栏杆高度0.9m（踏步前起算），水平段栏杆长度大于0.5m时，栏杆高度1.05m，室外栏杆高度1.05m。凡窗台高度不足0.9m时，加设护窗栏杆，所有栏杆立杆净距小于或等于110；参05YJ8第73页做法4。

xxx建筑设计研究院有限公司				资质等级	甲 级	证书编号	
				项目名称	xxxxx一期		
			专 业 负责人	项 目	A6	合同编号	
				建筑设计说明（一）		项目编号	
审 核			校 对			图 别	建 施
项 目 负责人			设 计			图 号	1
			制 图			日 期	

8.6 水、电、暖通专业楼板留洞待设备管线安装完毕后，每层用与同层楼板相同材料进行封堵。

8.7 内装修选用的各项材料，均由施工单位提供样板和选样，由建设和设计单位确认后封样，并据此进行验收。

8.8 室内精装修另详二次装修设计图，并由建设单位另行委托设计单位。二次装修设计须经有关主管部门审批，并应满足消防安全要求，同时不得影响结构安全和损坏水、通风、电等设施。

9 油漆涂料工程

9.1 室内装修部分的油漆涂料做法详见室内外装修表。

9.2 木门颜色为浅灰色，楼梯扶手为深棕色，楼梯栏杆为黑色。室内防护栏杆选用亚光不锈钢构件。均应在施工前做出样板，经设计单位和建设单位同意后方可施工。

9.3 凡露明铁件均应先刷防锈漆两道，再用同室内外部位相同颜色的调合漆罩面。

10 建筑防火设计说明：

10.1 总图防火设计

本工程为 低层 居住建筑。与相邻建筑的防火间距满足规范要求。总平面设计根据需要在建筑物周围设有消防车道，消防车道宽5m.

消防车道转弯半径为R≥12m， 荷载按≥30t计算。建筑物间距及消防车道的位置另详总平面布置图。

10.2 建筑防火设计

1）本工程为三层砖混构住宅楼，建筑面积≤2500平方米，

为一个防火分区，其余各部分设计均满足《建筑设计防火规范》要求。

2）外墙外保温系统防火要求：保温材料的燃烧性能等级应为不低于B1（难燃）级。

11 建筑节能设计说明：

11.1 本项目依据《河南省居住建筑节能设计标准（寒冷地区）》 DB J41/062—2005进行节能设计。

不同朝向的窗墙面积比为： 北向0.15， 东向0.01，西向0.01， 南向0.20 建筑物体型系数0.49

耗热量指标：13.53W/m^2，耗煤量指标：6.39(kg/m^2 年)

11.2.1 屋面外保温采用80厚挤塑聚苯板，内保温采用30厚硅酸盐保温砂浆，屋面传热系数0.32W/(m^2 k)。

11.2.2 外墙保温采用D型外墙外保温系统，60厚聚苯板 05YJ3-1第D1-D14页，内保温采用30厚硅酸盐保温砂浆，外墙平均传热系数 0.45W(m^2 k)

11.2.3 外窗采用咖啡色PA断桥铝合金低辐射率双银Low-E中空玻璃(氩气12mm)，传热系数不超过2.2W/(m^2 k)。

11.3 户门采用多功能户门，传热系数2.7W/(m^2 K)

11.2.5 围护结构保温隔热措施及热工性能指标详见节能措施构造表。

12 需说明的问题

12.1 土建施工中应注意将建筑、结构、水、暖、电等各专业施工图纸相互对照，确认墙体及楼板各种预留孔洞尺寸及位置无误时方可进行施工，若有疑问应提前与设计院沟通解决。

12.2 凡与混凝土或砌块接触的木材表面、预埋木砖均满涂防腐剂。

12.3 为避免对屋面和草坪散水的直接冲刷，各雨水立管底部应加水簸箕，做法参见05YJ5-1第23页详图4。

12.4 本设计说明及全部施工图纸未尽之处应按国家各有关施工及验收规范进行施工。

12.5 本设计引用的标准图集为河南省05系列工程建设标准设计图集（DBJT19-20-2005）

节能措施构造表

体形系数	0.49	建筑窗墙比	东向：0.01，西向：0.01，南向：0.20，北向：0.15					
序号	项目	选材及构造做法	传热系数 K (W/(m^2·K))		气密性等级		空气渗透量 (m^3/(m·h))	
			规定	设计	规定	设计	规定	设计
1	屋顶	80厚挤塑型聚苯乙烯泡沫塑料板（外）30厚硅酸盐保温砂浆（内），	≤0.6	0.32	——	——	——	——
2	外墙	240厚蒸压粉煤灰砖砌体墙， 60厚聚苯板（外）30厚硅酸盐保温砂浆（内），	≤0.75	0.43	——	——	——	——
3	外门窗	6+12+6中空玻璃断桥铝合金门窗 低辐射率双银Low-E中空玻璃(氩气12mm)	≤2.8	2.2	3级	3级	≤2.5	2.5
4	楼梯间隔墙	——	≤1.65	——	——	——	——	——
5	户门	多功能保温户门	≤2.7	2.7	——	——	——	——

室内外装修表 做法均选自05YJ1

层数	房间名称	地（楼）面	墙面	踢脚	顶棚	备注
一层	客厅	地19陶瓷地砖	内墙 4 混合砂浆	踢1	顶3 混合砂浆	表面拉毛面层不做
	卧室	地19陶瓷地砖	内墙 4 混合砂浆	踢1	顶3 混合砂浆	
	厨房、卫生间	地51陶瓷地砖防水地面	内墙 8 水泥砂浆		顶4 水泥砂浆	
	楼梯间	地19陶瓷地砖	内墙 4 混合砂浆	踢1	顶3 混合砂浆	
二、三层	卧室、书房	楼10陶瓷地砖	内墙 4 混合砂浆	踢1	顶3 混合砂浆	
	卫生间	楼28陶瓷地砖	内墙 8 水泥砂浆		顶4 水泥砂浆	
	楼梯间	楼10陶瓷地砖	内墙 4 混合砂浆	踢1	顶3 混合砂浆	

图纸目录

图别	图号	图纸名称	图纸规格
建施	1-1	建筑设计说明（一）	2号
建施	1-2	建筑设计说明（二） 室内装修做法表 图纸目录 节能措施构造表 选用图集 室内外装修做法表	2号
建施	2	总平面布位置图	2号
建施	3	一层平面	2号
建施	4	二层平面	2号
建施	5	三层平面	2号
建施	6	屋顶平面 门窗表 门窗立面示意图	2号
建施	7	①-㊲立面 ㊲-①立面	2号
建施	8	Ⓐ-Ⓟ立面 Ⓟ-Ⓐ立面 1-1剖面 楼梯详图 卫生间放大平面	2号
建施	9	墙身大样	2号

选用图集

05YJ1	工程用料做法
05YJ3-1	外墙外保温构造
05YJ4-1	常用木门
05YJ5-1	平屋面
05YJ6	外装修及配件
05YJ7	内装修及配件
05YJ8	楼梯
05YJ9-1	室外工程
05YJ12	卫生、洗涤设施
05YJ11-3	厨房卫生间导流式排气道

xxx建筑设计研究院有限公司				资质等级	甲级	证书编号	
				项目名称	xxxxx一期		
		专业负责人		项目	A6	合同编号	
				建筑设计说明（二）图纸目录 节能措施构造表 选用图集 室内外装修做法表		项目编号	
审核		校对				图别	建施
项目负责人		设计				图号	2
		制图				日期	

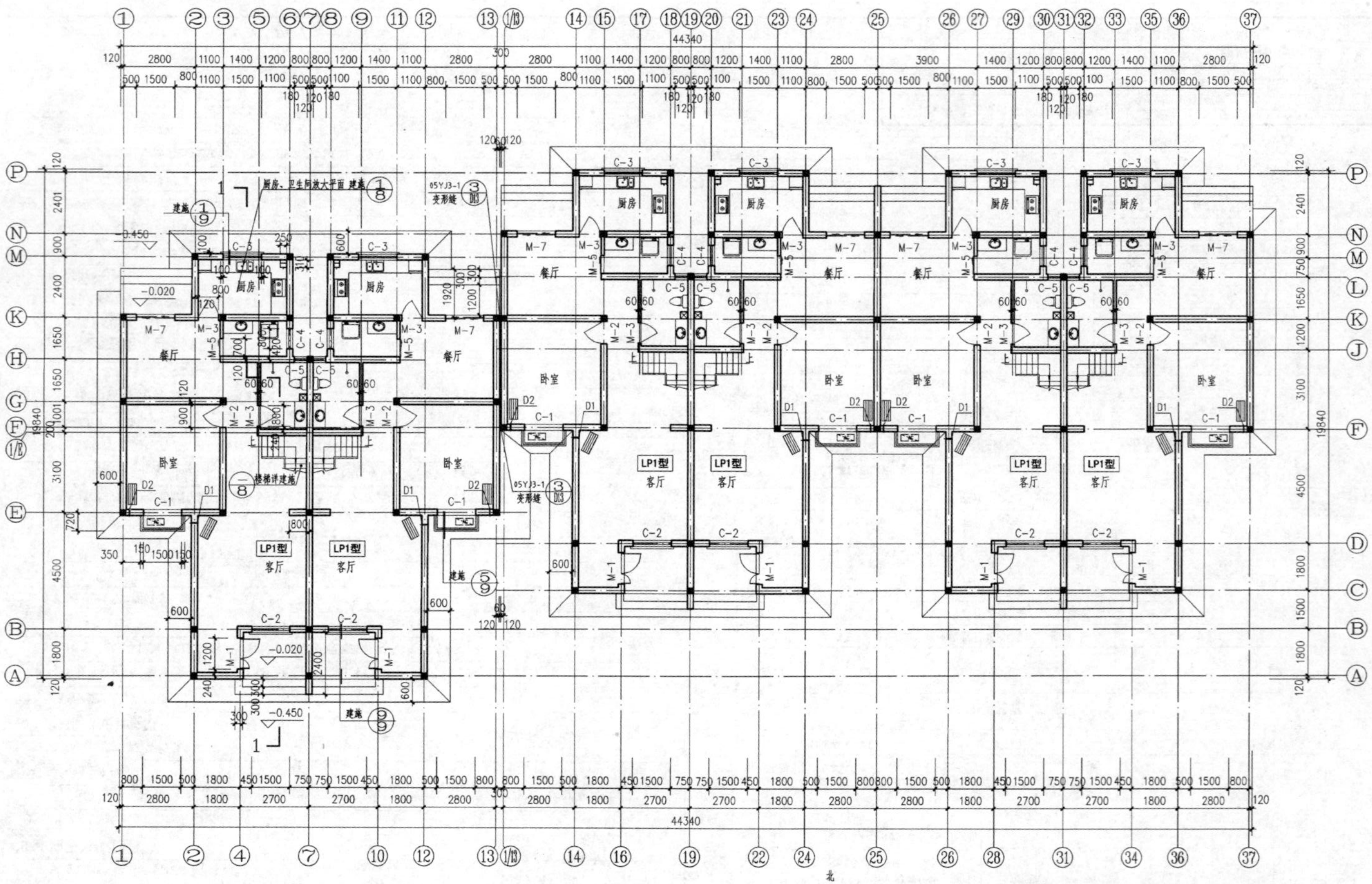

一层平面 1:100

说明:

1. 墙体楼板的设备留洞未注明者详见各专业施工图。
2. 卫生间标高 H-0.020 厨房标高 H 。
3. 卫生间1%找坡，坡向地漏。
4. D1表示Φ80空调套管壁墙位置，洞中心距地150，除注明外，距墙边200。
   D2表示Φ60空调套管壁墙位置，洞中心距地2000除注明外，距墙边200。
5. 表示室内空调机位置；表示室外空调机位置；表示洗衣机；表示冰箱；表示排烟道
   厨房烟道选用成品导流式排气道，CPA型
   烟道尺寸260×200，楼板预留孔洞尺寸310×250，详05YJ11-3 (1/4)
6. 楼梯间大样详建施8。
7. 卫生间大样详建施8。

北

xxx建筑设计研究院有限公司		资质等级	甲 级	证书编号	
		项目名称	xxxxx一期		
	专业负责人	项 目	A6	合同编号	
				项目编号	
审 核	校 对	一层平面		图 别	建 施
项 目 负责人	设 计			图 号	3
	制 图			日 期	

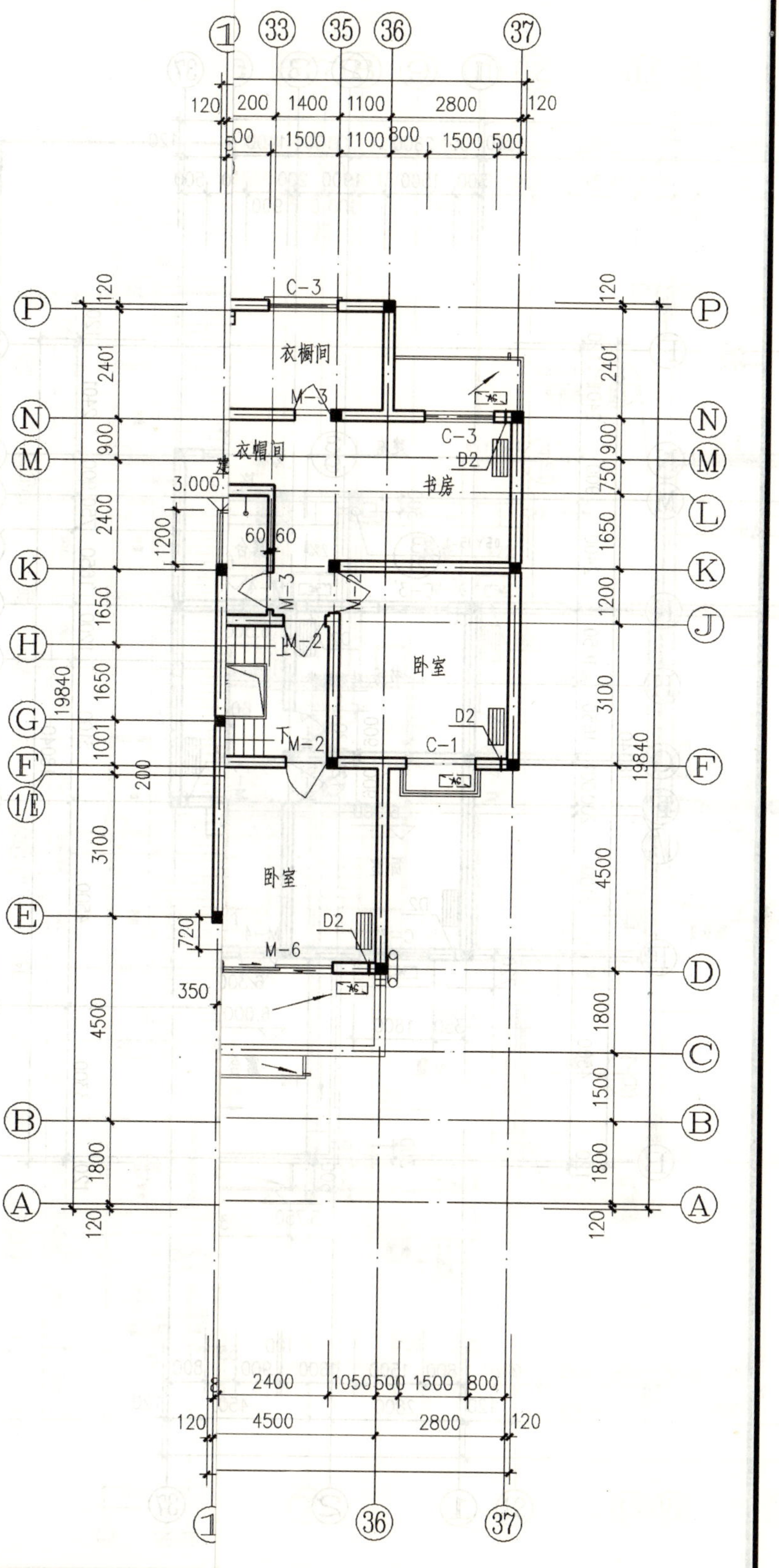

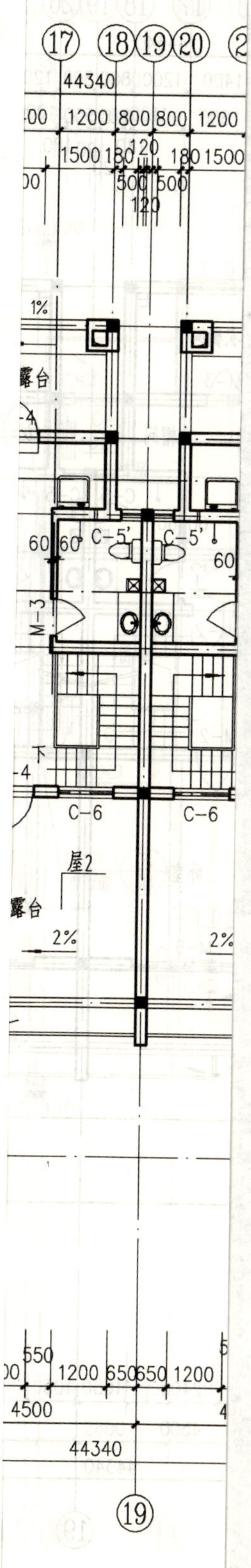

三层平面 1:1

说明:

1. 墙体楼板的设备留洞未注明者详见各专业施
2. 卫生间标高 H-0.020 厨房标高 H
3. 卫生间1%找坡，坡向地漏。
4. D1表示Φ80空调套管埋墙位置,洞中心距地
   D2表示Φ80空调套管埋墙位置,洞中心距地

司

资质等级	甲 级	证书编号	
项目名称	xxxxx一期		
项 目	A6	合同编号	
		项目编号	
二层平面		图 别	建 施
		图 号	4
		日 期	

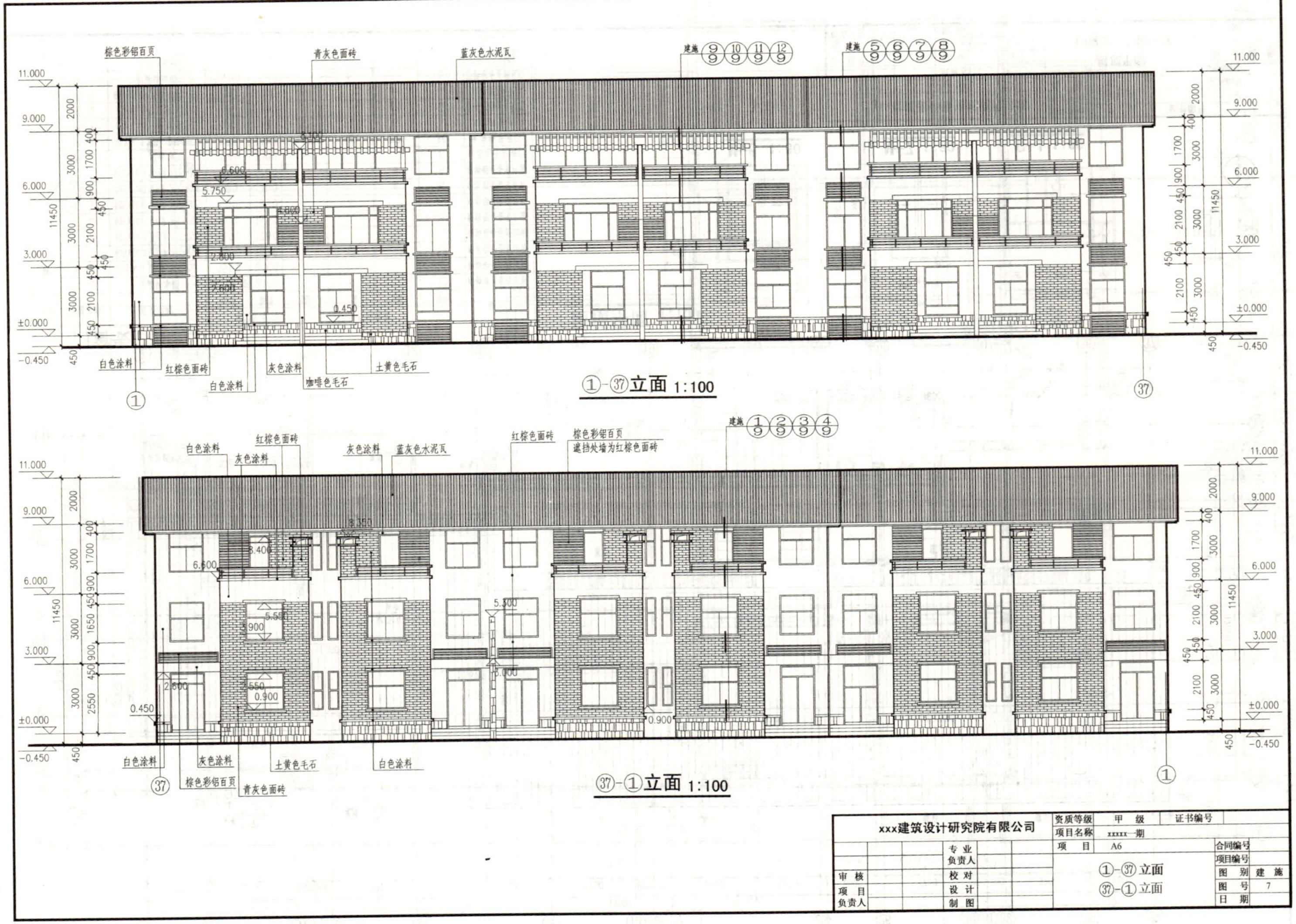
棕色彩铝百页
青灰色面砖
蓝灰色水泥瓦
白色涂料
红棕色面砖
灰色涂料
咖啡色毛石
土黄色毛石
①-㊲立面 1:100
遮挡处墙为红棕色面砖
㊲-①立面 1:100
xxx建筑设计研究院有限公司
资质等级 甲 级 证书编号
项目名称 xxxxx一期
项 目 A6
合同编号
项目编号
图 别 建 施
图 号 7
日 期
①-㊲立面
㊲-①立面
专 业 负责人
审 核
校 对
项 目 负责人
设 计
制 图

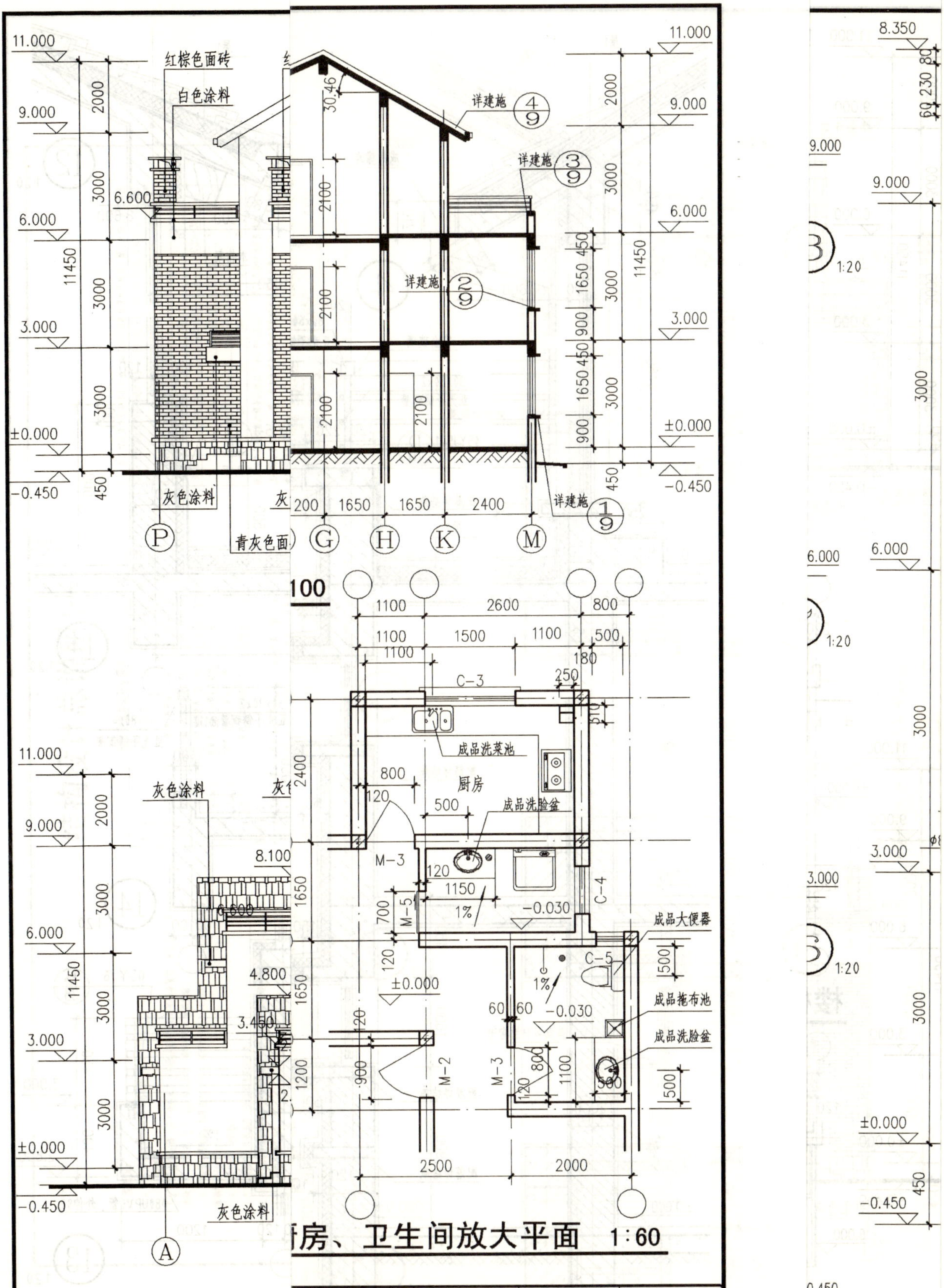

公司

资质等级	甲　级	证书编号	
项目名称	xxxxx一期		
项　目	A6	合同编号	
Ⓟ-Ⓐ立面　Ⓐ-Ⓟ立面 1-1剖面　　楼梯详图 厨房、卫生间放大平面		项目编号	
		图　别	建　施
		图　号	8
		日　期	

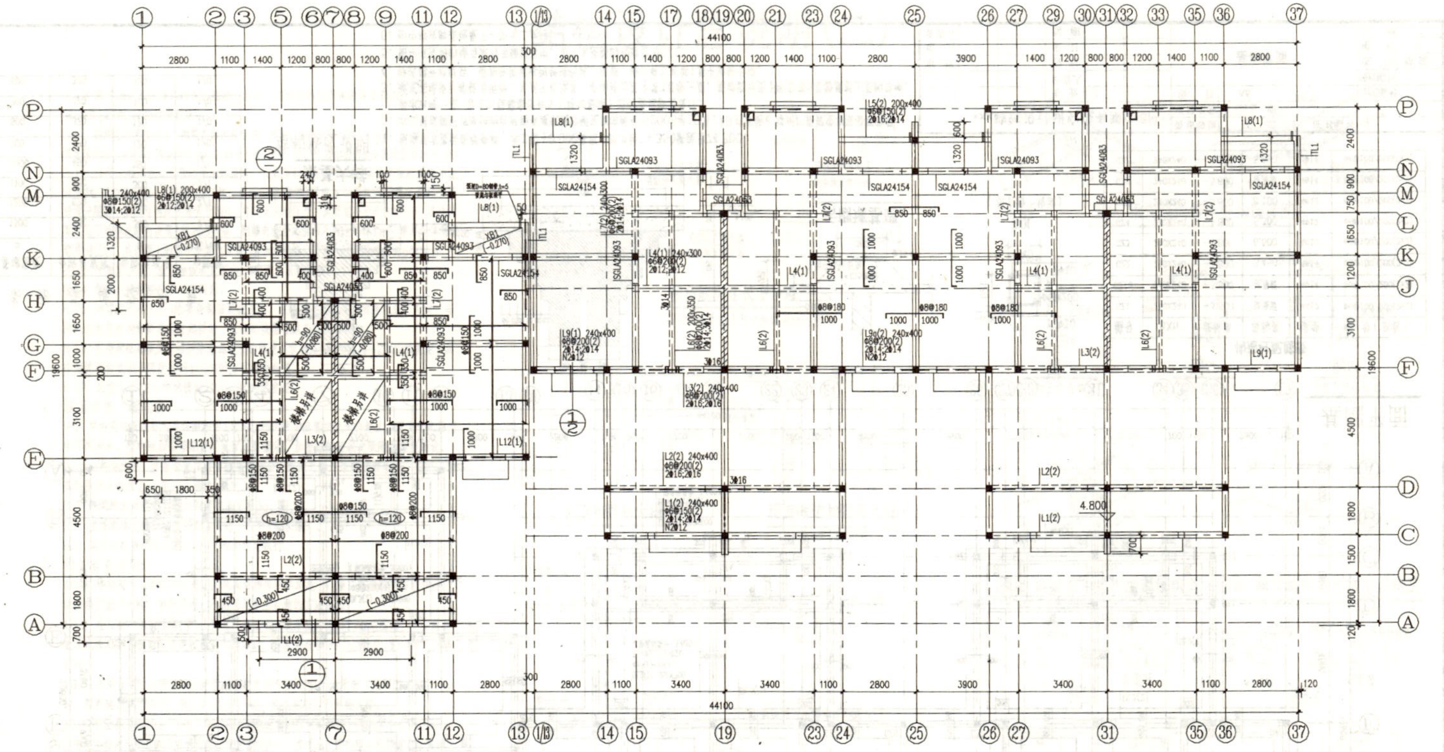

二层结构平面 2.950

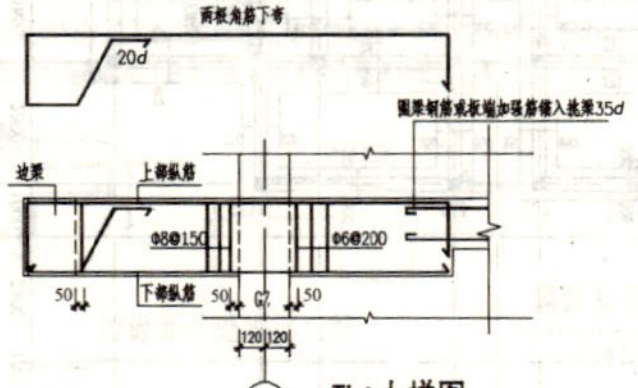

TL*大样图

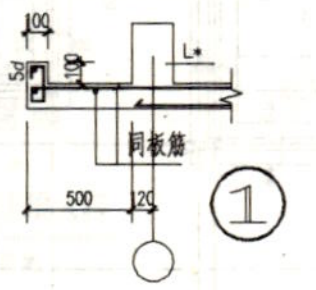

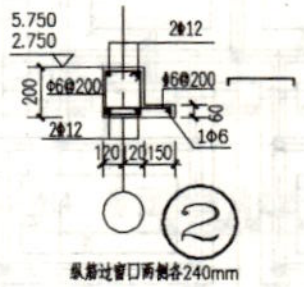

纵筋过窗口两侧各240mm

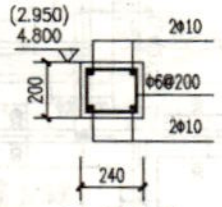

QL1 (QL2)

括号内为QL2顶标高

注：1、图中未标注板的厚度均为100mm.
2、图中未标注的板底受力筋Φ6@140，未标注的板顶受力筋为Φ8@200.
3、图中XB1板厚80mm,板上部筋Φ8@200双向拉通，板底筋Φ6@170双向拉通布置.
4、1/13轴~25轴、25轴~37轴板顶标高、板配筋及板厚除注明外同①轴~13轴.
5、图中未注明梁两侧的附加箍筋，每侧各两根，直径、肢数均同所在梁,间距50mm.
6、图中墙体——部位设QL1，▨部位设置QL2.
7、图中— — —表示现浇梁长，未注明的现浇梁支座长度为240mm.

xxx建筑设计研究院有限公司		资质等级	甲级	证书编号
		项目名称	xxxxx一期	
	专业负责人	项目	A6	合同编号
审核	校对	二层结构平面		项目编号
项目负责人	设计			图别 结施
	制图			图号 4
				日期

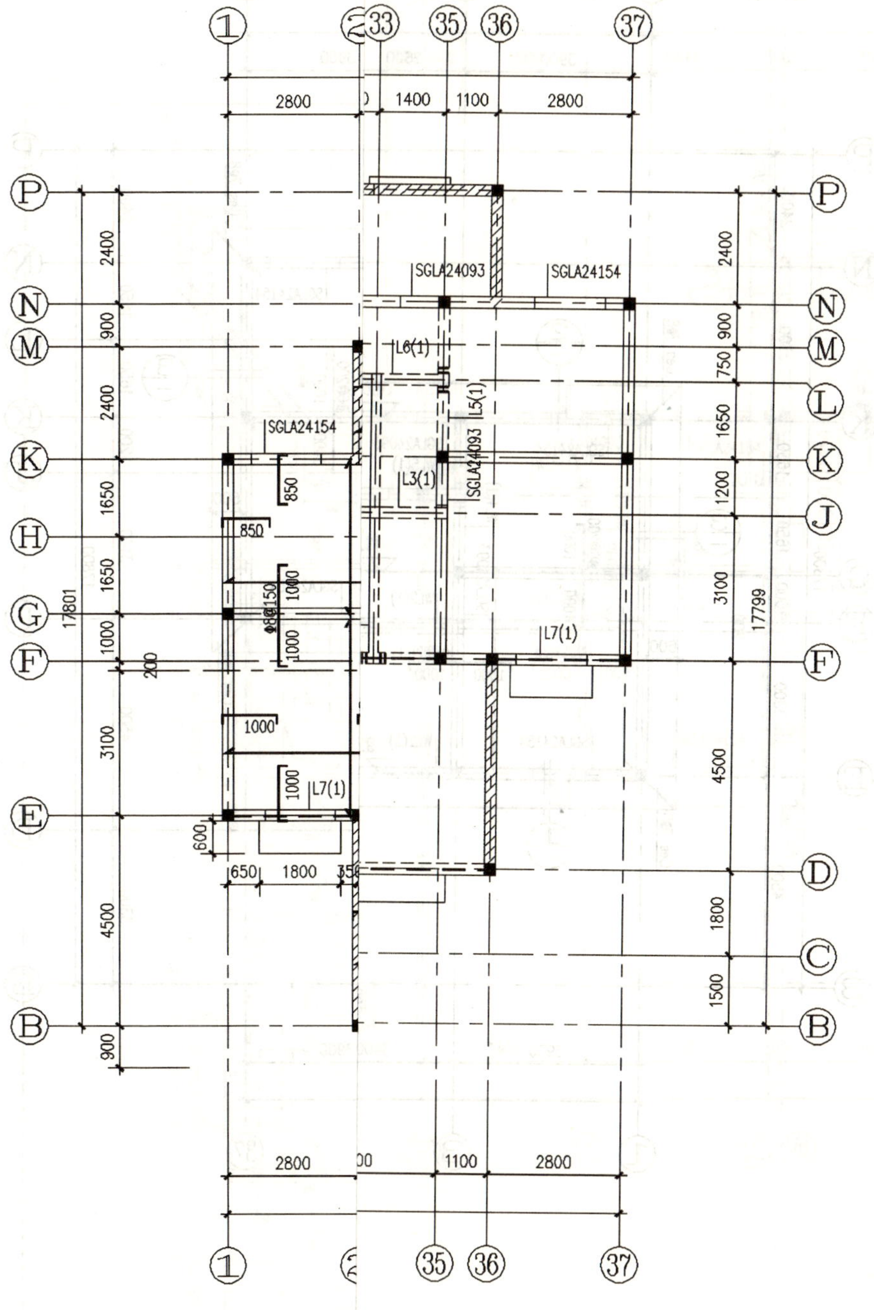

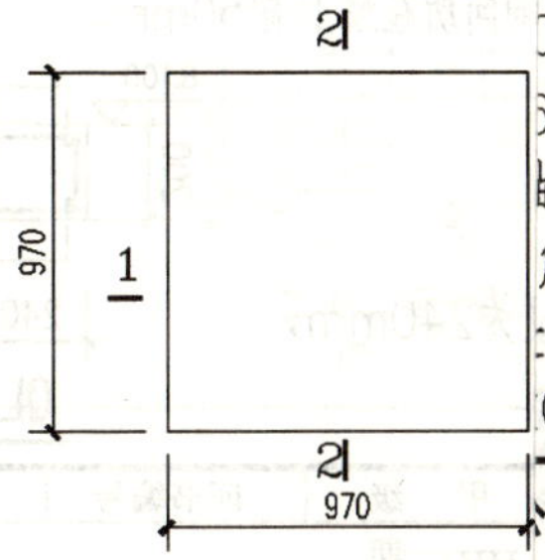

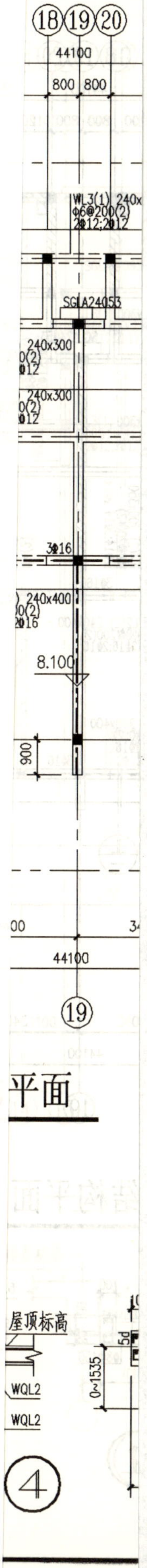

00mm。

6@140，未标注的板顶受力筋为φ8@200。

的板顶标高、板配筋及板厚除注明外同①轴～⑬轴。

筋，每侧各两根，直径、肢数均同所在梁,间距50mm。

，未注明的现浇梁支座长度为240mm。

QL部位。

公司	资质等级	甲 级	证书编号
	项目名称	xxxxx一期	
	项 目	A6	合同编号
			项目编号
	三层结构平面		图 别 结 施
			图 号 5
			日 期

附录四　制图标准及图例

学习建筑制图，首先要了解和熟悉国家制图标准和图例的规定画法，以便后续课程的学习。后面课程内容中涉及的标准等均以此为准。

一、图幅·图线

（一）图幅

1. 图纸编排顺序

（1）一般工程的图纸编排顺序应为：图纸目录、总图及说明、建筑、结构、给水排水、采暖通风、电气、动力。以某专业为主体的工程，应突出该专业的图纸。

（2）各专业的图纸应按主次关系系统地编排，总体在先、局部在后，主要在先、次要在后，布置图在先、构造图在后，底层在先、上层在后，同一系列的构配件按类型、编号的顺序编排。

2. 图纸幅面规格

尺寸代号（mm）	幅面代号				
	A_0	A_1	A_2	A_3	A_4
$b \times l$	841×1189	594×841	420×594	297×420	210×297
c	10			5	
a	25				

3. 图纸幅面及图框尺寸

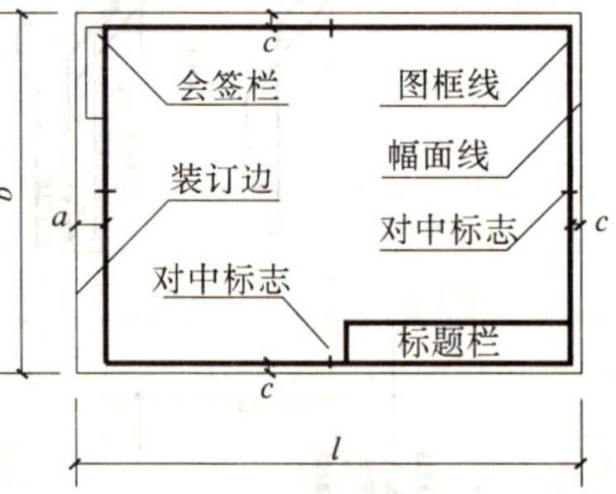

（a）$A_0 \sim A_3$ 横式

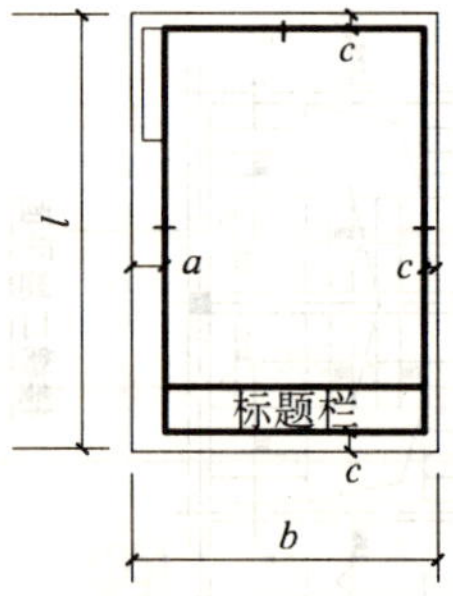

（b）A_4

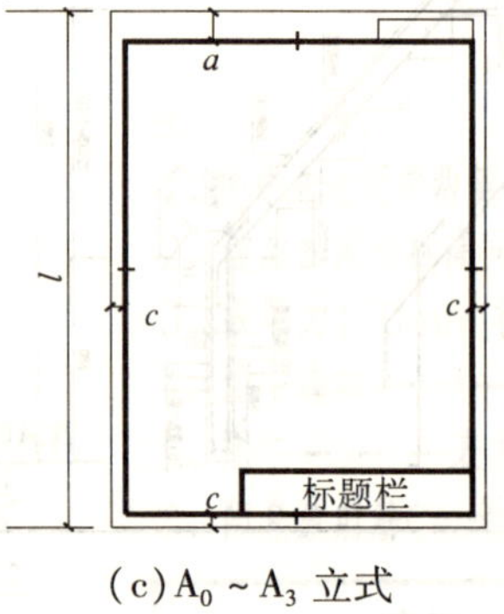

（c）$A_0 \sim A_3$ 立式

注：

①有特殊需要的图纸，可采用 $b \times l$ 为 841 mm×892 mm 或 1189 mm×1261 mm 的幅面。

②需要缩微复制的图纸，某一个边上应附有一段准确的米制尺度，四个边上均应附有对中标志。

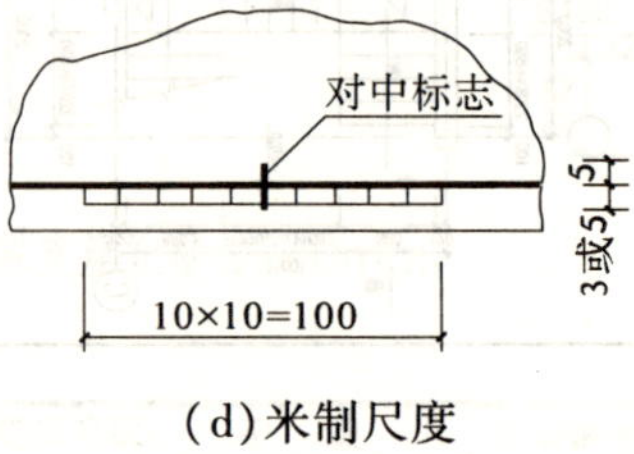

（d）米制尺度

4. 图纸加长尺寸(只允许加长图纸的长边)

幅面代号	长边尺寸(mm)	长边加长后尺寸(mm)
A_0	1189	1338 1487 1635 1784 1932 2081 2230 2378
A_1	841	1051 1261 1472 1682 1892 2102
A_2	594	743 892 1041 1189 1338 1487 1635 1784 1932 2081
A_3	420	631 841 1051 1261 1472 1682 1892

5. 标题栏

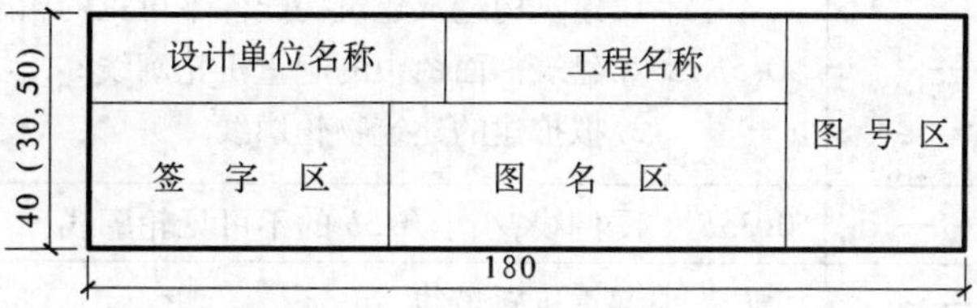

6. 会签栏

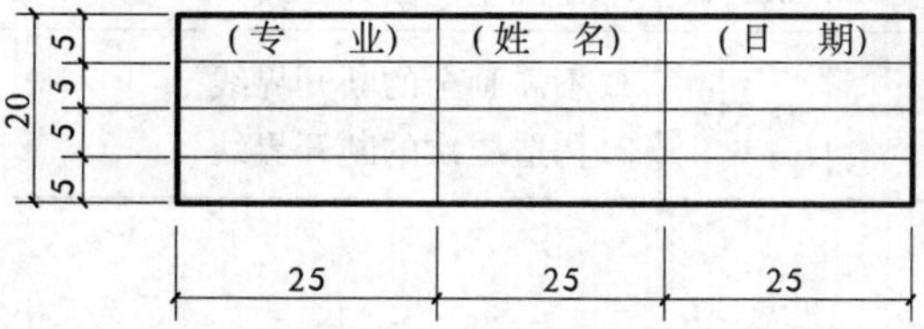

7. 比例

常用比例	**1:1**	**1:2**	**1:5**	**1:10**	**1:20**	**1:50**
	1:100	**1:200**	1:500	1:1000	1:2000	1:5000
	1:10000	1:20000	1:50000	1:100000	1:200000	
可用比例	1:3	1:15	1:25	**1:30**	**1:40**	1:60
	1:150	1:250	**1:300**	**1:400**	1:600	1:1500
	1:2500	1:3000	1:4000	1:6000	1:15000	1:30000

注:优先采用常用比例;黑体字用于建筑制图。

(二)图线

(1)图线宽度:0. 18 mm、0. 25 mm、0. 35 mm、0. 5 mm、0. 7 mm、1. 0 mm、1. 4 mm、2. 0 mm。

(2)线宽比:每个图样的线宽不得超过 3 种,其线宽比应为 b:0. 5b:0. 35b。若选用两种线宽,宜为 b:0. 35b。

(3)线型的选用见下表

名称	线型	线宽	用途
粗实线	(0.5～2.0 mm)	b	1. 平、剖面图中被剖切的主要建筑构造(包括构配件)的轮廓线 2. 建筑立面图的外轮廓线 3. 建筑构造详图中被剖切的主要部分的轮廓线
中实线		$0.5b$	1. 平、剖面图中被剖切的次要建筑构造(包括构配件)的轮廓线 2. 建筑平、立、剖面图中建筑构配件的轮廓线 3. 建筑构造详图及构配件详图中的一般轮廓线
细实线		$0.35b$	小于 $0.5b$ 的图形线、尺寸线、尺寸界线、图例线,索引符号、标高符号等
中虚线		$0.5b$	1. 建筑构造及建筑构配件不可见的轮廓线 2. 建筑平面图中的起重机轮廓线 3. 拟扩建的建筑物轮廓线
细虚线		$0.35b$	图例线,小于 $0.5b$ 的不可见轮廓线
粗点画线		b	起重机轨道线
细点画线		$0.35b$	中心线,对称线,定位轴线
折断线		$0.35b$	不需画全的断开界线
波浪线		$0.35b$	1. 不需画全的断开界线 2. 构造层次的断开界线

二、尺寸注法

(一)尺寸的组成

尺寸线及尺寸界线应以细实线绘制,尺寸起止符号的斜短线应以中粗线绘制。

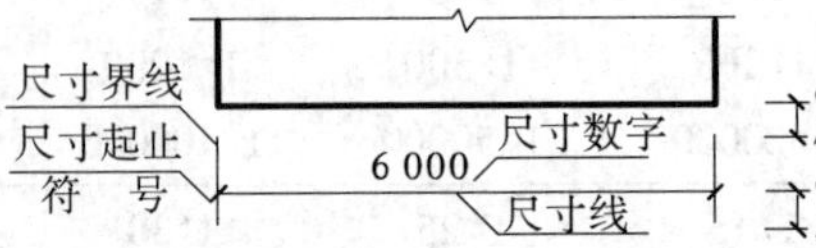

(二)尺寸单位

标高及总平面单位为米,其他必须为毫米。

(三)直线尺寸

(1)尺寸宜标注在图样轮廓线以外,如标注在图样轮廓线以内时,尺寸数字处的图线应断开。

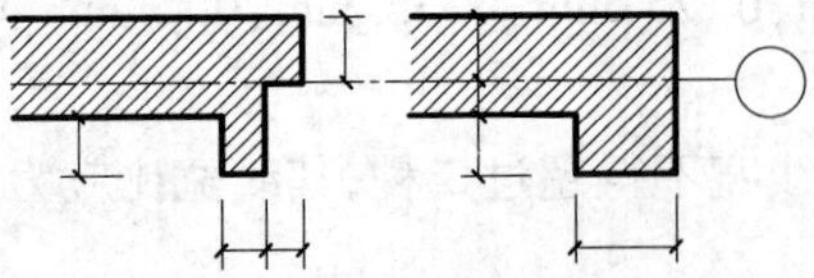

(2)互相平行的尺寸线的排列,宜从图样轮廓线向外,先小尺寸和分尺寸,后大尺寸和

总尺寸。

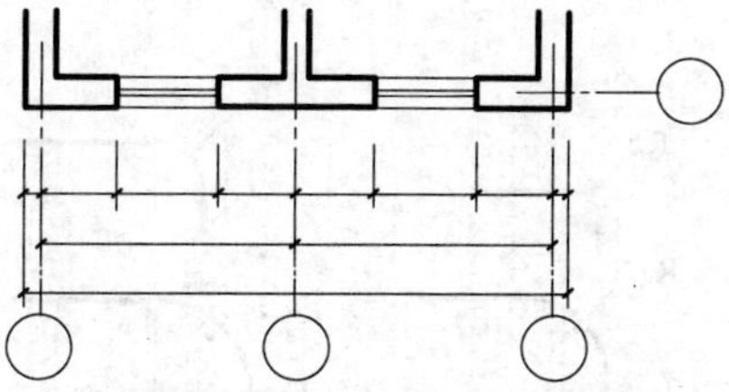

(3)尺寸线应与被注长度平行,两端不宜超出尺寸界线。

(4)尺寸界线一般应与尺寸线垂直,但特殊情况也可不垂直。图样轮廓线也可用做尺寸界线。

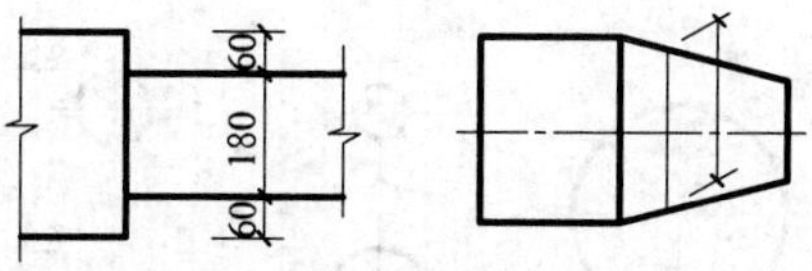

(5)尺寸数字宜注写在尺寸线读数上方的中部,相邻的尺寸数字如注写位置不够,可错开或引出注写。

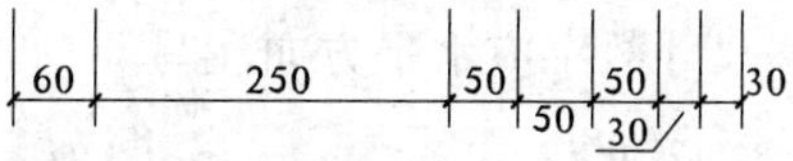

(6)尺寸数字的读数方向,应按左下图形式注写。在30°斜线内如空间位置许可,宜按右下图形式注写。

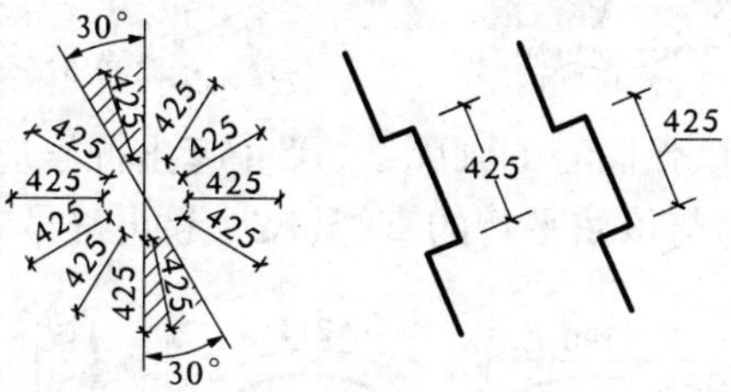

(四)尺寸及标高注法

(1)楼地面、地下层地面、楼梯、阳台、平台、台阶等处的高度尺寸及标高,在建筑平面图及其详图上,应标注完成面标高,在建筑立面图及其详图上,应标注完成面的标高及高度方向的尺寸。

(2)建筑平面图中各部位的定位尺寸,宜标注与其最邻近的轴线间的距离。建筑剖面图中各部位的定位尺寸,宜标注其所在层次内的尺寸。

(3)标高画法:

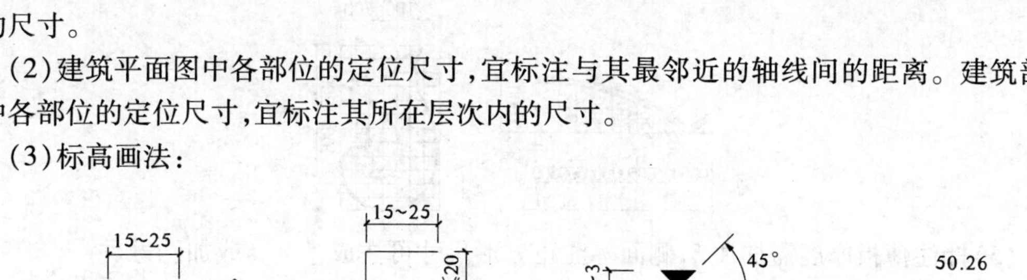

（五）其他尺寸

（1）半径、直径：

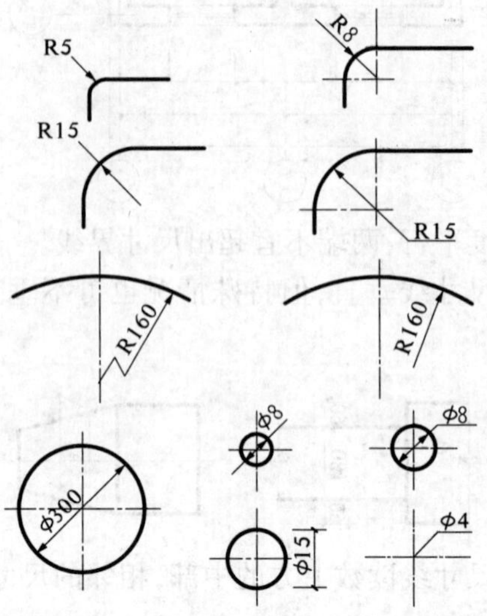

（2）角度。尺寸线应为细实线绘制的圆弧线，圆弧的圆心应为该角的顶点，角度的起止、符号的起止符号应为箭头，尺寸数字应水平方向注写。

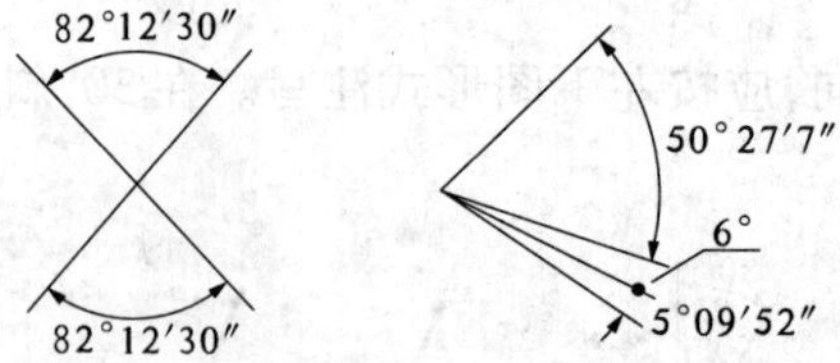

（3）弧长尺寸线应为与该弧同心的圆弧线，尺寸起止符号应为箭头，尺寸读数上方应加“⌒”符号。弦长尺寸线应为与该弦平行的直线，尺寸起止符号应为斜短线。

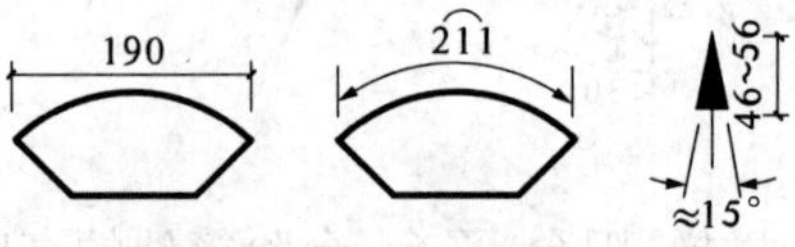

（4）不规则曲线。可用坐标或网格形式标注尺寸。

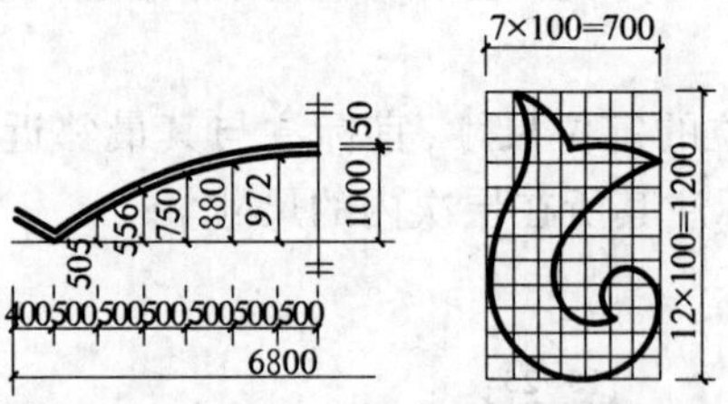

（5）标注薄板厚度需加注 δ，侧面标注正方形尺寸可注成__×__或加□号。

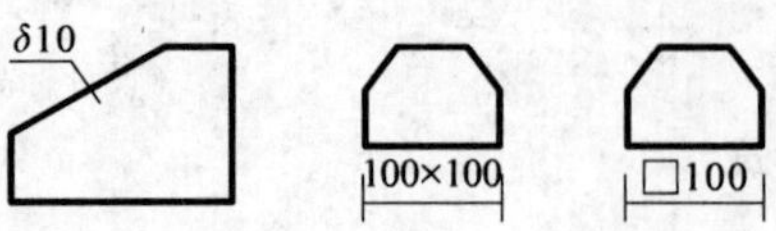

（6）坡度。单向箭头指坡向下方。

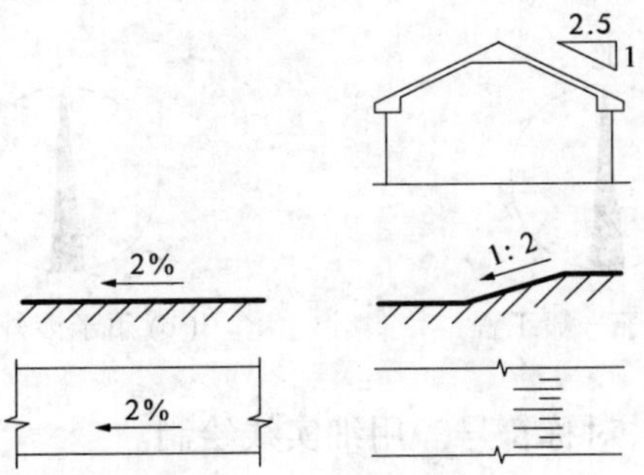

(7)单线图及等长尺寸可简化标注。

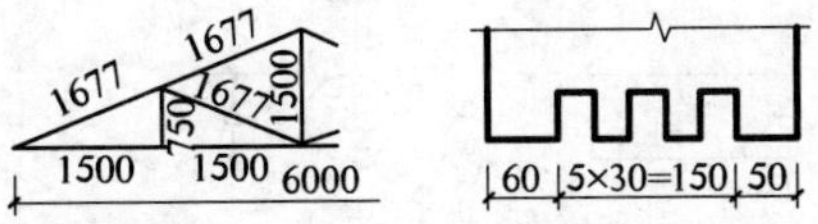

三、图用符号·定位轴线

(一)图用符号

(1)剖切符号。用粗实线绘制,剖切位置线长 6~10 mm,方向线长 4~6 mm。

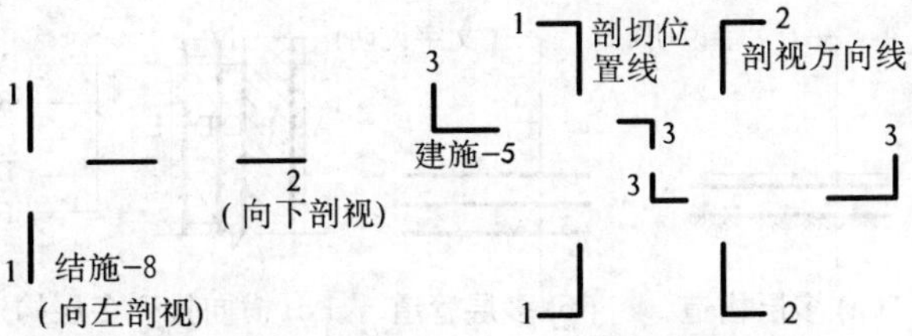

(a)断(截)面剖切符号　(b)剖面剖切符号

(2)索引符号。用细实线绘制,直径 10 mm。

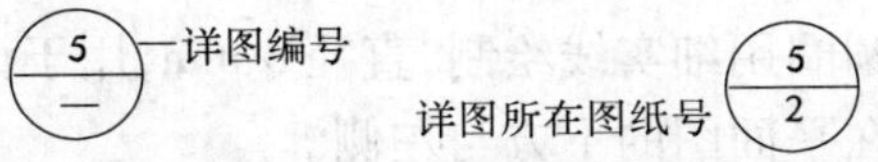

(a)被索引详图在本张图纸　(b)被索引详图在另张图纸

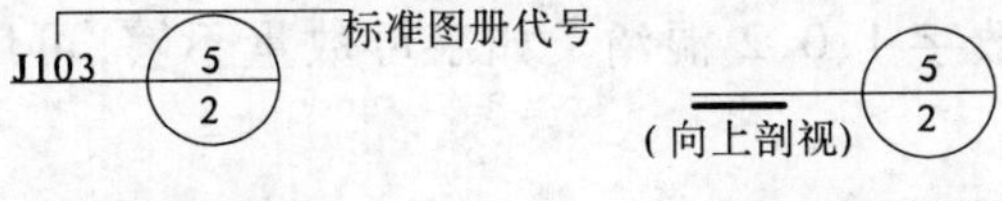

(c)索引标准图　(d)索引剖面详图

(3)详图符号。圆用粗实线绘制,直径 14 mm,圆内横线用细实线绘制。

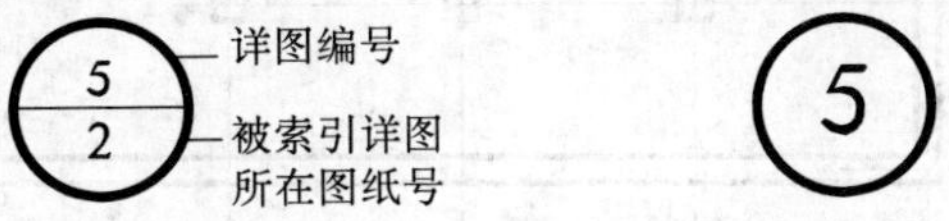

(a)被索引部位在另张图纸　(b)被索引部位在本张图纸

(4)指北针。用细实线绘制,直径 24 mm,指针尾部宽约 $d/8$。

(a) 用于一般工程

(b) 用于涉外工程

(5)连接符号、零件符号、对称符号。用细实线绘制。

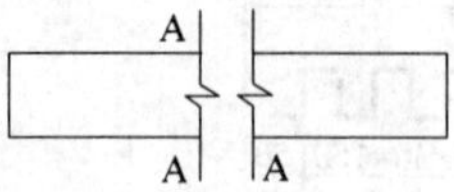

(a) 连接编号

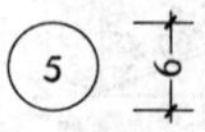

(b) 零件编号

(c) 对称符号

(6)多层构造引出线。用细实线绘制，引出线应通过各层。

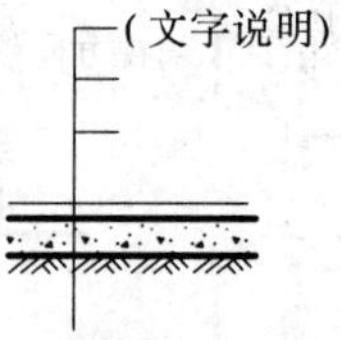

(a) 多层构造

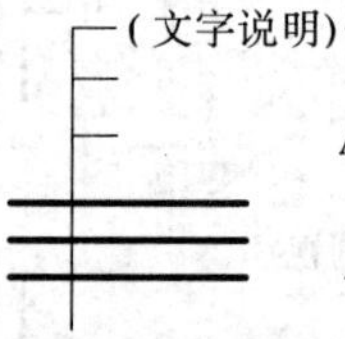

(b) 多层管道

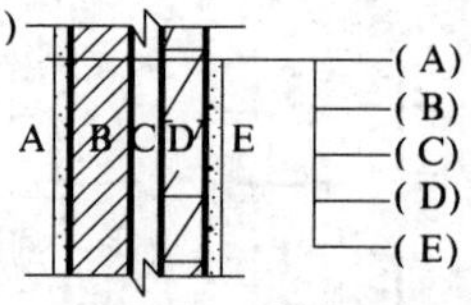

(c) 横向排列多层构造

(二)定位轴线

1. 编写规定

(1)定位轴线编号的圆圈用细实线绘制，直径 8 mm，用于详图时可增为 10 mm。

(2)轴线编号宜编注在平面图的下方与左侧。

(3)编号顺序应从左至右用阿拉伯数字编写，从下至上用拉丁字母编写，其中 I、O、Z 不得用做轴线编号，以免与数字 1、0、2 混淆。如字母数量不够，可用 A_A、B_A、…或 A_1、B_1、…等。

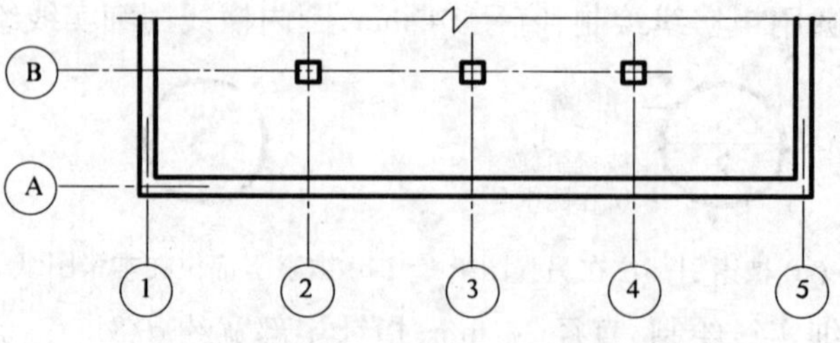

2. 轴线分区编号

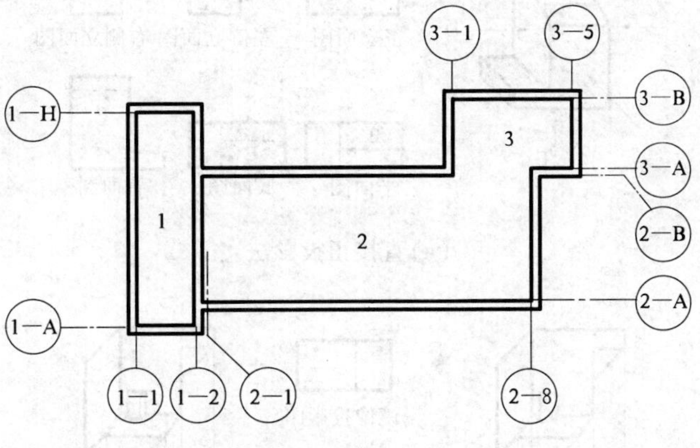

3. 折线形平面轴线编号

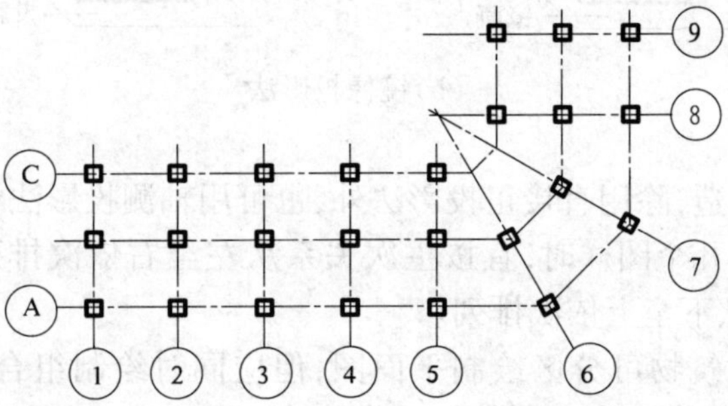

4. 附加轴线

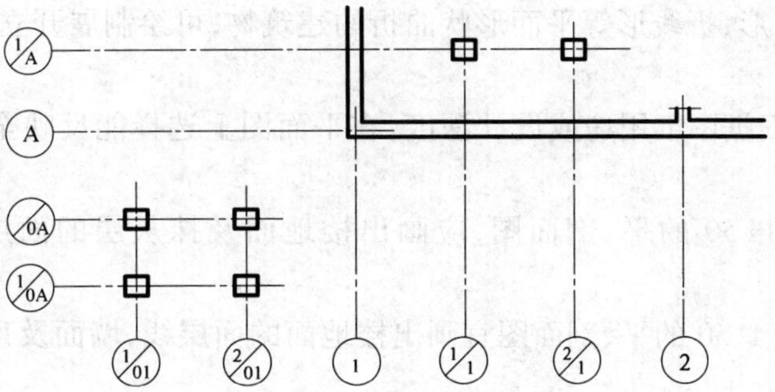

四、图样画法

(一)基本画法

(1)建筑图应按直接正投影法绘制,顶棚平面如用直接正投影法不易表达清楚,可用镜像投影法绘制,但必须在图名后加注“镜像”二字。

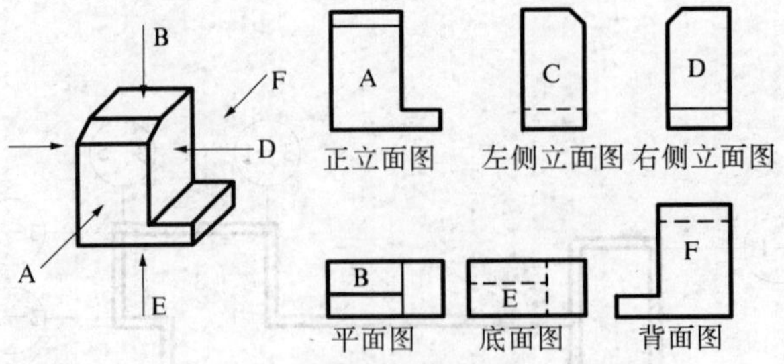

(a)直接正投影法

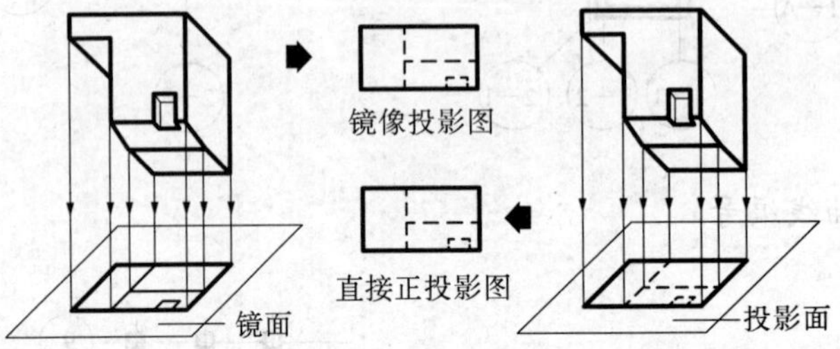

(b)镜像投影法

(2)零件或局部构造,除用直接正投影法外,也可用轴测投影法绘制,以增加立体感。

(3)一张图上绘制几个图样时,宜按主次关系从左至右依次排列,绘各层平面时,宜按层次顺序从左至右或从下至上依次排列。

(4)平面较大的建筑物可分区绘制平面图,但应同时绘制组合示意图,标出该区所在位置。

(5)建筑平面图的长边宜与横式幅面图纸的长边一致。

(6)各专业的总平面图布图方向应一致,各专业的个体建筑平面图布图方向也应一致。

(7)圆形、曲线形、折线形等平面形状曲折的建筑物,可绘制展开立面图,但图名后应加"展开"二字。

(8)剖面图应根据图纸用途或设计深度,在平面图上选择能反映全貌、构造特征、有代表性的部位剖切。

(9)比例大于1:50的平、剖面图,应画出楼地面及抹灰层的面层线,并应画出材料图例。

(10)比例等于1:50的平、剖面图宜画出楼地面的面层线,墙面及顶棚抹灰层的面层线应根据需要而定。

(11)比例小于1:50的平、剖面图可不画抹灰层,但宜画出楼地面的面层线。

(12)比例为1:100~1:200的平、剖面图,砖墙可涂红,钢筋混凝土可涂黑,但楼地面宜画出面层线。

(13)比例小于1:200的平、剖面图可不画材料图例,楼地面的面层线可根据需要而定。

（二）轴测图

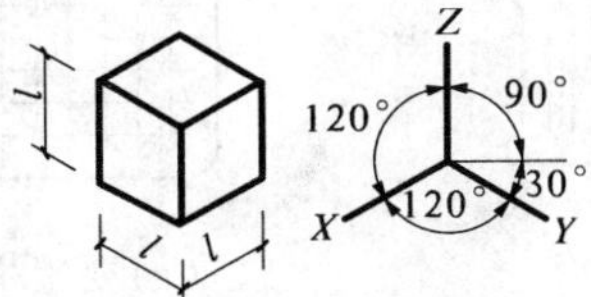

$p=q=r=1$

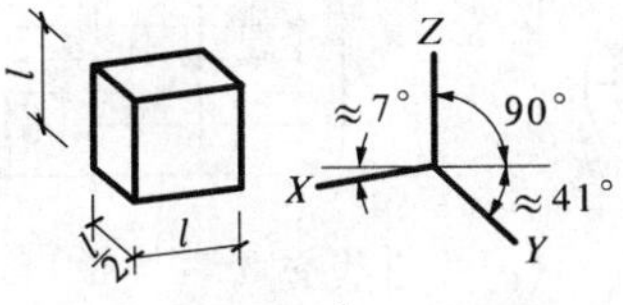

$p=r=1$
$q=1/2$

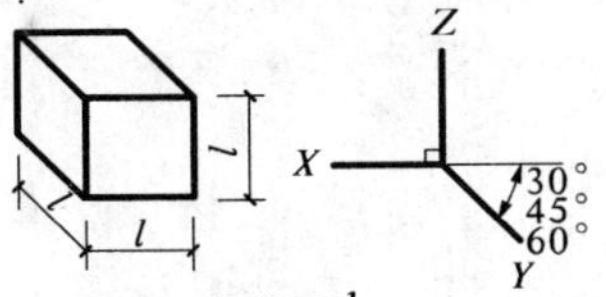

$p=q=r=1$

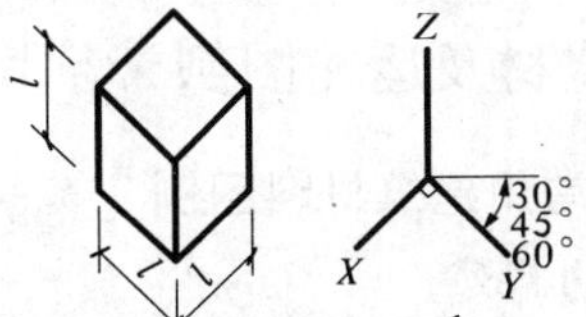

$p=q=r=1$

（p，q，r 分别为 x、y、z 轴的轴向变形系数）

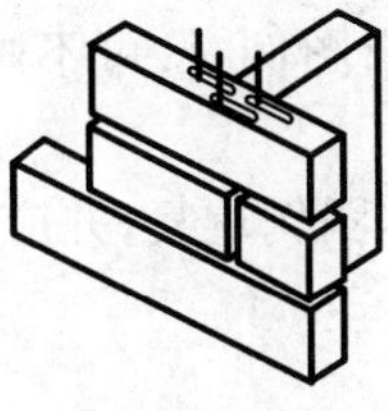

正等轴测法

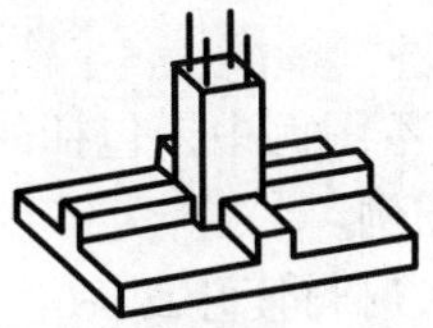

正二等轴测法

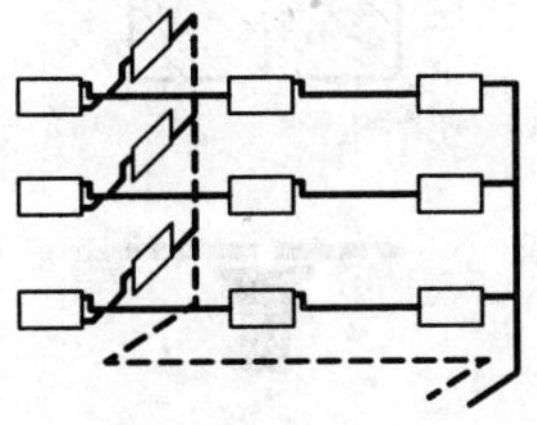

正面斜轴测法

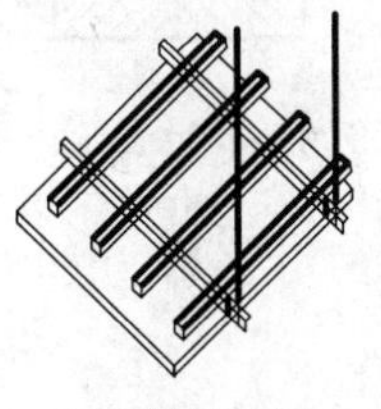

水平斜轴测法

（三）简化画法

（1）对称省略画法。

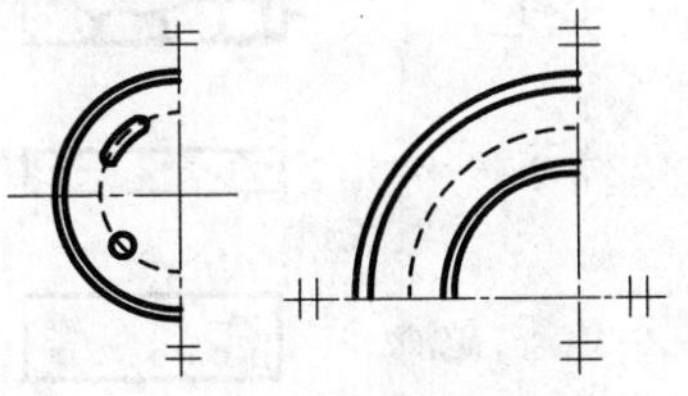

（a）画对称符号

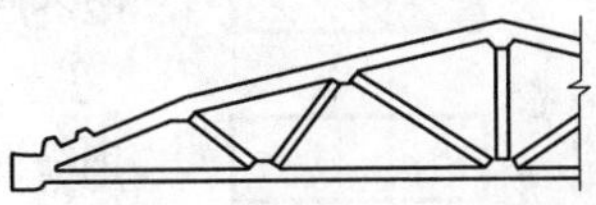

（b）不画对称符号

（2）折断省略画法。

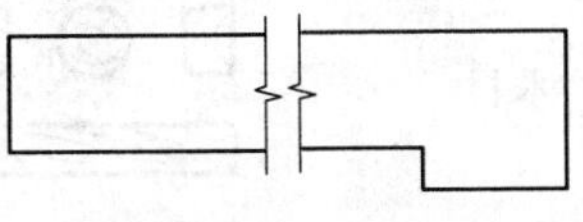

（c）省略相同部分

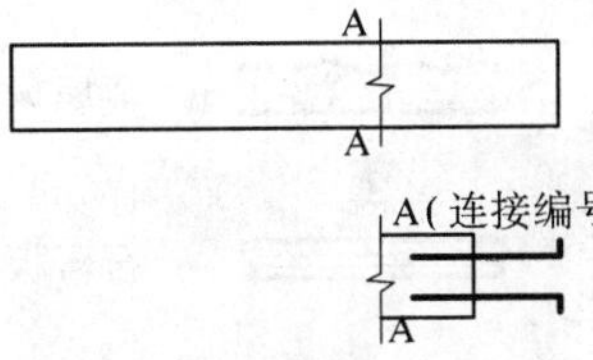

（d）只画不同部分（连接符号上下对直）

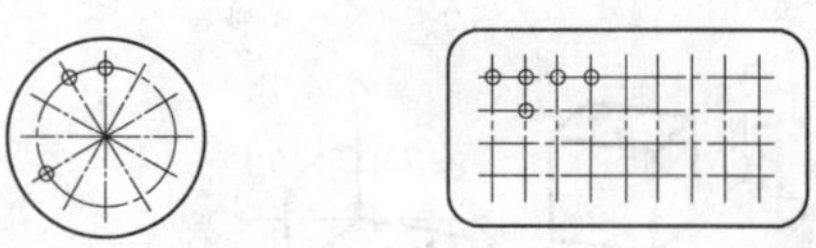

(e)中心线交点

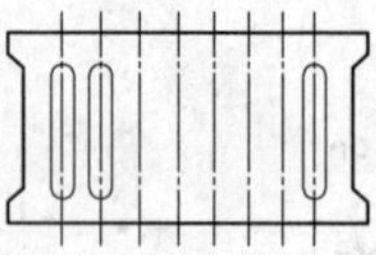

(f)中心线

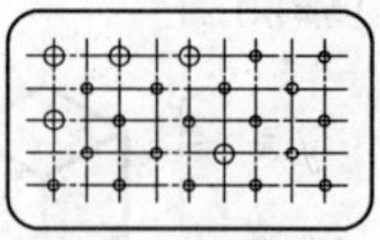

(g)要素少于中心线交点

五、建材及运输图例·剖切方式

(一)常用建筑材料图例

1. 使用规定

(1)图例线要正确、清楚,间隔均匀、疏密适度。

(2)不同品种的同类材料使用同一图例时,应在图上附加必要的说明。

(3)一张图内的图样只用一种材料,或图形小而无法画出图例时,可不画图例,但应加必要的说明。

(4)使用本图例中未包括的材料而自编图例时,不得与本图例重复,并应在图上适当的位置画出该图例。

2. 相同图例相接时画法

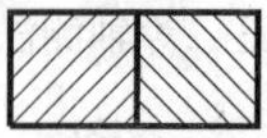

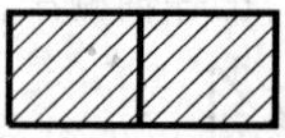

3. 涂黑图例相邻时画法

4. 图例(27 个)

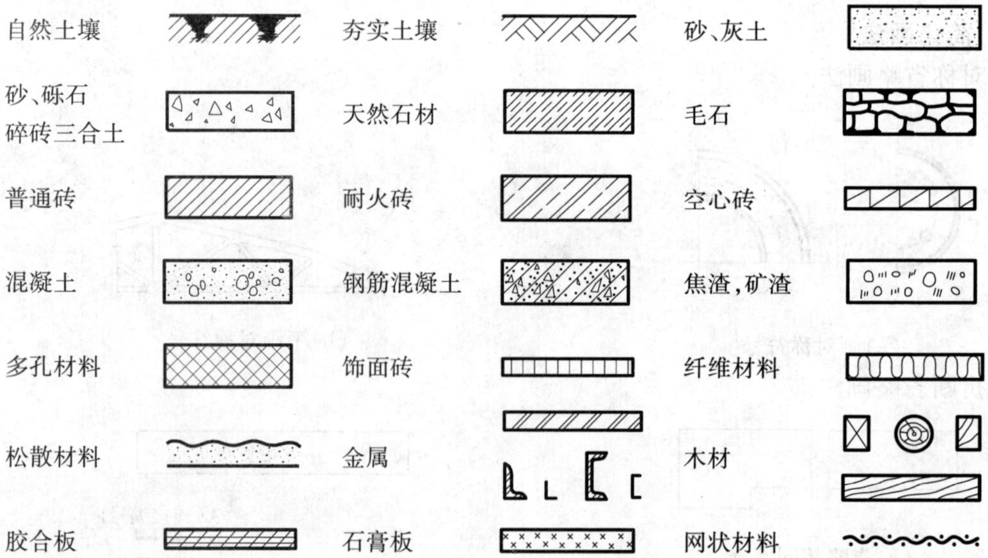

液体  玻璃  橡胶 

塑料 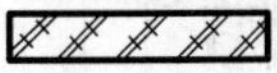 防水材料  粉刷 

（二）运输设施图例

铁路 

起重机轨道 

电动葫芦 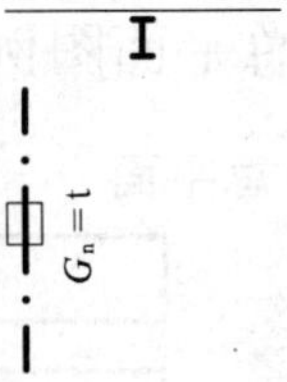

梁式悬挂起重机 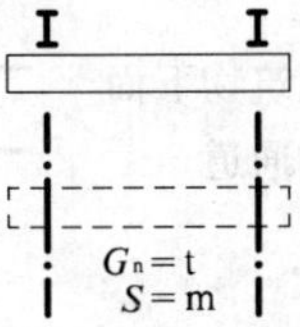

梁式起重机 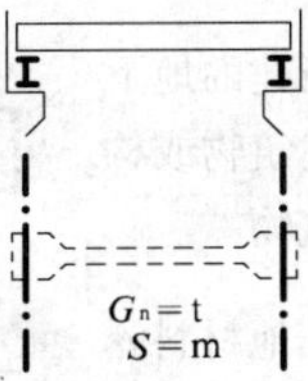

桥式起重机 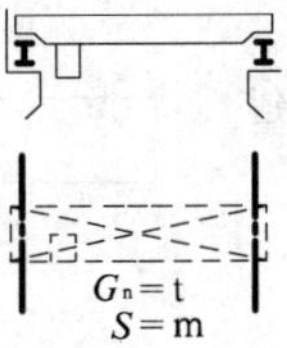

臂行起重机 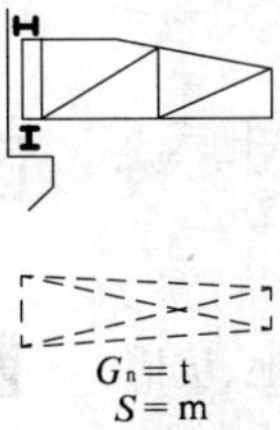

旋臂起重机 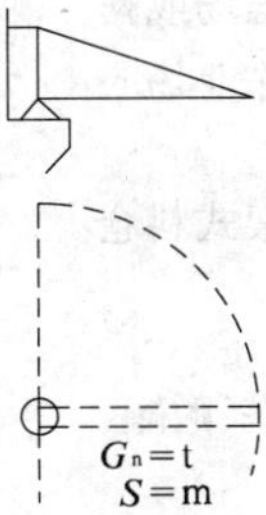

电梯（门和平衡锤的位置应按实际情况绘制） 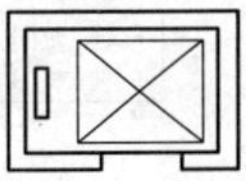

（三）断面与剖面的区别

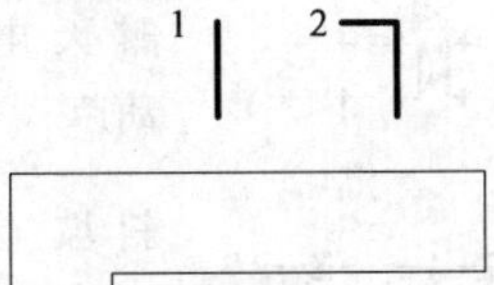

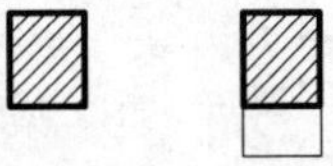

1—1（断面画法） 2—2（剖面画法）

（四）剖切方法

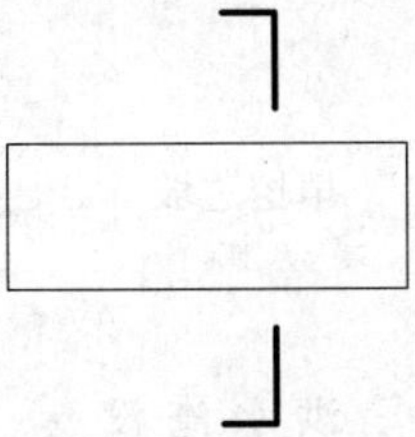

一个剖切面

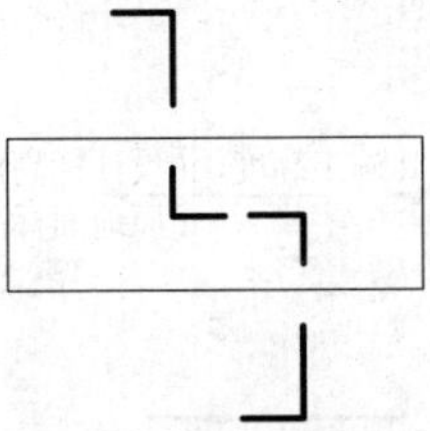

两个或两个以上平行的剖切面

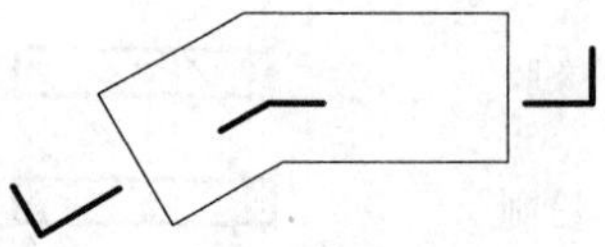

相交的剖切面

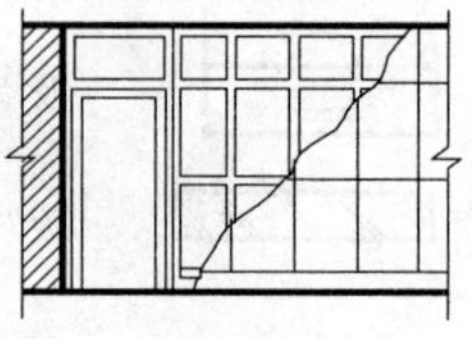

分层剖切

六、总平面图例

（一）总平面

名称	图例	名称	图例	名称	图例
新建的建筑物①	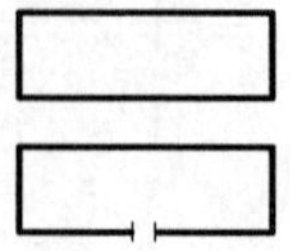	原有的建筑物	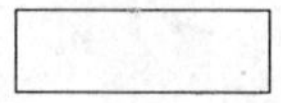	计划扩建的预留地或建筑物	
拆除的建筑物		新建的地下建筑物或构筑物		建筑物下面的通道	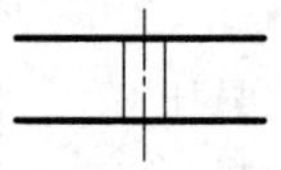
散状材料露天堆场	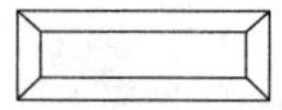	其他材料露天堆场或露天作业场	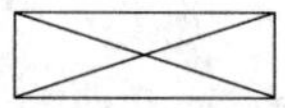	铺砌场地	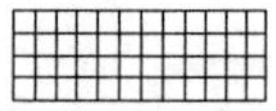
敞棚或敞廊	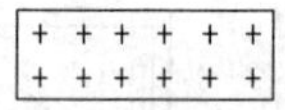	高架式料仓	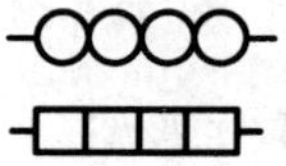	漏斗式贮仓②	
冷却塔（池）		水塔、贮罐	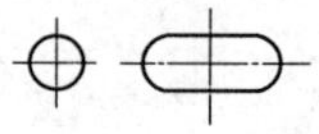	水池、坑槽	
烟囱		围墙及大门③	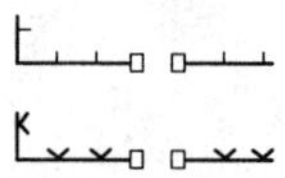	挡土墙④	
台阶⑤	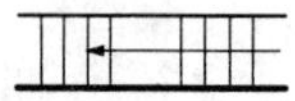	露天桥式起重机	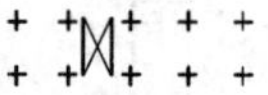	露天电动葫芦	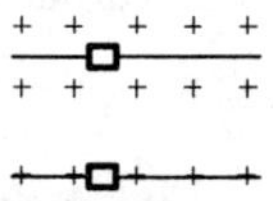
门式起重机	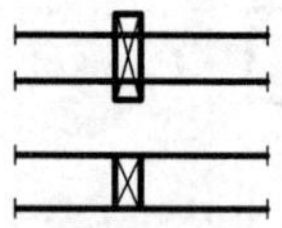	架空索道⑥		斜坡卷扬机道	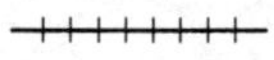
斜坡栈桥（皮带廊等）⑦	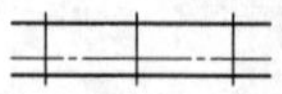	测量坐标	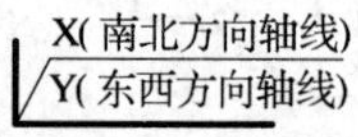	施工坐标	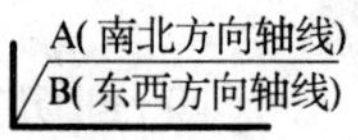
方格网交叉点标高	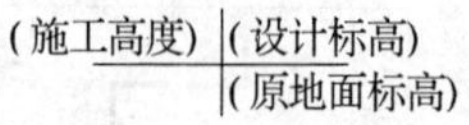	填方区、挖方区、未整平区及零点线	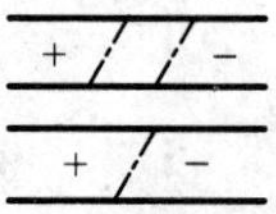	填挖边坡	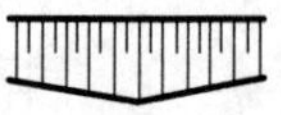
护坡		分水脊线 分水谷线		洪水淹没线⑧	

截水沟或排洪沟

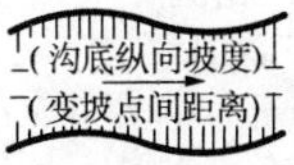

排水明沟

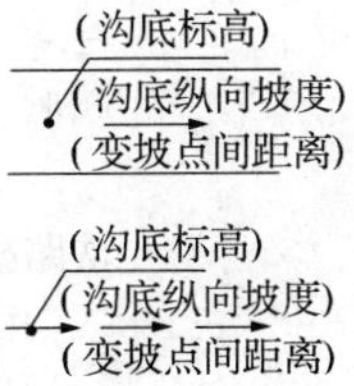

砌筑的排水明沟

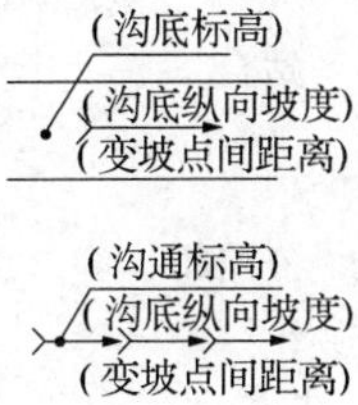

有盖的排水沟

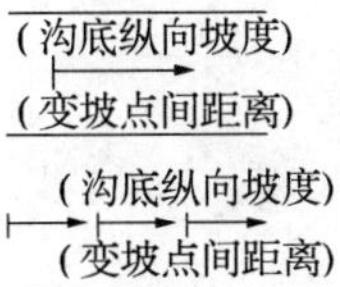

雨水井

消火栓井

急流槽⑨

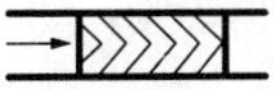

跌水⑨

透水路堤

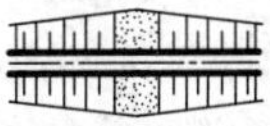

过水路面

室内设计标高(注到小数点后二位)

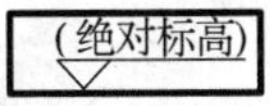

室外标高

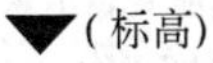

斜井或平洞

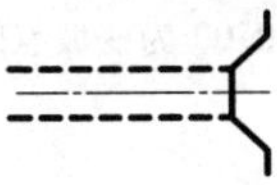

拦水(渣)坝

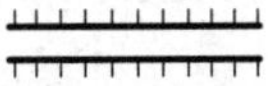

(二)其他

管线

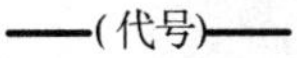

地沟管线

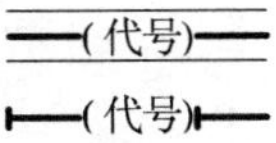

管桥管线

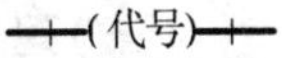

架空电力、电讯线⑩

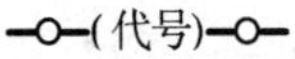

针叶乔木

针叶灌木

阔叶乔木

阔叶灌木

草本花卉

修剪的树篱

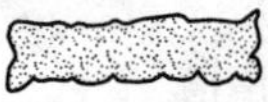

草地

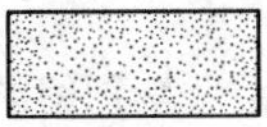

花坛

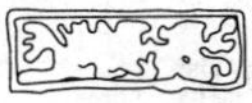

新建的道路

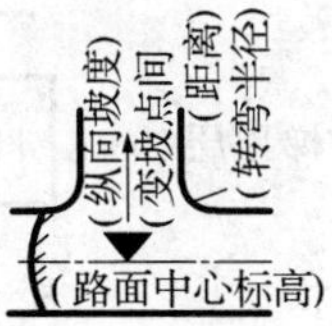

原有的道路

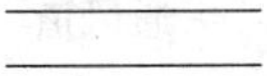

计划扩建的道路

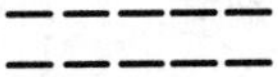

拆除的道路

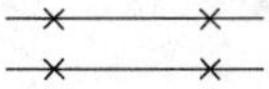

新建标准轨距铁路

新建有架线的标准轨电气铁路

新建窄轨铁路⑪

铁路坡度标⑫

铁路曲线段⑬

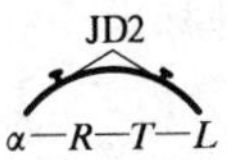

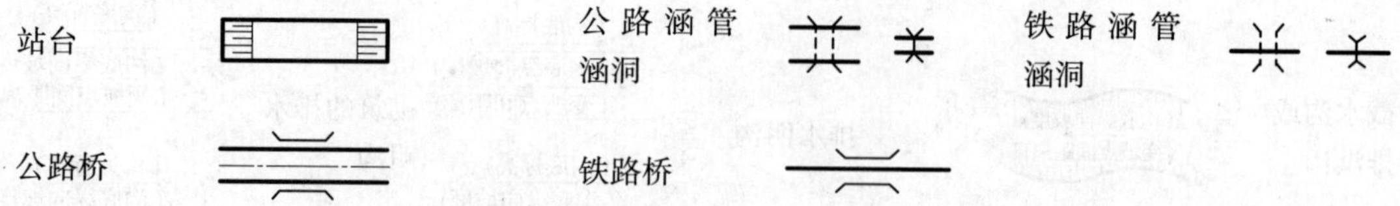

注：

①需要时，可在图形内右上角以点数或数字表示建筑物的层数。

②左、右图为底卸式，中图为侧卸式。

③上图为砖、混凝土、金属材料围墙，下图为铁丝网、篱笆围墙。

④被挡土在图例“突出”的一侧。

⑤箭头指向上。

⑥“I”为支架位置。

⑦细实线表示支架中心线。

⑧阴影部分表示淹没区，在底图背面涂红。

⑨箭头表示水流方向。

⑩“○”代表电杆。

⑪GJ 762 为轨距，以毫米计。

⑫GD112.00 为轨顶标高，6、8 表示纵向坡度为 6‰、8‰，斜线表示坡向，110.00、180.00 为变坡点间距离，56、44 为至前后百尺标的距离。

⑬JD2 为曲线转折点编号，α 为曲线转向角，R 为曲线半径，T 为切线长，L 为曲线长。

七、构造及配件图例

（一）建筑构造

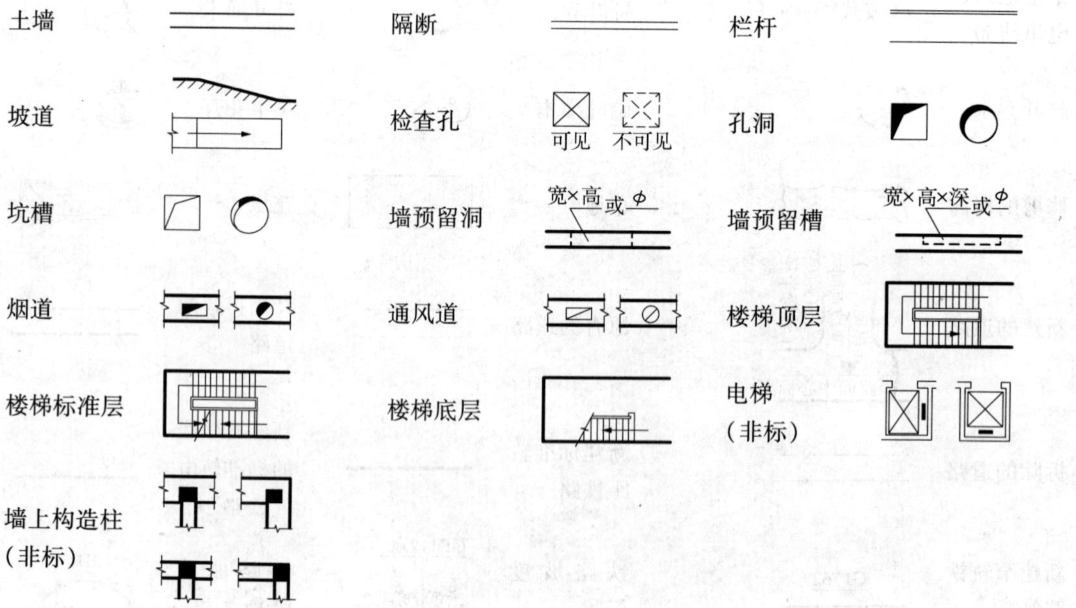

（二）门窗

新建的墙和窗	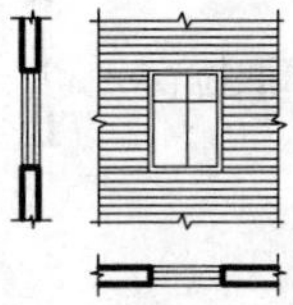	改建时保留的原有墙和窗	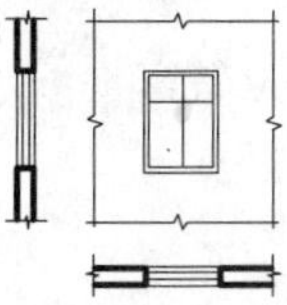	应拆除的墙	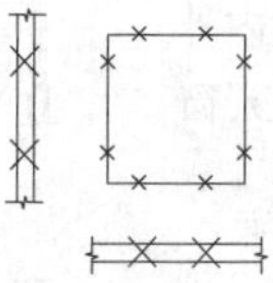
在原有墙或楼板上新开的洞	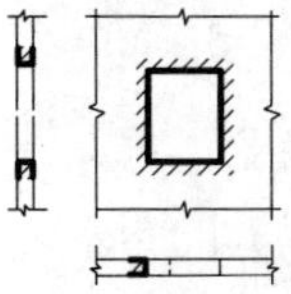	在原有洞旁放大的洞	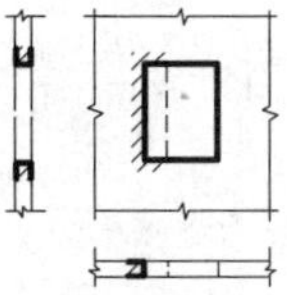	在原有墙或楼板上全部填塞的洞	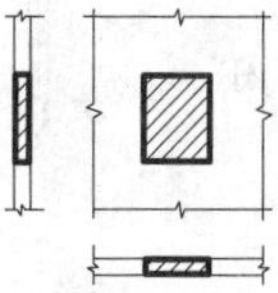
在原有墙或楼板上局部填塞的洞	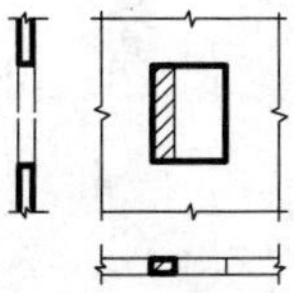	空门洞	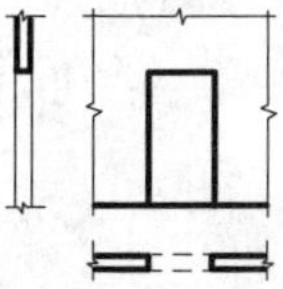	背视洞口（非标）	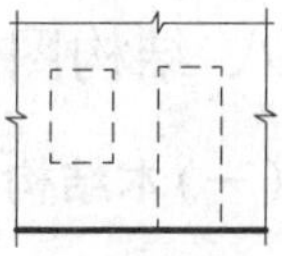
墙上高窗（非标）	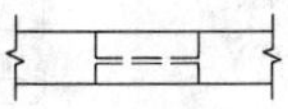	单扇门（包括平开或单面弹簧）	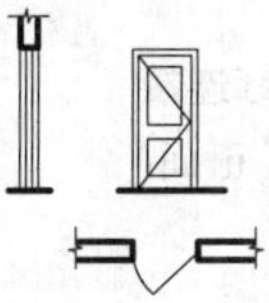	墙外单扇推拉门	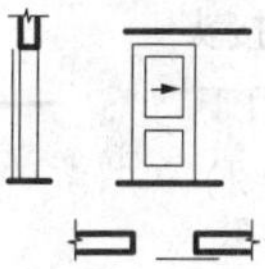
墙内单扇推拉门	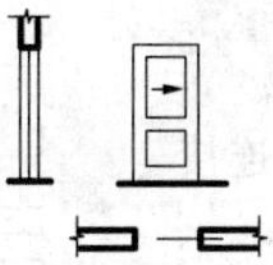	单扇双面弹簧门	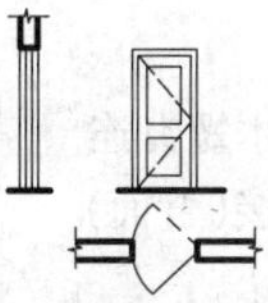	对开折叠门	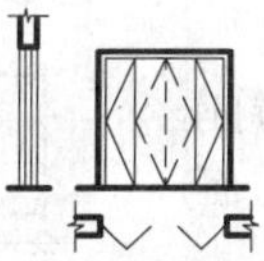
双扇双面弹簧门	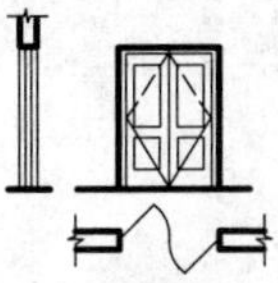	单扇内外开双层门（包括平开或单面弹簧）	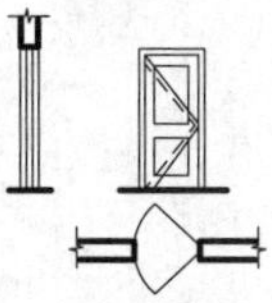	转门	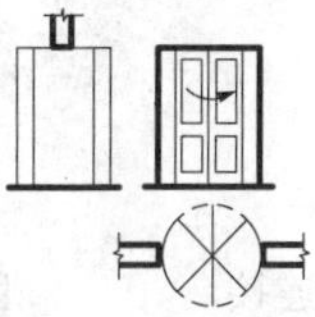
折叠上翻门	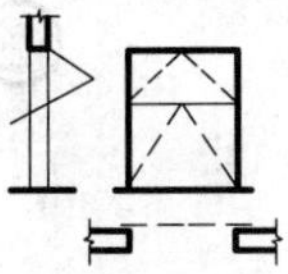	卷门	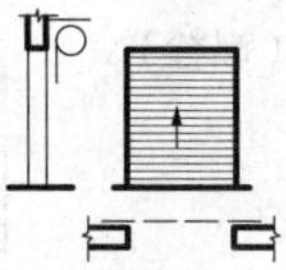	提升门	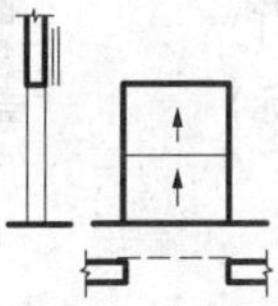
单层固定窗	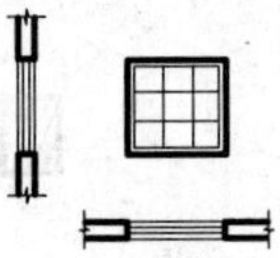	单层外开上悬窗	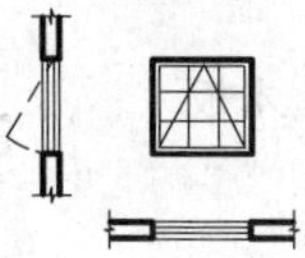	单层中悬窗	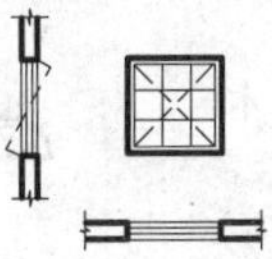
单层内开下悬窗	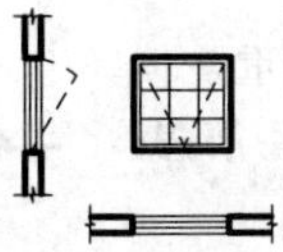	单层外开平开窗	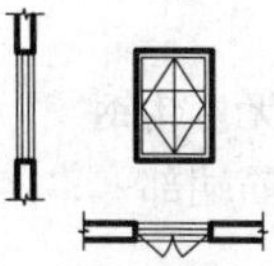	单层内开平开窗	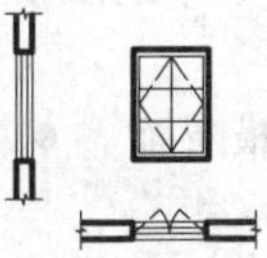

双层内外开平开窗 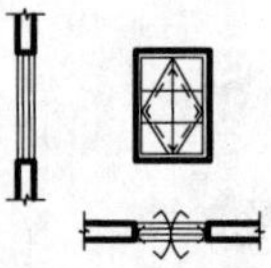

立转窗 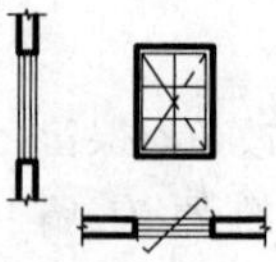

左右推拉窗 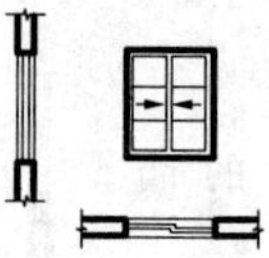

上推窗 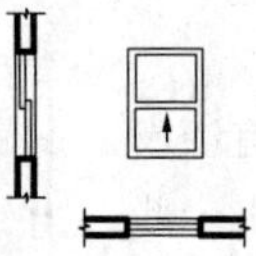

百叶窗 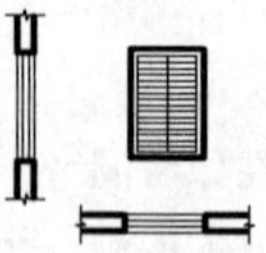

八、结构图例

（一）木结构

杆件接头（仅用于单线图） 

钉连接（正面） 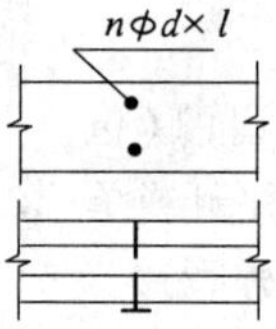

钉连接（背面） 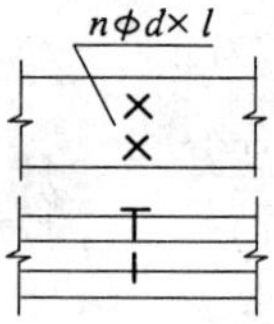

木螺钉连接（正面） 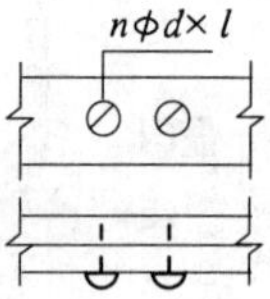

木螺钉连接（背面） 

螺栓连接 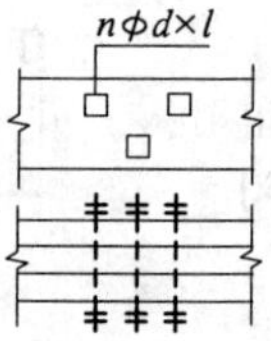

齿连接（扒钉）（非标） 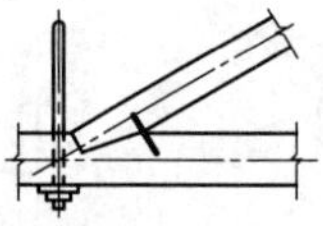

齿连接（螺栓） 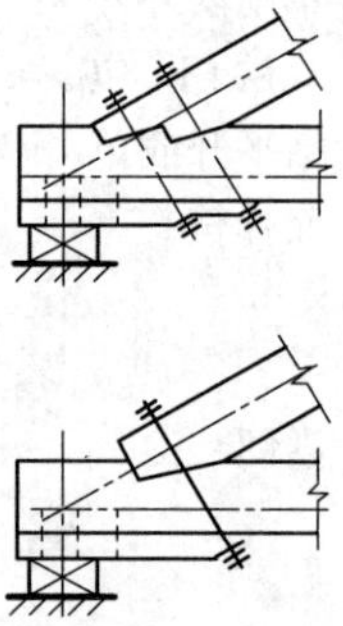

圆木 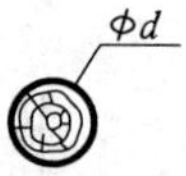

半圆木 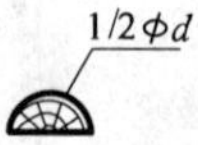

木板 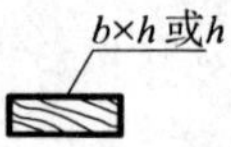

方木 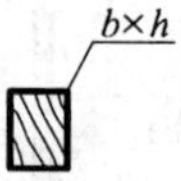

（二）钢筋混凝土结构

钢筋横断面 

无弯钩钢筋端部

钢筋重叠时短钢筋表示法 

半圆弯钩钢筋端部 

直钩钢筋端部 

带丝扣钢筋端部 

半圆弯钩钢筋搭接		无弯钩钢筋搭接		直钩钢筋搭接	
套管接头（花篮螺丝）	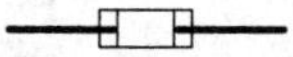	预应力钢筋或钢绞线		张拉端锚具	
固定端锚具		预应力钢筋断面		预留孔道或管中后张法预应力钢筋断面	
锚具端示图		一张网平面		一排相同网平面	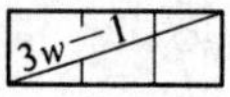
平面图中双层钢筋	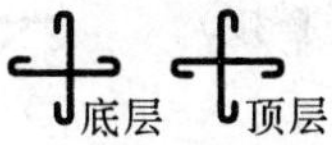	墙体立面双层钢筋	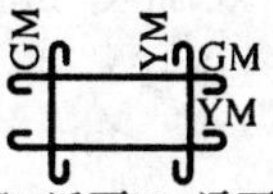 (GM近面YM远面)	断面图的钢筋详图	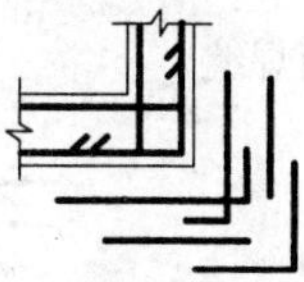
箍筋、环筋详图	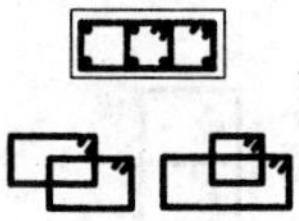	成组相同配筋（横线两端斜短线处表示起止范围）	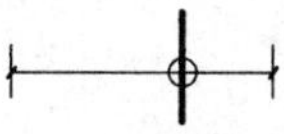		

（三）钢结构

1. 型钢

等边角钢	 ∟b×d	不等边角钢	 ∟B×b×d (B—长肢宽)	工字钢	 IN、QIN (Q—轻型)
槽钢	 [N、Q[N	方钢	 □b	扁钢	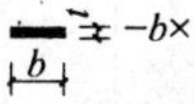 -b×t
钢板	-t	圆钢	 φd	钢管	 φd×t
薄壁方钢管	 B□h×t (β—薄壁)	薄壁等肢角钢	 B∟b×t	薄壁等肢卷边角钢	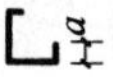 B∟b×a×t
薄壁槽钢	 B[h×b×t	薄壁卷边槽钢	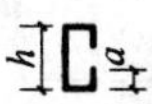 BCh×b×a×t	薄壁等肢Z型钢	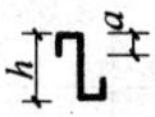 B⅂h×b×a×t
起重机钢轨	 QU××	轻轨和钢轨	 ××kg/m钢轨		

2. 螺孔、铆钉

圆形螺栓及孔 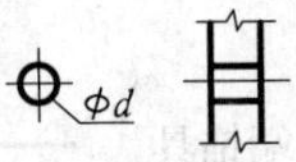

长圆形螺栓孔 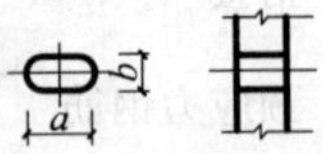

永久螺栓 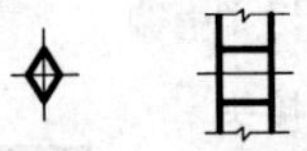

高强螺栓 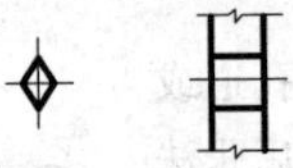

电焊铆钉 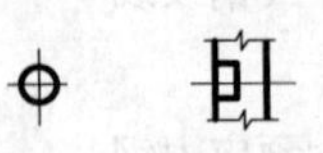

安装螺栓 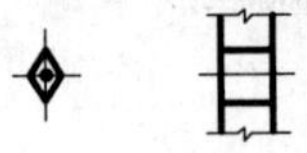

3. 焊缝

单面焊缝 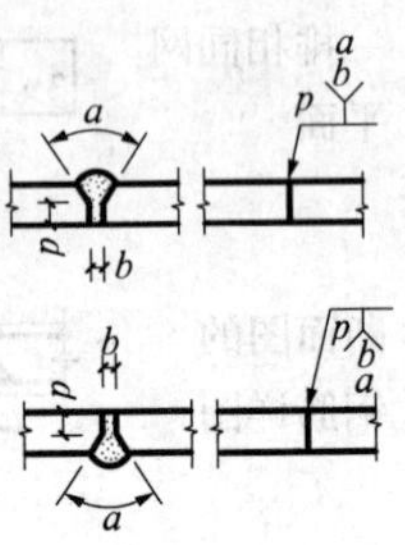

双面焊缝（对接） 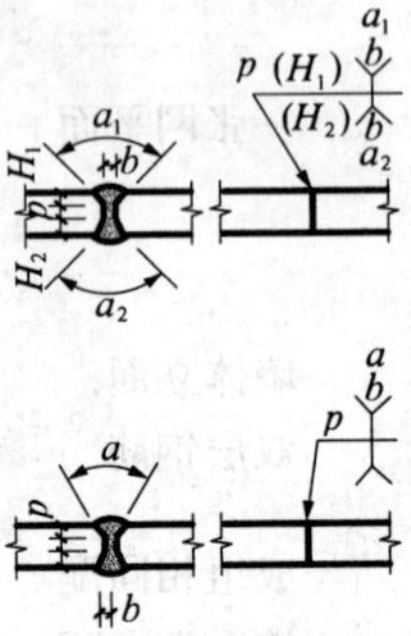

双面焊缝（搭接） 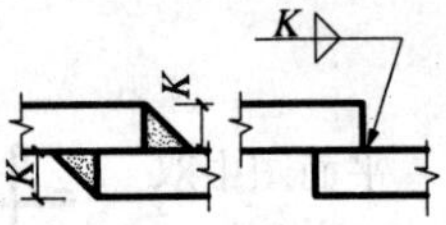

三件以上焊缝 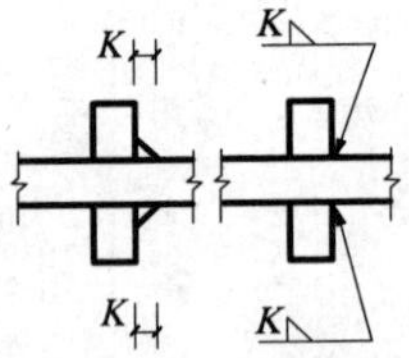

单边V型焊接 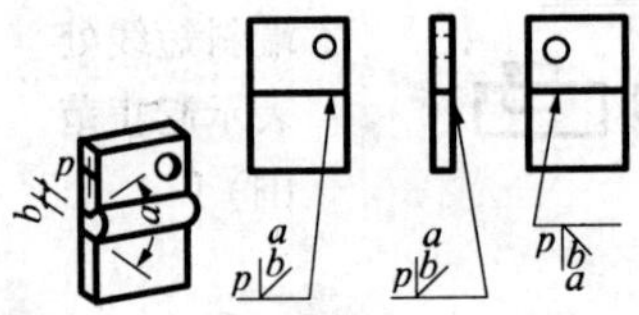

钢材代号

钢材	品种		代号
钢筋	热轧钢筋	Ⅰ级	Φd
		Ⅱ级	Φd
		Ⅲ级	Φd
		Ⅳ级	Φd
	冷拉钢筋	Ⅰ级	$\Phi^{l} d$
		Ⅱ级	$\Phi^{l} d$
		Ⅲ级	$\Phi^{l} d$
		Ⅳ级	$\Phi^{l} d$
	热处理钢筋		$\Phi^{t} d$
钢丝	碳素钢丝		$\Phi^{s} d$
	刻痕钢丝		$\Phi^{k} d$
	冷拔低碳钢丝	甲级	$\Phi^{b} d$
	冷拔低碳钢丝	乙级	$\Phi^{b} d$
	钢铰线		$\Phi^{j} d$

九、设备图例

(一)阀门、龙头

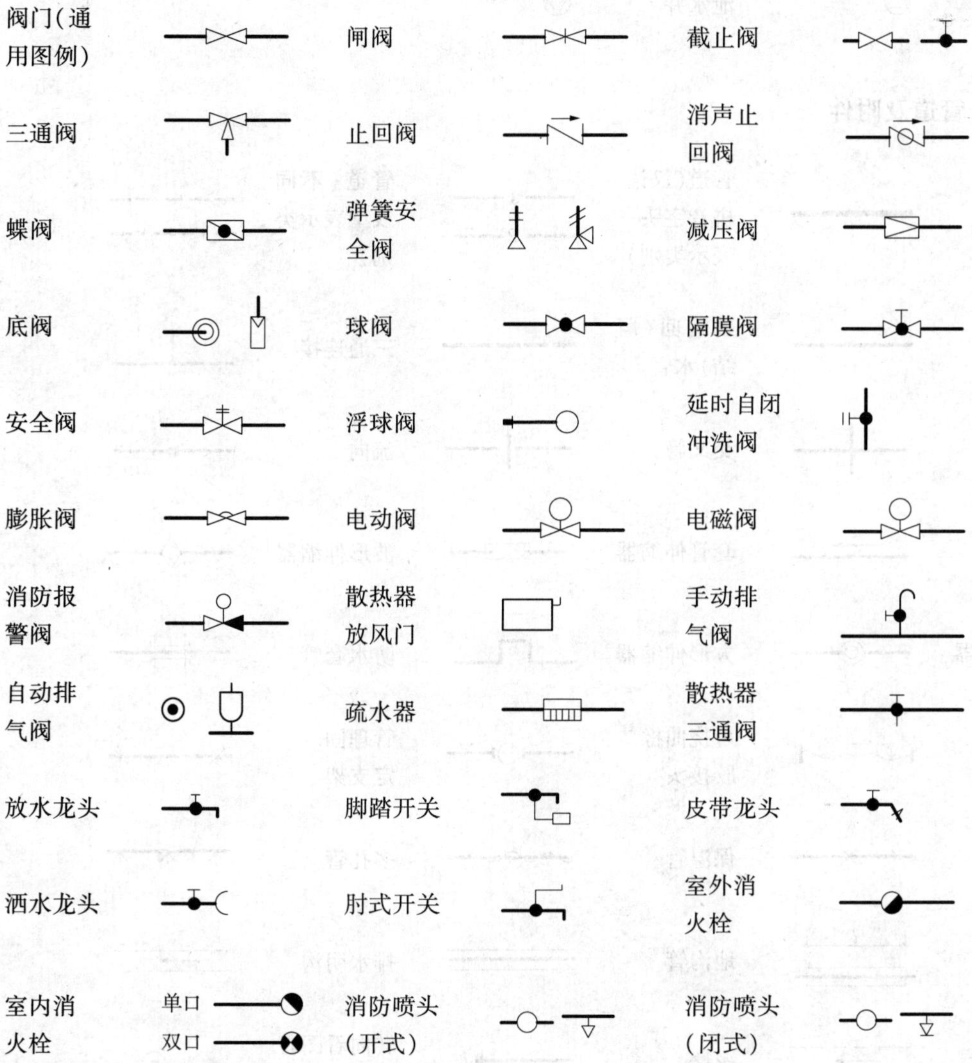

(二)设备

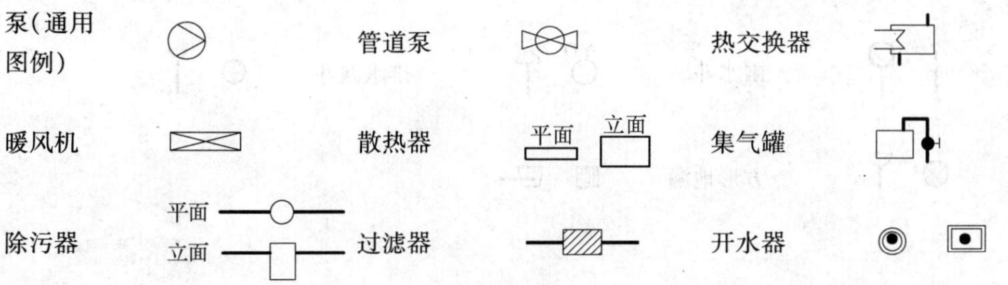

压力表	雨水口	阀门井、检查井
放气井	泄水井	

（三）管道及附件

管道（通用图例）	管道（汉语拼音字头表示类别） J P	管道（不同线型表示类别）
采暖供水（汽）管	采暖回（凝结）水管	三通连接
四通连接	交叉管	流向
坡向	套管伸缩器	波形伸缩器
球形伸缩器	方形伸缩器	防水套管
软管	可挠曲橡胶接头	管理固定支架
拆除管	保温管	多孔管
防护套管 *l*	地沟管	排水明沟
排水暗沟	丝堵	转向看图者的弯折管
背向看图者的弯折管	检查口	清扫口
通气帽	雨水斗 YD	排水漏斗
圆形地漏	方形地漏	

（四）卫生器具等

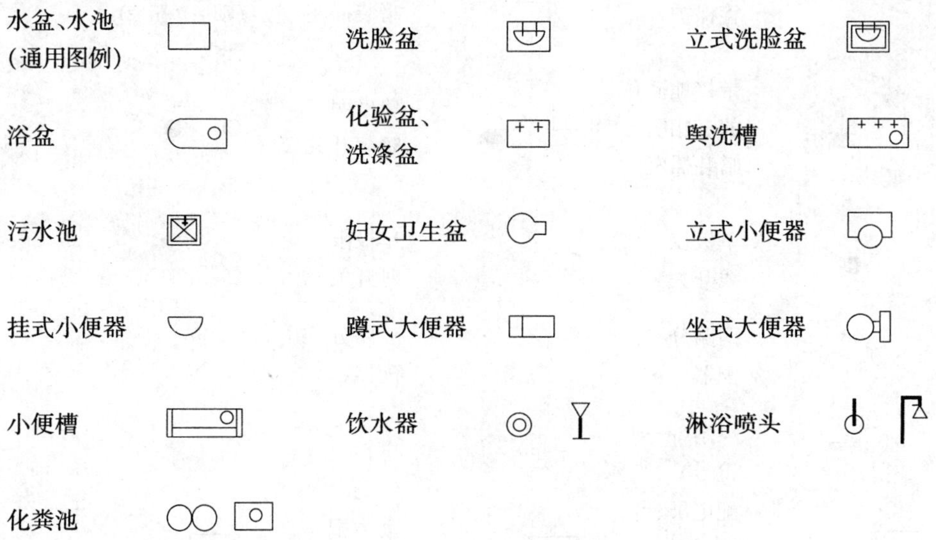

十、电气、通风、空调图例

（一）电气

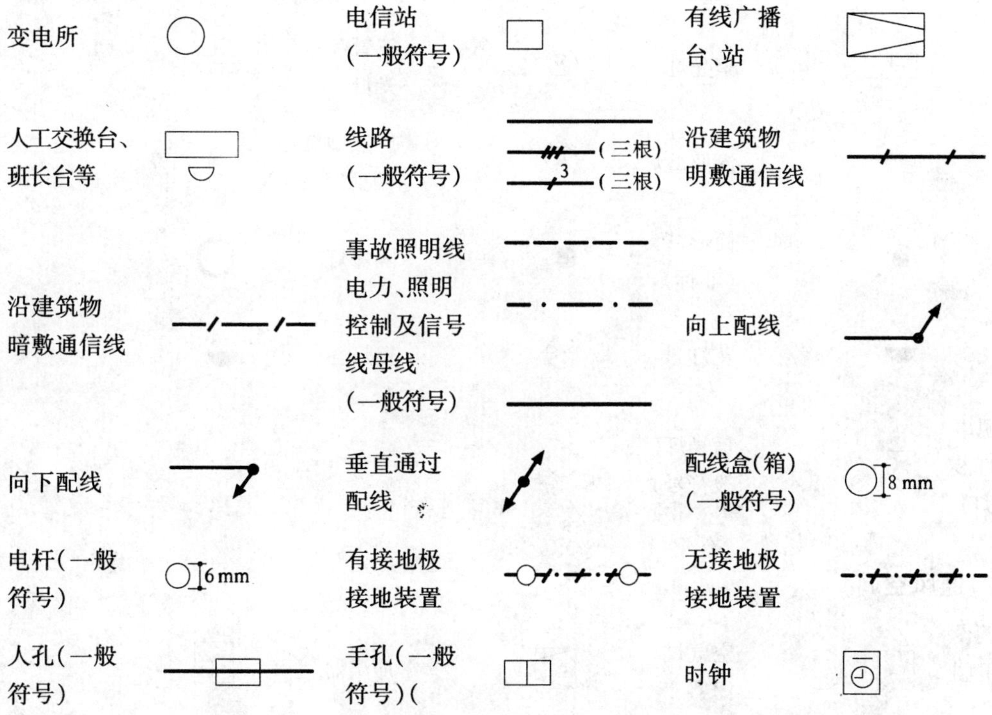

名称	图例	名称	图例	名称	图例
电缆铺砖保护		电缆穿管保护		单相明与暗装插座	(明装)(暗装)
带保护接点或接地插孔的单向明与暗装插座		带接地插孔的三相明与暗装插座		单极明与暗装开关	
双极明与暗装开关		单极拉线开关		单极限时开关	
双控开关(单极三线)		两路分配器		三路分配器	
用户分支器		风扇(一般符号)		电铃	
电信插座(一般符号)		配电屏、台、箱、柜(一般符号)		动力配电箱	
照明配电箱(屏)		直流配电盘		阀(一般符号)	
电话壁龛交接箱(非标)		室内分线盒		避雷针	
组合开关箱		聚光灯		三管荧光灯	
单管荧光灯		深照型灯		广照型灯(配照型灯)	
防水防尘灯		筒形灯(非标)		隔爆灯	
天棚灯		花灯		壁灯	
自带电源事故照明灯装置(应急灯)		信号灯(一般符号)			

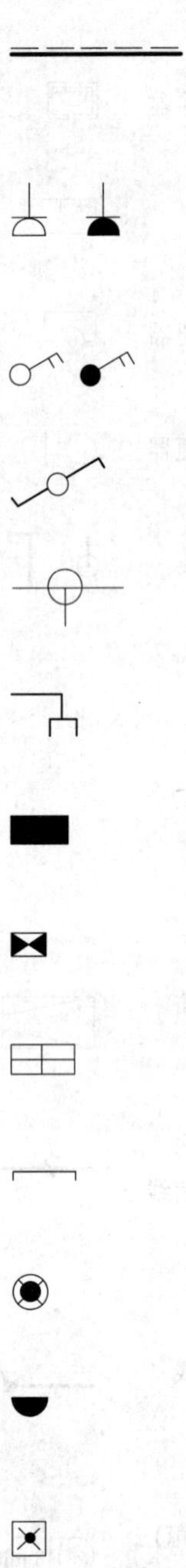

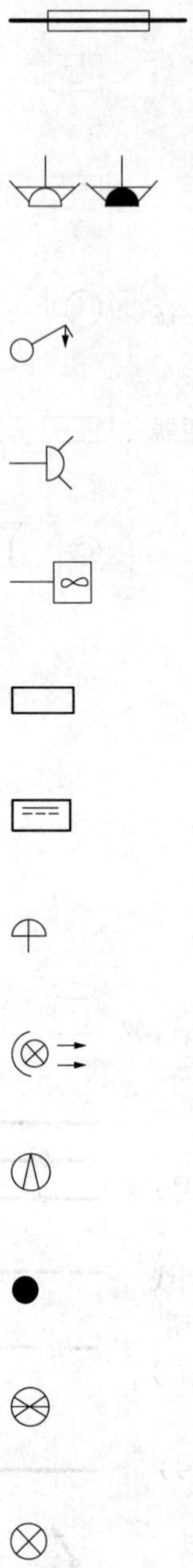

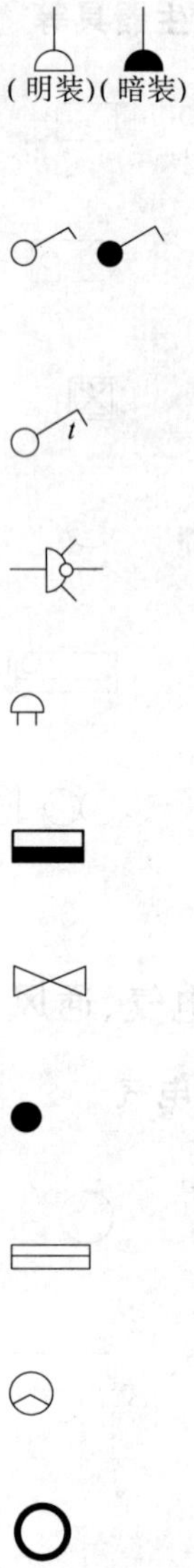

(二)通风空调

名称	图例	名称	图例	名称	图例
通风空调设备(通用图例)		空气过滤器		加湿器	
电加热器		消声器		空气加热器	

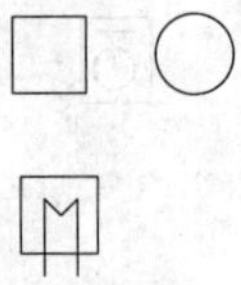

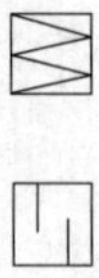

空气冷却器		风机盘管		窗式空调器	
减振器		风机（自三角形底边流向顶点）		压缩机	
离心式通风机	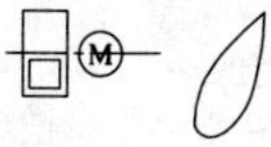	轴流式通风机	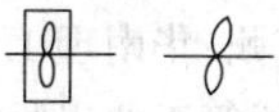	圆形散流器	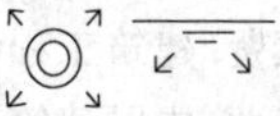
方形散流器	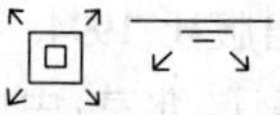	配 电 站（开关所、开关站）		应急发电站	
风管	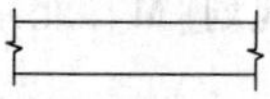	送风口	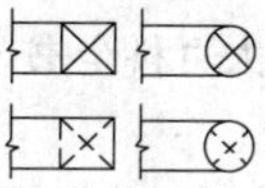	排风口	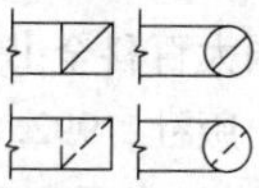
砖、混凝土风道	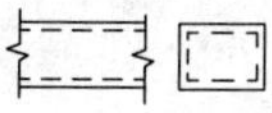	送风口	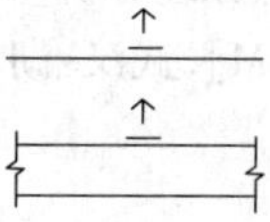	回风口	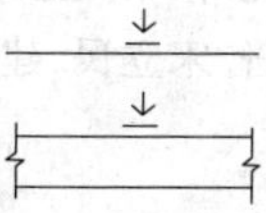
风管检查孔	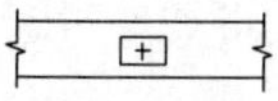	柔性接头	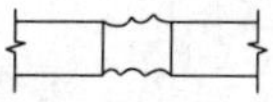	蝶阀	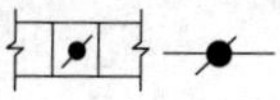
插板阀	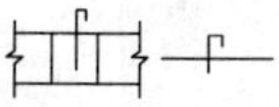	风管止回阀	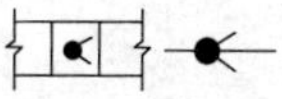	防火阀	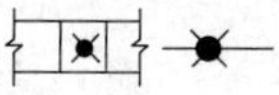
三通调节阀	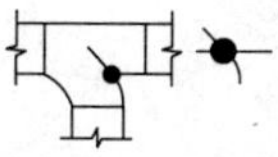	消声弯头	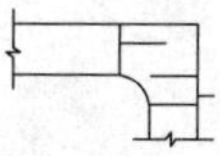	带导流片弯头	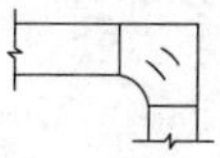
喷嘴及喷雾排管	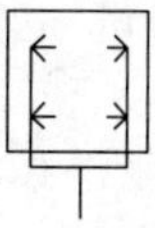	火灾报警装置		消防控制中心	

参 考 文 献

[1] 魏艳萍. 建筑制图与阴影透视[M]. 北京:中国电力出版社,2007.

[2] 魏艳萍. 建筑识图与构造[M]. 北京:中国电力出版社,2006.

[3] 张士芬. 建筑制图[M]. 重庆:重庆大学出版社,2005.

[4] 莫正波,宋琦. 建筑制图[M]. 北京:中国电力出版社,2008.

[5] 焦鹏涛. 建筑制图[M]. 北京:中国电力出版社,2008.

[6] 罗康贤. 建筑工程制图与识图[M]. 广州:华南理工大学出版社,2004.

[7] 潘谷西. 中国建筑史[M]. 北京:中国建筑工业出版社,2003.

[8] 潘谷西,何建中. 营造法式解读[M]. 南京:东南大学出版社,2005.

[9] 建筑设计资料集编委会. 建筑设计资料集 1[M]. 北京:中国建筑工业出版社,1994.

[10] [美]弗朗西斯·D·K·程. 建筑图像词典[M]. 高履泰,英若聪等译. 北京:中国建筑工业出版社,1998.

[11] 中国大百科全书总编辑委员会. 中国大百科全书·建筑园林·城市规划[M]. 北京:中国大百科全书出版社,1992.

[12] 李允鉌. 华夏意匠:中国古典建筑设计原理分析[M]. 天津:天津大学出版社,2005.

[13] 苏丹. 宋立民. 建筑设计与工程制图[M]. 武汉:湖北美术出版社,2001.